Susanne Thiel

KulturSchock Pakistan

Impressum

Susanne Thiel
KulturSchock Pakistan

REISE KNOW-HOW Verlag Peter Rump GmbH,
Osnabrücker Straße 79, 33649 Bielefeld

© **Peter Rump** 1997
2. Auflage **2001**

Umschlag: M. Schömann, P. Rump (Layout), G. Pawlak (Realisierung)
Inhalt: Kordula Röckenhaus (Realisierung)
Fotos: Susanne Thiel
Druck, Bindung: Fuldaer Verlagsagentur

ISBN: 3-89416-453-0

PRINTED IN GERMANY

Dieses Buch ist erhältlich in jeder Buchhandlung der BRD, Österreichs und der Schweiz.
Bitte informieren Sie Ihren Buchhändler über folgende Bezugsadressen:
BRD: Prolit GmbH, Postfach 9, 35461 Fernwald (Annerod), alle Barsortimente
Schweiz: AVA-buch 2000, Postfach, CH-3910 Affoltern
Österreich: Mohr Morawa Buchvertriebs GmbH,Sulzengasse 2, A-1060 Wien

Wer im Buchhandel kein Glück hat, bekommt unsere Bücher gegen Voreinsendung
des Kaufpreises plus 4,50 DM für Porto und Verpackung (Scheck im Brief) direkt bei:
Rump-Direktversand, Heidekampstr. 18, 49809 Lingen (Ems)

Außerdem in dieser Reihe:

KulturSchock ÄGYPTEN
KulturSchock INDIEN
KulturSchock ISLAM
KulturSchock MAROKKO
KulturSchock RUSSLAND
KulturSchock TÜRKEI

KulturSchock CHINA
KulturSchock IRAN
KulturSchock JAPAN
KulturSchock MEXIKO
KulturSchock THAILAND
KulturSchock VIETNAM

Wir freuen uns über Kritik, Kommentare und Verbesserungsvorschläge.

Alle Informationen in diesem Buch sind von der Autorin mit größter Sorgfalt gesammelt
und vom Lektorat des Verlages gewissenhaft bearbeitet und überprüft worden.
Da inhaltliche und sachliche Fehler nicht ausgeschlossen werden können, erklärt der Verlag,
dass alle Angaben im Sinne der Produkthaftung ohne Garantie erfolgen und dass Verlag wie Autor
keinerlei Verantwortung und Haftung für inhaltliche und sachliche Fehler übernehmen.
Die Nennung von Firmen und ihren Produkten und ihre Reihenfolge
sind als Beispiel ohne Wertung gegenüber anderen anzusehen.

Der Verlag sucht **Autoren** für weitere KulturSchock-Bände

Susanne Thiel
KulturSchock Pakistan

"Latest News"

zu den Büchern von REISE KNOW-HOW.
Aktuelle Ergänzungen und Neuigkeiten
nach Drucklegung im Internet.

http://www.reise-know-how.de/

Der
**Reise Know-How Verlag
Peter Rump GmbH**
ist Mitglied der Verlagsgruppe
REISE KNOW HOW

Inhalt

Geschichtlicher und kultureller Hintergrund

Alltagsleben und kulturelle Verhaltensmuster

Einheimische und Fremde:
Einstellungen und Verhaltensweisen

Anhang

Hinweise zur Benutzung

Im Text werden **pakistanische Begriffe** in der englischen Schreibweise verwendet, weil diese Transkription international und auch in Pakistan gebräuchlich ist. Abweichend von einigen deutschen Versionen wird der „Pandschab" z.B. als „Punjab" bezeichnet, „Balutschistan" als „Beluchistan".

Koranzitate wurden der Koran-Übersetzung von *Rudi Paret* entnommen.

Die Begriffe *„Westler" für „Europäer"* bzw. „Amerikaner" und „westlich" für „europäisch" bzw. „amerikanisch" usw. werden im vorliegenden Buch als Stereotype übernommen, wie es auch im pakistanischen Sprachgebrauch üblich ist. Mit diesen schwammigen Bezeichnungen soll der „Westen" von der „östlich-islamischen" Welt abgegrenzt werden.

Folgende *Abkürzungen* werden verwendet:
- NWFP – North-West-Frontier-Province (oder Nordwest-Grenzprovinz)
- PPP – Pakistan Peoples Party
- PML – Pakistan Muslim League
- pers. – persisch

Vorwort

„Jeder Mensch kennt nur sich selbst, insofern er die Welt kennt, die er nur in sich und sich nur in ihr gewahr wird. Jeder neue Gegenstand wohl beschaut, schließt ein neues Organ in uns auf."
(Goethe)

Pakistan ist ein wenig bekanntes Land, das fernab der Touristenströme liegt. Für viele ist die pakistanische Kultur fremd, die Sitten sind ungewohnt und damit rätselhaft: Der Kulturschock scheint vorprogrammiert. Keine noch so gründliche Vorbereitung und Beschäftigung mit dem Land kann den Schock verhindern, aber er kann gemildert werden – und dieser Aufgabe ist das vorliegende Buch gewidmet.

Die Begegnung und Auseinandersetzung mit einer fremden Kultur versetzt den einzelnen häufig in eine Situation des Nichtverstehens und der Verunsicherung. Überall lauern kulturelle Fallen und Fettnäpfchen, die Reisende unmöglich alle umgehen können. *Darf ich der Frau meines Kollegen die Hand reichen? Wie verhalte ich mich in der Moschee? Warum kann ich mich hier auf keine Zusage verlassen?* So mancher glaubt, an Unzuverlässigkeit und Unpünktlichkeit zu verzweifeln, fühlt sich von dem ausgeprägten Selbstbewusstsein der Muslime zurückgewiesen oder empfindet Geschlechtertrennung und Verschleierung als absurd. Eigene, für selbstverständlich gehaltene Verhaltensmuster besitzen keine Gültigkeit mehr. Ein Gefühl der Orientierungslosigkeit stellt sich ein. Jeder kann seine – manchmal erst nach Wochen oder Monaten – eintretende Verhaltensunsicherheit aber abbauen, wenn er beobachtet, lernt und Verständnis für die Kultur seiner Gastgeber aufbringt. Versteht er, warum Westler als dekadent angesehen und gleichzeitig nachgeahmt werden, warum Ausländerinnen einerseits Freizügigkeit nachgesagt wird und Pakistanerinnen im Flugzeug nach Europa andererseits ihre Schleier ablegen, wird es ihm gelingen, mit dieser – dann nicht mehr so fremden – Kultur zurechtzukommen.

Um das heutige Pakistan zu verstehen, ist eine Beschäftigung mit der geschichtlichen und damit untrennbar verbundenen religiösen Entwicklung des Landes notwendig. Die Geschichte Pakistans ist geprägt durch eine Hochblüte städtischer Kultur und ständige Übergriffe von fremden Völkern mit ihren kriegslüsternen Herrschern. Griechen und Skythen, Arier, buddhistische und brahmanische Herrscher haben dem Land ihren Stempel aufgedrückt und Spuren ihrer eigenen Kultur hinterlassen. Die Ankunft des Islam in Indien schuf die Moghulkultur mit ihren unvergleichlichen Bauwerken. Die islamische Religion machte Pakistan vor genau 50 Jahren zu einem eigenständigen Staat und verleiht Pakistanern auch heute ihre Identität.

Häufig sind es persönliche Begegnungen, die einen intensiven Kontakt zu der fremden Kultur ermöglichen und Zugang zu Bereichen schaffen, die distanzierten Beobachtern verschlossen bleiben. Es ist ein langsamer Prozess mit vielen Rückschlägen, der zum gegenseitigen Verständnis führt. Die Geduld wird aber letztendlich belohnt, und der kulturelle Austausch führt zu einer persönlichen Bereicherung. Nach einem längeren Aufenthalt im Land werden BesucherInnen nicht mehr nur Unterschiede zwischen den Kulturen erkennen, sondern auch wahrnehmen, wie viele Gemeinsamkeiten es gibt und wie ähnlich wir uns in vielen Dingen sind.

Pakistan *kann* schockieren, verwirren und entsetzen – wem es allerdings gelingt, die Angst vor dem Unbekannten und die Vorurteile zu überwinden, der wird nach einer Bekanntschaft mit Land und Leuten schnell die Klischees von 1001 Nacht, engstirnigen Fundamentalisten und wilden Stammeskriegern entlarven. Pakistan bietet Reisenden eine faszinierende kulturelle Vielfalt, historische Begegnungen mit den Anfängen der städtischen Kultur und herzliche gastfreundliche Menschen in allen Teilen des Landes.

Im ersten Teil des Buches soll durch die Darstellung von Geschichte, Religion und Gesellschaft ein grundlegendes Verständnis für das, was die Menschen des Gastlandes geprägt hat und was ihr Leben bestimmt, geschaffen werden.

Einblicke in das Alltagsleben bieten im zweiten Teil die Möglichkeit, das Verhalten der Menschen in ihrem gesellschaftlichen und kulturellen Rahmen nachvollziehen zu können. Vieles, was zunächst rätselhaft und fremd erschien, wird durch dieses Verständnis nachvollziehbar.

Der letzte Teil soll helfen, Möglichkeiten der Kommunikation zwischen Pakistanern und Ausländern aufzuzeigen und gute Beziehungen aufzubauen. Sich angemessen und angepasst verhalten zu können ist ein Weg, sich im Gastland sicher und wohl zu fühlen.

„Valentin: Fremd ist der Fremde nur in der Fremde.
Karlstadt: Das ist nicht unrichtig. – Und warum fühlt sich ein Fremder nur in der Fremde fremd?
Valentin: Weil jeder Fremde, der sich fremd fühlt, ein Fremder ist und zwar so lange, bis er sich nicht mehr fremd fühlt, dann ist er kein Fremder mehr.
Karlstadt: Sehr richtig! – Wenn aber ein Fremder schon lange in der Fremde ist, bleibt er dann immer ein Fremder?
Valentin: Nein. Das ist nur so lange ein Fremder, bis er alles kennt und gesehen hat, denn dann ist ihm nichts mehr fremd.“
(Karl Valentin „Die Fremden")

Geschichtlicher und kultureller Hintergrund

Zeugen der Kolonialzeit in Nowshera

„Wenn Du im Lärm dieser Zeit gehört werden willst, laß deine Seele von einer einzigen Idee beherrscht werden. Es ist der Mann mit einer einzigen Idee, der politische und soziale Revolutionen schafft, Königreiche errichtet und der Welt Gesetze gibt."

(Muhammad Iqbal in „Botschaft des Ostens")

Hochkulturen am Indus

„Selten ist es Archäologen vergönnt, wie etwa Schliemann in Tiryns und Mykenai oder Stein in den Wüsten Turkestans, die Überreste einer lange vergessenen Zivilisation ans Licht des Tages zu bringen. Doch es hat nun in der Tat den Anschein, als stünden wir an der Schwelle einer vergleichbaren epochalen Entdeckung im Industal ...“ [1]

Der Übergang der Wirtschaftsformen des Sammlers und Jägers zum Ackerbauern und Viehzüchter ist wohl einer der bedeutendsten Abschnitte der Menschheitsgeschichte. Der Verlauf des Alltags ist plötzlich nicht mehr vom Zufall abhängig, der Mensch beginnt zu produzieren, zu planen und zu ordnen. Er legt Dörfer und Städte an und beschäftigt sich mit überirdischen Kräften, die ihm helfen sollen, seine Umwelt zu verstehen und zu beeinflussen.

Im 6. Jahrtausend v. Chr. hat archäologischen Forschungen zufolge am Fuß des Bolan-Passes in Mehrgarh, südlich von Quetta in der Provinz Beluchistan, der Übergang vom Jäger- und Sammlertum zum Ackerbau stattgefunden. In einer Grabungsschicht des 6. Jahrtausends wurden nicht nur Knochen wilder Tiere, sondern auch die von domestizierten Rindern, Schafen und Ziegen gefunden. In den Häusern der **Mehrgarh-Kultur,** die bereits in Zimmer unterteilt waren, fanden sich Getreidespeicher und landwirtschaftliche Geräte. Die neue Wirtschaftsform brachte den Menschen von Mehrgarh Wohlstand, wie Kleidungs- und Schmuckdarstellungen auf Terrakotta-Figuren beweisen. Sogar weitreichende Handelsbeziehungen müssen schon bestanden haben. Die Mehrgarh-Kultur kann als die Wiege einer der großen Frühkulturen der Menschheit am Indus bezeichnet werden. Die Menschen wanderten aus den unwegsamen Bergen Beluchistans in die Ebenen des Indus. Die Ausgrabungen von Amri („Amri-Keramik") zeigen, daß es sehr früh Dorfkulturen am rechten Ufer des unteren Indus gab.

Mitte des 3. Jahrtausends bildeten sich erstmals Stadtkulturen: Berühmt sind Harappa im südlichen Punjab, ehemals am Ufer des Rawi (nahe der heutigen Stadt Sahiwal, Punjab), und Mohenjo Daro im Industal (Eisenbahnstation Dokri, Sindh).

Klimaschwankungen hatten gute Lebensbedingungen entstehen lassen und so die **Harappa-Stadtkulturen** ermöglicht; die fruchtbaren Flußufer waren plötzlich bewohnbar geworden. Es entwickelte sich eine hochstehende Architektur und durchdachte Stadtplanung, auch künstlerische Fähigkeiten kamen zur Blüte. Für diese frühe Epoche der Menschheitsgeschichte kann diese Kultur viele erstaunliche Errungenschaften vorweisen. Die Kenntnis des Ziegelbaus bedingt das charakteristische Erscheinungsbild der ausgedehnten Städte. Sie vermitteln einen gediegenen, „bürgerlichen" Eindruck, weshalb die Harappa-Kultur oft als Bürgerkultur bezeichnet wird; höfischer Luxus und Prachtbauten sind dagegen nicht zu finden. Die Menschen der Indus-Kultur waren praktische, dem Diesseits zugewandte Leute. Tempel, als Symbole der Macht von Priestern und weltlichen Herrschern sowie Zeugnisse eines ausgeprägten Jenseitsglaubens, fehlen im Stadtbild. Vorgefertigte Ziegel weisen darauf hin, daß die Notwendigkeit erkannt worden war, rationell zu arbeiten. Fachkundige Handwerker haben die Ziegel dann geschickt und praktisch verbaut. Die Stadtteile sind geometrisch angelegt; es existieren Reste breiter Straßenanlagen. Sanitäre Einrichtungen gehörten zur Standardausstattung, die Abwasser- und Regenwasserentsorgung waren gewährleistet. Das einheitliche Kanalsystem wurde mit Verschlußtechniken versehen, um Verschmutzung zu verhindern. Eine sorgfältige Planung ist auch bei der Konstruktion von Brunnen und Badeanlagen zu beobachten. Die Wohnhäuser waren teilweise zur Straße hin abgeschlossen; das Leben spielte sich in den Innenhöfen ab. Diese Bauweise ist noch jetzt in fast allen Teilen Pakistans zu finden. Einige Gebäude lassen auf ein städtisches Gemeinschaftsleben schließen. Auf künstlerischem Gebiet heben sich Figuren aus Ton und Bronzearbeiten hervor, die Eleganz und Schönheit ausstrahlen.

Die Umstände, die zum Untergang dieser Kultur führten, sind unbekannt. Möglicherweise schufen erneute Klimaveränderungen ungünstigere Lebensbedingungen. Denkbar ist aber auch, daß die städtische Wasserversorgung zum Erliegen kam, weil der Indus seinen Flußlauf verlegte. Jedenfalls hörte mit dem Ende der Harappa-Kultur die Besiedlung dieses Gebietes nicht gänzlich auf, gleichwohl brachten die nachfolgenden Bewohner keine vergleichbaren kulturellen Höchstleistungen hervor.

In der Mitte des 2. Jahrtausends v. Chr. drangen die **Indo-Arier** aus dem Norden in das Land ein. Sie sind dem östlichen Zweig der Arier zuzuordnen und gehörten der indo-germanischen Sprachfamilie an. Diese nomadisierenden Hirten und Bauern kamen aus den Tiefen Zentralasiens über Pässe des Hindukush und Karakorums und brachten eine neue Religion und frische kulturelle Denkanstöße mit. Die Arier wanderten über Nord-Pakistan, Nuristan, Chitral und Swat hinunter in die fruchtbaren Ebenen des Punjab.

Im Reisegepäck hatten sie ihre Götter Indra, Mitra, Waruna und Násatya, denen sie durch verschiedene genau festgelegte Kulthandlungen huldigten. In dieser Götterverehrung, eingebettet in ihr religiöses Gedankengebäude und ihre arische Philosophie, sind die **Ursprünge des Hinduismus** zu suchen. Auch die Rig-Weden, heilige Autorität der Hindus und Quellen des Wissens, entstammen dieser Geisteswelt. Priester überlieferten sie mündlich durch die Jahrtausende. Es entstanden drei weitere wedische Sammlungen, die Gebete, Hymnen und religiöse Anleitungen enthalten. Die Brahmanas und Aranyakas enthalten Opferregeln als Zentralthema, die Upanishaden führen schließlich zu einem pantheistischen Monotheismus durch das Wissen um das Geheimnis des Göttlichen. Ende des 1. Jahrtausends v. Chr. entstand der indische Nationalepos, die Mahabharata, bestehend aus 100.000 Doppelversen. Sie enthält die Bhagavadgita, das „Lied des Erhabenen", ein philosophisches und tiefsinniges Andachtsthema der Hindus. Viele Orts- und Flußnamen Pakistans und auch Bezeichnungen für Volksgruppen führen sich auf Angaben in diesen Texten zurück.

In der arischen Gesellschaft hatte sich eine dreigeteilte Struktur herausgebildet: Brahmanen (Priester), Krieger sowie Bauern und Händler. Eine ähnliche, inzwischen aber noch feiner unterteilte Gesellschaftsstruktur findet sich auch heute in der hinduistischen Kultur. Es existieren nur literarische, aber keine archäologischen oder architektonischen Hinweise auf die Kultur der Arier. Sie bauten vornehmlich mit Holz und Bambus und nicht mit Ziegeln, wie in der vorhergehenden Epoche, weshalb keine Überreste die Jahrtausende überstanden. Die arischen Volksgruppen wanderten ins Ganges-Tal weiter und hinterließen den ForscherInnen unserer Zeit viele Fragen und ungelöste Rätsel.

Von Darius bis zu den Moghuln

„Wie der höchste Himmel prunkt dieses Gebäude,
seine Würde läßt andere Würden vergessen,
ein Garten mit Säulen wie grüne Zypressen,
mit Schatten, dem Edlen und Gemeinen zur Freude."
(Dichter *Abu Talib Kalim* bei der Einweihung des Lahore-Forts)

Das Gandhara-Reich

*M*itte des 1. Jahrtausends v. Chr. überrannte **König Darius,** aus Persien kommend, mit seinen Truppen das Reich Gandhara, wie sich der Herrschaftsbereich zwischen Peshawar und Islamabad nannte. Er dehnte seinen Herrschaftsbereich später auch auf die südlicheren Landesteile, den Sindh, aus. *König Darius* verbesserte die Infrastruktur und ließ Straßen bauen, was seinem eigenen Vormarsch nützen sollte, aber auch dem Handelsverkehr zugute kam. Auf ihn ist auch die Erkundung des Wasserweges zum Indischen Ozean entlang des Indus zurückzuführen. Unter *Darius* wurde Aramäisch zur Amtssprache bestimmt und ein genormtes Währungssystem eingeführt. Um all diese Verbesserungen zu finanzieren und die wohlfunktionierende Verwaltung zu unterhalten, mußte *Darius* Steuern eintreiben. Die Universitätsstadt Taxila gewann an Bedeutung und entwickelte sich zum Zentrum der Gelehrsamkeit für irano-indische Geisteswissenschaften. In dieser Atmosphäre der Gelehrsamkeit wurde auch ein alphabetisches System für das Sanskrit entwickelt. Kunst und Architektur erlebten eine Blütezeit, aber auch Medizin, Jura und Wirtschaftswissenschaften erfuhren einen Aufschwung. Eine berühmte Kriegsakademie bildete die Offiziere und Strategen der Armee aus.

327 v.Chr. betrat **Alexander der Große** das Gebiet des heutigen Pakistans. Er fand eine politisch sehr instabile Situation vor und lieferte sich heftige Schlachten mit den Vorfahren der heutigen Punjabis und Pakhtun. Mit geschwächter Armee und Verlusten an Kriegsmaterial wurde er zur Rückkehr gezwungen. *Alexanders* Zeit in Pakistan war zu kurz, als das er es vermocht hätte, die Einheimischen mit griechischen Fertigkeiten vertraut zu machen; es blieb kaum ein Eindruck von der hellenistischen Geisteswelt. Trotz des nur kurzen hellenistischen Intermezzos war *Alexander* der Wegbereiter einer indohellenistischen Ära, die durch die Nachfolger *Alexanders,* die Baktrier, in der Gandhara-Kultur ihren Ausdruck fand. Der Einfluß hellenistischer Kultur auf die buddhistische Kunst von Gandhara – Apollon traf Buddha – setzte einen Verschmelzungsprozeß von Ost und West in Gang.

König Ashokas Regierungszeit begann 268 v. Chr., er war ein Herrscher des Maurya-Reichs, einer tatenfrohen indischen Dynastie, die in dem heutigen Pakistan ihren westlichen Teil hatte. *Ashoka* war ein glühender Anhänger der **Lehre Buddhas** und förderte ihre Verbreitung in seiner Amtszeit, soweit sein Einflußbereich reichte. Ausgehend von Taxila, das noch immer das Zentrum der Gelehrsamkeit war, fand eine Missionierung großen Stils statt. Die Lehre des Buddha wurde zum zentralen Punkt in *Ashokas* Herrschaftszeit. Der Buddhismus entwickelte für die damalige religiöse Vorstellungswelt, aus der Göttergestalten nicht wegzudenken waren, sehr ungewöhnliche Ideen. Im Rahmen seiner Lehre fand keine Götterverehrung statt, sondern es wurde ein irdischer Weg zur Befreiung vom Leid gesucht. Die buddhistische Trinität beinhaltet den Lehrer *(Buddha),* die Lehre *(Dhamma)* und die Gemeinde mit Mönchen *(Sangha).* Ein zentrales Thema der Lehre ist das Fehlverhalten des Menschen und das System des 'Verdienstlichen', des Sammelns guter Taten, um schließlich Erlösung zu finden. Buddha wird auch als Lehrer der Liebe und Güte gegenüber allen Lebewesen verstanden. *Ashoka* ging in die Geschichte als der Herrscher ein, der Krankenhäuser für Tiere einrichtete, weil seiner Ansicht nach auch sie einen wichtigen Platz im Kosmos aller Dinge haben und gute Behandlung verdienen.

Es existieren vielfältige gandharische Buddha-Darstellungen, einige davon können Reisende in den Museen des Landes bewundern. In der Statue des meditierenden Buddha im Taxila-Museum ist auf beeindruckende Art und Weise der Moment der Erleuchtung und die Erlangung der letzten Erkenntnis festgehalten. Im Museem von Lahore ist der „Fastende Buddha" zu bewundern, eine eindrucksvolle künstlerische Interpretation des suchenden und sich kasteienden Buddhas während seiner asketischen Wanderjahre. Neben Taxila, einem der ältesten fortwährend bewohnten Orte, mit reichen Kunsterzeugnissen aus allen Phasen der Gandhara-Ära, ist auch Peshawar ein reli-

Buddhistische Klosterruinen von Takht-i-Bahi

giöses und politisches Zentrum gewesen. Eine der am besten erhaltenen buddhistischen Klosterruinen ist Takht-i-Bahi, auf einem Berg 15 km hinter Mardan gelegen. Noch jetzt ist der Klosterberg imposant in der rauhen und menschenleeren Umgebung, mit Bauwerken, die meditative Ruhe und Versenkung ausstrahlen. Wie ehrfurchtgebietend müssen all die Pagoden und Statuen erst mit ihrer damaligen, prächtigen und glänzenden Vergoldung auf die Gläubigen gewirkt haben!

Ab 231 v. Chr. dehnten in Afghanistan herrschende **Gräko-Baktrier** ihren Einfluß auf die westlichen Gebiete des zerfallenden Maurya-Reiches aus. Sie machten aus Gandhara eine Kolonie und ernannten Taxila und Pushkalavati zu ihren Hauptstädten.

Zwischen den Jahren 50 und 500 nach Chr. entstand das buddhistische **Kushaner-Reich** im heutigen Nord-Pakistan und Afghanistan. Es war die Blütezeit der Gandhara-Kunst, die religiöse buddhistische Ausdrucksformen mit hellenistischen Stilelementen verband. In Taxila entwickelte sich der Mahayana-Buddhismus.

Der Islam und die Moghuln

Beginn der Islamisierung

Mit **Muhammad Ibn Al-Quasim** begann die islamische Geschichte auf dem Subkontinent. Im Alter von 17 Jahren erreichte er 711 n. Chr. den Süden des Landes mit seinen irakischen und syrischen Soldaten. Den Zugang hatten sie durch die Makran-Wüste Beluchistans gefunden und begannen zunächst den Sindh zu erobern, kurze Zeit später auch den Punjab. Die Invasion brachte wieder einmal – wie zuvor in der abwechslungsreichen Geschichte – ein ganz neues Weltbild ins Land: „Gott ist absolut, der Schöpfer allen Seins", wurde verkündet. Alle polytheistischen Gottesvorstellungen verschwanden in den islamischen Einflußbereichen im Laufe der folgenden Jahrhunderte.

„Es gibt keinen Gott außer Gott, und Muhammad ist der Gesandte Gottes."
(islamisches Glaubensbekenntnis)

„Sag: Er ist Gott, ein Einziger, Gott durch und durch. Er hat weder gezeugt, noch ist er gezeugt worden. Und keiner ist ihm ebenbürtig."
(Koran, Sure 112)

Ibn Al-Quasim war – 80 Jahre nach dem Tod des Propheten (632 n. Chr.) – noch tief von der neuen Religion beeindruckt. Er wollte den Eroberten aber seine Religion nicht aufzwingen und behandelte sie tolerant, deshalb kam es zu keiner direkten Konfrontation mit dem Hinduismus. Gerade dieses umsichtige Verhalten bewegte viele zum Übertritt. Das Land erlebte eine kulturelle und wirtschaftliche Blütezeit. Die Kommunikation zwischen den muslimischen Glaubensgemeinschaften in verschiedenen Ländern erlaubte einen schnellen Austausch von Ideen und Wissen über die Landesgrenzen hinaus. Auch Weisheiten und Errungenschaften der Hindus wurden gleichsam mit verbreitet. Die südpakistanische Provinz Sindh orientierte sich im Laufe der nächsten Jahrhunderte stark an Arabien und unterhielt einen regen kulturellen Austausch; islamische Rechtsschulen wurden aufgebaut und eine Vielzahl arabischer Lehnwörter verwendet.

Die türkischen Invasoren kamen im Jahre 1030 in Gestalt von **Sultan Mahmud** aus dem Hause Ghazni. *Mahmud* war ein hervorragender Heerführer und errichtete einen islamischen Herrschaftsbereich über Nord- und Mittelpakistan bis zum Ganges. Er trug den Glauben auch in die nördlichen Gebiete des Landes, und sorgte dafür, daß die Religion dort endgültig Fuß fassen konnte. Die Hauptstadt des Reiches war Lahore, und sie ist bis zum heutigen Tag das Zentrum der Kunst und Kultur geblieben. Der Dichter *Masud Sa'd Salman* und der Mystiker *Data Gandj Baksch* sind bemerkenswerte Persönlichkeiten dieser Zeit und auch heute noch verehrt und unvergessen.

Der Islam wurde nicht nur mit dem Schwert verbreitet, sondern auch durch die **Sufis,** wandernde Prediger, die viel Einfluß auf das einfache Volk nahmen. Einer der berühmtesten Sufi-Orden war die **Naqshbandiyya,** im 14. Jh. in Zentralasien entstanden. Der Orden war keine mystisch verklärte Bruderschaft, sondern gab sich nüchtern, hatte sich dem Schweigen und der Ernsthaftigkeit verpflichtet; Musik und Ekstasetechniken wurden abgelehnt. Die Führer des Naqshbandiyya-Ordens riefen dazu auf, die Verantwortung für die rechte Ordnung im Staat auf sich zu nehmen, um dem Beispiel des Propheten folgen zu können.

Die Moghul-Dynastie

Nach Zeiten der Zerstörung, die Herrscher wie *Timur* mit seinem Mongolensturm verursachten, begann mit **Babur** eine neue glänzende Epoche. Im Jahr 1524 kam er mit seiner Gefolgschaft ins Land. Er stammte aus Samarkand, wo sich die Formen des persischen und zentralasiatischen Islam bereits begegnet waren.

„Des Glaubens wegen streif' ich durch die Welt
Und hab' den Heiden mich zum Kampf gestellt.
Ich wollte fallen gern im Schlachtenfeld –
Doch, Lob sei Gott: ward Sieger nun und Held!" [2)]
(Babur)

Die glanzvolle Moghul-Dynastie gründete sich auf ihn, sie beherrschte fast den gesamten Subkontinent, von Afghanistan bis Bengalen und schuf eine **islamische Hochkultur.** Delhi war der neue Mittelpunkt kulturellen Lebens der Muslime, von dort aus überzogen sie das Land mit ihren architektonischen Denkmälern. Konzentriert standen die Bauwerke mit den „neuen" charakteristischen Kuppeln in Delhi, ihrer Hauptstadt, und auch Lahores charaktervolles Gesicht ist durch Bauten der Moghulzeit geprägt worden. In der großartigen Badshahi-Moschee, dem Lahore-Fort, der Perl-Moschee (Moti Masjid) und den Shalimar-Gärten – um nur einige zu nennen – haben sich persische, zentralasiatische und indische Elemente vereinigt. Der Hinduismus ist reich an figürlichen Darstellungen, Göttern und Göttinnen in allen Formen und Variationen. Der Islam dagegen konzentriert sich auf Gottes Wort und vermeidet die bildliche Darstellung von Lebewesen. Moscheen sind Häuser des Gebetes und der Kommunikation, kein Zierrat soll vom Eigentlichen ablenken. Die Moghulbauten bestechen durch ihre Schlichtheit, eine klare Schönheit ohne üppigen Schmuck.

Akbar der Große (1556-1605) versuchte die Gräben zwischen den Religionsgemeinschaften der Muslime und der Hindus zu verkleinern und ließ literarische Großwerke der Hindus, Mahabharata und Ramayana, ins Persische, die Sprache der Moghuln, übersetzen. Er wurde berühmt durch die Renovierung und Etablierung des gewaltigen Forts von Lahore. Der Moghul-Herrscher **Jehangir,** der den Luxus und die Poesie liebte, war ein großer Kunstförderer. **Shah Jehan** ist berühmt für das **Taj Mahal** (erbaut 1631-1648) in Agra, daß er für seine geliebte Frau *Mumtaz Mahal* errichten ließ. Auch sein Sohn **Aurangzeb** trägt einen klangvollen Namen. Wie seine Vorfahren widmete er sich der Errichtung großartiger Bauwerke, förderte die Künste, Architektur, Literatur, Musik und Tanz. Die imposante Badschahi-Moschee in Lahore und auch die Perl-Moschee wurden von *Aurangzeb,* dem letzten großen Moghulkaiser, gebaut. Die Gesichter vieler Städte im heutigen Pakistan wurden in der Moghulzeit geprägt. Die Herrschaft *Aurangzebs Alamgirs* dauerte fast ein halbes Jahrhundert. Er war ein strenger, orthodoxer Muslim und brachte die Hindu-Elite gegen sich auf. Kämpfe gegen innere und äußere Feinde zermürbten ihn und seine Heerscharen. Auseinandersetzungen mit hinduistischen Gruppen, Unruhen der Sikhs und die Ankunft der Engländer schwächten das einst so großartige Reich.

Die Übergriffe **Nadir Shahs von Persien,** der im Jahr 1738 von Kandahar aus agierte und den Punjab plünderte, trafen die schwachen und in Machtkämpfe verwickelten Herrscher schwer. Zehn Jahre später kam eine neue Gefahr aus dem Westen: **Ahmad Shah Durrani Abdali,** auch ein Afghane aus Kandahar, der Statthalter einsetzte, um die Provinz Punjab zu kontrollieren.

Im Jahr 1757 wurde im Punjab das **Sikh-Reich** errichtet mit Lahore als seiner Hauptstadt. Sein bedeutendster Herrscher war *Ranjit Singh* (1780-1839).

Die **Briten** annektierten im Jahr 1843 den Sindh; kurz darauf fanden die Sikh-Kriege von 1845 bis 1849 statt. Die Muslime verloren mit der Entmachtung des letzten Moghul-Kaisers die Vorherrschaft in Indien und wurden von den Briten zu einer politischen Minderheit degradiert.

„... *wie orientalische Jäger*
sich unterm Großmoghul versammelten, wenn er
einstmals von Agra auszog oder von Lahore,
Rajahs und Omras mit in seinem Zug, um nun
Das Wild heranzutreiben, eingegrenzt in einen Ring
Groß wie ein ganzer Gau ..."
(W. Wordsworth)

Die Briten in Indien und die Geburt Pakistans

Die britische Eroberung Indiens

„*Die kalmückischen Horden Dschingis Khans und Timurs, die wie Heuschreckenschwärme auf eine Stadt herabstießen und alles verschlangen, was ihnen in den Weg kam, müssen für ein Land ein wahrer Segen gewesen sein, verglichen mit dem Einfall dieser christlichen, zivilisierten, ritterlichen, edlen britischen Soldaten.*" [3]

„*Offiziere, da, dort – sie laufen hinter ihren Leuten her: Versprechungen, Drohungen, nichts nützt. Disziplin gibt es nicht mehr. Durch die eingedrückten Tore kommen die Plünderer heraus, mit Beute beladen, von Wut berauscht, vom Gold erregt. Tücher, teure Teppiche, Gold- und Silberbrokat, Schmuckkästen mit Edelsteinen, verzierte Waffen – sie sind unter der Last gebeugt. Einige von ihnen, die mit Porzel-*

lan oder wundervollen Spiegeln beladen sind, zerschlagen sie ärgerlich auf den Steinfliesen und kehren zurück, sich wertvollere Beute zu holen. Andere sind damit beschäftigt, Schwertgriffe loszumachen, Pistolenläufe, Sattelknöpfe, Pfeifenrohre, die Edelsteine, die sie verzieren. ... Sie kommen heraus, in den vollen Armen kleine Eisenkästchen, Schmuckkästchen, Kassen, Juwelen, verzierte Waffen, Geschmeide. Einer dieser ausgelassenen Kerle, der gerade ein Schloß gesprengt hat, das wie Blei aussah, aber aus gutem schönem Silber bestand, zieht aus der Schachtel ein Armband aus Smaragden, Diamanten und Perlen hervor – alles von solcher Größe, daß ich gar nicht an ihre Echtheit glauben konnte." [4]

Die Briten kamen als scheinbar harmlose Händler zu Beginn des 17. Jahrhunderts nach Indien. Zu den begehrten Handelsgütern gehörten damals Baumwolle, Zucker, Jute, Indigo, Opium und Diamanten. Die **East India Company,** eine um 1600 in Indien gegründete Handelsgesellschaft, dehnte langsam ihren Handels- und Machtbereich durch Intrigen, Bestechung und Gewalt aus. Ihre machtpolitischen Interessen hatten bald gleiches oder größeres Gewicht als die Optimierung der materiellen Ausbeutungsstrategien. Mitte des 18. Jahrhunderts war sie bereits tief in die innerpolitischen Angelegenheiten Indiens verstrickt. In der Plassey-Schlacht von 1764 wurden die vereinten Heere des Großmoghuls und des Nawabs vom Söldner-Heer der britischen *East India Company* vernichtend geschlagen. Nach dem entscheidenden Sieg über die Aufständischen in Bengalen kontrollierten die Engländer den ganzen Landesteil, und die *Company* wurde der wichtigste Machtfaktor in Indien.

Von diesem Zeitpunkt an begann die **systematische Eroberung des Subkontinents,** und der Begriff vom *British Raj (Raj* bedeutet Gesetz) breitete sich aus. Die Briten betrieben ihre Indienpolitik nach dem Motto „Teile und Herrsche", stifteten Unfrieden im Land und gingen die unterschiedlichsten Koalitionen ein, um ihre Ziele zu erreichen und Parteien und Gruppierungen im Land gegeneinander aufzuhetzen. Die britische Oberherrschaft machte sich auch in der Kulturpolitik bemerkbar. Die britischen Offiziere und Verwaltungsbeamten lernten Urdu, das die Sprache der Gerichtshöfe wurde. Das Persische, Sprache der Moghuln, wurde langsam verdrängt. Englisch diente als Erziehungsmedium der höheren Bildung (festgelegt durch das Macauley-Programm, 1835). Durch diese sprachlichen Veränderungen wurde die muslimische Oberschicht erschüttert, die der arabischen und persischen Tradition verhaftet war. Kritik und Mißtrauen machten sich breit, als die Gefahr der Verfremdung und Marginalisierung für die islamische Kultur erkannt wurde. Aber die Herrschaft der *East India Company* dehnte sich aus und wurde immer unanfechtbarer, die muslimischen Gruppen, eine Minderheit im hinduistischen Indien, vermochten dem nichts entgegenzusetzen. Die Provinz Sindh war 1843 bereits in britischer Hand, ihre Nützlichkeit als Korridor nach Afghanistan war sehr schnell erkannt worden.

„So wirkten die verschiedensten Motive zusammen, die zum Ausbruch der großen Empörung in Indien führten, die unter dem Namen Sepoy-Aufstand bekannt ist. Daß die tatsächlichen und scheinbaren Eingriffe in das religiöse Empfinden der Hindus den tiefsten Grund bildeten, zeigte sich deutlich an der unmittelbaren Ursache, die den Sturm losbrechen ließ: die Einführung neuer, mit Rinds- oder Schweinefett gefetteten Patronen, deren Berührung für Hindus wie Mohammedaner Verunreinigung bedeutete." [5]

Im Jahr 1857 fand der erste **Unabhängigkeitskrieg** gegen die Briten statt, als „The Mutiny" („Die Meuterei") oder „Sepoy-Aufstand" ging er in die Geschichte ein. Monarch *Bahadur Shah Zafar,* der den Aufstand der indischen Soldaten in der britisch-indischen Armee im Norden des Landes anführte, mußte eine Niederlage hinnehmen und wurde in die Verbannung geschickt. Die Hauptschuld wurde den muslimischen Soldaten zugesprochen, was die Lage der Muslime im Land noch schwieriger machte. Die muslimische Oberschicht erlitt schwere Verluste, von denen sie sich nicht erholen konnte.

„Noch tiefer berührten die Hindus all die Maßnahmen, die altes Herkommen verletzten und den Anschein erweckten, als sei eine Christianisierung des Landes beabsichtigt. Auch die Mohammedaner fühlten sich bedroht: Ihr einstiges Oberhaupt, der Mogulkaiser, führte nur noch ein Schattendasein, und nun sollte auch noch sein Titel beseitigt werden." [6]

Die Rolle der *East India Company* änderte sich nach diesem Ereignis entscheidend, die **britische Krone übernahm die Kolonialgebiete.** *Königin Victoria von England* wurde 1858 zur Kaiserin von Indien gekrönt, und nahm einschneidende Veränderungen an der Verfassung und Verwaltung vor.

Das „Britische Raj" erlangte zu dieser Zeit seine maximale Ausdehnung auf dem Subkontinent. Es reichte im Norden bis Hunza an der chinesischen Grenze. 1893 wurde die **Grenzbestimmung** zwischen Britisch-Indien und Afghanistan vollzogen. Die Durand-Linie – wie sich die pakistanisch-afghanische Grenze nach dem die Trennung durchführenden britischen Politiker nennt – durchtrennt das Stammesgebiet der Pakhtun, die heute sowohl in Pakistan als auch in Afghanistan leben. Die Briten gestatteten den Stämmen, unter der Supervision von britischen Verwaltungsbeamten, sich in ihren Gebieten selbst zu verwalten. Diese Politik hat heute noch Gültigkeit in Pakistan.

Die Situation der muslimischen Bevölkerung Indiens

Die muslimische Bevölkerung Indiens fühlte sich **von zwei Seiten bedroht:** Einerseits von der Vorherrschaft der Briten und andererseits von dem Selbstbehauptungswillen der Hindus, die den weitaus größeren Bevölkerungsanteil stellten. Zeitweise schien es, als ob Hindus und Muslime nur die Hoffnung gemeinsam hatten, sich von der britischen Vorherrschaft befreien zu können. Die Mehrzahl der bengalischen Muslime bestand aus armen Landarbeitern, die in den Jute- und Indigoplantagen schufteten. Sie versuchten sich zur Wehr zu setzen gegen die Ausbeutung und Vorherrschaft durch Hindus und Briten; da sie aber für alle Herrschenden uninteressant waren, konnten sie ohne jegliche Unterstützung keine Erfolge erzielen.

Die **verschiedenen muslimischen Gruppen** waren sich untereinander nicht einig, ob Anpassung oder Festhalten an der eigenen Tradition sinnvoller für ihr eigenes Fortbestehen wäre. Ohne Erziehung in britischen Institutionen war eine Partizipation am Verwaltungssystem nicht möglich, dadurch konnte keine Einflußnahme im Staat und keinerlei Interessenvertretung erfolgen. Eine Universität für Muslime in der Stadt Aligarh nördlich von Delhi produzierte eine westlich gebildete Mittelschicht. Die Schule von Deoband war eher traditionalistisch orientiert. Die Parteien der indischen Muslime gingen aus diesen beiden Schulen hervor. Die Deoband-Schüler sahen sich als muslimisch-indische Bürger, die aus Aligarh vertraten die Idee einer separaten muslimischen Nation.

Im Dezember 1906 artikulierte die *Muslim League* in Dacca, daß sie die politischen Interessen und Rechte der Muslime in Indien schützen wolle. 1930 forderte die *All India Muslim Conference* unter der Leitung des *Aga Khan* eine föderalistische Verfassung und eine getrennte Repräsentierung der Religionsgemeinschaften. Die islamischen Interessen sollten auf diese Weise gewahrt werden. *Nehrus* Antwort auf diese Forderung war: *„Der Islam spielt zwar eine kulturelle und religiöse Rolle, aber eine getrennte Vertretung der Muslime wird nicht akzeptiert, auch nicht eine föderalistische Struktur Indiens, die den Muslimen die Repräsentanz im Parlament sichert."* *Mohammad Ali Jinnah* vertrat eigentlich die Idee der Hindu-Muslim-Einheit, wandte sich nach dem Nehru-Report aber von der Kongreßpolitik ab und unterstützte die Idee eines unabhängigen Staates.

Muhammad Iqbal – Vordenker für einen muslimischen Staat

„Ich gestehe, ich verdanke viel Hegel, Goethe, Mirza Ghalib, Mirza Abdul Qadir Bedil und Wordsworth. Die beiden ersten führten mich in das 'Innere' der Dinge, der dritte und vierte lehrte mich, wie ich orientalisch in Geist und Ausdruck bleiben konnte, nachdem ich fremde dichterische Ideale assimiliert hatte, und der letzte rettete mich in meinen Studententagen vor dem Atheismus."
(Iqbal, „Verstreute Gedanken" 1910) [7]

Muhammad Iqbal wurde am 9. November 1877 in Sialkot, im nördlichen Punjab, geboren. Er studierte zunächst in Lahore und ging 1905 nach Cambridge, wo er sich mit den Fächern Philosophie und Jura beschäftigte. 1907 lebte er in Deutschland, er lernte die Sprache und promovierte in München mit einer Arbeit über „Die Entwicklung der Metaphysik in Persien" („The Development of Metaphysics in Persia").

Ein Jahr später ging er zurück nach Lahore und konzentrierte sich auf die Bemühungen, die Glaubensbrüder in Indien zu ihren religiösen Ursprüngen und damit zu ihrer Kraft und ihrem Selbstbewußtsein zurückzuführen. *Iqbal* wurde Zeit seines Lebens bewegt von der Sorge um seine muslimischen Landsleute, die vielerlei Repressalien ausgesetzt waren und sich auf Identitätssuche befanden. Iqbal vereinte den **Politiker und Dichter** in einer Person. Sein Ideal läßt sich in einen Satz fassen: *„Der Dichter ist das Herz in der Brust der Nation."* Er glaubte im Aufleben des Islam die Zukunft und Hoffnung des muslimischen Volkes zu sehen; diese Idee verfolgte er auch auf politischer Ebene. Die Sprache seiner Poesie war Urdu und Persisch. In seine prophetisch-poetische Dichtung floß die große Kenntnis europäischer Philosophie und Theologie mit ein. Eines seiner Vorbilder war *Maulana Djelaluddin Rumi,* der größte Dichter des mystisch vertieften Islam.

„Drei Reichen des Geistes gehört Sir Muhammad Iqbal an, drei Reiche des Geistes sind Quellen seines gewaltigen Werkes: die Welt Indien, die Welt des Islam und die des abendländischen Denkens." [8]

Muhammad Iqbal wurde 1922 von den Briten adelig gesprochen. 1927/28 faßte er seine **Gedanken zur Erneuerung des Islam** bei einer Vortragsreise zu den indischen Universitäten Delhi, Madras und Aligarh in Worte. Die berühmten „Sechs Vorlesungen" („Six Lectures") über die Wiederherstellung des religiösen Denkens im Islam erregten Aufsehen im Osten und im Westen. Er betätigte sich aktiv in der *Muslim League,* die im Jahre 1906 gegründet worden war. Die *Muslim League* stellte ein Gegengewicht zur *Congress Party* dar, die von Hindus dominiert wurde. Am 29. Dezember 1930 hielt *Iqbal* vor der *All India Muslim League* auf der Jahrestagung in Allahabad seine **Pakistan-Rede**, in der er sich das erste Mal explizit für die Bildung eines muslimischen Staates im Nordwesten Indiens aussprach.

„Ich möchte den Punjab, die nordwestliche Grenzprovinz, Sindh und Belutchistan in einen einzigen Staat zusammengeschmolzen sehen. Selbstregierung innerhalb oder außerhalb des Britischen Empire, die Bildung eines konsolidierten nordwest-indischen muslimischen Staates, scheint mir die endliche Bestimmung der Muslime, zumindest derer in Nordwest-Indien, zu sein."

Aus der Erörterung der Möglichkeit eines getrennten Staatsgebildes wurde ein **Konzept des Staates Pakistan.** *Pakistan,* „Land der Reinen", sollte der neue Staat heißen; das Wort wurde aus den einzelnen Buchstaben der Provinzen gebildet *(K* steht dabei für Kashmir). Dieser Plan wurde offiziell als Ziel der Muslim League 1940 angenommen und führte schließlich 1947 zur Teilung des Subkontinents.

Muhammad Iqbal starb am 21. April 1938 an den Folgen eines Kehlkopfleidens und konnte somit die Verwirklichung seiner Ideen nicht mehr erleben. Von den Pakistanern aber wird der leidenschaftliche Dichter und religiöse Philosoph bis heute als geistiger Vater und als „das Herz in der Brust ihrer Nation" gefeiert.

Die Geburt Pakistans

Wodurch entstand das Verlangen nach einem eigenständigen Staat?

95 Millionen Muslime, 25 % der Gesamtbevölkerung, waren in ganz Indien verteilt. Die muslimische Elite fürchtete eine Marginalisierung durch die zahlenmäßig dominanten Hindus.

Die Briten bauten die Beteiligung der einheimischen Elite, zum großen Teil aus Hindus bestehend, an der Administration Indiens aus. *Muhammad Ali Jinnah,* der später als „Gründer Pakistans" bezeichnet werden sollte, wollte eine konstitutionelle Struktur, welche die muslimischen Interessen in einem vereinigten Indien berücksichtigte. Er aktivierte die *Muslim League* gegen den Anspruch des Kongresses, *alle* Inder zu repräsentieren. Weder *Nehru* noch *Gandhi,* die herrschenden Männer Indiens, waren willens, die Einheit Indiens auf Kosten einer chaotischen und unpraktikablen politischen Lösung zu wahren.

Die Forderung, Indien in zwei Staaten zu teilen, basierte auf der Annahme, daß Muslime und Hindus zwei unterschiedliche Nationen darstellen. Die Muslime beriefen sich auf eine holistische Konzeption der Gesellschaft, wie sie im Koran umrissen ist. In *Jinnahs* Rhetorik hieß das: *„Der Islam ist unser Führer und vollständiger Kodex unseres Lebens."*

Muhammad Ali Jinnah (1876-1948) war Rechtsanwalt und hatte selber relativ wenig Berührungspunkte mit der Religion. Er vertrat eine liberale Meinung und war Advokat der Trennung von Religion und Politik. *Jinnah* verweigerte der *Muslim League* kategorisch, die Konstitution Pakistans auf islamische Prinzipien zu bauen. *Jinnah* wurde in die Massenpolitik gezwungen, eine Rolle, in der er sich unwohl fühlte.

Viele **führende islamische Gelehrte** in Indien waren gegen die Bildung des eigenständigen pakistanischen Staates. *Maududi,* einer der bekanntesten Theologen in Indien, drückte es so aus: *„Wenn es Absicht ist, in Pakistan einen säkularen Staat zu gründen, hätte man ihn in Indien belassen können!"*

Ängste beherrschten die religiösen Führer: Zum einen befürchteten sie, daß die verwestlichte Elite gar kein Interesse daran haben würde, eine Theokratie zu errichten. Zum anderen sahen sie für sich selbst die Gefahr, daß sie in Pakistan keine politische Autorität erlangen und sie somit durch die Unterstützung der Teilungsbestrebungen nichts gewinnen würden.

1940 nahm die *Muslim League* die Idee des eigenständigen Staates Pakistan in ihr Parteiprogramm in Lahore auf. Die Führerschaft der *Muslim League* rekrutierte sich hauptsächlich aus den Gebieten, in denen Muslime die Minorität waren. In den Muslim-Mehrheitsgebieten, wie der Nordwest-Grenzprovinz, stellten die Hindus keine Bedrohung dar. Die *Muslim League* brauchte eine Unterstützung der muslimischen Massen, um ihre ablehnende Haltung gegenüber einer Kompromißsituation im ungeteilten Indien zu stärken. Die ***Mobilisierung der Massen*** entwickelte eine Eigendynamik. Religiöse Leidenschaft wurde zu politischen Zwecken geweckt und verselbstständigte sich schließlich, bis die Reaktionen unkontrollierbar waren. Für die muslimischen Massen wurde Pakistan zu einem Symbol des „Gelobten Landes". Eine gerechte und auf egalitären Prinzipien beruhende Wirtschaft und soziale Ordnung wurden versprochen. Durch geschickte Rhetorik stellten die Politiker eine andere Glaubensgemeinschaft – die Hindus – als das Hindernis auf dem Weg zur Freiheit dar. *Jinnah* und die *Muslim League* verloren die Kontrolle über dieses gefährliche Spiel – der konstitutionelle Kampf zum Schutz der Muslim-Elite wurde zu einer Massenbewegung für eine separate Nation.

Die **Briten** unternahmen während des Zweiten Weltkriegs Versuche, zu einer Lösung des Problems beizutragen. Gespräche und Verfassungsvorschläge konnten aber an der Unvereinbarkeit der Standpunkte nichts ändern. Im Juni und Juli 1945 wurden in Simla Gespräche zwischen dem Vizekönig, *Jinnah* und *Gandhi* geführt.

Lord Mountbattan wurde im März 1947 zum Vizekönig Indiens ernannt; es dauerte aber nur noch wenige Wochen, bis die **Teilung des Landes** überstürzt vollzogen wurde. Sieben Millionen Muslime flohen aus Indien nach Pakistan, ebenso viele Hindus und Sikhs mussten Pakistan verlassen. **Ausschreitungen** der drei Religionsgruppen, Massaker, Vergewaltigungen und Plünderungen waren an der Tagesordnung und kosteten 250.000 Menschen das Leben.

Die **Situation nach der Teilung** war denkbar ungünstig für Pakistan: Immer noch lebten Millionen Muslime in Indien. Darüber hinaus sorgte die schlechte wirtschaftliche Lage und ein nur geringer Staatshaushalt für eine schwache Ausgangsposition des neuen Staates. Das Fehlen einer gut ausgebildeten Infrastruktur – nur ein kleines Eisenbahnnetz war vorhanden – sowie einer vorbereiteten Hauptstadt taten ein übriges.

„Die Beadon Road sah plötzlich wie jede andere bevölkerte Straße aus, da sie ihrer bunten Turbane beraubt war, der haarigen Körper, gelben Shorts, engen Pyjamas und dem glitzernden religiösen Arsenal der Sikhs. Lahore ist mit einem Mal auch ärmer an einer anderen grauen Dimension geworden: es gibt keine Brahmanen mit Kastenzeichen mehr – keine Hindus in Dhoties. Nur noch Horden von muslimischen Flüchtlingen." [9)]

Jinnah starb schon ein Jahr nach der Staatsgründung, was die Orientierungslosigkeit im Land verstärkte. 1947 wurde Pakistan geboren, mit einer ungewissen Zukunft und der Vision einer gerechten sozialen Ordnung ausgestattet. Nach vollzogener Trennung übten die religiösen Führer *(Ulema)* Druck auf die Politiker des neuen Landes aus. Ihrer Meinung nach war die Schaffung eines theokratischen Staates die logische Schlussfolgerung nach der Herausbildung einer neuen Nation auf religiöser Grundlage.

Pakistan nach 1947

„Heil sei dem Boden, dem reinen,
Heil sei dem Lande, dem schönen,
Dir, dem Symbol hohen Strebens,
Erde von Pakistan!
Heil sei dem Gaubenszentrum stark!" [10)]

Politische Entwicklung bis 1988

Jm Jahr der Teilung Indiens wird *Muhammad Ali Jinnah* **erster Generalgouverneur** und *Liaqat Ali Khan* **Premierminister** Pakistans. Der britische König bleibt bis 1956 formal Staatsoberhaupt des Landes. 1951 durchlebt der junge Staat starke innenpolitische Verunsicherungen, denn *Liaqat Ali Khan* wird ermordet – keiner der populären Staatsgründer und -führer ist mehr am Leben.

Der offizielle **Staatsname** „Islamische Republik Pakistan" wird mit der Verabschiedung der ersten **Verfassung** 1956 verkündet. *Iskander Mirza* wird Präsident der Republik.

Nur zwei Jahre später setzt *Mirza* die Verfassung wieder außer Kraft, verbietet alle Parteien und verhängt das Kriegsrecht. Noch im selben Monat übernimmt *Muhammad Ayub Khan* das Präsidentenamt und damit die Macht im Land und errichtet ein **Militärregime.** Eine der beiden einflussreichsten Parteien Pakistans, die *Pakistan Peoples Party (PPP)* wird 1967 von *Zulfiqar Ali Bhutto* gegründet. Mit dieser Aktion versucht *Bhutto* eine Massenbewegung gegen das Militärregime zu organisieren. Durch die Unruhen wird *Ayub Khan* zwar zum Rücktritt gezwungen, aber sogleich abgelöst von *General Agha Muhammad Yahya Khan,* der ebenfalls das Kriegsrecht verhängt und die Verfassung außer Kraft setzt.

Im Dezember 1970 finden die **ersten allgemeinen und direkten Wahlen** statt, in denen die *Awami League* fast alle Sitze in Ost-Pakistan gewinnt. Die *PPP* geht daraus als zweitstärkste Partei hervor. Kurze Zeit später bricht der Krieg zwischen Ost- und West-Pakistan aus, der das Land zerteilt (siehe Bangladesh wird unabhängig). **Zulfiqar Ali Bhutto** wird als Präsident mit Kriegsrecht-Vollmachten eingesetzt. Die Verfassung, die auch heute noch

Gültigkeit hat, wird 1973 von der Nationalversammlung verabschiedet. Pakistan wird wie ein Bundesstaat strukturiert, die Provinzen erhalten eigene Parlamente und Regierungen. *Zulfiqar Ali Bhutto* übernimmt gleichzeitig die Ämter des Premier-, Außen- und Finanzministers; seine politischen Widersacher verschwinden ohne Gerichtsverfahren in den Gefängnissen. Es war seine Strategie, die Massen anzusprechen, besonders in der Heimatprovinz Sindh. *Bhutto* begann mit der Nationalisierung von Industrie und Banken und führte Reformen im Gesundheits- und Erziehungssystem durch. 1977 gewinnt die *PPP* mit überwältigender Mehrheit die Parlamentswahlen – wegen offensichtlichen Wahlbetrugs kommt es zu Unruhen im ganzen Land.

Im selben Jahr übernimmt **General Zia ul-Haq** die Regierungsgeschäfte und klagt seinen Widersacher *Bhutto* des Mordes an dem Vater eines politischen Gegners an. *Bhutto* wird am 4. April 1979 gehängt. Als Präsident des Landes baut *Zia ul-Haq* eine autokratische Militärdiktatur auf, die systematisch die Islamisierung von Staat, Wirtschaft und Gesellschaft fördert. Sein Regime erfährt eine finanzielle Unterstützung durch enorme Summen von Hilfsgeldern, die nach dem Einmarsch der sowjetischen Truppen in das Nachbarland Afghanistan für Flüchtlingsprogramme in Pakistan ins Land fließen.

1985 finden parteilose Parlamentswahlen statt. **Muhammad Khan Junejo** wird zum Premierminister ernannt und dadurch seine Partei, die *Pakistan Muslim League,* zur Regierungspartei. Die Verfassung von 1973 wird wiederbelebt und dahingehend geändert, dass die Machtposition des Präsidenten eine erhebliche Stärkung erfährt. Der Präsident hat seitdem die Vollmacht, den Pre-

Shah-Faizal-Moschee in Islamabad

mierminister, die Chefminister der Provinzen, das Regierungskabinett und die Parlamente aufzulösen. Von diesem Recht haben die Präsidenten in den letzten Jahren auch ausgiebig Gebrauch gemacht, um Regierungswechsel herbeizuführen.

1986 kehrt **Benazir Bhutto,** die Tochter von *Zulfiqar Ali Bhutto,* aus dem Exil zurück und nimmt die Position der Parteivorsitzenden der *PPP* ein. 1988 gewinnt ihre Partei die Parlamentswahlen, *Benazir Bhutto* wird von Präsident *Ghulam Ishaq Khan* zur Premierministerin ernannt, er selbst für weitere fünf Jahre als Staatspräsident bestätigt. Militärdiktator *ul-Haq* kommt im August des Jahres 1988 bei einem bis heute ungeklärten Flugzeugabsturz ums Leben. Seine letzte Tat ist die Erklärung der Scharia, des islamischen Rechts, zum obersten Gesetz Pakistans.

Der Kashmir-Konflikt

Die **Teilung Indiens** fand nach dem Prinzip der konfessionellen Zusammensetzung der Bevölkerung statt, in umstrittenen Gebieten sollte per Volksentscheid getrennt werden. Die Fürstenstaaten hatten innerhalb Indiens eine gesonderte Stellung; theoretisch stand es ihnen frei, sich für einen der beiden Staaten zu entscheiden oder die Unabhängigkeit zu wählen. In dem „Indian Independence Act" von 1947 sind die Anschluss-Modalitäten aber nur ungenau erörtert. Die **Herrscher von Jammu und Kashmir** verzögerten ihre Entscheidung; der Maharadja war Hindu, die Bevölkerung dagegen bestand zu 80% aus Muslimen.

Schließlich erhoben **beide neuen Staaten Anspruch auf das Gebiet.** Der Konflikt schwelt seit 1947; in diesem Jahr fand der erste Kashmirkrieg statt, 1965 folgte dann der zweite, und 1971 – im Zuge der Abtrennung Bangladeshs von Pakistan – der dritte Kashmirkrieg. Im Jahr 1972 unterzeichneten *Bhutto* und *Indira Gandhi* das Simla-Abkommen, um den Kashmir-Konflikt zu entschärfen und die Beziehungen zwischen Pakistan und Indien zu verbessern. Seit dem Simla-Abkommen ist es zwar zu keiner größeren kiregerischen Auseinandersetzung mehr gekommen, doch die **bis heute ungeklärten Gebietsansprüche** belasten die Beziehungen weiterhin sehr stark und machen die Gegend zum Krisenherd. Indien hält den größten Teil Kashmirs besetzt. Pakistan fordert, dass die Bevölkerung in den angrenzenden, mehrheitlich muslimisch bewohnten Gebieten nach dem Selbstbestimmungsrecht entscheiden soll, ob sie sich Pakistan anschließen will. Indien müsste sich dieser Entscheidung dann beugen. Es handelt sich nicht um einen Grenzstreit, sondern um die nicht vollzogene Einhaltung des Versprechens, der Bevölkerung den Volksentscheid zu ermöglichen. Jammu und Kashmir gehören zu den Mehrheitsgebieten des Islam, damit ist die Pakistanbewegung theoretisch noch nicht beendet. Die Region ist von geopolitischer Bedeutung für China, die ehemalige Sowjetunion und die USA.

Bangladesh wird unabhängig

Das aus der Teilung Indiens hervorgegangene Pakistan mit zwei völlig verschiedenartigen und 1.500 km weit auseinander liegenden Landesteilen – **Ost- und Westpakistan** – war unregierbar, das Auseinanderbrechen der Teile somit vorhersehbar. Im ursprünglichen Unabhängigkeitsplan für Pakistan war Bengalen – also Ostpakistan – kein Thema, auch *Iqbal* hatte nur von einem unabhängigen Staat im Nordwesten Indiens gesprochen. Erst Mitte der dreißiger Jahre wurde Bengalen in die Diskussion miteinbezogen.

In den beiden Landesteilen gab es erhebliche Struktur- und Sprachabweichungen. **Konflikte auf wirtschaftlichem und politischem Gebiet** entstanden gleich nach der Trennung. Es entbrannte auch ein Streit um die Sprache: Sollte Urdu oder Bengali als Landessprache der Vorzug gegeben werden?

1969 kam es zu einem nationalen Aufstand gegen *Ayub Khans* Regime mit der Forderung nach parlamentarischen Wahlen. Die Macht wurde an *General Yahya Khan* übergeben, in seiner Regierungszeit fanden 1970 demokratische Wahlen statt. In Ostpakistan gewann die *Awami League* von *Sheikh Mujibur Rahman* die Mehrheit der Sitze für die Nationalversammlung, trotzdem wurde ihr das Recht auf Bildung der Zentralregierung verweigert. Die bengalische Beteiligung am Gesamtstaatsgeschehen war schwach, die nationale Integration misslang. In Westpakistan war *Bhuttos Pakistan Peoples Party* erfolgreich. Beide Parteien blieben jeweils auf ihre Landesteile beschränkt.

Die *Awami League* **forderte mehr Unabhängigkeit für Ostpakistan,** eine eigene Währung, voneinander unabhängige Handelsbeziehungen und ein eigenständiges Militär. *Bhutto* kritisierte diese Forderungen, seiner Meinung nach würde sich bei Gewährung der Forderungen der Staat Pakistan in ein föderatives Gebilde umformen. Die Gespräche zwischen *Bhutto* und *Mujibur Rahman* zu diesem Interessenkonflikt waren nicht erfolgreich; *Bhutto* setzte *General Yahya* unter Druck, die Nationalversammlung zu verschieben – er war sich sicher, die Unterstützung der Armee zu haben. In Ostpakistan gab es kaum Hoffnungen auf die Lösung der Probleme durch Verhandlungen. Die *Awami-League* proklamierte die Unabhängigkeit Bangladeshs, was einen **blutigen Bürgerkrieg** auslöste.

Pakistans Außenpolitik war durch die Furcht vor Indien geprägt – in diesem Fall berechtigt –, denn durch die indische Einmischung kam es zur Niederlage Westpakistans in Ostpakistan. Der östliche Landesteil war unzureichend geschützt, vielleicht weil Hoffnung bestand, dass China oder die USA ein Eingreifen Indiens verhindern würden. Im Verlauf der Auseinandersetzungen kam es zu Ausschreitungen gegen Nichtbengalen; die indische Regierung erklärte sich mit den Sezessionisten (Befürwortern der Abtrennung von Pakistan) solidarisch und ermutigte die Bengalen in ihrer Kampfbereitschaft, um den Nachbarn Pakistan zu schwächen.

Schließlich griffen Einheiten der pakistanischen Armee ein, und das Kriegsrecht wurde aktiviert. Bengalische Polizeitruppen, die East-Pakistan-Rifles, eine paramilitärische Kampfeinheit, und zivile Widerstandskämpfer wurden niedergeschossen. Der *dritte indisch-pakistanische Krieg* wurde ausgelöst, er kostete 3 Millionen Menschen das Leben, 10 Millionen flüchteten nach Indien. Indische Soldaten in Zivilkleidung kamen den Aufständischen zu Hilfe. Pakistan musste zwangsläufig den Krieg verlieren, denn seine Truppen waren in der Minderzahl und wurden durch die Intervention indischer Truppen in Ostbengalen eingekesselt – die Niederlage war unvermeidlich. Die ostpakistanische Bevölkerung trennte sich von ihrem eigentlichen Staat und bildete einen *neuen Staat: Bangladesh.*

Yahya Khan trat aufgrund der öffentlichen Reaktion und der Stimmung gegen ihn zurück und setzte *Zulfiqar Ali Bhutto* zum Präsidenten mit Kriegsrecht-Vollmachten ein.

Krieg in Afghanistan – Flüchtlinge in Pakistan

Schon vor dem *Einmarsch der sowjetischen Truppen* im Jahr 1979 gehörte Afghanistan zu den ärmsten Ländern der Welt. Nach 18 Jahren Krieg liegt das Land heute endgültig in Trümmern.

Flüchtlinge in Millionenzahlen überschritten die Grenzen nach Pakistan und kehrten in den letzten Jahren nur sehr zögerlich zurück in ihr Heimatland. Zu Beginn des Krieges sagten die USA umfangreiche *Finanz-, Wirtschafts- und Militärhilfe für Pakistan* zu; die bis 1986 zur Verfügung gestellten Leistungen beliefen sich auf über 3 Mrd. US-Dollar. Als Nachbar Afghanistans zog Pakistan weltpolitisches Interesse auf sich. Weitere 4 Mrd. US-Dollar flossen in die pakistanische Kasse, die Hälfte dieser Mittel wurde zum Kauf von 40 F-16-Kampfflugzeugen und weiteren High-Tech-Waffen verwendet. Als Gegenleistung erlaubte Pakistan amerikanische Waffenlieferungen an die afghanischen Mudjaheddin.

Je nach Wendung der politischen Verhältnisse in Afghanistan füllen sich die *Flüchtlingslager* wieder; die größten befinden sich in Peshawar und Quetta. Die ethnische und sprachliche Verwandtschaft der pakistanischen und afghanischen Pakhtun bewirkte ein recht unproblematisches Zusammenleben der Einheimischen und der Flüchtlinge. Viele Afghanen haben sich in das pakistanische Leben integriert, einige Lager wurden inzwischen zu Dörfern ausgebaut und die Häuser befestigt. In Peshawar existiert inzwischen sogar ein afghanischer Stadtteil mit einem großen Bazar.

Nach dem Abzug der Sowjets 1989 trat nicht der erwartete Frieden ein, im Gegenteil, Kriegshandlungen eskalierten im ganzen Land. Die „Heiligen Krieger" bekämpften erbittert die moskaugestützte Regierung *Nadjibullahs.* 1992 trat *Nadjibullah* von der politischen Bühne ab und überließ das Feld allein den Führern der politischen und religiösen Parteien sowie den zahlreichen Kommandanten, die winzige Machtparzellen im Land unter sich aufteilten. Eine Einigung, die zu einer von der Mehrheit anerkannten Regierung und zum Frieden führte, kam bis heute nicht zustande. Zu unterschiedlich sind die Gruppierungen und ihre Zielsetzungen, zu stark die Einflussnahme der umliegenden Länder. Pakistan steht auf der Liste der Staaten, die ein Interesse an Afghanistan und seiner geopolitischen Lage in Südasien haben, ganz oben.

Zu den größten **Zerstörungen** in Kabul kam es erst in den letzten Jahren beim Kampf um die Regierungsstadt und damit um die offizielle Macht. Neue Flüchtlingsströme bewegten sich innerhalb des Landes und in Richtung Pakistan. Die Elite hatte rechtzeitig das Land verlassen und sich im Ausland, bevorzugt in Westeuropa, Amerika und Australien, etabliert.

Die **Hauptleidtragenden** der nicht enden wollenden Tragödie sind die Zivilisten. Ein erheblicher Teil der männlichen erwachsenen Bevölkerung kam im Krieg um; Witwen und Waisen müssen allein für ihren Lebensunterhalt sorgen. Eine halbe Million Erwachsene und Kinder sind als Folge des Krieges und insbesondere durch Minenexplosionen behindert. Es mangelt an Investoren und Facharbeitern, um die Wirtschaft des Landes wieder aufzubauen. Außerdem gibt es eine große Anzahl von Jugendlichen, die keine schulische oder berufliche Ausbildung erhalten haben.

Soforthilfemaßnahmen und eine notdürftige **Versorgung der Flüchtlinge** in Pakistan standen in den Jahren nach dem Einmarsch der sowjetischen Truppen im Vordergrund internationaler Aktivitäten. Zahlreiche Organisationen stellten Lebensmittel und Unterkünfte bereit und unterhielten einen Ba-

Kriegskunst – Folgeerscheinung des Krieges in Afghanistan

sis-Gesundheitsdienst. Als klar wurde, dass die sowjetischen Besatzer längere Zeit bleiben würden, verwandelte sich die Nothilfe in langfristige Versorgung und Unterhaltung bestehender Projekte.

Nichtregierungsorganisationen (NROs) in Pakistan ergriffen Hilfsmaß-
nahmen für die Bevölkerung in den mudjaheddin-kontrollierten Gebieten des
Landes während des Krieges. Sie hatten ihren Sitz meist in Peshawar oder
Quetta. Diese NROs unternahmen beständig Anstrengungen, Hilfe von den
eigenen Regierungen zu bekommen und die Öffentlichkeit in ihren Heimat-
ländern auf die Situation der afghanischen Bevölkerung aufmerksam zu machen. Die meisten NROs stammten aus Europa, den USA, Australien, Japan
und der islamischen Welt, es entstanden aber auch viele afghanische Organisationen. Einige sind von internationalen Gebern mit Sitz in Pakistan abhängig, andere werden als Untergruppierungen verschiedener Organisationen
von deren Hauptbüros in den Ursprungsländern unterstützt. 1989, als von einer Rückführung der Flüchtlinge noch kaum die Rede war, beschäftigten sich
ungefähr 40 NROs mit ihrer Versorgung. Dadurch konnten bedeutende Verbesserungen der Lebensumstände in den Lagern erzielt werden. Später wurden Wiederaufbaumaßnahmen unterstützt und die Rücksiedelung der Flüchtlinge vorbereitet.

Im Herbst 1994 nahmen die **Taleban** plötzlich den Kampf in Afghanistan
auf; ihre Hochburg war und ist die Stadt Kandahar. Aus pakistanischen
Koranschulen kommend, sollen sie sich auf den Weg gemacht haben, um
das geschundene Afghanistan zu befrieden. Es ist ein offenes Geheimnis,
dass der pakistanische Geheimdienst seine Hände im Spiel hat. Die Konzentrierung auf die Südprovinzen des Landes liegt an der überwiegend pakhtunischen Bevölkerung dieser Landesteile, bei der die ebenfalls pakhtunischen
Taleban größere Resonanz finden. Die *Taleban* erscheinen in der politisch
chaotischen Situation als gottesfürchtige und gerechte Retter, weil sie mit
Koran und Schwert die Kommandanten und ihre Willkürherrschaft hinwegfeg-
ten. Die Kehrseite der Medaille allerdings ist die Errichtung eines Gottesstaa-
tes, der sich u.a. durch islamische Schnellgerichte, eine strikte Kleiderordnung, Vernichtung der Auswüchse westlicher Dekadenz (TV und Video z.B.)
manifestiert. Die Reste der Behörden- und Verwaltungsstrukturen wurden
endgültig zerschlagen. Die *Taleban* ersetzen mit ihren Leuten alle freigewor-
denen Positionen, bauen eigene Strukturen auf und halten das System mit einer straff geführten Miliz unter Kontrolle.

Karachi – Krisenherd im eigenen Land

Mordanschläge vor sunnitischen oder schiitischen Moscheen, Sprengstoff-
attentate, Schießereien zwischen Sicherheitskräften und bewaffneten Banden gehörten in den letzten Jahren zum Alltagsgeschehen in Karachi, der
größten Stadt Pakistans. Die politische Stabilität des Landes ist bedroht und

das soziale und wirtschaftliche Leben gestört. Trotz hoher Militär- und Polizei-präsenz bleiben viele Verbrechen unaufgeklärt.

Der **Konflikt trägt einen ethnischen Charakter,** denn die verschiedenen Staatsinstitutionen und die Armee rekrutieren ihr Personal bevorzugt aus der bevölkerungsreichsten und wohlhabenden Provinz Punjab. Die Punjabis gel-ten als dominant und nach Vorherrschaft strebend, weshalb ihnen die ande-ren Ethnien kritisch gegenüber stehen.

Ganz besonders die **Mohajirs,** die nach der Teilung Indiens nach Pakistan eingewanderten Muslime. Sie sprechen Urdu als Muttersprache und bilden eine Minderheit, die bis heute um ihre gesellschaftliche und politische Aner-kennung kämpft. In Karachi machen sie allerdings einen großen Teil der Be-völkerung aus. Die *MQM (Mohajir Quaumi Mahaz* – „Nationale Bewegung der Mohajir") wurde Mitte der achtziger Jahre gegründet und ist die politische In-teressenvertretung der Mohajirs. Immer wieder wurden militärische Kräfte eingesetzt, um die zum Teil terroristischen Aktionen der Aktivisten der Moha-jir-Bewegung unter Kontrolle zu bringen. Besonders in den Jahren 1995 und 1996 spitzte sich die Situation zu. Politiker legten ihre Ämter nieder, wurden ins Gefängnis geschickt oder traten die Flucht ins Ausland an. Parteiführer *Altaf Hussain* schlug politisches Kapital aus den Spannungen zwischen den *Mohajirs* und den anderen ethnischen Gruppen der Provinz Sindh. Ziel der politischen Propaganda und flammenden Reden sind die Armee, die obere Rie-ge der Bürokraten und die Feudalherren-Elite der pakistanischen Bevölkerung. *Altaf Hussain* mobilisierte den politisch frustrierten städtischen Mittelstand und die rechtlosen Bewohner der ausgedehnten Elendsviertel der Stadt.

In der Verwaltung, den Behörden und den Versorgungsbetrieben der Metro-pole sitzen zahlreiche korrupte und unmotivierte Beamte, die den **ungelösten Problemen der gewaltig anwachsenden Stadt** tatenlos gegenüberste-hen. Die Stadt erlebt seit Jahren ihren eigenen Niedergang durch die Ver-schlechterung der Lebensbedingungen ihrer Bewohner. Die Einwohnerzahl nimmt jährlich um ein halbe Million Menschen zu, nicht nur aus Gründen des Bevölkerungswachstums, sondern auch wegen der ausgeprägten Landflucht. Landlose Bauern aus dem Punjab, Männer ohne Beschäftigungsmöglichkei-ten aus dem Norden Pakistans, afghanische Flüchtlinge und Studenten aus dem ganzen Land strömen zu Hunderttausenden nach Karachi. Rund ein Drit-tel der Bevölkerung lebt inzwischen in Elendsquartieren in den Außenbezirken der Stadt. Aber auch die bessersituierten Bewohner Karachis müssen sich mit dem Verkehrsinfarkt und einer ungeheuren Luftverschmutzung abfinden, mit den stinkenden Kloaken der Abwasserkanäle, mit chronischen Stromausfällen und überquellenden Müllbergen, von denen sich ein Millionenheer von Krähen und Milanen ernährt.

Der Traum von Reichtum und Erfolg endet nur zu oft in den **Slums** der Stadt, wo Männer, die daheim eine ganze Großfamilie ernähren müssen, ihr kärgli-ches Dasein fristen. In diesen Verhältnissen ist der Weg zur Gewalt schnell beschritten. Schon vor einem Jahrzehnt haben sich in den Kolonien der Einwanderer, im Vakuum nicht vorhandener öffentlicher Ordnungsstrukturen, die Keimzellen krimineller Banden und Terrorkommandos, als verlängerter Arm politischer Parteien, gebildet.

Niemand aus der Riege der **Verantwortlichen** stellt sich den Tatsachen: Die Minister sind damit beschäftigt, sich Verschwörungstheorien auszudenken, die Regierung vermutet eine große ausländische Konspiration hinter dem Chaos in der Stadt. Das unverantwortliche Verhalten der Polizei und des Geheimdienstes, sich gegenseitig die Verantwortung zuzuschieben, ist ein schwerwiegender Umstand, der die Festnahme von Kriminellen verhindert. Soll die Krise in Karachi gelöst werden, muss eine Analyse von wirtschaftlichen, politischen und administrativen Faktoren erfolgen. Eine komplette Umstrukturierung der administrativen Struktur wäre notwendig, um Verbesserungen in der Stadt zu erzielen.

„Du wirst noch der Stolz des Ostens sein –
ich wollte, ich könnte wiederkommen,
Karachi, um dich in deiner Größe zu sehen!"
(Sir Charles Napier)

Aktuelle Politik

Bei den demokratischen **Wahlen 1988** wurde die *Pakistan Peoples Party* mit *Benazir Bhutto* an der Spitze, erfolgreichste Partei. Allerdings konnte sich *Benazir* nur 20 Monate an der Macht halten: Im August 1990 wurde sie der Korruption beschuldigt und aus dem Regierungsgeschäft entlassen. Bereits zwei Monate später fanden erneut Wahlen statt, aus denen *Nawaz Sharif* mit seiner Demokratisch-Islamischen-Allianz als Sieger hervorging.

Religiöse Gruppierungen werden von den großen Parteien *Pakistan Peoples Party* und *Pakistan Muslim League* in das Wahlkampf- und Regierungsgeschehen miteinbezogen, weil sie als Verbündete und Koalitionspartner im Machtkampf gebraucht werden. Durch Involvierung und Beteiligung an der Macht wird außerdem ein Unruhepotential entschärft, und maßgebliche Leute werden so bei Laune gehalten. Aber auch *Nawaz Sharif* und seine Regierung erwiesen sich als bestechlich und wurden im Juni 1993 des Amtes enthoben.

Möglich wurden diese Eingriffe durch die **besonderen Vollmachten des Präsidenten** in Pakistan, die Überbleibsel aus Zeiten der Militärdiktatur waren. Erst 1997 gelang es einem aus freien demokratischen Wahlen hervorgegangenen Parlament, diese Verfassungsergänzung mit der erforderlichen Zweidrittelmehrheit wieder aus der Verfassung zu streichen. Durch diese Umstände tat sich eine neue Chance für *Benazir* auf; die Wahlergebnisse boten

Staatsgründer Jinnah in illustrer Gesellschaft

ihr und ihrer Partei die Möglichkeit, die Regierungsgeschäfte erneut zu übernehmen. Immerhin konnte sie drei Jahre lang „die Zügel in der Hand behalten", bis sie im Oktober 1996 von *Präsident Farooq Leghari,* Kraft seines Amtes, ein weiteres Mal ihre Position aufgeben musste. Die Gründe diesmal? Korruption …

Bei den Regierungswahlen im Februar 1997 konnte sich Nawaz Sharif erneut als Premierminister des Landes durchsetzen.

Die Jahre zwischen 1988 und 1999 bescherten dem Land die bislang längste Demokratiephase in seiner jungen Geschichte. Doch vier Amtsenthebungen gewählter Regierungen und das Installieren einer ähnlichen Anzahl nicht gewählter Übergangsregierungen innerhalb dieser elf Jahre verhinderte, dass die Demokratie in Pakistan Wurzeln schlagen konnte. Am 12. Oktober 1999 übernahm das Militär erneut die Macht in Pakistan. Der General verkündete, das Nawaz Sharif wegen Korruption aus dem Amt entfernt wurde, und das er bemüht sei, die demokratischen Strukturen in Pakistan so schnell wie möglich wiederherzustellen. Sharif wurde im April 2000 zu lebenslanger Haft verurteilt, verliess aber völlig überraschend in einer Nacht- und Nebel-Aktion mit Familie und Hofstaat Ende 2000 das Land und fand politisches Asyl in Saudiarabien.

Im Rahmen des so genannten „devolution of power plan" der Militärregierung – ein Art Stufenplan zur Re-Demokratisierung der politischen Landschaft in mehreren Etappen – fanden Ende 2000, Anfang 2001 landesweiten Kommunalwahlen sowie im Sommer 2001 eine vorsichtige Annäherung an Indien statt.

Der Islam in Pakistan

„Bismillah-i Rahman-i Rahim"
„Im Namen Gottes, des Barmherzigen und Gnädigen"
(Anrufung Gottes zu Beginn jeder Tätigkeit, jeder Rede und jedes Buches)

Entstehung und Grundlagen des Islam

Die drei großen monotheistischen Religionen der Menschheit – *Judentum, Christentum und Islam* – sind im Gebiet des Nahen Ostens entstanden. Die Religionen, die sich zeitlich später entwickelt haben, betrachteten sich als Erfüllung der jeweils älteren: So hat das Christentum auf der jüdischen Religion aufgebaut, und der Islam, als jüngste der drei Religionen, gründet sich auf die beiden älteren. Gott hat den Menschen als „höchste Kreatur" ganz zuletzt erschaffen; der Weg des Menschen beginnt bei der Schöpfung und endet vor dem „Jüngsten Gericht". Gott teilt sein Wort durch ausgewählte Menschen mit – auf die Aussagen der Propheten gehen die „Heiligen Schriften" zurück. Mit *Adam* beginnt die Reihe der Erzväter und Propheten, und setzt sich über *Abraham, Moses, Jesus* bis *Muhammad* in einer langen Abfolge fort.

Die Christen glauben an die Dreifaltigkeit: Gottvater, Sohn und Heiligen Geist. Nach muslimischer Auffassung ist diese Aufteilung eines einzigen Gottes unlogisch und kann nicht akzeptiert werden. Die Pflicht des muslimischen Menschen ist die **Hingabe an den einzigen Gott,** den Allmächtigen, den Barmherzigen, dem Erbarmer von ganzem Herzen, ganzer Seele und ganzem Gemüt. Das Wort *Islam* bezeichnet diese völlige Hingabe; die sich Hingebenden sind der Muslim und die Muslimin. Die Bezeichnung für Gott in der arabischen Sprache ist **Allah**.

„Wahrlich, ungläubig sind, die da sprechen: 'Siehe, Allah ist ein dritter von drei.'
Aber es gibt keinen Gott denn einen einigen Gott ..."
(Koran, Sure 5, 77)

Der Islam kennt auch keine Erbsünde und hat kein Verständnis für die Erlösungstat *Jesu;* die zentrale Stellung des Kreuzes im Christentum kann somit nicht nachvollzogen werden. Gott hat *Jesus, Isa,* wie er im islamischen Kulturkreis genannt wird, nach muslimischer Auffassung den Kreuztod erspart. Jesus war der letzte Prophet vor *Muhammad.*

Im Islam gibt es keine Kirche als Institution mit eigenen Hierarchien und keine Priesterklasse; der **Mensch steht unmittelbar vor Gott,** und das Leben wird von religiösen Gesetzen und Vorschriften geregelt.

„Dies Buch, daran ist kein Zweifel, ist eine Leitung für die Gottesfürchtigen, die da glauben an das Verborgene und das Gebet verrichten und von unserer Gabe spen-

den: Und die da glauben an das, was auf die herabgesandt ward und herabgesandt ward vor die, und fest aufs Jenseits vertrauen. Diese folgen der Leitung ihres Herrn, und ihnen wird's wohlergehen."
(Koran, Sure 2, 2-5)

Der **Koran** *(qur 'an* bedeutet „Rezitation" im Arabischen) ist die Grundlage des Islam und ersetzt und korrigiert Thora und Bibel, so wie der gläubige Muslim auch hofft, daß die Angehörigen der Vorgängerreligionen ihre Irrungen erkennen und zum wahren Glauben übertreten werden. Der Koran enthält 114 Suren (Kapitel), die nach ihrer Länge geordnet sind, die längste hat 286 Verse, die kürzeste drei. Die Eröffnungssure wird *Fatiha* genannt. Das heilige Buch wurde von *Osman,* dem dritten Kalifen und Nachfolger *Muhammads,* niedergeschrieben und ist als authentische Fassung anerkannt. Der Koran ist das Wort Gottes und damit unumstößlich. Er enthält Befehle, Anordnungen und Richtlinien für das tägliche Leben und die staatliche Ordnung. Seine Rezitation gilt als eine erhebende Beschäftigung. Nicht nur der Inhalt ist unvergleichlich, sondern auch die Form seiner Verse erbaulich und schön. Der Zuhörende kann sich kaum dem Zauber einer wohlklingenden Rezitation entziehen. Um seine Einzigartigkeit hervorzuheben und ihn besonders zu ehren, wird der Koran an einem möglichst hochgelegenen und reinen Ort im Haushalt aufbewahrt. Rituell Unreine dürfen den Koran nicht berühren. Nichts sollte über ihm stehen oder liegen und meist wird er in ein schönes sauberes Tuch gewickelt.

Der **Prophet Muhammad** wurde im Jahr 570 in Mekka geboren. Er war ein Angehöriger der Sippe Hashim, einer Seitengruppe der Quraish. *Muhammad* war im Handelsgeschäft tätig und heiratete die ältere *Khadija,* eine unabhängige Geschäftsfrau. Vier Töchter sind aus dieser Verbindung hervorgegangen. Im Alter von 40 Jahren erfuhr *Muhammad* religiöse Visionen in einer Höhle, die ihn von seinem göttlichen Auftrag überzeugten.

„Wahrlich, in dem Gesandten Allahs hattet ihr ein schönes Beispiel für jeden, der auf Allah und den Jüngsten Tag hofft und oft Allahs gedenkt."
(Koran, Sure 33)

Die **koranische Offenbarung** erstreckte sich über einen Zeitraum von 20 Jahren. Bilder vom Jüngsten Gericht und der schaurigen Endzeit als Verurteilung und Strafen für tadeligen Lebenswandel sind zunächst seine vorherrschenden Gedanken. Aber auch Visionen vom Paradies, von Milch und Honig, Gärten und jungfräulichen Gespielinnen, in deren Genuß der Gläubige kommt, wenn er sich in seinem irdischen Dasein verdient gemacht hat.

„Tretet ein ins Paradies ihr und eure Gattinnen, in Freuden!"
(Koran, Sure 43, 70)

Der Glaube an Gott als ein allmächtiges Wesen, das keine Nebengötter hat, ist *Muhammads* zentrale Botschaft.

„Sprich: Gott ist einer. Er ist der Ewige. Er ist nicht gezeugt und Er hat nicht gezeugt. Ihm gleich ist keiner."
(Koran, Sure 112, 1-3)

Gott hat *Muhammad* zu den Menschen gesandt, damit sie erkennen, wie ein Mensch, der sich um Gerechtigkeit und einen untadeligen Lebenswandel bemüht, den Weg zu Gott finden kann. Der Prophet soll die Menschen läutern, sie von ihrem Irrtum befreien und sie das Buch lehren. Durch ständige Selbstüberwindung soll der Gläubige seine Triebe beherrschen lernen und seinen Geist darüber erheben.

Mit der **Hijra, der Auswanderung von Mekka nach Medina,** beginnt die Zeitrechnung der Muslime. In *Muhammads* Heimatstadt Mekka war die politische Lage sehr kompliziert, weshalb er 621 nach Jathrib auswandern mußte. Jathrib wurde zu Medina, der Stadt des Propheten. Acht Jahre nach seiner Auswanderung zog *Muhammad* wieder in Mekka ein, seine Rückkehr wurde mit großem Triumph gefeiert. *Muhammad* fühlte sich als Prophet der Araber und wollte sie vor dem bevorstehenden Endgericht warnen. Zunächst hatte er nur wenige Anhänger, meist aus den unteren Klassen der Gesellschaft.

„Das ganze Leben ist mit Religion durchtränkt, es gibt keine Trennung zwischen staatlicher und religiöser Instanz, und es gibt keine profanen Handlungen, alle Werke sollen im Namen Gottes vollbracht werden" – das war eine seiner Kernthesen.

Im Jahr 632 starb *Muhammad* im Haus seiner Lieblingsfrau *Aischa,* deren Vater *Abu Bakr* zu seinem ersten **Nachfolger** gewählt wurde. Diese Nachfolger wurden *Kalifen* genannt, ihre Aufgabe war die Leitung der Gemeinde beim Gebet und im Krieg.

Die fünf Säulen des Islam – die Pflichten der Gläubigen

Das **Glaubensbekenntnis** ist die erste Säule des Islam. Mit dem Ausspruch „Ich bezeuge, daß es keinen Gott außer Gott gibt, und das *Muhammad* sein Gesandter ist" wird die Annahme des islamischen Glaubens ausgedrückt. *Muhammad* wird als der letzte in der Prophetenreihe akzeptiert, er korrigiert und schließt die früheren Offenbarungen ab.

Die zweite Säule wird durch das **Pflichtgebet** dargestellt, sein Inhalt ist das Glaubensbekenntnis. Bei ordnungsgemäßer Verrichtung fünfmal am Tag kommt seine reinigende religiöse Kraft zur Wirkung. Vom Minarett der Moschee ertönt der Ruf zum Gebet. In der Stunde vor Sonnenaufgang, mittags, nachmittags, nach Sonnenuntergang und bei Anbruch der Nacht werden die Gläubigen daran erinnert.

Die Reinheit des Körpers ist Bedingung für ein korrektes Gebet. Nimmt der Betende die kleine Waschung vor, reinigt er sein Gesicht, Unterarme, Hände und Füße. Hat zwischen zwei Gebeten keine Verunreinigung stattgefunden, so ist auch keine erneute Waschung notwendig. Nach jedem Toilettenbesuch muß eine gründliche Reinigung mit Wasser erfolgen. Bei groben Verunreinigungen – dazu gehören Geschlechtsverkehr, Menstruation und Wochenbett – ist die große Waschung notwendig, die den ganzen Körper einbezieht. Auch vor dem freitäglichen Gebet ist eine Ganzwaschung empfohlen, saubere Kleider sollen ebenfalls angelegt werden. Ist kein Wasser vorhanden, kann behelfsweise auch Sand verwendet werden. Diese Forderung erzieht den Gläubigen neben Pünktlichkeit zur regelmäßigen Körperpflege.

Auch das Einfügen in die Gemeinschaft wird geübt, denn der Gläubige soll zwischen sich und den anderen Mitgliedern der Gemeinde, ungeachtet seiner Position und seines Wohlstandes, keine Unterschiede sehen. Zum Gebet kann ein beliebiger Ort ausgewählt werden, eine kleine Gebetsmatte oder ein Tuch sorgen für die notwendige Sauberkeit. Am Freitag sind die Gläubigen gehalten, gemeinsam in der Moschee zu beten. Den Gebetsvorgang begleitet eine wiederholte Abfolge von Niederwerfung, Aufrichtung und Beugen des Oberkörpers. Frauen, die in der Moschee beten, halten sich im Hintergrund in einem eigenen Raum oder auf einem erhabenen Platz auf; im allgemeinen wird es aber lieber gesehen, wenn Frauen ihre Gebete zu Hause verrichten.

Die dritte Säule, das festgelegte **Almosengeben** *(Zakat)* ist eine Art Steuer, die verwendet werden soll für Arme und Bedürftige, Notleidende und Reisen-

Badshahi-Moschee in Lahore

de, die Hilfe brauchen. In Pakistan ist *Zakat* auch verwendet worden zum Aufbau religiöser Schulen. *Zakat* stellt einen Teil des Sozialsystems dar; im Idealfall wird die Versorgung der Armen durch Versteuerung der Reichen erlangt.

Die vierte Säule ist das **Fasten im Monat Ramadan.** Das Fasten ist eine sehr beschwerliche Glaubenspflicht, die aber von den meisten Gläubigen streng eingehalten wird. Ramadan ist der 9. Monat des islamischen Mondjahres von 354 Tagen. Er gilt als der heilige Monat des Islam, weil zu dem Zeitpunkt die Offenbarung des Koran an den Propheten *Muhammad* begann. Während dieses Monats darf vom Morgengrauen bis zum Sonnenuntergang nichts verzehrt oder getrunken werden, selbst das Ausspülen des Mundes ist nicht erlaubt. Auch Rauchen und Geschlechtsverkehr sind während der Fastenzeit verboten. Der Mensch soll nicht von Brot allein leben, sondern sich eine Zeit lang von profanen Bedürfnissen abwenden und auf die Mitte des Lebens, auf Gottes Wort, konzentrieren. Der Ramadan ist aber mehr als nur ein Fastenmonat, er ist die ständig sich wiederholende Wiedergeburt des Islam, das wiederkehrende Angebot Gottes an den Menschen, sich einzufügen in die Reihen der Gläubigen und den „rechten Weg des Heils" einzuschlagen.

„Im Ramadan sind die Nächte hell. Diese Helligkeit steht für Wärme und Geborgenheit, Freundlichkeit und Zusammengehörigkeit im Sinne religiöser Brüderlichkeit."
(altes arabisches Sprichwort)

Um den Tages- und Nachtanbruch zu bestimmen, wurden traditionellerweise ein schwarzer und ein weißer Faden als Meßinstrumente verwendet. Sind die beiden Fäden in dem verbleibenden Licht farblich nicht mehr zu unterscheiden, kann am Abend das Fasten gebrochen werden. Am Ende des Fastentages wird das Abendgebet verrichtet und *Iftar,* die erste Mahlzeit des Tages, eingenommen. Traditionell werden Schälchen mit kandierten Datteln gereicht, mit denen schon der Prophet das Fasten zu brechen pflegte. Die Fastenden freuen sich auf eine gute Mahlzeit, die besonders bewußt genossen wird, bevorzugterweise im großen Familienkreis. In der Nacht, noch vor dem Morgengrauen, wird meistens noch einmal eine kleine Mahlzeit verspeist. In der warmen Jahreszeit erweist sich das Fasten als besonders schwierig, weil der Flüssigkeitsverlust dem Organismus zu schaffen macht. Alle sind müde und gereizt, suchen Ruhe und Schatten, auch die offiziellen Bürozeiten werden darauf eingestellt; viele Firmen entlassen ihre Angestellten in den Mittagsstunden in ihre Häuser. Aber nicht alle Menschen müssen das Fasten einhalten. Kinder, Schwangere, Alte, Kranke, Soldaten und Reisende stellen Ausnahmen dar. Sie sind angehalten, das Fasten gegebenenfalls nachzuholen oder statt dessen Almosen an die Armen zu geben. Das Eid-Fest, eingeleitet von dem Tag des Fastenbrechens am Neumondtag, wird von allen sehnsüchtig erwartet. Es ist ein Familienfest, das im Kreis der Verwandten mit reichlichem Essen und Geschenken begangen wird.

Die **Pilgerfahrt nach Mekka** *(Hadj)* ist die fünfte Säule und soll im letzten Monat des Mondjahres stattfinden. Der Geburtsort des Propheten ist das Ziel von Millionen Gläubigern, die diese Reise einmal im Leben unternehmen sollen. Die Pilger kleiden sich in weiße Stoffbahnen, die sie vor Gott – unabhängig von ihrem sonstigen Status oder ihrer finanziellen Situation – völlig gleich erscheinen lassen sollen. Sie treten in einen Weihezustand, *Ihram,* ein und lösen sich von den materiellen Dingen der Welt. Während *Ihram* dürfen die Pilger nicht jagen, nicht streiten, sich die Haare und Nägel nicht schneiden und müssen dem Geschlechtsverkehr entsagen. Sind sie in dem geheiligten Territorium von Mekka angekommen, umrunden sie siebenmal die Kaaba, das Hauptheiligtum der Muslime, um das „Begrüßungs-Tawaf" abzuhalten. Auch der Weg zwischen den Hügeln von Safa und Marwah muß siebenmal zurückgelegt werden. Nichtmuslimen ist der Zugang zu Mekka verwehrt. Die Kaaba erinnert als religiöses Symbol an den Stein, auf dem *Abraham* Gott seinen Sohn als größtes Opfer darbringen wollte. Überreste des Tempels, den Abraham für Gott errichtet hat, sollen in das Gebäude der Kaaba eingebaut worden sein. Eine Ecke des Steins ist in Silber gefaßt; die Pilger versuchen, an dieser Stelle den Stein zu berühren oder zu küssen. Der Erzengel Gabriel soll den Propheten *Muhammad* aufgefordert haben, die Kaaba von allen Götzenbildern zu reinigen – *Muhammad* kam diesem Gebot im Jahr 602 nach, und seitdem steht die Kaaba leer. Sie ist abgedeckt mit schwarzen Tüchern, auf die goldene Koranverse gestickt sind. Der Schrein hat eine große Tür aus Gold und Silber, die einmal im Jahr zu Beginn der Pilgersaison geöffnet wird. Hohe islamische Würdenträger nutzen dann die Gelegenheit, den schwarzen Stein zu küssen.

Nach der Kaaba-Umrundung werden andere festgelegte Riten an heiligen Orten durchgeführt; die Pilger bemühen sich auch, aus der Quelle Zamzam zu trinken, zu der – so ist es überliefert – *Hagar,* die Frau *Abrahams,* und *Ismail,* ihr Sohn, von einem Engel geführt wurden, um ihren Durst zu stillen. Am 9. Tag des Monats begeben sich die Pilger zum Berg Arafa, um dort mit Millionen anderen Muslimen von Mittag bis Sonnenuntergang zu beten. Nur wer genau zu diesem Zeitpunkt an dem Berg betet, hat eine gültige Pilgerreise vollzogen. Auf der Rückreise nach Mekka wird Mina besucht; der Ort ist bekannt für seine drei Steinsäulen, die den Teufel und das Böse symbolisieren. Die Pilger werfen Steine auf diese Säulen und vollziehen ein Tieropfer. Für gewöhnlich werden Arme und Bedürftige mit dem Fleisch der Opfer gespeist, da sich so viele Hungrige aber gar nicht bei den Pilgerstätten aufhalten, wird das Fleisch heutzutage eingefroren. Die meisten Pilger besuchen auch Medina, 300 km nördlich von Mekka gelegen, die Stadt des Propheten, und beten in seinem Haus, das die erste Moschee darstellt.

Nur wer es sich finanziell leisten kann, soll die Pilgerreise durchführen, keine Familie muß sich deshalb in Schulden stürzen. In Mekka treffen sich Muslime aus allen Ländern, was das Zusammengehörigkeitsgefühl als Religionsgemeinschaft ungemein stärkt. Die zurückkehrenden Pilger werden von ihren Familien würdig empfangen und dürfen zukünftig den Ehrentitel *Hadji* oder *Hadja* tragen.

Sunniten und Schiiten

Die Spaltung des Islam ergab sich nicht (wie im Christentum) aus dogmatischen Gründen, sondern durch den Streit um die Vorherrschaft der Führung der Gemeinde und die Verflechtung von Staat und Religion. Die Teilung erfolgte nach dem Tode des Propheten in die Gruppen der Sunniten und Schiiten. Die **Sunniten** vertreten den allgemein-islamischen Glauben an Allah, seinen Propheten *Muhammad,* seine Botschaft und den Koran. Für sie hat der Imam als rechter Führer der Gläubigen und wahrer Interpret des Koran keine Bedeutung. Es fehlt der Glaube an die Inkarnation der Gottheit in *Ali* und seinen Nachkommen.

Abu Bakr, der Schwiegervater des Propheten, war der erste *Kalif* und führte die Gemeinde *(Umma)* weiter. Sein Nachfolger *Omar* wurde ermordet, danach folgte *Othman. Ali,* der Sohn von *Muhammads* Onkel *Abu Talib* und gleichzeitig Ehemann seiner jüngsten Tochter *Fatima* erhob sich gegen *Othman,* ermordete ihn 656 und wurde sein Nachfolger. Er selbst wurde 661 getötet, und mit seinem Tod erhob sich die omayyadische Dynastie, die Gegner *Muhammads* gewesen war, um die Macht für sich zu beanspruchen.

Hussain, der Sohn *Alis,* legitimer Enkel des Propheten, versuchte die Macht an sich zu reißen – und wurde bei Kerbela vernichtend geschlagen. Sein Todestag ist der 10. Muharam des Jahres 680 (1. Monat des Mondjahres). Dieser Tag ist ein hoher Feiertag der **Schiiten,** an dem leidenschaftlich der Ermordeten gedacht wird. Das Passionsmotiv wird dramatisch nachgespielt; ein beachtlicher Teil der Dichtkunst rankt sich um diese tödlichen Begebenheiten im Nachfolgerstreit. Die Parteigänger *Alis* bildeten die Gruppe *Shiat Ali,* ihnen ist der Glaube an den Imam als Führer der Gläubigen und Interpreten des Koran eigen. Nach der schiitischen Lehre hatte *Muhammad* vor seinem Tod *Ali* mit Geheimnissen des Glaubens und esoterischem Wissen vertraut gemacht. Diese Auszeichnung der Familie *Alis* begründet die tiefe Verehrung und das tragische Gefühl der Shia durch die Ermordung *Alis* und *Hussains.* Die Dichtung ist voll mit Totenklagen für den Prophetenenkel. Die Schiiten lehnen die ersten drei Kalifen ab, weil nach ihrer Überlieferung eigentlich *Ali* das Recht der Nachfolge zustand.

Es gibt Gruppen von 12er und 7er Schiiten. Die **12er Schiiten** leben hauptsächlich im Iran und führen die Reihe der Nachfolger zum 12. *Imam Muhammad al-Mahdi* (gestorben 874) fort, der angeblich als Kind in die Verborgenheit entrückt wurde. Der „Verborgene Imam" hat eine göttliche Lichtsubstanz, die sich weiter vererbt.

Die **7er Schiiten** werden in ihrer Hauptausprägung als *Ismailiya* bezeichnet, weil sie sich auf den *Imam Ismail* (gestorben 765) stützen. In Nordpakistan leben sie unter der Führung des *Aga Khan*. *Karim Aga Khan* war eine Zeit lang Hochkommissar der Vereinten Nationen für Flüchtlingsfragen; er ist für seine Anhänger eine unfehlbare religiöse Autorität, obwohl er selbst im Ausland lebt. Sein Vorfahre *Aga Khan III* hat 60 Jahre lang gewirkt und seine Anhänger behutsam in die moderne Zeit geführt. Er gehörte zu den Gründern der *Muslim League,* welche die Teilung Indiens mitbewirkte, um den Muslimen ein Heimatland zu geben. *Aga Khan III* vertrat eine weitsichtige Reformpolitik und eine moderne Weltanschauung. Aufgrund von guter Schulbildung und sozialem Verantwortungsgefühl bildeten und bilden die *Ismailiya* wirtschaftlich und gesellschaftlich erfolgreiche Bevölkerungsgruppen in Bombay und in Nordpakistan; viele sind auch in andere Länder ausgewandert. Auch *Muhammad Ali Jinnah,* der Mitbegründer Pakistans, war *Ismaili.*

Sunna und Hadith

Muslime ehren den Koran als Manifestation des Wortes Gottes, trotzdem bietet er nicht genug Informationen, um alle Dinge des Lebens zu regeln. Der Koran enthält die grundlegenden Glaubenslehren, die Gesetze und ethischen Lehren des Islam, Berichte über die Schöpfungsgeschichte, das Jenseits und die Propheten. Die **Sunna** betrachtet man als ergänzende Erklärungen zum Koran. Die Lücken werden geschlossen, indem die Gelehrten sich an Worten und Taten des Propheten orientieren, denn seine Lebensweise ist mustergültig und die gelebte Deutung der koranischen Offenbarung.

Die Berichte über seine Taten und Aussagen wurden gesammelt, die Aufzeichnungen von Generation zu Generation weitergegeben und als **Hadith** überliefert. Nicht nur das Tun des Propheten wird nachgeahmt, auch sein Äußeres, seine Handhaltung beim Gebet und seine Kleidung haben Vorbildfunktion. Die Beschneidungsgewohnheiten der Muslime beruhen ebenfalls auf diesem Hintergrund, denn es ist überliefert, daß der Prophet beschnitten geboren wurde. Die Volksbräuche stammen allerdings oft aus den Überlieferungen und nicht aus dem Koran; in vielen Fällen sind die Ursprünge auch verwischt. Von den Hadith-Sammlungen sind die Bücher von *Bukhari* und *Muslim* die vertrauenswürdigsten.

„Ich habe euch zwei Dinge hinterlassen. Wenn ihr ihnen folgt, werdet ihr nicht irren. Es sind der Koran und die Sunna."
„Der Gläubige ist für den Gläubigen wie der Bau; der eine Teil hält den anderen fest."
„Gott sieht nicht auf eure Körper und auch nicht auf eure Gestalten. Er sieht auf eure Herzen und eure Werke."
(Hadithe von *Muslim* und *Bukhari)*

Die Moschee

Die Moschee *(Masjid)* ist der „Ort der Niederwerfung" für den gläubigen Muslim. Das ursprüngliche Vorbild ist das Haus des Propheten in Medina, in dessen Innenhof sich die Gläubigen zum Gebet versammelten. Die Moschee ist ein Ort der Besinnung und Entspannung, des Studiums und des religionsphilosophischen Austausches.

Der **Imam** ist der Vorbeter in der Moschee.

Der **Betsaal** einer Moschee ist nach Mekka ausgerichtet, in der Mitte der Hauptwand gibt es meist eine halbrunde, überwölbte Nische, den *Mihrab*. Er zeigt die Richtung an, in die sich die Gläubigen beim Gebet verneigen müssen. Der *Mihrab* ist geschmückt mit Fliesen, Mosaiken, Ornamenten und Koranversen. Auf Teppichen findet sich häufig die Form der Mihrab-Nische. Die Predigt am Freitag wird vom Predigtstuhl, *Minbar*, aus gehalten. Es ist ein erhöhter Sitz aus Stein oder Holz mit einem kleinen Baldachin und steht rechts neben dem *Mihrab*. Die Moschee verfügt über wenig Ausstattung – keine Kultgegenstände, nur Kerzen, Lampen und Koranständer schmücken den Raum. Die besondere Bedeutung des Lichts und der Lampen erklärt sich aus folgendem Koranvers:

„Allah ist das Licht der Himmel und der Erde. Sein Licht ist gleich einer Nische, in der sich eine Lampe befindet; die Lampe ist in einem Glase, und das Glas gleicht einem flimmernden Stern. Es wird angezündet von einem gesegneten Baum, einem Ölbaum, weder vom Osten noch vom Westen, dessen Öl fast leuchtete, auch wenn es kein Feuer berührte – Licht über Licht! Allah leitet zu seinem Licht, wen er will, und Allah macht Gleichnisse für die Menschen, und Allah kennt alle Dinge." [11]
(Koran, Sure 24, 35)

Die Moschee ist kein geweihtes Haus im Sinne einer Kirche, dort können auch Versammlungen abgehalten werden, sie dient als Herberge und zu diversen profanen Zwecken.

Die Rechtsprechung im Islam

Nicht alle Probleme juristischer Art lassen sich anhand von Koran und Sunna lösen. Es haben sich vier sunnitische **Rechtsschulen (Madhab)** herausgeformt, die sich mit diesen Streitfragen beschäftigten: die Hanafiten, Malikiten, Schafiiten und Hanbaliten. Die wichtigste Rechtsschule der Schiiten ist die der Dscha'tariten. Die Schulen sind unterschiedlich in ihrer Ausrichtung, die orthodoxen akzeptieren nur den Koran und die Sunna, andere wenden die Methode des Analogieschlusses an oder geben der Spekulation mehr oder weniger Raum.

Moscheebau in Chitral

In den **Medresas, den großen theologischen Schulen,** die Unterweisung in den klassischen Wissenschaften des Islam anbieten, wurden alle Richtungen gleichberechtigt nebeneinander gelehrt. Neben dem Koran, der Tradition und dem Analogieschluß ist die Übereinstimmung der Gelehrten und der Gemeinde die vierte Quelle für die Rechtsprechung.

Die **Scharia** ist das islamische Religionsgesetz, durch das menschliches Handeln im Einklang mit der göttlichen Ordnung der Welt geregelt wird. Der Islam wertet grundsätzlich alle Lebensbereiche als religiös, deshalb umfaßt die Scharia die religiöse Pflichtenlehre, kultische Vorschriften, Familien-, Ehe- und Erbrecht, Verfahrensweisen islamischer Banken und Vertragsformen bürgerlichen Rechts.

Die **Fiqh** ist die islamische Rechtslehre, die sich mit der Scharia befaßt. Der **Quadi,** gesetzlicher Richter, hat über die Ausführung der Scharia zu wachen. Die Scharia ist nicht kodifiziert, sondern von Generation zu Generation weitergegeben worden. Das Strafrecht beinhaltet Tod und Verstümmelung des Schuldigen, Zahlung von Blutgeld für bestimmte Taten; das Strafmaß ist aber nicht genau festgelegt, der Richter hat Entscheidungsfreiheit. Eine traditionelle Bestrafung für einen Dieb ist das Abhacken der rechten Hand, Ehebruch wird mit Peitschenhieben oder Steinigung bestraft – eine Verurteilung kann aber eigentlich nur stattfinden, wenn vier unbescholtene Zeugen der Tat vorhanden sind.

Das alte Recht der verschiedenen Völker wird mit **Adat** bezeichnet (oder auch **Urf,** Gewohnheitsrecht). Es hat sich lange Zeit in verschiedenen Winkeln der Welt gehalten. Tatsächlich gehandelt und gerichtet wird oft nach unterschiedlichen Grundsätzen: einer Mischung aus Scharia, Adat und modernen Gesetzgebungsformen.

Die rechtliche Stellung der Frau im Islam

Trotz der unterschiedlichen Situationen durch *Adat,* das regionale Gewohnheitsrecht, läßt sich ganz allgemein die Stellung der Frau im Islam darstellen:

43

Der Koran legt die Rechte und Pflichten der Muslimin in jedem Abschnitt ihres Lebenszyklus fest.

Der **Ehevertrag** *(Aqd)* regelt die Form der Verbindung zwischen Mann und Frau und schreibt vor, daß das Einverständnis der Frau zur Eheschließung erforderlich ist. Trotzdem wird häufig eine Ehe aber nur von Vertretern der oft minderjährigen Partner abgeschlossen. Das Heiratsmindestalter ist in den einzelnen Ländern sehr unterschiedlich festgelegt und dient auch nur als grobe Richtlinie.

Das **Brautgeld** *(Mahr)* wird vor der Eheschließung festgesetzt und ist im Falle einer Scheidung oder des Ablebens des Ehemannes als Versorgungsgrundlage für die Frau vorgesehen. Ehevertrag und Brautgeld dienen somit der rechtlichen und wirtschaftlichen Absicherung. Solche Einrichtungen waren in der vorislamischen orientalischen Welt überhaupt nicht vorhanden. Mit dem Propheten *Muhammad* verbesserte sich der Status der gläubigen Frauen.

„Und zu seinen Zeichen gehört es, daß er euch von euch selber Gattinnen erschuf, auf daß ihr ihnen beiwohnet, und er hat zwischen euch Liebe und Barmherzigkeit gesetzt. Siehe, hierin sind wahrlich Zeichen für nachdenkende Leute.“
(Koran, Sure 30, 20)

Im ehelichen Leben besitzen beide Partner ihre festgelegten Rechte und Pflichten und verschiedene **Tätigkeitsbereiche,** durch die sie sich ergänzen sollen: Der Mann ist für die wirtschaftliche Versorgung der Familie verantwortlich und die Frau für die Erziehung der Kinder und die moralische und religiöse Unterweisung. Die Familie gehört somit zum Einfluß- und Machtbereich der Frau; das Haus ist der ihr ausdrücklich zugedachte Platz.

Der Status der Frau erfährt eine Aufwertung durch die besondere **Wertschätzung der Mutter.** Ihre Unersetzlichkeit und Verehrungswürdigkeit wird in mehreren Suren des Korans hervorgehoben.

„O ihr Menschen, fürchtet euren Herrn, der euch erschaffen aus einem Wesen, und aus ihm erschuf seine Gattin, und aus ihnen viele Männer und Frauen entstehen ließ. Und fürchtet Allah, in dessen Namen ihr einander bittet, und eurer Mutter Schoß. Siehe, Allah wacht über euch.“
(Koran, Sure 4, 1)

In der Ehe bleibt die Frau voll geschäftsfähig und Verwalterin ihres **Eigentums,** von dem sie zum Unterhalt der Familie aber nicht beitragen muß – die Unterhaltspflicht obliegt allein dem Ehemann.

Die **Polygamie,** eine Heiratsform, die schon vor dem Islam in der orientalischen Welt verbreitet war, ist dem Mann vorbehalten. Sie wird durch koranische Vorschriften nicht verboten, aber eingeschränkt durch die Forderung der Geichbehandlung aller möglichen vier Frauen durch den Ehemann, was nicht nur die persönliche, sondern auch die wirtschaftliche Gleichbehandlung beinhaltet. Eigentlich können sich danach nur wohlhabende Männer mehrere Frauen „leisten", die sie dann in verschiedenen Haushalten unterbringen. Die Praxis sieht tatsächlich so aus, mit Ausnahme der Männer, die sich eine zweite Frau nehmen, weil sie mit der ersten keine Kinder haben konnten.

Der Mann hat leichteren Zugang zur **Scheidung** *(Talaq):* Durch das dreimalige Aussprechen der Scheidungsformel wird die Ehe beendet. Frauen ist nur unter bestimmten Umständen die Scheidung rechtlich möglich, z.B. bei Untreue, Vernachlässigung oder Impotenz des Ehemannes.

„Für die, welche schwören, sich von ihren Frauen zu trennen, seien vier Monate Wartezeit festgesetzt. Geben sie dann ihr Vorhaben auf, siehe, so ist Allah verzeihend und barmherzig. Und so sie zur Scheidung entschlossen sind, siehe, so ist Allah hörend und wissend. Und die geschiedenen Frauen sollen warten, bis sie dreimal die Reinigung gehabt haben, und es ist ihnen nicht erlaubt, zu verheimlichen, was Allah in ihren Schößen erschaffen hat, so sie an Allah glauben und an den Jüngsten Tag. Und geziemender ist es für ihre Eheherren, sie in diesem Zustande zurückzunehmen ..."
(Koran, Sure 2, 6-229)

Die negative Beurteilung der Scheidung durch den Koran soll als Schutz vor übereilten Entschlüssen fungieren, und tatsächlich sind Scheidungen in Pakistan höchst selten und werden gesellschaftlich geächtet. Der Muslim ist angehalten, die wirtschaftliche Versorgung seiner geschiedenen Frau ein Jahr lang nach der Scheidung zu sichern, ist dazu aber rechtlich nicht verpflichtet. Nach einer Wartezeit, in der sich herausstellen soll, ob die Frau von ihrem geschiedenen Mann schwanger ist, hat sie das Recht auf eine Wiederverheiratung, darf aber nicht zu einer solchen gezwungen werden. Die Kinder bleiben nach der Scheidung nur für eine begrenzte Zeit bei der Mutter, nach dem Hanafi-Gesetz Söhne bis zum Alter von sieben und Mädchen bis zum Alter von neun Jahren. Anschließend übernimmt der Vater endgültig den Erziehungsauftrag für die Kinder.

Das islamische **Erbrecht** ist eine Verbesserung zu den vorislamischen Traditionen, die das Erbrecht auf den Mann beschränkten. Eine Tochter erbt allerdings nur die Hälfte des Anteils, der ihrem Bruder vom väterlichen Erbe zusteht und die Ehefrau lediglich ein Viertel oder Achtel des Besitzes ihres Ehemannes.

Islamische Feiertage

Die **islamische Zeitrechnung** beginnt im Jahr 622 n. Chr. mit der Auswanderung des Propheten *Muhammad* von Mekka nach Medina. In diesem Jahr wurde die muslimische Gemeinde selbstständig. Das christliche Jahr 1997 entspricht dem Jahr 1375 nach islamischer Zeitrechnung.

Alle religiösen Festlichkeiten richten sich nach dem *islamischen Mondkalender,* dessen Jahr ca. 12 Tage kürzer ist als ein Sonnenjahr. Die Daten der Feiertage verschieben sich jedes Jahr um elf Tage nach vorn.(2001 liegen die Feiertage ungefähr auf folgenden Daten: Eid ul-Adha 5.-6. März, Ashura /Muharram 4.-6. April, Eid-i-Milad-un-Nabi 4. Juni, Eid ul-Fitr 16.-18. Dezember).

Eid ul-Fitr ist das Fest des Fastenbrechens, mit dem nach 30 Tagen das Ende des Ramadan gefeiert wird. Regional unterschiedlich können die Feierlichkeiten drei bis vier Tage lang dauern. Almosen und Nahrungsmittel werden an die Bedürftigen verteilt und an einem Tag die Gräber von Verwandten und Freunden besucht und geschmückt. Nach außen hin stellt sich das Fest sehr fröhlich dar: Moscheen werden geschmückt und Feuerwerke abgebrannt. An diesem Freudenfest werden neue Kleider und Süßigkeiten verschenkt – besonders die Kinder freuen sich auf Geschenke – und Verwandte besucht. Um mit der Familie und den Verwandten zusammen zu sein, werden weite Reisen in Kauf genommen. Vor diesen Feiertagen ist das ganze Land auf den Beinen, und alle Flüge nach Pakistan sind lange im voraus ausgebucht.

Einer alten Tradition folgend wird versucht, alle größeren Anschaffungen für dieses Fest aufzusparen, deshalb drängen sich an diesen Tagen kauflustige Menschenmassen durch die Bazare. Von seiner sozialen und wirtschaftlichen Bedeutung ist das Ramadan-Fest durchaus mit dem christlichen Weihnachtsfest zu vergleichen. Am *Eid ul-Fitr* ruht die Arbeit, nur dringende Tätigkeiten dürfen erledigt werden.

Das Fest beginnt, wenn die höchsten Korangelehrten den neuen Mond am Ende des Monats Ramadan gesehen haben. Da die Sichtung oft von der Witterung abhängt, können sich solche Feiertage im letzten Augenblick um einen Tag verschieben.

Eid ul-Azha ist das Opferfest und Höhepunkt der *Hadj,* der Pilgerfahrt nach Mekka. *Eid ul-Azha* wird von den Gläubigen gefeiert in Gedenken an *Abrahams* Bereitschaft, um seiner Liebe und seinem Gehorsam zu Gott willen, seinen erstgeborenen Sohn zu opfern. Anstelle des Sohnes durfte dann aber nach dem Willen Gottes ein Widder geopfert werden, und so finden auch heute während des Festes Tieropfer statt. Überall wo Muslime leben, wird an diesem Tag ein Hammel geschlachtet, um der Taten Gottes an *Abraham* zu gedenken. Das Opferfest ist das höchste Fest des Islam und wird als Vorerlaubnis der Auferstehung empfunden.

Menschen reisen aus allen Landesteilen an, um dieses Fest mit ihren Familien zu feiern. Viele Städter bemühen sich, zumindest für einen Tag in ihr Heimatdorf zu fahren, um Eltern oder Verwandte zu besuchen. Man verschickt Eid-Karten, wünscht sich *Eid-Mubarrak,* „Ein gesegnetes Eid-Fest", und zieht neue Kleider an – wenn die Möglichkeit besteht. Auch die Kinder werden so prächtig wie möglich herausgeputzt. In den Tagen vor *Eid* haben die Schneider Hochkonjunktur, und die Preise steigen entsprechend stark an. Auch der Handel mit Opfertieren floriert, wenn sich auch nur wenige das Schlachten eines Tieres leisten können. An den dem Fest nachfolgenden Tagen sind manche Stadtgebiete mit Schlachtungsüberresten geradezu überhäuft, und das Kanalwasser ist verseucht.

In wohlhabenden Haushalten werden große Mengen Fleisch verteilt, 50 kg sind nichts Außergewöhnliches. Ein Drittel davon verbraucht die Familie selbst an den Feiertagen, ein weiteres Drittel wird auf großen Platten in Häuser der Verwandtschaft getragen, und das letzte Drittel wird an Arme verteilt, die sich selbst keine Schlachtung leisten können und überhaupt wenig Fleisch konsumieren. Da alle wissen, dass an diesem Tag eine willkommene Bereicherung des Speiseplans zu erwarten ist, stehen sie vor den Häusern der Wohlhabenden in langen Schlangen an, um sich ihren Anteil abzuholen. An diesem Tag wird man dem Grundsatz des Islam gerecht, der besagt, dass jeder Gläubige einen Teil seines Besitzes an die Armen geben soll.

Der Geburtstag des Propheten wird als **Eid-i-Melad-un-Nabi** bezeichnet und findet am 12. Rabi ul-awwal (im 3. Mondmonat) statt. Der Feiertag wird mit Predigten und Rezitationen begangen, in denen die besondere Verehrung für den Propheten und vollkommenen Menschen ausgedrückt wird.

Für die Schiiten ist **Ashura,** am 10. Tag des Muharram, ein Trauertag, an dem der Tötung des Prophetenenkels *Hussain* gedacht wird. In den Städten finden Passionsspiele und Umzüge statt, bei denen die tiefen Trauer über die Ermordung *Hussains* Ausdruck gegeben wird; besonders eindrucksvoll sind dabei die Selbstgeißelungsszenen – junge Männer schlagen sich mit Ketten auf die bloßen Rücken, bis sie blutüberströmt sind. Sie befinden sich in einem ekstaseähnlichen Zustand und scheinen von dem Geschehen um sie herum gar nichts mitzubekommen. Diese schiitischen Umzüge sind gelegentlich Anlass zu blutigen Zusammenstößen mit extremen sunnitischen Gruppierungen. Kerbela, der Ort des historischen Geschehens, ist an diesem Tag Wallfahrtsziel.

Der 10. Tag des Muharram wurde ursprünglich von *Muhammad* kurz nach der *Hijra* in Jahr 622 als Fastentag bestimmt, so wie es auch im Judentum Brauch ist. Durch die spätere Festlegung des Ramadan als Fastenmonat ist das Fasten an *Ashura* für Sunniten ein freiwilliger Akt.

Anfang des Jahres 1997 wurde unter der Regierung *Nawaz Sharif* der **Feiertag der Woche** von Freitag auf Samstag und Sonntag verlegt, um Pakistan dem „Rest der Welt" anzupassen. Der Freitag als Feiertag war unter dem Diktator *Zia ul-Haq* bestimmt worden. Am Freitagmittag schließen Ämter, Schulen und Firmen, um den Gläubigen Gelegenheit zum Gebet zu geben. In den Moscheen werden Predigten gehalten, und alle Gläubigen bemühen sich, ihr Freitagsgebet im Kreise der Gemeinde zu verrichten. Die Geschäfte sind um die Gebetszeit herum geschlossen, danach wird die Arbeit aber fortgesetzt. Öffentliche Einrichtungen und Schulen sind nur am Samstag und Sonntag geschlossen, die meisten Geschäfte haben aber durchgehend geöffnet. Die Regelungen sind individuell unterschiedlich; in vielen Fällen helfen nur Erfahrungswerte.

Basant – ein vorislamischer Feiertag

Am ersten Tag des Monats März wird in Lahore das **Frühlingsfest Basant** gefeiert. Es ist bekannt als Fest der Drachenwettkämpfe. Basant hat eine lange Tradition in Lahore, zu Beginn des 19. Jahrhunderts wurde es unter *Ranjit Singh* mit geschmückten Elefanten und Tanzmädchen gefeiert.

Der Tag ist nicht nur von Kindern heiß ersehnt, die ihre Drachenlenk-Künste erproben und beweisen wollen; Basant ist auch ein gesellschaftliches Ereignis. Die Elite Lahores feiert traditionell an diesem Tag große, glitzernde Parties auf den Dächern der Bürohäuser und Hotels. Basant hat für die modernen Menschen einen „Trendy Ethnic Chic" bekommen. Ein berühmter Bürger Lahores bewirtet traditionell tausend Gäste mit Rang und Namen an diesem Tag.

Die Mehrheit der Bewohner Lahores feiert Basant aber im kleinen Kreis, mit der Familie auf privaten Hausdächern. Bis in die 50er Jahre lebten viele Oberschicht-Familien in Lahores Altstadt, umringt von Nachbarn aus der Arbeiterklasse, die sie persönlich kannten und patronisierten. Heute leben die reichen Lahoris abgeschirmt in Vorstadtvierteln; in der Altstadt blieben die Arbeiter, ein paar reiche Händler und Kriminelle. Die Elite Lahores besucht die Altstadt nur noch einmal im Jahr, zu Basant, um die Drachen steigen zu lassen …

Mullahs haben immer wieder versucht, gegen das „fremde Frühlings-Ritual" – es **entstammt hinduistischen Traditionen** – anzugehen. Mehrmals schon wurde „der Fall Basant" vor das Gericht in Lahore gebracht, mit der Absicht das Fest verbieten zu lassen, weil es unislamisch und damit eine Bedrohung der pakistanischen Ideologie ist. Und die Menschen in der Altstadt von Lahore? Sie gehen auf die Straßen, lassen ihre Drachen fliegen und feiern …

Staatliche Feiertage

● 23. März	Pakistan-Tag
● 01. Mai	Tag der Arbeit
● 14. August	Unabhängigkeitstag
● 06. September	Defence of Pakistan Day
● 11. September	Jahrestag des Staatsgründers Pakistans
● 25. Dezember	Weihnachten, Geburtstag des Quaid-e-Azam

Religiöse Minderheiten

„Ich habe den höchsten Respekt für Sitten, Gesetze und soziale Institutionen anderer Gemeinschaften. Ja, es ist, den Lehren des Koran zufolge meine Pflicht, im Notfall sogar ihre Anbetungsstätten zu verteidigen."
(Muhammad Iqbal, aus der Pakistan-Rede von 1930)

Die Angehörigen der **Religionen mit „Heiligen Büchern"** sind nach koranischen und historischen Aussagen dem Schutz der muslimischen Herrscher unterstellt. Die „Heiligen Bücher" sind Tora, Psalter, Evangelium und Koran. Diese Bücher werden vom Islam anerkannt, und es ist auch eine Akzeptanz der dazugehörigen fremden Religionen vorhanden. Ein Muslim darf eine Frau von den „Schriftbesitzern" heiraten, einer Muslimin ist aber das Recht verwehrt, einen Nichtmuslim zu ehelichen.
1954 wurde die staatliche Formulierung verfaßt:

„Der Staat hat alle gesetzlichen Rechte und Interessen der nichtmuslimischen Bürger Pakistans zu schützen und ihnen bei der Einstellung Gleichheit ohne Rücksicht auf Religion, Kaste, Rasse, Geschlecht, Abkunft und Geburtsplatz zu gewähren."

Angehörige anderer Religionen sollen in Pakistan keine beruflichen Beschränkungen erleiden und sich als Religionsgemeinschaften selbst verwalten. Trotz dieser hehren Ziele sind **Nichtmuslime Bürger zweiter Klasse** in Pakistan.

Christen

„Mit Medaillen hatte alles angefangen: Als die Briten 1947 aus Indien abzogen und im islamischen Teil eine Hatz auf die verhaßten Sikh und auf versprengte Hindus ausbrach, legten sich die verängstigten Straßenkehrer von Chaman christliche Medaillen zu, um sich vor der Wut des Pöbels zu schützen. ,Keinem haben sie ein Haar gekrümmt', wundert sich ein alter Vorarbeiter noch nach 35 Jahren: Sie gehörten eigentlich der untersten Hindukaste, den sogenannten Sweepers, an und waren im Troß der britischen Heere nach Chaman an die afghanische Grenze gekommen. Längst sind die Sweepers wieder an ihre Geschäfte gegangen. Vor Sonnenaufgang geistern vermummte Gestalten durch Chaman. Bevor die ersten Koranverse aus den Lautsprechern dröhnen, haben die Maskierten die öffentlichen Latrinen geleert. Dann ziehen sie mit Schaufeln, Schubkarren und Kanistern die Jinnah Road hinauf. Der Mundschutz soll sie vor Staub und Mikroben schützen. Er hilft ihnen auch unerkannt über den Markt: Im größten Gedränge öffnet sich immer eine Gasse für die Verfemten aus Tin-Town." [12]

Es leben ungefähr 700.000 Christen im Land, zu gleichen Teilen Protestanten und Katholiken. Unter den Briten kamen irische Missionare ins Land, seit

1584 verrichten Jesuiten **Missionsarbeit** und leben zum Teil jetzt noch in Pakistan. In Lahore kam es zu einer geringfügigen Verbreitung des Protestantismus durch amerikanische Presbyter; einige katholische Christen aus Goa leben in verschiedenen Gebieten Pakistans. Viele Christen gehen pflegerischen Tätigkeiten in Krankenhäusern nach; christliche Krankenschwestern sind sehr berühmt. Die christlichen Missionsschulen werden wegen der Qualität ihres Unterrichts geschätzt und auch von pakistanischen Kindern besucht.

„Seitdem die Sweepers Christen sind, begegnen ihnen die Muslims mit etwas mehr Respekt: Wenn ein Fest gefeiert wird, sei es Hochzeit oder Tod, kommt aus dem fernen Quetta ein christlicher Priester angereist: Pater Maximus Fernando, ein Ceylonese, den der Ratschluß seines Ordens von seiner südlichen Insel in die rauhe Gebirgswelt Belutschistans verschlagen hat, liest die Messe unter ein paar Zeltbahnen, welche die Christen für Wucherpreise auf dem Bazar mieten. Zusammen mit einem Landsmann und einem älteren Pakistani betreut Maximus 6000 weit verstreute Christen: Die meisten von ihnen arbeiten als Kloputzer in den Kasernen der pakistanischen Armee, die Gewehr bei Fuß an den Grenzen zu ihren islamischen Bruderstaaten stehen. Wenn ein Priester die abgelegenen Garnisonen an der afghanischen Grenze besucht, kommen die 'Unreinen' – Christen, Hindus und Sikh – aus den Kasematten und hocken sich um eine Kleidertruhe, an der Fernando seine Sprechstunde abhält: ‚20 Erwachsene haben im letzten Jahr die Taufe verlangt.‘“ [13]

Hindus niederer Kaste ließen sich oft zum Christentum bekehren, wohl in der Hoffnung, ihre Situation könne sich nur verbessern, und um ihr „Kasten-Stigma" zu verlieren. Muslime in Pakistan wissen aber von dem Kastenursprung der ehemals hinduistischen Christen und der damit zusammenhängenden Stellung im sozialen Gefüge und behandeln sie dementsprechend herablassend.

„‚Tin-Town‘, Blechstadt, heißt das Christen-Getto in Chaman. Die Briten hatten ihre Putzkolonne in Wellblechbuden einquartiert: Mit den Verschlägen an den beiden Straßenenden gleicht Tin-Town einem deutschen Sperrbezirk. ‚Da gibt es nur Gesindel‘, sagt der Riksha-Fahrer und fordert eine Rupie mehr. ‚Da tauchen Mörder und Mädchenräuber unter‘, sagen die Soldaten, die durch die Straßen Streife gehen. In Tin-Town leben 200 Menschen. Ein verschreckter Haufen. Jede Nacht wagen sich die 20 Familien durch die feindliche Stadt, um Straßen zu fegen, Müll zu laden. Für 80 Mark im Monat. Gefährlich wird es für die Frauen und Mädchen, wenn sie in die Höfe müssen: ‚Unsere Frauen werden belästigt. Sie sind ohne Ehre. Sie werden mit Geld zum Schweigen gebracht.‘“ [14]

Am 5. Februar 1997 fand ein Muslim in dem Dörfchen Shantinagar unweit der Moschee ein paar herausgerissene und mit beleidigenden Sprüchen beschmierte Koranseiten. Wenige Stunden später fuhren drei Motorradfahrer mit Megaphonen durch das Dorf, um die muslimische Bevölkerung über den

Vorfall aufzuklären und sie für einen **Rachezug an den Christen** des Ortes zu sammeln. Denn natürlich wurde ein Christ für den blasphemischen Akt verantwortlich gemacht: *Baba Raji,* ein armer Riksha-Fahrer, der aber für den nüchternen Betrachter doch nicht der rechte Täter sein konnte, denn er ist des Lesens und Schreibens nicht kundig …

Wie sich später herausstellte – aber nie öffentlich verkündet wurde – lagen komplizierte politische Verwicklungen der Beschuldigung zugrunde. Für die christliche Gemeinde und ihre bescheidenen Besitzungen war es aber schon zu spät. Noch am selben Tag des Fundes sammelten sich 20.000 entrüstete Muslime aus der Umgebung, vertrieben die Christen aus ihrem Dorf, plünderten und verbrannten die Häuser, zerstörten drei Kirchen, die Schule und das Krankenhaus und verbrannten alle Bibeln und Gesangbücher, derer sie habhaft werden konnten. Augenzeugen berichteten, daß die Polizei aktiv an den Plünderungen und Zerstörungen beteiligt war.

Schiiten

In Pakistan liegt der Anteil der schiitischen Bevölkerung bei 20 bis 25 Prozent. **Spannungen zwischen schiitischen und sunnitischen Bevölkerungsgruppen** sind vereinzelt immer wieder aufgetreten; Gewalttätigkeiten zwischen Schiiten und Sunniten lebten Mitte der achtziger Jahre in der Provinz Punjab richtig auf, als der Militärdiktator *Zia ul-Haq* den extremistischen, sunnitischen Klerus unterstützte, um sich eine Machtbasis bei der islamischen Rechten zu bilden.

Die **Partei der sunnitischen Fundamentalisten,** *Jamaat-e-Ulema,* ist in elf Fraktionen aufgespalten, deren militanteste die *Sipah-i-Sahaba* („Soldaten der Prophetengefährten") ist. Die *SSP* glaubt an einen reinen Sunniten-Staat und die physische Vernichtung aller Schiiten. Auf ihr Konto gehen wahrscheinlich viele der Morde an Schiiten in Karachi. Eigentlich müßte die Propaganda der *Sipah-i-Sahaba* unter Strafe gestellt werden, aber die Partei ist bislang von staatlichen Sanktionen verschont geblieben. Im Januar 1997 explodierte in Lahore eine Bombe, die 26 Menschen das Leben kostete und über 70 Verletzte hinterließ. Unter den Toten war auch der Chef der *Sipah-i-Sahaba, Maulana Zia-ur-Rehman Farouqi.* In den Tagen nach dem Anschlag wurden Sunni-Gruppierungen mobilisiert, die besonders in den Städten Faizalabad, Jhang, Gujranwala und Multan auftraten, antischiitische Slogans brüllten, die Büros von schiitischen Führern angriffen und versuchten, schiitischen Besitz zu zerstören. In Lahore wurde das Iranische Kulturzentrum auf der Mall von empörten SIS-Anhängern in Brand gesetzt. Die kostbare Bibliothek mit 12.000 Büchern verbrannte, darunter seltene Korankopien und andere religiöse Bücher. Auch die Rechtsabteilung mit wertvollen Büchern der religiösen Rechtsschulen zerfiel zu Asche. Die Polizei hielt Abstand zu dem Mob, beobachtete die Vorgänge aus der Ferne.

Die **Schiiten-Partei** *Tharik-i-Jafria* hat eine ähnlich blutige Vergangenheit in bezug auf ihre Führer. Im Dezember 1996 wurde der Parteichef der Schiiten, *Zulfikar Naqvi,* von zwei unbekannten Tätern ermordet, zusammen mit seinem Sohn und einem Freund. Auch der Vizepräsident der *Milli Yakjethi Council* wurde in seinem Heimatdorf in der Nähe Lahores erschossen. Die Vorgänger des Führers *Sajid Ali Nagvi* wurden ebenfalls samt und sonders von Gegnern umgebracht. Die pakistanischen Schiiten sind unter dem Einfluß der iranischen Revolution selbstbewußter und militanter geworden.

Es hat viele Versuche gegeben, Haß zwischen sunnitischen und schiitischen Gruppen auf breiter Basis zu schüren, z.b. durch das Drucken diskriminierender Schriften und Plakate. Die Mehrheit der Bevölkerung stand dieser Literatur und den Haßpredigten des Klerus aber immer abweisend gegenüber. Die Angriffe auf sunnitische und schiitische Moscheen sind auf eine Konspiration von einer kleinen und gut trainierten Armee von Aktivisten zurückzuführen, die damit einen offenen Konflikt anzetteln wollen.

Ahmadis

Die Ahmadiyya ist eine *in Indien entstandene Bewegung,* die von dem 1908 verstorbenen *Mirza Ghulam Ahmad* ins Leben gerufen wurde. Er bezeichnete sich als der *Mahdi* oder *Messias* und stieß mit seiner Lehre bei den orthodoxen Religionsträgern von Anfang an auf großen Widerstand. Das Auftreten Muhammads bedeutet im Sinne der orthodoxen Lehre einen endgültigen Abschluß der Sendung von Propheten, die *Ahmadis* hingegen setzen mit *Mirza Ghulam Ahmad* diese Reihe fort. Um die *Ahmadiyya* entzündeten sich 1952 in Pakistan (mehr aus politischen als religiösen Gründen) schwere Unruhen, und 1974 wurde die Bewegung endgültig *als unislamisch erklärt.* Viele Ahmadis wurden vom sogenannten „Martial Law Court" zum Tode verurteilt, das Todesurteil später oft in lebenslange Haft umgewandelt.

Ahmadis werden aufgrund ihrer Religionsausübung festgenommen und in vielen Fällen angeklagt, ketzerische Bemerkungen über den Heiligen Propheten *Muhammad* gemacht zu haben. Die Verurteilung bedeutet meist einige Jahre Kerker; Kautionsanträge und Bürgschaften werden überwiegend abgelehnt. Predigen sie ihren eigenen Glauben, verstoßen sie ebenfalls gegen das Blasphemie-Gesetz – da sie ja als unislamisch klassifiziert sind – und können mit einer zweijährigen Gefängnisstrafe rechnen. Die **Diskriminierung und Verfolgung der Ahmadis** wird von Bürgern anderer Glaubensrichtungen dazu benutzt, Konflikte jeglicher Art (auch geschäftlicher Natur) zu lösen: Schnell ist der „Gegner" diffamiert und wegen irgendeines Verstoßes gegen das Blasphemie-Gesetz beschuldigt und hinter Gitter gebracht. *Ahmadis* werden beobachtet und bedroht, wenn sie sich zum Freitagsgebet in einer Moschee treffen, aber auch, wenn der Treffpunkt ein Privathaus ist. Ortsverwaltungen versiegeln Privathäuser, damit die Möglichkeit genommen ist, sie als Versammlungs- und Gebetsstätte zu nutzen. Gerne bedienen sich die Ortsverwaltung und mit ihr die Polizei sowie religiöse Führer der Postkontrolle, um über eventuelle Ahmadi-Aktivitäten unterrichtet zu sein und entsprechende Strafmaßnahmen einleiten zu können. Benachteiligungen und kleinere Schikanen finden sich in den verschiedensten Lebensbereichen.

Die Verwaltung des Staatlichen College-Wohnheims der Stadt Jhang z.B. verwendet ein Formular für die Aufnahme in das Studentenwohnheim, wobei der Antragsteller nach Artikel 9 folgendes bestätigen muß: *„Ich habe keinerlei Verbindung zu der Ahmadiyya-Gemeinde".* Ist die Bestätigung nicht möglich, kann der Student nicht mit der Aufnahme in das Wohnheim rechnen.

Sunnitische Moscheen werden manchmal als Instrumente des Terrors genutzt, indem durch ihre Lautsprecher Schmähreden gegen *Ahmadis* tönen, die es wagten, den *Asan,* den Gebetsruf, hören zu lassen. Immer wieder werden auch Ahmadi-Gräber geschändet und entweiht, provozierende Fahnen und Plakate mit Ahmadi-verachtenden Sprüchen angebracht. In keinem Fall wurde Anklage gegen die Verantwortlichen erhoben.

Die Mehrzahl der von pakistanischen Gerichten erhobenen **Blasphemie-Klagen** betrifft Mitglieder der Ahmadiyya-Glaubensgemeinschaft, zunehmend werden aber auch Christen angeklagt. Beliebt ist die Beschuldigung, daß *Ahmadis* Koran-Verse an Hauswände geschrieben haben sollen. (Von dieser Anklage werden auch analphabetische Christen nicht verschont!) *Amnesty International* fordert von der pakistanischen Regierung eine Änderung des Blaphemie-Gesetzes (§ 298-C und § 295-C PPC), das die Todesstrafe als obligatorische Strafe für die Verunglimpfung des Namens des Propheten *Muhammad* vorsieht. Unter diesem Paragraphen anhängige Verfahren sollten eingestellt und die Angeklagten sowie die nach diesem Paragraphen Verurteilten sofort und bedingungslos freigelassen werden.

Hindus und Sikhs

Hindus gibt es nur noch sehr wenige in Pakistan, sie leben hauptsächlich in Sindh und gehörten vor der Teilung meist der Kaste der Unberührbaren an. Auch **Sikhs** leben nur noch in kleinen Zahlen in Pakistan, sie wanderten in den Ost-Punjab im heutigen Indien aus. Ihnen sind aber Besuche ihres Heiligtums *Hasan Abdal* bei Rawalpindi gestattet.

Zoroastrier

Parsen oder Zoroastrier gibt es wenige Tausend in Pakistan. Sie verließen vor Jahrhunderten den heutigen Iran, um ihren Glauben bewahren zu können, und ließen sich überwiegend in Bombay, vereinzelt aber auch in Lahore und Karachi nieder. Ihre Religion gründet sich auf **Zarathustra,** der im zweiten

Viertel des ersten Jahrtausends vor Christus vornehmlich in Baktrien lebte und als Reformator der altiranischen Religion wirkte. Er verstand sich als der von seinem Gott *Ahura Mazda* berufene Verkünder einer monotheistischen Religion. Die Gemeinde der Zoroastrier ist sozial engagiert, fortschrittlich und legt Wert auf eine gute Ausbildung, außerdem ist sie handelstüchtig und kulturell sehr aktiv. Berühmt sind sie durch ihren ungewöhnlichen **Feuerkult** und ihre mystisch anmutenden **Totentürme,** anzusehen in Karachi, auf denen die Gebeine der Verstorbenen von Vögeln gereinigt werden.

„Es ist Freitag, der Tag an dem die großen Erlöser, die Engel Mushkail Assan und Behram Yazd, heraufbeschworen werden. (In schwierigen Zeiten werden sie von den Parsen oft gerufen!) Mutter bereitet die Zeremonie vor, breitet ein weißes Tuch auf dem Schlafzimmerboden aus, stellt den kleinen Feueraltar und die Bilder der Heiligen auf ... Sie kniet auf dem Boden und entzündet ein Streichholz, um die Räucherstäbchen anzustecken, arrangiert die Sandelholz-Späne auf dem Feueraltar und plaziert einen kleinen Stapel von Sandelholz-Stäbchen obenauf." [15]

Landessprache und Schrift

Urdu und Englisch

Pakistans Landessprache ist **Urdu,** eine indoarische Sprache, die in dem Gebiet zwischen Delhi und Lahore entstanden ist. *Hindi* – die in Nordindien gesprochene Version – und Urdu wurden von den Briten „Hindustani" genannt, beide Dialekte entwickeln sich heute auseinander. Hindi wird in der Devanagari-Schrift geschrieben, Urdu wird mit arabischer Schrift in der persischen Nastaliq-Variante geschrieben, mit einigen zusätzlichen Zeichen für die retroflexen Konsonanten. Das Hindi hingegen hat viele Idiome aus dem Sanskrit übernommen. So vergrößert sich der Abstand zwischen den beiden einstmals identischen Sprachen ständig.

Urdu ist in Pakistan nur Muttersprache von den aus Indien eingewanderten Mohajirs, die um die acht Millionen Menschen zählen. Obwohl jede Ethnie ihre eigene Muttersprache hat und diese auch noch pflegt, ist Urdu inzwischen landesweit verbreitet. Es ist angereichert mit **Idiomen aus dem Persischen und Arabischen.** Das Arabische konnte großen Einfluß geltend machen, weil es die Sprache des Koran und damit aller Muslime ist. Das Persische war die offizielle Amtssprache der Moghul-Herrscher bis 1835; nach dem Zusammenbruch des Moghulreichs wurde Urdu die Literatursprache.

Während von den britschen Kolonialherren Englisch als Verwaltungssprache und im Erziehungssystem eingesetzt wurde, spielte Urdu in der *Pakistan Movement* als **Sprache der muslimischen Nation** eine einigende Rolle. *Muhammad Ali Jinnah* bezeichnete Urdu als die Staatssprache Pakistans.

In Ostpakistan stieß die Einführung des Urdu anstelle des Bengali auf erbitterten Widerstand, was auch ein Grund für die Ablösung des Staates Bangladesh war. Sprachen werden in Pakistan **als Politikum benutzt,** es gibt Bemühungen, den Regionalsprachen, besonders Sindhi und Pakhtu, eine größere Bedeutung einzuräumen.

Inzwischen ist viel englischer Wortschatz in das Urdu eingeflossen; gebildete Menschen bedienen sich einer **Mischsprache aus Urdu und Englisch,** so daß es ausländischen Besuchern manchmal möglich ist, einer Unterhaltung auch ohne jegliche Urdukenntnisse zu folgen.

Die **englische Sprache in Reinform** ist nach wie vor weit verbreitet und fester Bestandteil der höheren Erziehung. Auf fast allen Ämtern, in höheren Schulen und Universitäten, Flughäfen und Bahnhöfen kann sich der Reisende in der englischen Sprache verständigen. Auch Lehrbücher sind überwiegend auf Englisch im Ausland konzipiert worden. Weil die Denkweise der so erzogenen Pakistaner anders ist als die der nur urdusprechenden Bevölkerung, wird in Pakistan auch von einer „English-Medium-Gesellschaft" gesprochen, um die Entfremdung zu verdeutlichen.

Da in allen Provinzen die jeweiligen regionalen Sprachen noch gesprochen werden, wachsen die **meisten Kinder zweisprachig** auf, weil sie spätestens in der Schule Urdu lernen. Bei höherer Bildung kommt Englisch als dritte Sprache hinzu. Es ist oft erstaunlich zu beobachten, mit welcher Leichtigkeit schon kleine Kinder sich der verschiedenen Sprachen bedienen und sich problemlos an die Sprache des jeweiligen Gegenübers anpassen können.

Die **Kommunikation zwischen Pakistanern und Ausländern** findet meist auf Englisch statt, es wird aber gern gesehen, wenn zumindest ein paar alltägliche Begriffe oder die Begrüßung in einer der Landessprachen beherrscht werden. An die pakistanische Aussprache des Englischen müssen sich BesucherInnen erst ein bißchen gewöhnen und ein paar Floskeln und sterotype Redewendungen kennenlernen. Sie haben in Pakistan manchmal eine andere Bedeutung als in England, was zu Mißverständnissen führen kann. Anhand der Qualität des gesprochenen Englisch wird in Pakistan eine Person und ihre Ausbildung eingeschätzt.

Urdu, die Sprache der Poeten und Mystiker, ist nicht gerüstet, um die modernen Ökonomie- und Politik-Diskussionen zu führen. Jemand, der in Pakistan nur Urdu lesen kann, wird sicherlich über eine ganz andere Weltanschauung verfügen als eine Person, die zusätzlich englische Literatur und Zeitungen konsumiert. **Urdu in der Berichterstattung** konzentriert sich auf nationale Belange und kämpft mit dem sich schnell wandelnden, spezialisierten Vokabular. Die Urdu-Presse will den Leser nicht mit komplexen Ausdrücken und Schwierigkeiten konfrontieren, nimmt eher Zuflucht zu wohlklingenden Umschreibungen. *Ifrat-e-zar* bedeutet direkt übersetzt „eine Menge Geld", umschrieben wird damit aber die Inflation.

Für Urdu in der Berichterstattung sind auch nationalistische Töne kennzeichnend. Z.B. ist es erlaubt, in Urdu zu schreiben: „Trunken sein mit der Verehrung der Nation". Im Englischen ist das völlig unmöglich. Die Feinde werden als *Yuhud-o-Hunud* („Juden und Hindus") bezeichnet. Urdu hat einen emotionalen Charakter, Englisch einen logischen und sachlichen. Die englische Sprache hat viele griechische und lateinische Ausdrücke übernommen, weshalb viele „Fremdwörter" von Englischlesenden verstanden werden. Das Bilden der mühsamen Umschreibungen im Urdu wird manchmal leichter durch arabische Lehnworte gelöst.

In der Zeitungssprache englischsprachiger Zeitungen ist die bastardisierte Wortform **Urdinglish** entstanden, sie bezeichnet eine gemischte Rede- und Schreibweise. Ein Journalist, der sich diesen Schreibstil angewöhnt hat, wird keinen Job in einer Redaktion für Urdu-Zeitungen mehr bekommen. Politiker und Intellektuelle sprechen kein „reines" Urdu mehr, wodurch die Identifizierung mit dem ausschließlich urdusprachigen Volk schwierig wird. Die Kluft zwischen der englisch- und urdusprachigen Presse verbreitert sich, auch auf inhaltsmäßiger Ebene. Themen wie Freundschaftsgespräche mit Indien tauchen nur in englischsprachigen Zeitungen auf, in einem Urdu-Blatt wäre das undenkbar.

Wichtige englische Tageszeitungen sind: „Dawn" aus Karachi, „The Nation" aus Lahore, „The Muslim" aus Islamabad und „Frontier Post" aus Peshawar. Die „Pakistan Times" ist überregional; wöchentlich erscheinen „Friday Times" und „Newsline".

Englische Begriffe werden als Transliterationen im geschriebenen Urdu verwendet, besonders in der Werbewelt wird **Englisch oft ins Urdu übersetzt,** z.B. der Schriftzug für *Coca-Cola.* Der englische Werbename impliziert ein Produkt von guter Qualität und hohem Standard. Pakistanische Eiscreme wird mit einem englischen Namen versehen, der ins Urdu übersetzt wird und in einer englischen Zeitung als Werbung auftaucht, um die passende Konsumentengruppe zu erreichen. Ein Beispiel: Der *Dhobi* ist ein traditioneller Wäscher, der vormals zu einer niedrigen Kaste gehörte und auch jetzt in der kastenlosen muslimischen Gesellschaft in den unteren sozialen Schichten plaziert ist. Eröffnet er ein Geschäft in der Stadt, wird er es nicht Dhobi-Shop nennen, sondern *London Laundry Shop,* der klangvolle Titel wird aber ins Urdu übersetzt, wodurch dann *Lundun Laandry Shaap* entsteht. Dieser kompliziert anmutende Trick macht zumindest die Nennung des Kastennamens *Dhobi* überflüssig. Süßwarenverkäufer und Friseure stehen dem geschickten Wäscher in nichts nach. Mit ihren phantasievollen Ladennamen *Amritsar Sweet Corner* und *Paris Hair-Cutting Saloon* – allerdings in Urdu geschrieben – geben sie ihren Geschäften (unbewußt?) einen Anschein von internationalem Standard und gehobener Qualität.

Urdu ist eine sehr **blumige Sprache,** reich an Bildern, Redewendungen und Sprichwörtern, die sich je nach Region unterscheiden. *Shisha Dil* bedeutet wörtlich übersetzt „Herz aus Glas" und beschreibt einen Feigling.

Einige **oft verwendete Aussprüche** mit teilweise religiösem Hintergrund, die in Pakistan immer wieder zu hören sind:

- *Bismillah-i Rahman-i-rahim* – „Im Namen des barmherzigen und gnädigen Gottes": dient als Einleitung für alle möglichen Verrichtungen, Ausdruck des Gottvertrauens
- *Ya Allah* - „Oh Gott": als Seufzer verwendet
- *Allahu Akbar* - „Gott ist groß": Glaubensformel und Kriegsruf
- *Inshallah* – „Wenn Gott will": Anerkennung der Überlegenheit des Willen Gottes
- *Shukr al-hamdulillah* - „Gott sei Dank"
- *Zindabad* - „Es lebe, hoch lebe"
- *Shabash* – „Gut, Bravo": Bewunderung, Lob guten Verhaltens bei Kindern
- *Wah* – drückt Begeisterung aus, wird häufig bei Konzerten von begeisterten ZuhörerInnen verwendet

Kalligraphie

„Safran ist das Parfum der Mädchen und Tinte das Parfum der Männer." [29)]

Die bildhafte Darstellung von Lebewesen ist in der islamischen Gedankenwelt ein vermessenens Unterfangen, weil es den Schöpfungsakt Gottes nachahmt. Als künstlerische Ausdrucksmöglichkeit wurden ausweichend Kalligraphie und Architektur hoch entwickelt. Die Kalligraphie ist nicht von ihrem religiösen Hintergrund zu trennen, sie ist als eine ganz spezifische **Sakral-Kunst** zu bezeichnen. Geschrieben und gestaltet wird natürlich auch nach

ästhetischen Gesichtspunkten, aber Mittelpunkt ist das religiöse Bedürfnis, *Allah* zu preisen als Unergründlichen, als Anfang und Ende allen Seins. Mit Tinte den Namen *Allahs* und seine 99 schönsten Namen darzustellen ist eine hohe Kunst, die nur ein moralisch unbescholtener Mensch ausüben sollte. Die kalligraphierten Worte besitzen Bild- und Segenskraft, *Barakat.* Wer ein Schriftbild mit *Barakat,* heiliger Kraft, zu erfüllen versucht, muß den göttlichen Text in seiner ganzen Bedeutung erfaßt haben. Die Eleganz und Schönheit des Schriftzeichens soll die Herrlichkeit Gottes widerspiegeln.

Kalligraphie für achtfaches „Muhammad"

Die 28 arabischen **Buchstaben** haben alle eine numerische Rangstufe mit symbolischen religiösen Bedeutungen. Den höchsten Rang hat der Buchstabe *Alif,* der den Begriff *Allah* symbolisiert.

Die religiöse Bedeutung islamischer Formeln in der kalligraphischen Darstellung sollte allerdings nicht überbewertet werden, weil vieles aus dem Wunsch heraus erfolgt, Gegenstände trotz des islamischen Bildverbotes zu verzieren. Die dekorative Darstellung von Koranversen ist ein wichtiger Bestandteil der Volkskunst. Manchmal kommt es zur Überbetonung des **ornamentalen Moments:** Die einzelnen Worte werden vollends zu Bildern, aus denen der Sinn des ursprünglichen Wortes kaum noch herauszulesen ist. Klare, schlichte Linien sind die Grundregel islamischer Kalligraphie, aber natürlich gibt es Richtungen und einzelne Künstler, die malerisch verspielt interpretieren und komplexe Ornamente entwerfen. Es existieren viele Schriftstile für religiöse und profane Texte. Teilweise entstehen ganze Bilder, Landschaften und Palmenmotive aus entsprechend angeordneten und verschlungenen Schriftzeichen.

Die verschiedenen Ethnien und ihre Sprachen

„Thatta
Niemals hat jemand die Einwohner und Eingeborenen
dieses Ortes bekümmert oder traurig gefunden, und die Heiter-
keit und Fröhlichkeit, die in diesem Volke lebt, hat es bisher
nirgendwo gegeben und wird es nirgendwo geben."
(Tarikh-i Tahiri) [16)]

𝒲as die Beschreibung Pakistans und seiner Menschen einerseits sehr spannend und interessant macht, stellt andererseits eine große Schwierigkeit dar: „Den Pakistaner" oder „die Pakistanerin" suchen wir vergebens. Das Land ist besiedelt von verschiedenen größeren Ethnien und unzähligen kleinen Gruppen mit eigener kultureller Tradition und Geschichte. Einige Ethnien leben in Stammesverbänden, andere als Bauern in Dorfstrukturen oder als nomadisierende Gruppen. Auch Überreste alter Kastenstrukturen existieren, die Unterscheidung in Stamm oder Kaste fällt manchmal sehr schwer. Die Bevölkerung im Sindh und Punjab trägt nach wie vor die Spuren indischer Kultur. Ein einziges Land beherbergt so unterschiedlich lebende Menschen aus verschiedenen Volksgruppen und Schichten wie die moderne, westlich orientierte Elite, Bergbauern in den abgeschiedenen Tälern des

Nordens, leibeigene Landarbeiter und Großgrundbesitzer, Nomaden, die seit Jahrhunderten mit ihren Kamelen durch die Wüste ziehen, und fischende Küstenbewohner am Indischen Ozean.

„Wanderungen am Indus
Im Lande Sind, da gibt es nichts als Freunde,
Es kümmern, plagen dich dort keine Feinde ...
Der Schönheit Frühlingshag ist jeder Ort,
Der Schönheit Schauplatz ist das Land alldort!"
(Riyazi Thattawi) [17]

Provinz Punjab

Im Punjab, der größten Provinz mit über 70 Millionen Einwohnern, wird mit lokalen Varianten **Punjabi** gesprochen. Punjabi ist indoarischen Ursprungs, es ist die meistgesprochene Sprache im Land und kann eine reiche literarische Tradition aufweisen. Die Schriftsprache ist aber Urdu (siehe Kapitel Landessprache und Schrift); Hindko ist ein Dialekt des Punjabi.

Punjab bedeutet Fünfstromland: Die Flüsse Indus, Jhelum, Chenab, Rawi und Sutlej geben der Provinz ihren Namen. 80% der Punjabis leben auf dem Land und erwirtschaften ihren Lebensunterhalt als Bauern. Das Großgrundbesitzer- und Pächtersystem bildet die soziale Gliederung in ländlichen Gebieten. Eine große Rolle in der Sozialstruktur spielen die *Baradaris,* Großfamilien, die durch ihr Beziehungsgefüge und ihre Solidarität das Überleben erleichtern. Im Punjab leben zahlreiche Gruppen in berufs- und kastenähnlichen Strukturen. In der Politik sind viele führende Punjabi-Familien tonangebend und einflußreich; die Administration und Armee rekrutiert ihre Leute gern aus dieser Bevölkerungsgruppe. Der Punjab ist das Kernland, fruchtbarstes Gebiet Pakistans und wird ökonomisch besonders gefördert. Die Bauernbevölkerung besteht meist aus den ethnischen Gruppen der Jat, **Rajput** und **Arain.** Die **Jat** stellen den Hauptteil der Bauernbevölkerung im Sindh und im Punjab. In einigen Landesteilen sind sie auch als Nomaden bekannt, die mit Büffeln, Kamelen, Ziegen und Schafen umherziehen. Die **Gujar** waren ursprünglich Büffelnomaden im Punjab und sprachen Gujri, sie leben auch in der North-West-Frontier-Province, sind dort aber pakhtunisiert.

Provinz Sindh

Sindh beherbergt über 30 Millionen Einwohner und ist eine Vielvölkerprovinz. Sindhi, eine alte Literatursprache, ist die zweitwichtigste Sprache in Pakistan und hat einen indoarischen Ursprung. **Sindhis** unterscheiden die Bevölkerung zum einen in Ureinwohner *(Pukka Sindhi* = „reine Sindhis") und zum anderen in von Beluchistan eingewanderte Gruppen.

Auch die Sindhis stammen von Jat-Gruppen ab, die einst Büffelnomaden waren und jetzt Bauern mit dörflicher Siedlungsweise sind. Die Bewässerungssysteme, die den Ackerbau in dem trockenen Land erst möglich machen, sind ähnlich denen im Punjab angelegt. Die Bewohner der Provinz Sindh sind, wie die Punjabis, kulturell von indischen Traditionen geprägt und überwiegend in Berufsgruppen organisiert; auch ihre Gesellschaft weist Reste kastenähnlicher Strukturen auf. Die Landlords verfügen nicht nur über riesige Ländereien, sondern auch über große soziale und politische Macht. Viele Landarbeiter und kleine Bauern werden durch die feudalen Strukturen unterdrückt und ausgebeutet. Wenige Menschen teilen den Reichtum, die Privilegien und das Land unter sich auf. Die Bevölkerung des Sindh gilt als friedfertig, gastfreundlich und hat eine starke Neigung zur Mystik. Die Organisation in religiösen Gruppen, um einen Pir oder *Malik* mit Führerfunktion, ist häufig anzutreffen. In der Küstengegend zum Iran hin leben die Makrani, die sich äußerlich sehr von den anderen Ethnien unterscheiden. Sie haben eine niedrige soziale Stellung und arbeiten oft als Musikanten. Auch die Fischer im Indusdelta genießen kein hohes Ansehen und werden den „niedrigen Kasten" zugeordnet.

Karachi

Die **Mohajirs** stellen den überwiegenden Bevölkerungsteil Karachis (ca. 8 Millionen), des Geschäfts- und Industriezentrums Pakistans, das über den einzigen bedeutenden Hafen verfügt. Die Mohajirs sind Arbeiter, Händler und Geschäftsleute. Trotz der Großstadtstrukturen halten sie an einem engen Familienleben fest; typisch sind zahlreiche Familienunternehmen. Bei der Teilung des Landes erlitten sie große wirtschaftliche Verluste, von denen sie sich teilweise noch nicht erholt haben. In Karachi bilden sie einen starken sozialen und politischen Block, der über großen Einfluß verfügt.

North-West-Frontier-Province

In der North-West-Frontier-Province (NWFP) leben über 16 Millionen Menschen.

Die größte Bevölkerungsgruppe sind die **Pakhtun** oder Pashtun; auch die Bezeichnung Pathanen findet sich in der Literatur, da es sich aber um eine Verballhornung der richtigen Bezeichnung durch die Briten und Punjabis handelt, sollte sie vermieden werden.

Die ostiranische Sprache *Pakhtu* oder Pashtu existiert in zwei Dialekten: Im südlichen Gebiet der Pakhtun, bis Kandahar in Afghanistan und Quetta in Beluchistan, herrscht die weiche Aussprache vor, im nördlichen Gebiet einschließlich Peshawar die harte Aussprache, nach der das *kh* in *Pakhtu* wie *ch* im deutschen Wort *Bach* ausgesprochen wird. Quetta und Peshawar sind die größten pakhtu-sprachigen Städte Pakistans. Pakhtu wird in der arabischen Schrift mit einigen zusätzlichen Sonderzeichen geschrieben. Das mit dem Punjabi verwandte Hindko wird von kleineren Gruppen ebenfalls in der Provinz gesprochen.

Einige große und namhafte **Stämme der Pakhtun** sind die Afridi, Khattak, Waziri und Yusufzai. Die Grenzprovinz hat viele Flüchtlinge aus Afghanistan aufgenommen, bei denen es sich überwiegend um ethnisch und sprachlich verwandte Pakhtun handelt, aber auch Tadjiken, Hazara und andere Volksgruppen sind zugezogen. Das Siedlungsgebiet der Pakhtun wird seit 1893 von der Durand-Linie durchtrennt; die Idee eines vereinten Pakhtunistans aller Pakhtun in Afghanistan und Pakistan lebt von Zeit zu Zeit wieder auf. Mehr als eine Million Pakhtun leben inzwischen in Karachi. Besonders in ländlichen Gebieten und in den autonomen Stammesgebieten („Tribal Areas") sind die Pakhtun stammensrechtlich organisiert. Sie leben nach alten Traditionen und befolgen einen strengen Ehr- und Moralkodex, beides ist im Stammesgesetz *Pakhtunwali* zusammengefaßt. Die Gastfreundschaft spielt eine überragende Rolle in der pakhtunischen Gesellschaft; gleichzeitig verschließen sie sich vor anderen Gruppen bis hin zur Feindseligkeit. Die Familie ist die Wirtschafts- und Lebenseinheit und manchmal auch Wehrgemeinschaft. Manche Häuser aus Lehmziegeln sehen aus wie Burgen mit Wachtürmen und Schießscharten; Waffen sind ein unverzichtbarer Bestandteil der männlichen Ehrbarkeit und des damit einhergehenden Männlichkeitskults. Frauen führen ein sehr zurückgezogenes, fast unsichtbares Leben. Die Stammesstrukturen sind bei den städtischen Pakhtun nur noch verschwommen anzutreffen, sie haben eine „moderne" Lebensweise angenommen, wie es Stadtbewohner allerorten tun. Die Pakhtun sind überwiegend Bauern und Viehzüchter, es finden sich aber auch alle anderen Berufsgruppen in den Dörfern und Städten.

Täler des Hindukush, Himalaya und Karakorum

In den abgelegenen Tälern des Hindukush, Himalaya und Karakorum existieren noch **Dardsprachen,** die zu altertümlichen indoarischen Sprachgruppen gehören. Wenig Literatur ist in den Dardsprachen vorhanden, gedichtet wurde hauptsächlich in Persisch oder Pakhtu. Khowar, Khohistani und Kalashi sind die in der North-West-Frontier-Province gesprochenen Dardsprachen.

Die **Kalash** sind eine winzig kleine Ethnie in Chitral (ca. 3000 Menschen), die in den Tälern Rumbur, Bomboret und Birir lebt. Eine größere Gruppe der Kalash ist in Afghanistan angesiedelt, wo sie als *Nooristani*, „Leute aus dem Land des Lichts", bezeichnet werden. Jahrhundertelang trugen sie den Schmähnamen *Kafiren*, „Ungläubige", weil sie sich erst vor kurzer Zeit zum Islam bekehren ließen. Die Kalash in Pakistan sind berühmt-berüchtigt für die Überreste ihrer alten Religion und die verschiedenen Gottheiten, denen sie huldigten. Sehr bekannt sind ihre kunstvollen Schnitzereien, der Gebrauch

Kalashfrau in traditioneller Kleidung

von Stühlen als Sitzmöbel und die charakteristischen schwarzen Trachten der Frauen, die reich mit Schnecken und Muscheln verziert sind. Die Täler der Kalash sind Anziehungspunkte des Binnentourismus in Pakistan; das exotische Völkchen lebt wie in einem Freilichtmuseum, wird angegafft und photographiert. Besonders reizvoll ist für Pakistaner der Anblick der Kalash-Frauen, die sich ungezwungen in ihren Dörfern bewegen und unverschleiert sind – wegen dieser „ungeheuerlichen" Lebensweise hängt ihnen natürlich der Ruf von sexueller Freizügigkeit an.

Provinz Beluchistan

Die Provinz Beluchistan ist mit sieben Millionen Einwohnern sehr dünn besiedelt. Beluchen leben aber auch in Afghanistan und im Iran.

Beluchi ist eine westiranische Unterordnung der Indoeuropäischen Sprachen und mit dem Kurdischen verwandt. Die Dichtung der Beluchen ist hauptsächlich mündlich überliefert.

Brahui und Pakhto sind die nächstwichtigeren Sprachen in der Provinz. Der zentrale Teil Beluchistans mit Kalat als früherer Hauptstadt ist brahuisprachig. *Brahui* ist eine drawidische Sprache und mit Tamil und Telugu in Südindien verwandt. Ethnisch sind die Brahui, ungefähr eine Million an der Zahl, den Beluchen zuzurechnen. Quetta ist die einzige Stadt mit über 100.000 Einwohnern, sie hat sich durch den Zuzug von Pakhtun und afghanischen Flüchtlingen vergrößert.

Die größten Stämme der *Beluchen* sind Bugti, Marri und Rind. Über 60 Prozent der Beluchen sind in der Landwirtschaft tätig, es zieht aber auch noch eine große Zahl von Nomaden und Halbnomaden mit ihren Tierherden durch das Land. Die klimatischen und geophysischen Bedingungen der Provinz sind sehr schwierig, es gibt große Wüstengebiete, die für jede Bewirtschaftung ungeeignet sind. Die Menschen scheinen sich diesen harten Lebensbedingungen angepaßt zu haben, sie machen einen extrem zähen und manchmal etwas rauhen Eindruck. In den Wüstengebieten Beluchistans findet sich auch am ehesten die sogenannte „Karawanenromantik", die auch von vielen Pakistanern idealisiert und verklärt wird. Die Administration in diesem extrem dünn besiedelten Land ist natürlich besonders schwierig, dazu kommt noch die Eigenwilligkeit und das Selbstbewußtsein der Stammesverbände, die sich nicht gern regieren lassen. Die regenlosen letzten Jahre trieben viele Bauern in den Ruin. Ein Großteil der Viehbestände der Provinz, mit denen viele Menschen ihren Lebensunterhalt bestreiten, verendete. Durch Nothilfe-Programme und zusätzliche Mittel versuchte die Regierung, zumindest von den Menschen das Schlimmste abzuwenden. Die Provinz verfügt nur über eine unzureichende Infrastruktur, Schulen und Krankenhäuser fehlen, und die Analphabetenrate ist die höchste im Land. Zahlreiche Beluchen gingen als Bauern in den Sindh, in der Hoffnung, dort ein besseres Leben führen zu können.

Northern Areas

Die Northern Areas sind keine selbständige Provinz, unterscheiden sich aber sehr vom Rest des Landes und sind von der Landschaft und der Lebensweise seiner Bewohner her einzigartig. Die kulturelle Eigenständigkeit ist in den nördlichen Landesteilen sehr groß. Ein Teil der Bevölkerung bekennt sich zu den Zwölfer-Schiiten, die anderen sind Ismaelis (Siebener-Schiiten) mit dem *Aga Khan* als Oberhaupt.

In Gilgit und Chilas wird **Shina** gesprochen, das als Dardsprache zu den altertümlichen indoarischen Sprachgruppen gehört. Ungefähr 300.000 Menschen sprechen Shina, was es zur meistgesprochenen Dardsprache macht; Radio Gilgit z.b. sendet Programme auf Shina.

Balti ist ein tibetischer Dialekt, der im Nordosten des Landes von wenigen Menschen gesprochen wird. Die Baltis, die den Zwölfer-Schiiten angehören, unterscheiden sich trotz der Sprachverwandtschaft kulturell von den Tibetern.

Das **Burushaski** wird in Hunza, Nager, Yasin und einigen Paralleltälern gesprochen, es existieren aber keine genauen Zahlen. In Burushaski, das mit keiner anderen Sprache der Welt in Verbindung gebracht werden kann, wurde kaum Literatur verfaßt; Persisch diente als Schriftsprache, inzwischen bedient man sich verstärkt des Urdu.

Der in den nördlichen Gebieten angewandte Bewässerungsfeldbau nutzt bestmöglich das Schmelzwasser aus den Seitentälern. *Mir* und *Wazir* nannten sich die Herrscher in den Fürstentümern des Nordens, sie waren auch verantwortlich für Kanalbaumaßnahmen. Die Bewässerungskultur findet sich bei allen ethnischen Gruppen; mit einfachen Geräten wird ein hohes bautechnisches Niveau erreicht. Typische Anbaupflanzen sind Gerste und Weizen, Hirse, Mais und Kartoffeln, Aprikosen und Maulbeeren. Milchprodukte werden durch die Vieh- und Almwirtschaft gewonnen. In der Sozialstruktur fehlen die Großgrundbesitzer, der Bodenbesitz ist egalitär verteilt; ein anderes System ist bei den kleinen, bebaubaren Parzellen auch kaum denkbar. Die traditionellen Fürstentümer wurden unter *Zulfiqar Ali Bhutto* abgeschafft. Eine noch stärkere Bindung an Pakistan wurde allerdings durch den Bau des Karakorum Highways erreicht; die Straße ermöglichte eine gute Erschließung des Landesteils, was auch den Tourismus als Wirtschaftszweig interessant machte. Der Norden des Landes hat eine grandiose Landschaft mit den höchsten Bergen der Welt zu bieten, die von jeher viele Besucher anzog.

„Mein Herz ist wie eine einsame Blume
In der Wüste wachsend,
Duft verbreitend, Farbe spendend ...
Aber jetzt haben die sengenden Winde sie getötet,
Die bösen Winde der Trennung,
Und die Blume siecht hin und verwelkt.“
(Volkslied der Beluch)

Stadt und Land:
Zwei Welten treffen aufeinander

„Ich glaub' nicht, daß in sieben Weltgebieten,
Man Schön'res sieht als das Gesicht Lahores ...
Lahores Quecksilber ist ganz ohne Regung,
Wo fänd' man sonst den Frieden schlicht Lahores?
Und wie ein Künstler webt aus Früh und Abend
Ein zart' Gewand das Mondenlicht Lahores!
Gleichwie ein Jünger schreib ich Tag und Nächte
An Wundern reich hier das Gedicht Lahores! ...“
(*Talib Amuli,* aus dem Lobgedicht auf Lahore)

Es existiert keine homogene Bevölkerung in Pakistan, die Anpassung an unterschiedliche Lebensbedingungen hat verschiedene Kulturformen entstehen lassen, was besonders bei sozialen und wirtschaftlichen Randgruppen (z.B. Nomaden) deutlich wird. Bedeutsam ist aber auch die Schichtzugehörigkeit mit den unterschiedlichen Berufsgruppen, die in die groben Kategorien Bauern, Händler und Handwerker unterteilt werden können. Besonders groß sind die Unterschiede zwischen Stadt- und Landleben.

Landleben

Der größte Teil der Bevölkerung lebt auf dem Land, was nicht nur eine räumliche Zuordnung bedeutet, sondern sich auch auf Traditionen, Lebensweise und Anschauungen auswirkt. Das Leben verläuft in einem *landwirtschaftlichen Rhythmus,* richtet sich nach Aussaat, Ernte und dem Mondkalender und hat somit ein gemächlicheres Tempo, als es in der hektischen Großstadt zu finden ist.

Das Leben findet in *größeren Familienverbänden* statt; Söhne bleiben bei ihren Eltern, wohnen und gründen ihre Familien dort. Solidargemeinschaft und Wirtschaftseinheit – die pakistanische Familie ist alles in einem.

In allen Landesteilen herrschen auf dem Land *einfache Lebensbedingungen* vor. Die Menschen leben in Lehmhäusern, aus in der Sonne getrockneten und mit Stroh vermischten Lehmziegeln. Es sind kleine, einfache Häuser, teilweise mit hohen Lehmmauern, die keinen Einblick in die häusliche Intimsphäre erlauben. Wichtig ist der große Innenhof, der im Sommer zum Wohnen, Schlafen, Wäschetrocknen und als Kinderspielplatz dient; kleinere Tiere werden ebenfalls integriert. Eine Kochstelle befindet sich in einer Ecke des Hofes, das Wasser wird von draußen geholt. Selten gibt es fließendes Wasser, nur bedingt Strom und keine oder nur sehr einfache sanitäre Einrichtungen. Möbel finden sich keine in den Häusern, manchmal ein in die

Wand eingelassenes Regal, ein paar Haken in der Wand und ein oder zwei Truhen für die Besitztümer der Familie. *Charpois,* die praktischen Betten, bestehend aus geschnitzten Holzbeinen mit geflochtener Liegefläche, sind fast immer und überall vorhanden. Sie sind leicht und luftig, was in den stickigen Sommermonaten zum Wohlbefinden beiträgt, und sie können problemlos hin und her getragen werden. Die *Charpois* sind Allzweckmöbel, dienen zum Sitzen, Schlafen und für alle haushaltlichen Tätigkeiten; ansonsten sitzt man auf Matten oder Teppichen, die auf dem Boden ausgebreitet sind.

Die ländlichen Gebiete verfügen über keine gut ausgebaute **Infrastruktur,** wenig befestigte Straßen, unzureichende ärztliche Versorgung, kein Wasser- und Abwassersystem und ein nur geringes Schul- und Ausbildungsangebot. Ein erheblicher Teil der registrierten pakistanischen Ärzte arbeitet im Ausland, beim ärztlichen Hilfspersonal ist die Situation noch schwieriger. Die Einrichtungen der Gesundheitsfürsorge konzentrieren sich auf die großen Städte und stehen den Militärs und den Beamten zur Verfügung. Die Bevölkerung mit geringem Einkommen ist benachteiligt, weil die Gesundheitsmaßnahmen selbst finanziert werden müssen. Die Landbevölkerung ist am schlimmsten betroffen, weil dort noch nicht einmal einfachste Einrichtungen zur Verfügung stehen.

Dorfgemeinschaft

Nicht nur Familien, sondern auch Dörfer bilden soziale und wirtschaftliche Einheiten. Diese solidarischen Gruppen befinden sich in einem **Verpflichtungsnetz;** Austauschbeziehungen in Form von Geschenken, Arbeitsleistungen, Heiratspartnern und gegenseitigen Besuchen müssen gepflegt werden, um das System aufrechtzuerhalten. Frauen spielen eine große Rolle in diesen Austauschbeziehungen: Sie überwachen den Austausch, regeln Besuche und achten auf gleiche Verteilung von Gütern und Geschenken. Die Intensität der Zusammenarbeit in den Dörfern ist von Gegend zu Gegend unterschiedlich, was sich teilweise auf den lokalpolitischen Hintergrund zurückführen läßt. Die Bedeutung des Dorfes als soziale Organisationsform ist in Nordpakistan stärker ausgeprägt als im Punjab. In der NWFP sind die Verwandtschaftsgruppen stärker gefordert.

Feudale Strukturen finden sich in allen Provinzen. Zwischen Großgrundbesitzern *(Zamindar, Khan, Sardar)* und Landarbeitern oder Pächtern *(Kammi)* bestehen nicht nur Arbeitsbeziehungen, sondern meist auch Abhängigkeitsverhältnisse durch die Beschaffenheit der **Patron-Klient-Beziehung.** Die „Untergebenen" müssen nicht unbedingt Bauern sein, auch Arbeiter oder Handwerker gehören zur Klientel. Es existieren unterschiedliche Bindungs- und Abhängigkeitsformen, in jedem Fall aber sind gegenseitige Leistungen erforderlich. Loyalität und Arbeitsleistung auf der Klienten-Seite, Ausstattung mit dem Lebensnotwendigen, evtl. ärztliche Versorgung, Schutz und Hilfe auf der Patron-Seite. Trotzdem leben die Abhängigen oft arm und verschuldet,

Dorfszene

Pächter müssen häufig den größten Teil ihrer Ernte abliefern. Diese Verschuldung bindet auch nachwachsende Generationen der Familie immer wieder aufs neue an den *Zamindar*. Bei den Pakhtun wirkt sich dieses gegenseitige Abhängigkeitsverhältnis bis in die Bereiche der Blutrache aus. Kommt ein Pächter in Schwierigkeiten und wird wegen eines Vergehens bedroht, muß der Patron vermittelnd und schützend eingreifen. Traditionell funktionierte das Patron-Klient-System ohne Geldwirtschaft auf Austauschbasis, diese Verhältnisse ändern sich aber langsam. Neben den Landbesitzern gehören die lokalen Mullahs zu den Dorfautoritäten. Ihnen obliegt die Betreuung der Gemeinde – was sie oft mit großen Einfluß durchführen – und der Koranschulen, die oft der einzige Bildungsweg auf dem Land sind. Die „Heiligen Männer" *(Pirs)*, ihre Nachkommen und Anhänger sind ein weiterer Macht- und Einflußfaktor auf dem Land.

Soziale Gliederung

Muslime akzeptieren keine Kasten. Trotzdem wurde der soziale Aufbau der Gesellschaft muslimischer Gruppen **durch die Prinzipien der Kastengesellschaft beeinflußt.** Der Islam ist eine noch recht junge Erscheinung auf dem Subkontinent, der Hinduismus kann ein viel höheres Alter vorweisen. Außerdem waren die Muslime in Indien lange Zeit in der Minderheit und sind durch ihre Hindu-Nachbarn geprägt worden.

Die **Großgrundbesitzer** bilden einen großen Teil der gesellschaftlichen Oberschicht; sie müssen selbst nicht arbeiten, sondern überwachen die Arbeit anderer, was als sehr erstrebenswerter Zustand gilt. Sie haben ihre Beziehungsnetze über das ganze Land ausgebreitet und sind in alle Einflußbereiche vorgedrungen, teilweise haben sie sich auch in den Städten etabliert. Aus ihren Reihen rekrutieren sich die hohe Beamtenschaft, Offiziere der Armee und Politiker in den Provinz- und Landesregierungen.

In Konkurrenz mit ihnen treten sogenannte *„Neureiche"*, die ihr Geld in der Industrie oder im Ausland „gemacht haben". Sie sind zwar sehr wohlhabend, aber ihnen fehlen das altbewährte Beziehungsnetz und der Grund und Boden.

Pirs, Sayyids und *Mullahs* genießen unter kastenorientierten Gesichtspunkten ebenfalls ein hohes Ansehen. Die Nachkommen des Propheten oder Angehörige dieser Familien werden idealisiert. Ihnen wird eine natürliche Würde zugeschrieben, Hilfsbereitschaft und Schlichtungsvermögen bei Streitfällen wird vorausgesetzt. Ein vorbildlicher Lebenswandel wird von den „Abkömmlingen" des Propheten und „Heiliger Männer" erwartet, sie sollen idealerweise auch nur untereinander heiraten.

Zu den niedrigeren sozialen Schichten gehören die *Bauern und Dorfhandwerker:* Weber, Schuster, Zimmermann, Schmied, Barbier, Töpfer, Fischer, Bootsleute, Wasserträger und Wäscher. Das hinduistische Erbe hat stark spezialisierte Berufsgruppen hervorgebracht, die allerdings in den zu Indien benachbarten Provinzen, Sindh und Punjab, häufiger auftreten als in der NWFP oder Beluchistan. Es gibt so viele verschiedene spezialisierte Berufsgruppen, daß hier auf eine komplette Aufzählung verzichtet werden soll. Die einzelnen Gruppen leben, wenn möglich, zusammen, haben gemeinsame sprachliche Merkmale, eigenständige Traditionen und heiraten untereinander. Aber auch bei den unteren sozialen Schichten variiert das soziale Ansehen stark.

Auf der sozial niedrigsten Stufe stehen die *Unberührbaren, die Paria,* zu denen viele kleine Randgruppen gehören und folgende Beispiele von Berufsständen: Musiker und Gaukler, Hausierer, Kesselflicker, Müllsammler, Tänzer, Fischer, Erntehelfer, Tierschausteller, Schlangenbeschwörer und Bettler. Zum Teil führen die Gruppen eine mobile Lebens- und Wirtschaftsweise; so die nomadisierenden Viehzüchter bei den Pakhtun, Baluch, Gujar und Jat, die *Powindah* oder *Kuchi* genannt werden. Obwohl ihre Lebensweise oft romantisierend dargestellt wird, mit Bildern vom freien Umherschweifen, Ungebundenheit, der Schönheit und Unabhängigkeit ihrer Frauen, genießen sie kein hohes Ansehen. Ihre Lagerplätze werden eher als störend und unordentlich empfunden, sie selbst als unberechenbar eingeschätzt.

Stadtleben

Bevölkerungswachstum

Der Anteil der städtischen Bevölkerung an der Gesamtpopulation beträgt ungefähr 30 bis 45 Prozent. Genaue Zahlen gibt es nicht, denn die für 1991 angesetzte **Volkszählung** fand bis zum heutigen Tag nicht statt. Volkszählung ist ein Politikum in Pakistan, durch das die Interessen der Feudalherren gewahrt werden sollen. Wird die Landbevölkerung höher eingeschätzt, bekommen sie Regierungsgelder, die eher für die Verbesserung der Lebensumstände in den Slums der Städte verwendet werden müßten.

Pakistan ist das am stärksten urbanisierte Land Südasiens. Die Städte müssen mit einem starken Zuzug und unkontrollierter Bebauung fertig werden; die **Landflucht** hält wegen der schwierigen ökonomischen Verhältnisse in vielen Landesteilen weiterhin an. Es findet eine Abwanderung aus den Regenfeldbaugebieten des Nordens in die Kanalbewässerungsgebiete des Industals und in die Großstädte statt. Die Entwicklung der Geldwirtschaft zwingt kleine Bauern und landlose Arbeiter zunehmend, zumindest einige Familienmitglieder in die Städte zum Geldverdienen zu schicken, damit die restliche Familie weiterhin auf dem Land leben kann.

Aber auch großräumige Wanderungen bescherten den Städten hohe Einwohnerzahlen. Die **Flüchtlinge** aus Indien siedelten sich überwiegend in den Städten an, nur wenige auf dem Land. In Karachi leben viele von ihnen noch immer in Slums in ihren Notunterkünften. Das Elendsviertel befindet sich direkt neben dem Stadtteil mit den Nobelvillen, den sich die Briten schon als angenehmen Aufenthaltsort gesucht hatten. Im Westen kamen die Flüchtlinge aus Afghanistan dazu, die z.B. aus Peshawar eine Großstadt gemacht haben.

Quirliges Stadtleben in Multan, Punjab

Pakistans jährliche **Wachstumsrate** der Bevölkerung beträgt über 3 %. Die Bevölkerung hat sich seit der Unabhängigkeit vervierfacht. Die Geburtenrate liegt bei 4,1 %; eine Frau macht im Laufe ihres Lebens durchschnittlich 6,2 Geburten durch. Der Männerüberschuß von 110 zu 100 bedeutet eine hohe Müttersterblichkeit und zeugt von dem schlechten Gesundheitszustand der Frauen. Es kann aber auch ein Hinweis auf die in islamischen Ländern übliche Praxis sein, die Zahl der weiblichen Bevölkerung bewußt niedriger anzugeben. Die Alterspyramide hat eine breite, sich rasch verjüngende Basis, was verdeutlicht, wie jung die Bevölkerung Pakistans ist. Karachi hat 11 Millionen Einwohner; im Jahr 2001 wird die Bevölkerung auf 13 Millionen angewachsen sein. Lahores Einwohnerzahl liegt bei 8 Millionen, Faizalabad, Rawalpindi und Islamabad haben jeweils 3 Millionen, Peshawar 2 Millionen und Quetta 1 Million Einwohner.

Kinderreichtum ist im Sinne des Islam, Kinderlosigkeit dagegen ein Zustand, der große Trauer hervorruft und der ganzen Familie Schande bereitet. Kinderlose Paare haben ihre religiöse und gesellschaftliche Aufgabe nicht erfüllt und die wichtigste Erfahrung im Leben eines Menschen nicht gemacht. Da der Staat keine Verantwortung für seine Bürger übernimmt, dienen Kinder aber auch als Alters- und Sozialversicherung. Auch die staatliche Einstellung zur Familienplanung ist nicht sonderlich fortschrittlich, wie folgender Zeitungsartikel zeigt:

„Eine multinationale pharmazeutische Firma verwendete Millionen auf die Entwicklung und Vermarktung von Kondomen, um die Geburtenplanung in Pakistan zu unterstützen. Was unternimmt die Regierung? Anstatt dankbar zu sein, verbannt sie die Werbung der Firma von den Bildschirmen. Werbungen, die nicht gegen die Schicklichkeitsregeln der Religion verstoßen! Mit diesem Entschluß hat die Regierung Pakistan einen schlechten Dienst erwiesen!" [18)]

Kinder aus Stadt und Dorf

Infrastruktur und soziale Unterschiede

Die **Infrastruktur** in den großen Städten ist mangelhaft, gemessen an der großen Zahl von Menschen. Müllentsorgung, Trinkwasser- und Abwassersystem funktionieren nicht richtig. 60 % aller Menschen in Pakistan haben keinen Zugang zu moderner Medizin. Cholera, Typhus und Malaria erschweren das Leben der Armen. Jedes zwölfte Kind stirbt an Durchfallerkrankungen, bevor es fünf Jahre alt ist. Tuberkulose nimmt oft einen tödlichen Ausgang, weil ärztliche Behandlung zu teuer ist. Nur 30 % der Bevölkerung ist mit Sanitäranlagen versorgt, für viele ist auch sauberes Trinkwasser nicht selbstverständlich. Ärmere Haushalte müssen 80 % ihres gesamten Einkommens für Nahrungsmittel ausgeben und können damit auch nur die Grundversorgung sichern.

In den großen Städten gibt es **enorme Unterschiede zwischen arm und reich.** Die wohlhabende Ober- und obere Mittelschicht ist klein; sie besteht aus führenden Beamten und Militärs, Geschäftsleuten, Akademikern, Bazaris und islamischen Gelehrten. Ein neues Phänomen ist die wachsende Mittelklasse von Beamten und Angestellten. Die unteren Schichten sind schlecht versorgt, sie leben oft in Armut und Chancenlosigkeit; Arbeiter, Handwerker, Hilfsarbeiter, Dienstpersonal und Randgruppen gehören dazu. Eine besondere Randgruppe, die hauptsächlich im städtischen Milieu und dort traditionellerweise in den Altstädten lebt, sind Prostituierte und Transsexuelle. Tänzer und Tänzerinnen üben ihren Beruf manchmal rein künstlerisch aus, viele sind aber gleichzeitig Prostituierte und arbeiten in Bordellen. Der Sänger- und Tänzerberuf ist immer anrüchig und genießt kein hohes Ansehen. *Hinjra* sind Transvestiten, Eunuchen und Transsexuelle. Sie treten als Frauen mit entsprechenden Kleidern und Schminke auf, wenn sie abends durch die Straßen laufen, werden sie oft diskriminiert und angepöbelt. *Hinjra* treten bei Hochzeiten und anderen Feiern auf, sie tanzen und gehen der Prostitution nach.

Erscheinungsbild der Städte

Die Städte Pakistans – besonders Lahore und Multan – waren nicht nur in der Vergangenheit Zentren der Kultur, sondern sind auch heute **Heimstätten für Kunst, Bildung und die Annehmlichkeiten des Lebens.** Ein Dichter des 17. Jahrhunderts schwärmt von Lahore: *„Ich glaub' nicht, daß in sieben Weltgebieten man Schön'res sieht als das Gesicht Lahores."*

Die höheren Schulen und Universitäten sind dort zu finden, alte Märkte, wie der Kashmiri-Bazar in Lahore, aber auch moderne Geschäftsstraßen, „The Mall" z.B. und große neue Einkaufszentren. Die Vororte und Außenbezirke wachsen kontinuierlich an, viele neue Fabriken entstehen im Umland, neue Straßen werden gebaut, und der Verkehr nimmt zu manchen Stunden des Tages in den engen Innenstädten katastrophale Ausmaße an.

Charakteristisch für jede größere pakistanische Stadt sind die alten Siedlungsgebiete der britischen Kolonialarmee, die **British Cantonments.** Diese „neuen Städte" in den alten sind großzügig und übersichtlich angelegt, die Straßen verlaufen gerade und rechteckig, die Häuser haben Vorgärten, und überhaupt gibt es viele Grünflächen.

Nach der Machtübernahme *Ayub Khans* 1958 wurde Rawalpindi provisorische Hauptstadt, 1947 war dort die Militärverwaltung untergebracht. Der Bau von **Islamabad** begann, einer künstlichen Verwaltungs- und Diplomatenstadt. Die neue Hauptstadt besitzt eine klimatisch sehr günstige Lage, die Temperaturen sind zu allen Jahreszeiten gut erträglich. Auch landschaftlich ist sie sehr reizvoll gelegen, nach nur wenigen Autominuten kann man die kleine Bergwelt der „Gallies" mit dem Städtchen Murrie als Zentrum erreichen. Islamabad macht keinen typisch pakistanischen Eindruck, es ist sehr offen und großräumig angelegt und in durchnumerierte und nach Alphabet geordnete Zonen und Phasen aufgeteilt. Alle modernen Errungenschaften, die das Leben angenehm machen, sind in Islamabad vorhanden: kulturelle Angebote, diverse Einkaufsmöglichkeiten – mit einem brandneuen, hypermodernen, vielstöckigen Glaspalast, in dem die feinsten und teuersten Konsumgüter erhältlich sind –, Pizzaläden, Eissalons und schöne grüne Erholungsparks. Die Lebensart macht einen unbeschwerten und „freien" Eindruck, nur wenige verschleierte Frauen sind in der Stadt zu sehen, und auch AusländerInnen können sich völlig ungezwungen bewegen.

Der Unterschied zu der städtischen Erscheinungsform *Peshawars,* nur 2 ½ Stunden Autofahrt entfernt, ist unglaublich: Die Uhren scheinen zurückgestellt zu sein, wenn man durch die archaisch anmutenden Bazare der Altstadt läuft, bewaffneten und beturbanten Stammeskriegern und in *Burqas* gehüllten Frauen begegnet!

Wertewandel

Die Städte sind die Orte in Pakistan, wo *Prozesse der Modernisierung und „Verwestlichung"* stattfinden. Der westliche Fortschrittsglaube hat mancherorts auch schon Effekte auf das Landleben, aber nur in sehr begrenztem Maße. Es findet eine starke Angleichung der Stadtkultur in allen Ländern statt, weltweite Modeerscheinungen, Konsumbedürfnisse, Fastfood, Popmusik-Kultur und Videofilme werden ausgetauscht. Die Stadtbevölkerungen aus verschiedenen Ländern scheinen sich oft ähnlicher als Stadt- und Landbevölkerung innerhalb eines Landes zu sein. Die Infrastruktur in den Städten verbessert sich, Schulen und Krankenhäuser sind vorhanden. Die Möglichkeiten des Informationsaustausches sind durch das wachsende Telephonnetz enorm gestiegen. Radio, Fernsehen und Satellitenempfang nehmen großen Einfluß auf die Bevölkerung.

Die traditionellen Autoritätsverhältnisse im Land verschieben sich, weil Söhne durch ihre Beschäftigung in der Stadt oder im Ausland lange vor ihrer „altersgemäßen" Zeit zu Würde und Macht durch Geld gelangen, dadurch entstehen Konflikte mit den landbesitzenden Älteren. In der Stadt geht die Tendenz Richtung „Kernfamilie", und dies schon allein aus Wohnraumgründen. Das veränderte Siedlungsverhalten bedingt Verschiebungen in der Familienstruktur, vor allem, wenn Berufstätigkeit der Ehefrauen dazu kommt.

Auch auf dem beruflichen Sektor kommt es zu Veränderungen; traditionelle Berufszweige verschwinden, so wie auch traditionelle Materialien und Techniken gegen moderne eingetauscht werden. Ausländische Produkte werden bevorzugt konsumiert; in Pakistan spielt die billige chinesische Massenproduktion eine große Rolle. Alter traditioneller Silberschmuck wird gegen modernen Goldschmuck eingetauscht. Die *Charpois,* Allzweckbetten, werden nicht mehr mit Naturprodukten bespannt, sondern mit Plastiksträngen. Die Plastiktüte verdrängt geflochtene Körbe und getöpferte Schalen.

Drogen

Drogen sind zu einem Problem der großen Städte geworden. In ländlichen Gebieten wird zwar traditionell Haschisch geraucht und andere Drogen in kleinen Mengen zu medizinischen Zwecken verwendet, aber der häufige Genuß von „harten Drogen" ist ein städtisches Phänomen.

Pakistan ist *einer der größten Heroinexporteure der Welt;* pakistanisches Heroin beherrscht zu einem großen Teil auch den Rauschgiftmarkt in Deutschland.

3,2 Millionen Heroinabhängige soll es schätzungsweise in Pakistan geben, die meisten davon sind im Alter zwischen 25 und 35 Jahren. Konsumiert wird bevorzugt der Heroinrohstoff Opium. In Karachi z.b. ist der Stoff an jeder Straßenecke zu haben, und das Gramm kostet noch nicht einmal 50 Pfennig. Die für einen Süchtigen benötigte Summe ist sogar von ärmeren Leuten aufzubringen, zur Not durch Bettelei. Abends sieht man die zusammengekauerten Gestalten dann in den großen Städten in dunklen Ecken sitzen, wie sie Heroin rauchen. Die Zuführung von Heroin durch Injektionen scheint sich auszubreiten; dadurch erhöht sich die HIV-Infektionsgefahr.

In Karachi leben mehrere Millionen Menschen unter *unvorstellbaren Lebensbedingungen* in den Slums, für viele ist der Weg in die Drogensucht die einzige Ausflucht und eine Möglichkeit zu vergessen. Durch mangelnde Versorgung, Krankheiten, Gewalt und Arbeitslosigkeit sind viele Jugendliche völlig desillusioniert und frustriert, ohne Ausbildung und Jobs bilden sie die Schlußlichter der Gesellschaft. Der Schritt in die Drogenkarriere ist unter diesen Umständen nicht mehr groß. Täglich sterben viele Menschen in Pakistan an ihrem Drogenkonsum, auch zahlreiche Kinder. Abhängige leben in den abgelegenen und schmutzigen Randgebieten der Städte, z.B den Abwasserkanalisationen.

Hauptsache, die Drogenabhängigen fallen im oberflächlichen Erscheinungsbild nicht zu sehr auf – mehr interessiert die Politiker nicht. Sie alle profitieren von dem millionenschweren *Drogengeschäft.* Viele von ihnen erzielen Gewinne, direkt oder indirekt, indem sie die bekannten Drogenbarone unbehelligt lassen. Besonders in der Grenzregion zwischen Afghanistan und Pakistan, den Tribal Areas, sind die Drahtzieher vor dem Zugriff der Regierung geschützt. Die Handeslstrukturen wurde durch den Afghanistan-Konflikt begünstigt. Mudjaheddin-Führer finanzierten mit dem Rohstoff ihre Widerstandsbewegung. Familienmitglieder der Drogenbarone bekleiden wichtige Ämter. Im Sommer 2000 verkündete der führende Geistliche der Taliban-Regierung, Mullah Omar, dass der Anbau von Opiummohn der „heiligen Religion des Islam" widerspreche. Er dekretierte ein landesweites Anbauverbot und drohte bei Verstössen schwere Strafen an. Die Produktion soll daraufhin tatsächlich erheblich zurückgegangen sein, allerdings fehlt es noch vielen Bauern an Anreizen, auf alternative Kulturen umzusteigen. Leider musste die UNO gerade aus Geldmangel ihre Substitutionsprojekte des Anti-Drogen-Programms in Afghanistan einstellen.

Feudale Strukturen

„Starkes Wasser kann bergauf fließen."
(„Der Mächtige kann die Naturgesetze verletzen.")

„Wenn du nicht weißt, wer gefurzt hat, beschuldige die Machtlosen." [19]

„,Was für eine Gesellschaft!' dachte Salman. ,Am Nationalen Tag der Unabhängigkeit ziehen unsere Minister und Intelligenzia, wohlausgebildet an ausländischen Universitäten, ihre Taschentücher heraus und vergießen Tränen für die Armen wie Nausha, Raja, Shami und Annu. Vielleicht war es das Schicksal, das genau die Menschen aus ihnen machte, die sie heute sind – ein Mörder, dem der Prozeß an einem korrupten Gericht gemacht wird; ein Leprakranker, der nichts anderes mehr zu tun hat, als auf den Tod als letzten Gast zu warten; ein Riksha-Fahrer, der an jeder Straßenbiegung Blut aus seinen Lungen spuckt; ein vielversprechender Junge, der jetzt für die Eunuchen arbeitet, die zum Vergnügen derer da sind, die sie mit frommem Gehabe verfluchen!'" [20]

Vermögens- und Einkommensverteilung

*J*n Pakistan besteht eine sehr ungleiche Vermögens- und Einkommensverteilung; gleiches gilt für die **Verteilung des Landbesitzes.** Trotz mehrerer Landreformen sind rund 74 % der Betriebe kleiner als 2 ha und verfügen lediglich über 38 % der Anbaufläche. Nur 3 % der Landwirte sind im Besitz von Großbetrieben mit mehr als 8 ha, beanspruchen aber 19 % der Gesamtanbaufläche. Die Hälfte der Betriebe ist verpachtet, und die Landbesitzer werden erheblich an den Ernteerträgen beteiligt. Es bestehen fließende Übergänge zwischen Landbesitzern, Pächtern und Landarbeitern. Allgemein läßt sich feststellen, daß kleine und mittelgroße Betriebe, mit eigenem Grund und Boden, hauptsächlich im Punjab anzutreffen sind; Landpächter mit kleinen und kleinsten Landparzellen hingegen im Sindh. Klassische Feudal-Strukturen finden sich in allen pakistanischen Provinzen.

Einige **große, berühmte Familien** herrschen über das Ackerland in Pakistan und dominieren in Handel, Industrie und Bankgewerbe. Obwohl sie einiges an Macht durch *Zulfiqar Ali Bhuttos* Verstaatlichungspolitik in den 70er Jahren verloren haben, sind sie immer noch tonangebend in Pakistans Wirtschaft und haben einen großen Teil ihres Eigentums durch Reprivatisierungs-Maßnahmen zurückgewonnen. Das Militär und die Bürokratie erfreuen sich einiger Privilegien im Staat, zusammen mit den Großgrundbesitzern und den Unternehmern sind sie die einkommensstärksten Gruppen des Landes. Nur ungefähr eine Million Menschen in Pakistan zahlen Einkommensteuern. Die Agrarmillionäre, die im vergangenen Jahr 600 Milliarden Rupien verdient ha-

Landadel

ben sollen, zahlen gar nichts. *„Daran wird sich auch nichts ändern"*, äußerte sich unlängst ein Politiker, *„die haben eine starke Lobby und sitzen im Parlament!"*

Die **Auslandstätigen,** meist aus weniger privilegierten Schichten stammend, haben mit ihren (für pakistanische Verhältnisse) hohen Einkommen das soziale Gefüge etwas verändert; sie werden manchmal etwas verächtlich den „Neureichen" zugeordnet.

Die feudalen Strukturen und die Verteilung der Machtpositionen haben einen großen Einfluß auf das politische Geschehen. In der Regierungszeit *Zia ul-Haqs* wurden gute und große Grundstücke in der Hauptstadt an hohe Militärs, Bürokraten und **Politiker** gegeben, die *Zia* nahe standen. *Benazir Bhutto* schmückte sich gleich nach ihrem Amtsantritt 1993 mit großen Autos, wie einem Mercedes 600 SEL. *Bhutto* besitzt nach Angaben der *Sunday Times* ein Herrenhaus in der Grafschaft Surrey, das 2 Millionen britische Pfund wert sein soll. Premierminister *Nawaz Sharif* steht dem in nichts nach, seine Liebe für schnelle Autos und Flugzeuge ist bekannt. Eine luxuriöse Boeing 737 für etliche Millionen Rupien wurde für offizielle Zwecke angeschafft, obwohl schon andere Flugzeuge für Regierungsflüge in Gebrauch waren. Die Minister und Herrscher über die einzelnen Provinzen lassen sich ebenfalls nicht lumpen: Ländereien, Luxushäuser, Autos und Flugzeuge nennen sie ihr eigen.

„Und das nennt sich Fortschritt ...
Eine Politiker-Familie in Beluchistan besaß in den 70er und 80er Jahren ein Haus in Karachi und mietete eins in Lahore. Ein Familienmitglied schaffte es in die Führungsriege dieser armen, vernachlässigten Provinz und ist heute reicher, als er es sich jemals vorstellen konnte. Nun besitzt er zwei Häuser in Lahore, drei in Karachi und eins in Islamabad, dessen Innenhof so groß ist, prahlt er, daß 20 Autos darin parken können. Seine geschäftlichen Beziehungen sind weitverzweigt, über Öl wird gesprochen, eine Destillerie, Alkohol-Lizenzen ... In einem schwachen Augenblick hat dieser Politiker zugegeben, auf einem Konto in den USA 37 Millionen Dollar deponiert zu haben. Und das nennt sich Fortschritt?" [22]

Feudalismus in Beluchistan

Die **Beluch-Elite** besteht aus landbesitzender Aristokratie, islamischen Theologen und ein paar wenigen Regierungsbeamten. *Sardars, Muqaddams* und

Waderas werden die Oberhäupter der Beluch- und Brahui-Stämme genannt, sie sind Besitzer großer Ländereien und Angehörige der Adelsfamilien. Durch das **Sardari-System,** das es ihnen ermöglicht, in ihrem Gebiet Recht zu sprechen, verfügen sie über absolute Macht und großen Einfluß. Ausführende Elemente sind polizeiähnliche Truppen; auch eigene Gefängnisse waren vorhanden. Das Sardari-System verleiht das „Geheiligte Recht", Anteil an jeglichem Einkommen der Leute zu nehmen und sie für sich umsonst arbeiten zu lassen. Die zentrale Regierung versuchte oft, dieses Sardari-System abzuschaffen. Einige *Sardars,* die oft Vasallen der britischen Krone bis 1947 waren, begannen in den vergangenen Jahrzehnten, ihr Kapital in Handel und Industrie zu investieren und wurden so Partner der einflußreichen Geschäftsleute in Karachi und anderen großen Städten des Sindh und Punjabs. Die Stammesstruktur half und hilft dabei, die wachsenden Klassenunterschiede zu verdecken. Die *Sardars* setzen getreue Männer ein, um ihre eigenen Interessen zu verteidigen.

Zu den Eigenschaften des **Wadera,** dem Anführer kleinerer (Dorf-)Gruppen in Beluchistan, dessen Position bei einigen Linien erblich ist, gehört seine Überzeugungskraft und Agressivität nach außen hin, um seine eigenen Leute zu verteidigen.

Waderas geben sich oft als Gefolgsleute einflußreicher Männer und Politiker in Karachi (die nicht Beluch sein müssen). Denen versprechen sie, bei Bedarf, Menschenmengen für politische Demonstrationen, Wahlen etc. zu „liefern". Diese Gefolgschaft setzt sich dann selbstverständlich aus der dörflichen Gruppe des *Wadera* zusammen. Dafür kann der Führer mit Wohltaten und Belohnungen für sich selbst und „sein" Dorf rechnen. Dieses System wird in Pakistan *Chimcha,* „Löffel", genannt: *Fütterst du mich, füttere ich dich!*

Der *Wadera* hat auch beratende und vermittelnde Funktion, wirkt schlichtend nach innen – zumindest, solange die eigene Familie nicht in das Geschehen involviert ist. Sollte dies der Fall sein, wird er natürlich zum Mitstreiter, wie folgende Geschichte verdeutlicht:

„Während der ‚Häuptlingszeit' von Ali Ahmad, als es in dem Dorf noch keine Wasserleitung gab, die heute das Trinkwasser aus Karachi heranführt, wurde das Wasser von einer entfernten Quelle geholt oder sporadisch von Tankwagen der Fischer Kooperations-Gesellschaft geliefert. Die Frauen des Dorfes standen vor dem Lastwagen mit ihren Gefäßen Schlange, um die Wasservorräte aufzufüllen. Die Ehefrau von Ali Ahmad begann mit der Frau von Muhammad Amir einen Streit um ihre Reihenfolge an der Wasserausgabestelle. Der Wadera Ali Ahmad erschien schließlich selbst auf dem Platz und ohrfeigte die Frau von Muhammad Amir, um den Streit zugunsten seiner Frau zu beenden. Normalerweise wäre dies eine nicht hinnehmbare Offensive für Muhammad Amir gewesen, weil das Ehrsystem der Beluch, ‚Izzat', vorsieht, eine Frau unter allen Umständen vor solchen Übergriffen zu schützen. Aber

Muhammad Amir hatte eine realistische Einschätzung seines Ranges in der politischen Hackordnung und wurde nicht selbst aktiv. Stattdessen wandte er sich an den Bruder seiner Frau, einem Fischgroßhändler in Karachi, der ein einflußreicher und mächtiger Mann war. Dieser Bruder führte an seiner Stelle lautstark Beschwerde, daß Wadera Ali Ahmad ohne Ehre sei, eine Frau zu schlagen, und drohte gleichzeitig, die Polizei einzuschalten. Einige andere Waderas und religiöse Führer schalteten sich ein und regelten den Fall endgültig, indem sie eine Geldstrafe, ‚Dand‘, von 5000 Rupien gegen den jähzornigen Wadera Ali Ahmad verhängten." [23)]

Religiöse Führer haben einen festen Platz in der soziopolitischen Struktur. Der **Pir** ist ein mächtiger religiöser Mann mit vielen Anhängern. Er ist Nachfahre einer bedeutenden heiligen Familie und nutzt sein *Baraka,* seine heilige Kraft, um zu heilen, die Zukunft zu weissagen und verlorene Objekte wiederzufinden. Teilweise beeinflußt er auch die Natur mit *Baraka,* beendet Dürren oder vermehrt den Fischbestand. Auch Feinde kann er bestrafen oder vernichten, *Djins* („Geister") vertreiben und mit anderen heiligen Männern in Wettstreit treten, um zu beweisen, wer mit stärkerer heiliger Kraft ausgestattet ist.

„Ein Macht-Wettstreit zwischen Zikri und Sunni Pirs [24)]
Ein Sindhi Pir, der dem sunnitischen Glauben anhing, drohte das Barkat eines berühmten Zikri Pirs zu stehlen und ihn zu zwingen, den sunnitischen Glauben anzunehmen. Der Zikri akzeptierte die Herausforderung, sattelte sein Kamel und reiste nach Hub, dem Fluß, der die Grenze zwischen Sindh und Beluchistan bildet. Dort wartete der Sunni Pir auf ihn. Sobald der Zikri in Sicht kam, wurden die Glieder des Sunnis steif, er verstummte und war nicht in der Lage, das ‚Salam‘ des gegnerischen Pirs zu erwidern. Der Großvater eines berühmten Zikris in unserem Dorf war Zeuge des Ereignisses. Zu der Zeit war er selbst ein Sunni, aber als er die Macht des Zikri Pris gesehen hatte, wechselte er den Glauben." [25)]

Eine andere Geschichte erzählt von einem *Pir,* der auf sehr dubiose Weise einem Anhänger hilft:
„Vor einigen Jahren suchte ein bekannter Guerillaführer, der immer wieder für die Unabhängigkeit Beluchistans von Pakistan kämpfte, einen Zikri Pir auf. Er wünschte einen Zauber, der ihn unverwundbar machen sollte für die Waffen der Regierungssoldaten. Der Widerstandskämpfer selbst war ein Sunni, aber wie viele Muslime war er eklektisch genug, sich verschiedener Mittel zu bedienen – selbst eines Zikris –, um seine Ziele zu erreichen. Der Pir gab ihm einen besonderen Turban, der, wie er sagte, die Kugeln der pakistanischen Truppen abweisen sollte.
Eines Nachts, als der Rebell in seinem Haus in den abgelegenen Jhalawan-Bergen schlief, griff eine Abteilung der Regierungskräfte an. Die Hütte und der Guerillero wurden in Stücke geschossen. Der Turban allerdings überstand den Angriff völlig unbeschädigt." [26)]

Kinderarbeit

Acht Millionen Kinder arbeiten in Pakistan für den Lebensunterhalt ihrer Familien. [27)]

Kleine Jungen waschen Autos, helfen in Werkstätten von Mechaniker-Meistern aus, bedienen in Teehäusern, helfen Händlern in ihren Geschäften, flitzen hin und her, um Tee und Softdrinks für Kunden heranzuschaffen. Kinder sind in glühender Hitze bei der Ziegelherstellung beschäftigt. Mädchen helfen in Haushalten und Küchen aus, passen auf die Kinder der Reichen auf. Jungen arbeiten bei Schneidern, sitzen zusammengekrümmt in kleinen dunklen Läden auf dem Boden vor Nähmaschinen. Sie sehen den ganzen Tag kein Sonnenlicht und verlassen ihren Platz in dem stickigen Raum selten.

Die Kinder sind sehr eingeschüchtert und ihren Herren und Meistern gegenüber ehrerbietig. Sie geben keine Widerworte und beklagen sich nicht. Gibt es einen Grund zur Beanstandung, werden sie gleich vor die Tür gesetzt, denn es gibt genug andere Kinder, die dringend Arbeit suchen. Ohne diese Jobs müßten sich die Kinder ihr Brot auf der Straße verdienen. Diese Form der Abhängigkeit wird natürlich von vielen Handwerkern, Laden- oder Fabrikbesitzern ausgenutzt: Die *Kinder werden schlecht behandelt,* mißhandelt und sexuell belästigt. Sie verfügen über wenig Freizeit, arbeiten unter ungünstigsten Umständen, mit gesundheitsschädigenden Stoffen und bekommen unzureichend zu essen. Schlecht bezahlt werden sie natürlich auch noch, und das bißchen, was sie verdienen, müssen sie zu Hause abliefern.

In Sialkot, einem Dorf in der Provinz Punjab, werden von 7000 Kindern *Fußbälle genäht* – einige von ihnen sind nicht älter als sieben Jahre alt. Die gleiche Zahl ist mit dem Schleifen und Polieren von chirurgischen Instrumenten beschäftigt. Die wirtschaftliche Bedeutung der Sportartikel-Industrie in Pakistan ist groß, 1995 und 1996 brachten die Fußballexporte 1,3 Milliarden Rupien ein; die nächste Fußball-Weltmeisterschaft läßt die Produktion bereits jetzt ansteigen. Die Kinder nähen Fußbälle in kleinen Werkstätten oder zu Hause, in Vollzeitbeschäftigung, manche gehen nie zur Schule. Die Eltern der Kinder erhalten zwei bis drei Monatslöhne Vorschuß auf den zu erwartenden Lohn; Schuldknechtschaft wie in der Teppichbranche kommt allerdings kaum vor.

Im Punjab gibt es Gegenden, die fast ausschließlich von der Landwirtschaft (Reis und Weizen) und der Teppichknüpferei leben. Die Menschen arbeiten für den jeweiligen Großgrundbesitzer der Gegend. Viele Familien haben einen *Webstuhl bei sich zu Hause* in der Hütte stehen, an dem Eltern sowie Kinder arbeiten und Teppiche herstellen. Der Arbeitsraum dient gleichzeitig als Wohn-, Eß- und Schlafraum. Kinder sitzen hinter den Bespannungen der Webstühle und verknoten mit kleinen geschickten Fingern eingefärbte Wollfäden zu einem vorgegebenen Muster. Mit einem scharfen, sichelförmigen Messer werden die überstehenden Fäden abgeschnitten. Dann werden die

Knoten mit einem Metallkamm festgeklopft. In die Schule gehen sie meistens nicht, denn dann könnten sie nicht zum Einkommen der Familie beitragen. Die Arbeit an einem Teppich dauert je nach Größe Monate oder Jahre, und der Verdienst dafür ist äußerst gering. Auch wenn diese Kinder es zu Hause noch besser haben als ihre kleinen Leidensgenossen in den Teppichfabriken, so sitzen auch sie viel zu lange an den Webstühlen, haben gekrümmte Rücken von der ungesunden Arbeitshaltung, Schnittwunden an den Händen von den Messern und Erkrankungen der Atemorgane durch die wollflusenhaltige Luft.

Schuldknechtschaft („Bonded Labour") ist in Pakistan weit verbreitet. *Paishgee* nennt sich eine Vorauszahlung, die von Fabrikbesitzern an die Eltern geleistet wird, damit sie ihre Kinder diese Summe in den Fabriken abarbeiten lassen. Meist werden größere Anschaffungen mit dem Geld gemacht, oder z.B. die Hochzeit eines älteren Kindes ausgerichtet. Besteht das Schuldknechtschafts-Verhältnis erst einmal, ist es sehr schwierig, sich davon wieder zu befreien, denn die Arbeitgeber sorgen dafür, daß sich der Schuldenbetrag nicht wesentlich verringert.

Die in der **Teppichindustrie** tätigen Kinder sind meistens zwischen vier und zehn Jahren alt. Es ist kaum vorstellbar, daß manches zwölfjährige Kind schon seit acht Jahren (!) arbeitet. Sie sind in 13-Stunden-Schichten beschäftigt, von früh morgens bis spät abends. Ihre Eltern verdienen 10 Rs am Tag, die Kinder 3 Rs. Einschlafen bei der Arbeit wird bestraft, Fluchtversuche erst recht. Fehler am Webstuhl ziehen nach sich, daß sich das Minuskonto vergrößert; an Abtragung des Schuldenberges ist dann natürlich kaum noch zu denken. Arbeitsverweigernde Kinder werden ein paar Tage lang an den Webstuhl gekettet. Auch im Schlaf werden sie vielfach gefesselt, damit sie nicht entkommen können. Vier Kinder sitzen an einem Webstuhl, es gibt keine Pausen und viel Prügel, Tee und Brot sind ihre Hauptnahrungsmittel. Drei Kinder arbeiten acht Monate an einem großen Teppich. Die Kinder werden von einem Teppichhändler an den anderen verkauft, so entstehen lebenslange Abhängigkeiten. Die Fabrikbesitzer geben ohne Scheu zu, daß sie mit Kindern handeln:

„Kinder sind gehorsamer als Erwachsene und arbeiten härter. Erwachsene machen Pausen oder gehen zur Toilette."

Eine harte Behandlung hat das Ziel, daß die Kinder eingeschüchtert werden und nicht weglaufen. Sind sie gehorsam, wird die Behandlung besser.

„Ich kette sie an, damit sie nicht stehlen und Drogen nehmen. Manche Kinder sind unverbesserlich, auf die muß man immer achten."

Billige Arbeitskräfte sind gefragt, alles andere spielt keine Rolle. Die Unternehmer sind einflußreiche Männer im Dorf, sie werden von der **Polizei** nicht behindert, „weil man sich gegenseitig etwas schuldig ist". Fabrikbesitzer haben den Status von Alleinherrschern, niemand kann sich ihnen in den Weg stellen. Eltern müssen hilflos mitansehen, wie ihre achtjährigen Töchter vergewaltigt werden. Es wird keine Strafanzeige gegen die Täter gestellt – die Polizeigehälter sind sehr niedrig und aufbesserungsbedürftig ...

Im März 1992 wurde die **Leibeigenschaft in Pakistan offiziell verboten,** doch die moderne Form der Sklaverei wird weiterhin praktiziert, denn nur wenige Prozent der leibeigenen Kinder konnten befreit werden. Bürger, die sich für die Kinder einsetzen, Anwälte z.b., werden nicht nur von den Fabrikbesitzern bedroht, sondern auch von der Polizei verhaftet. Politiker sind leider keine Ausnahme: Auch auf ihren Ländereien und in ihren Fabriken arbeiten Kinder.

Gelegentlich organisiert die **Organisation BLLF** *(Bonded Labour Liberation Front)* Demonstrationen von Teppich- und Ziegelbrennerei-Kindern in Lahore. Sie hat es immerhin geschafft, 180 Schulen für befreite ehemalige Kinderarbeiter aufzubauen.

Pakistans Gewinne durch seine Teppichindustrie sind zurückgegangen, nicht nur wegen der großen Konkurrenz, sondern auch weil Berichte und **Kampagnen in den westlichen Ländern über den Ursprung der Teppiche** die Verbraucher aufgeklärt haben. Pakistan beschuldigt „den Westen" der antipakistanischen Verschwörung; der Ruf des Landes soll angeblich geschädigt und seine Wirtschaft ruiniert werden. Kinderarbeit gäbe es überall, warum würde immer nur Pakistan angegriffen? Von offizieller Seite wird abgestritten, dass es Kinderarbeit in ausgedehnterem Umfang gibt und dass sie eines der wichtigsten sozialen Probleme des Landes ist.

NRO's setzen sich für die Rechte der Kinder ein und üben Druck auf Fabrikbesitzer aus, damit sie zumindest bestehende Gesetze befolgen. Die Lebensbedingungen von arbeitenden Kindern sollten zumindest verbessert und reglementierte Arbeitszeiten geschaffen werden. Eine Beendigung des Arbeitsverhältnisses kann allerdings den endgültigen sozialen Abstieg bedeuten. Schulausbildung und eine Gesundheitsversorgung sollten neben einer geregelten und „kindgerechteren" Beschäftigung angeboten werden.

„Sie wurde als Sklavin geboren. 30 Jahre lang verrichtete Jeema Devi nie endenwollende Knochenarbeit auf den Zuckerrohrplantagen im Sindh, um die Schulden ihrer Eltern abzuarbeiten. Dann ward ihr Leben noch beschwerlicher - sie und ihre Familie wurden an einen unbarmherzigen Landlord für 2.000 Dollar verkauft. Quälereien und Vergewaltigungen waren an der Tagesordnung. Durch eine von Menschenrechts-Arbeitern gestartete Kampagne kann Devi heute ein hartes, aber schuldenfreies Leben führen. In dem kleinen Ort Matli verdient sie 2 Dollar am Tag. Sie ist frei - zumindest theoretisch. ‚Ich habe Angst rauszugehen', sagt sie, ‚vielleicht kidnappen mich die Männer des Landlords und bringen mich zurück.'" [28)]

Alltagsleben und kulturelle Verhaltensmuster

Bazarbesucherin in Islamabad

„Das sufische Gesetz des Lebens

Güte für die Jungen
Freigiebigkeit gegen die Armen
Guten Rat für Freunde
Nachsicht mit den Feinden
Gleichgültigkeit gegen Narren
Achtung für die Wissenden."

(Ausspruch des Sufi-Lehrers
Sheickh Abdullah Ansari)

Purdah – Geschlechtertrennung im Alltag

„Und sprich zu den gläubigen Frauen, dass sie ihre Blicke niederschlagen und ihre Scham hüten und dass sie nicht ihre Reize zur Schau tragen, es sei denn, was außen ist, und dass sie ihren Schleier über ihren Busen schlagen und ihre Reize nur ihren Ehegatten zeigen oder ihren Vätern oder den Vätern ihrer Ehegatten oder ihren Söhnen oder den Söhnen ihrer Ehegatten oder ihren Brüdern oder den Söhnen ihrer Brüder oder den Söhnen der Schwestern oder ihren Frauen und denen, die ihre Rechte besitzt, oder ihren Dienern, die keinen Trieb haben, oder Kindern, welche die Blöße der Frauen nicht beachten. Und sie sollen nicht ihre Füße zusammenschlagen, damit nicht ihre verborgene Zierat bekannt wird ...“
(Koran, Sure 24, 31-32)

Verschleierung

BesucherInnen Pakistans sind oft schockiert, in den Straßen verschleierten Frauen zu begegnen, deren Gesicht nicht zu sehen und deren Gestalt kaum zu erkennen ist. Von einigen werden sie als „wandelnde Zelte" bezeichnet, andere empfinden sie als „unheimliche, gespensterhafte Erscheinungen". Der Anblick verursacht Unsicherheit, Unverständnis und Widerwillen bei Neuankömmlingen, bis schließlich nach einiger Zeit eine Gewöhnung eintritt. Die Frau in dem unkenntlich machenden Überwurf wird nicht als Persönlichkeit wahrgenommen, sondern als gesichtsloses Wesen. Durch die fehlende nonverbale Kommunikation, den Blickkontakt, wird der selbstverständliche Austausch zwischen zwei sich zufällig begegnenden Individuen gestört.

„Durch den fehlenden Blickkontakt fühlte ich mich ständig von den verschleierten Gestalten beobachtet, ich konnte nur ahnen, was hinter den schwarzen Stoffgitterfenstern vor sich ging", berichtet eine Besucherin. Ihre Einstellung und Wahrnehmung änderte sich, als sie ein Experiment durchführte und selbst in der *Burqa* einen Stadtgang unternahm. *„Die Erfahrung war unglaublich – ich konnte alles sehen, ohne selbst gesehen zu werden! Ich wurde einfach nicht beachtet und wie üblich angestarrt. Wenn es nicht so heiß und stickig unter dem Umhang und das Sichtfeld so eingeschränkt gewesen wäre, hätte ein gewisses Gefühl von Freiheit entstehen können!"*

Die **Burqa,** eine sackartige Ganzkörperverhüllung, existiert in verschiedenen Variationen; eine davon besteht aus schwarzem, glänzendem Material, vom Kopf aus fällt der Umhang wie eine Glocke um den Körper. Das Gebilde wird von einem Band unter dem Kinn gehalten. Am Haaransatz sind mehrere dünne Schleierchen befestigt, die einzeln hochgeschlagen werden können und je nach Situation mehr oder weniger Sicht und Bewegungsfreiheit ermöglichen, z.B. um Einkäufe in einem Geschäft zu tätigen. Diese *Burqas* sind typische Stadtkleidungsstücke und werden auch viel in Colleges und Universitäten getragen. Die vollständig geschlossene *Burqa* mit dem Gitterfenster vor den Augen wird von Frauen getragen, die aus kleineren Städten oder Dörfern kommen. *Burqas* werden abgenommen, sobald die Frau das Haus betritt und durch mehr oder weniger Tücher und Schals ersetzt.

Die Verschleierung wird in **verschiedenen sozialen oder religiösen Situationen** unterschiedlich gebraucht. Frauen bedecken den Kopf, wenn Ältere den Raum betreten, der *Muezzin* zum Gebet ruft und während des Gebetsvorganges. Ansagerinnen im Fernsehen haben immer einen leichten Schal elegant um den Kopf drapiert und auch *Benazir Bhutto,* ehemalige Premierministerin und eine der wichtigsten Politikerinnen des Landes, wird nie ohne einen Schleier auf ihrem Haupt gesehen.

„Unsere Nachbarn sind furchtbar", beklagte sich eine junge pakistanische Arbeitskollegin, *„sie haben nichts anderes zu tun, als hinter dem Fenster zu lauern und aufzupassen, ob ich mich auch ordentlich kleide. Sie reden sowieso über mich, weil ich den ganzen Tag fort zur Arbeit bin. Verlasse ich das Haus, ziehe ich die Burqa über, damit sie mich in Ruhe lassen."* Sobald sie an der Arbeitsstelle ankam, verschwand der Überwurf und ein riesiges Tuch wurde angelegt. So gekleidet konnte sie ihren Koordinierungsaufgaben in der Stadt nachgehen. Innerhalb des Büros wurde auch dieses Tuch abgeworfen und ein kleiner Schal umgelegt. Sie öffnete ihre Tasche: *„Schauen Sie hier, ein ganzes Sortiment trage ich mit mir herum – und alles nur wegen der Leute!"*

Um ihren guten Ruf im nachbarlichen Umfeld zu wahren, musste sie die komplette Verschleierung wählen. Für die Anonymität der Stadt reichte das Tuch aus, um adäquat gekleidet zu sein, und in der „privaten" Atmosphäre des Büros genügte der Schal. Diese kleine Episode fand in der Provinz statt, hätte die junge Frau in Islamabad oder Karachi gearbeitet, wäre ihr das stündliche Umziehen erspart geblieben.

Frauen, die sich in der Öffentlichkeit verschleiern, leben in **Purdah,** was wörtlich „Vorhang" bedeutet. Der Begriff wird verwendet, um das System der Abgrenzung von Frauen aus der Öffentlichkeit und die Trennung der Geschlechter im alltäglichen Leben zu beschreiben.

Um *Purdah* zu verstehen, müssen die gesellschaftlichen Hintergründe betrachtet werden. Im islamischen Gedankengebäude wird die Außenwelt als schwierig und feindlich empfunden, und die Frau als kostbares und die Ehre beherbergendes Zentrum der Familie wird dem feindlichen Ansturm ausgesetzt, wenn sie sich in die Öffentlichkeit begibt. Um diese Gefahr etwas zu dämmen, hält der Koran auf dem Verhaltens- und Bekleidungssektor Richtlinien bereit.

„O Prophet, sprich zu deinen Gattinnen und deinen Töchtern und den Frauen der Gläubigen, dass sie sich in ihren Überwurf verhüllen. So werden sie eher erkannt und werden nicht verletzt."
(Koran, Sure 33, 59)

In den Hadithe, den Aussprüchen des Propheten, wird genau beschrieben, dass lediglich Gesicht und Hände des weiblichen Körpers fremden Blicken ausgesetzt werden dürfen. Neben den detaillierten Verhaltensregeln werden auch die wenigen männlichen Personen, mit denen ein unverschleierter Kontakt möglich ist, festgelegt. Dieser enge Kreis rekrutiert sich aus dem eigenen Familienkreis, dem Ehemann und seinen sehr nahen Verwandten. Aber auch hier gibt es natürlich die unterschiedlichsten Erscheinungsformen und Interpretationsmöglichkeiten.

Der koranische Begriff *Hijab* bezeichnet die islamische Vorstellung von moralischer Zurückhaltung. Im *Hijab* werden zwar Vorschriften erteilt, die es einzuhalten gilt, aber die Frau trägt selbst die Verantwortung für ihr Verhalten. Frauen in der pakistanischen Purdah-Gesellschaft werden im Gegensatz dazu aber regelrecht entmündigt, indem man sie einfach wegschließt und vom öffentlichen Leben fernhält.

Durch Sozialisierung wird der Frau in Purdah-Gesellschaften vermittelt, dass es schamlos ist, von Männern gesehen zu werden. Fast alle Frauen beschränken ihre Aktivitäten in der Öffentlichkeit, unabhängig von der **Schichtzugehörigkeit,** doch beteiligen sich Frauen in den sozialen Schichten, in denen ein völliger Verzicht auf Frauenarbeit aus wirtschaftlichen Gründen nicht praktikabel ist, an allen möglichen Arbeiten – sei es in der Stadt oder auf dem Land. Diese Frauen tragen meist nur einen losen Schal über Kopf und Schultern. Die *Burqa* ist – allein der Kosten und der mit ihr verbundenen Behinderung der Bewegungsfreiheit wegen – ein überwiegend städtisches Phänomen. Viele ärmere Frauen können sich noch nicht einmal eine *Burqa* leisten oder müssen sie mit anderen weiblichen Familienangehörigen teilen.

Geschlossene Gesellschaft

Die sozialen Beziehungen, die eine Verschleierung notwendig machen, sind nicht eindeutig, und so bleibt auch der Grad der Verhüllung variabel. Die Frau wird zwar grundsätzlich getrennt von und verschleiert vor den Männern, die potentielle Heiratspartner sein könnten, manche Frauen verschleiern sich jedoch nur in bestimmten Situationen. Intellektuelle oder Angehörige der Oberschicht, besonders wenn sie westlich orientiert sind, verschleiern sich überhaupt nicht oder machen nur bei Besuchen von Verwandten auf dem Land eine Ausnahme. Der Grad der Geschlechtertrennung hängt von vielen Faktoren ab; nicht nur soziale, wirtschaftliche, historische und geographische gehören dazu, sondern darüber hinaus auch Veränderungen im Stadt-Land-Gefüge, die Beeinflussung durch benachbarte Ethnien, politische Entwicklungen und der moderne Kulturwandel.

Angehörige der städtischen Mittelklasse halten *Purdah* strikt ein, obwohl es auch dort zunehmend schwieriger wird, ganz auf die einkommenschaffende Tätigkeit von Frauen zu verzichten. Die Frauen bewegen sich selten aus ihren kleinen Wohnungen heraus. Die oberen städtischen Schichten, welche die Purdah-Einhaltung, Abschirmung und Untätigkeit ihrer Frauen eher verkraften könnten, nehmen Abstand davon. Die völlige Abschirmung lässt sich nur in aller Konsequenz durchführen, wenn die wirtschaftliche Situation abgesichert ist und auf die Mithilfe der Frau außer Haus verzichtet werden kann: *Purdah* wird dadurch zu einem Prestigesymbol. Oft macht die abgeschiedene Lebensweise besondere architektonische Einrichtungen im Wohnhaus und z.T. auch noch Dienstpersonal erforderlich. Frauen aus der Stadt oder aus wohlhabenden Familien der ländlichen Gebiete erscheint die *Burqa* oft als befreiendes Instrument, da sie eng an die häusliche Sphäre gebunden sind und es ihnen nur mit der *Burqa* möglich ist, den eingeengten Lebensraum auch einmal zu verlassen.

Ehre und Schande

Die Einhaltung von *Purdah* wird durch das Ehre- und Schande-Konzept unterstützt, das somit einen Grundpfeiler der Geschlechtertrennung darstellt. Im theologischen Kontext der pakistanischen Gesellschaft werden Frauen eher als Opfer denn als Verführerinnen gesehen. Aber beide – Mann und Frau – haben starke sexuelle Bedürfnisse, die schwer einer Kontrolle zu unterziehen sind. Die Isolation der Frauen und die Einschränkung des Kontaktes auf den Ehemann und die eigenen männlichen Verwandten ist eine effektive Methode, Ehebruch und damit die **Verletzung der männlichen Ehre** zu verhindern. Frühe Heiraten sollen vorehelichen sexuellen Kontakten vorbeugen. Der männliche Stolz ist von enormer Bedeutung; Identität und Status des Mannes sind abhängig von seiner Intaktheit. Kann der Mann seiner Aufgabe nicht gerecht werden, seine Umgebung und damit auch die Frau zu kontrollieren, wird dieser Stolz verletzt.

Sexuelle Untreue stellt sich oft weniger als eine reale Angelegenheit dar, sondern ist ein überzogener Begriff für **Kontakte zwischen Männern und Frauen außerhalb des Haushaltes;** selbst ein intensiver Blick oder ein kurzer Wortwechsel mit einem Fremden verstößt gegen die Purdah-Regeln. Der ehrenhafte Mann vermeidet Begegnungen mit Frauen, die nicht in seinen Haushaltsbereich gehören, und wenn eine Begegnung unausweichlich ist, so wird er versuchen, die Frau zu übersehen. Ein Beispiel: *Ein junges deutsches Mädchen war zu Besuch bei einer pakistanischen Familie und saß allein im Wohnzimmer, als ein entfernter Verwandter der Familie in den Raum stürzte um zu telephonieren. Er wusste nichts von ihrer Anwesenheit und war wahrscheinlich so überrascht, dass er das Mädchen einfach ignorierte. Er grüßte nicht, sah nicht in ihre Richtung, sondern führte zwei Meter entfernt von ihr sein Telephongespräch und verließ danach wieder eilig den Raum. Offensichtlich fand er so schnell keine Handlungsalternative und nahm Zuflucht zur Nichtbeachtung.*

Ist auch die Nichtbeachtung unmöglich, dann schafft ein extrem respektvolles und höfliches Verhalten Distanz, oder der Haushaltsbereich wird ausgedehnt und der Gesprächspartner mit einem Verwandtschaftstitel bezeichnet. Indem z.B. Termini wie Bruder und Schwester gebraucht werden, wird die Beziehung in den mit dem Inzest-Tabu belegten Haushaltsbereich und damit auf eine nichtsexuelle Ebene gehoben.

Eine **ehrenhafte Frau** sollte folgende, als positiv empfundene weibliche Charaktereigenschaften besitzen: Schüchternheit, Keuschheit, Zurückhaltung, Passivität und Ernsthaftigkeit. Spricht sie zudem mit gedämpfter Stimme, hält die Augen züchtig niedergeschlagen und kann trotzdem noch hart arbeiten, ist sie die perfekte Frau. Diese Seite der Persönlichkeit wird als „schwer" bezeichnet, was in diesem Zusammenhang „gut" und „ernsthaft" bedeutet.

Die leichtsinnige und unmoralische Frau wird mit folgenden „lichten", d.h. negativen Eigenschaften bestückt: Sie ist laut, geschwätzig, unanständig, lustig, unabhängig, aktiv und aggressiv. Jede Persönlichkeit hat natürlich beide Seiten, also „leichte" und „schwere", aber die negative sollte zumindest nicht in Männerkreisen präsentiert werden. In reinen Frauengruppen können (und dürfen) Frauen sehr ausgelassen und teilweise vulgär sein; ein Verhalten, das sicherlich als Ausgleich und Ventil dient.

Räumliche und zeitliche Trennung der Geschlechter

Die Vorstellung von der schutzbedürftigen Frau in einer feindlichen Umwelt begünstigt die Trennung der Geschlechter, die meistens räumlich, und wenn das nicht möglich ist, zumindest zeitlich erfolgt. So werden Häuser in Männer- und Frauenräume aufgeteilt, aber auch **Plätze, Wege oder sonstige öffentliche Einrichtungen** werden auf diese Art und Weise getrennt. Öffentliche Flächen werden „geschlossen" und somit privatisiert, so dass Frauen sich darin relativ frei bewegen können. Fahrzeuge können z.B. mit Vorhängen ausgestattet werden. In Bussen und Zügen gibt es eigene Sitze oder Abteilungen für Frauen. Durchgangswege können für Frauen reserviert oder zeitweise durch Vorhänge abgetrennt sein, z.b. wird bei feierlichen Anlässen eine nicht einsehbare Durchgangsmöglichkeit vom Auto ins Haus geschaffen. Schulen werden entweder ganz nach Geschlechtern getrennt oder die Räume innerhalb der Schulen durch Vorhänge geteilt. Im Flugzeug muss keine Frau akzeptieren, dass ein fremder Mann neben ihr sitzt. Banken haben Zweigstellen mit weiblichen Angestellten, auch Büroräume sind oft getrennt.

Ist die räumliche Trennung nicht möglich, wird sehr oft eine zeitliche Trennung eingeführt, so dass bestimmte Stunden des Tages ausgesprochene *„Frauenzeiten"* sind. „Ladies Day" sieht man oft an Kinos, Theatern und bei Ausstellungen angeschlagen.

Der Grad der Verschleierung und der Bewegungsfreiheit der Frau ist abhängig von der **Definition des eigenen, sicheren Grund und Bodens.** Der Haushalt wird überall als sicherer Grund bezeichnet, auf dem sich die Frau ungezwungen und unverschleiert vor den männlichen Familienmitgliedern bewegen kann. In kleineren Dorfanlagen oder auf Lagerplätzen von Nomaden können Häuser und Zelte unverschleiert verlassen werden, weil sie als geschützt gelten. Besuche in anderen Haushalten sind möglich, weil es keine Fremden, d.h. nichtverwandte Personen oder zumindest Personen, die unbefugt und unkontrolliert Dorf oder Lager betreten, gibt. In Städten ist die Situation sehr viel undurchsichtiger, weshalb stärkere Restriktionen nötig sind.

Auch in den **modernen Oberschicht-Kreisen** der Städte, die sich von der traditionellen Lebensweise weit entfernt haben, ist eine Trennung der Geschlechter in abgeschwächter Form lebendig geblieben. Wenn zu „Mixed Parties" geladen wird, entsteht gleich bei der Ankunft ganz automatisch eine grob nach Geschlechtern gegliederte Sitzordnung in dem Raum. Darauf angesprochen versicherten Bekannte, dass dieses Verhalten teilweise automatisiert ist. Viele Frauen und Männer fühlen sich in gemischten Gesellschaften unsicher und unwohl. Gemischte Veranstaltungen, die einen scharfen Bruch mit den Traditionen darstellen, werden nicht von in *Purdah* lebenden Frauen besucht.

Hinter Mauern

Ein Großteil des pakistanischen Lebens spielt sich hinter tatsächlichen Mauern ab. Das Familienleben, die Freizeit und gegenseitige Besuche finden **in Häusern** statt. Musikgruppen geben Konzerte bei geschlossenen Veranstaltungen, Hochzeiten z.B., und haben wenige öffentliche Auftritte. Kunstausstellungen und Handarbeits-Präsentationen sind Gelegenheiten, nach draußen zu kommen. Angehörige der städtischen „High Society" unterliegen diesen Beschränkungen natürlich nicht und haben eine Vielzahl von Zerstreuungsmöglichkeiten. Pakistan wird oft als das „Land der Mauern" bezeichnet, hohe Mauern wirken unwirtlich und abschreckend. Um die Menschen und ihre Kultur wirklich kennenzulernen, muss der Gast einen Weg durch die Mauer finden, was am einfachsten durch eine Einladung geschieht. Die dort zu machenden Entdeckungen auf menschlicher und kultureller Ebene werden ebenso erstaunlich sein wie ein tatsächliches Durchschreiten von hohen grauen Mauern, hinter denen ein modernes Haus und eine grüne, wohlgepflegte Gartenoase (bei denen, die es sich leisten können) zum Vorschein kommen.

Eine ummauerte Welt ist der **festungsähnliche Hof der Pakhtun,** *Killa* genannt, in dem eine erweiterte Großfamilie leben kann. Er ist oft mehrere hundert Quadratmeter groß, ein viereckiges braunes Lehmgebilde, das sich kaum von der kargen Umgebung abhebt. Die Wände sind sechs Meter hoch, ein bis zwei Meter dick und haben integrierte Ausgucke und Schießscharten. Immer gibt es einen großen Innenhof, in dem sich das Leben abspielt, ein vorgelagertes Gästezimmer und einen privaten Familien- und Frauenteil, zu dem männliche Besucher keinen Zutritt haben. Diese Festung ist eine beeindruckende und auch beängstigende Erscheinung. Hier verbringt die Frau einen großen Teil ihres Lebens und verläßt den Hof nur zu bestimmten Anlässen. *„Eine gute Pakhtunin“*, so wird gesagt, *„verläßt ihr Haus nur zu zwei Gelegenheiten: anlässlich der Hochzeit und der Beerdigung!“*

Weitreichende Folgen

Die strenge Arbeitsteilung bedingt einen hohen Grad an **Abhängigkeit der Frauen von Männern.** Frauen fehlt oft die Erfahrung, sich „draußen“ zu bewegen oder zu arbeiten. Dadurch ist es notwendig geworden, ein männliches Wesen als Vermittler zwischen der Familie und der Außenwelt zu haben. Durch ihre Erziehung sind sich Mädchen ihrer Begrenzung und Unzulänglichkeiten sehr früh bewusst. Ganz im Gegensatz zu Jungen, denen vermittelt wird, was für eine wichtige Position sie in der Familie haben, und die mit wenigen Forderungen und Beschränkungen konfrontiert werden.

Purdah bringt nicht nur eine **Einschränkung der physischen Bewegungsfreiheit** und eine bestimmte Kleiderordnung mit sich, sondern wirkt sich auf die Erziehungs- und Ausbildungsmöglichkeiten der Frau aus (s. Kapitel „Frauen in der Öffentlichkeit und im Berufsleben“). Die beschriebene Lebensweise beschränkt Frauen auf ein soziales Netzwerk, das ausschließlich aus anderen Frauen und verwandten Männern besteht, und **isoliert sie von wichtigen sozialen Institutionen** wie Schule, Moschee, Ämtern, Gericht und Polizei. Nur ein ausgeprägtes gegenseitiges Besuchssystem schafft einen sozialen Ausgleich.

Abgeschlossen lebende Frauen befinden sich **abseits vom Hauptstrom der neuen Ideen** ihrer Gesellschaft, weil diese Ideen und Meinungen in dem ihnen nicht zugänglichen öffentlichen Raum gebildet und ausgetauscht werden. Generalisierend gesagt sind Frauen durch ihre Lebensweise stärker traditionell orientiert und weniger zum Wandel fähig als Männer.

Die **Jamiat-i-Islami,** Sprachrohr der fundamentalistischen religiösen Bewegung, hat eng gefasste Vorstellungen vom Status der Frau. Geburtenkontrolle und Familienplanung gegenüber sind die religiösen Parteien sehr kritisch eingestellt, weil sie darin eine unerlaubte Einmischung in Gottes Pläne sehen. Sie fordern eine striktere Einhaltung von *Purdah:* Die Geschlechter sollen sich im alltäglichen Leben überhaupt nicht vermischen; auf Keuschheit und Schlichtheit im Erscheinungsbild der Frauen wird gesteigerter Wert gelegt.

Die Einstellung der **ismaelitischen Religionsgemeinschaft in Nordpakistan** zur Rolle der Frau in der Gesellschaft ist eine völlig andere. Sowohl das heutige Oberhaupt der Ismaeliten, der *Aga Khan,* als auch seine Vorfahren waren stark von westlichen Tendenzen beeinflusst. Als religiöser Führer hatte *Aga Khan III.* die Macht, das ganze Purdah-System abzuschaffen; er schreibt in seinen Memoiren: *„Ich habe es völlig abgeschafft; heutzutage wird man keine Ismaeli-Frau finden, die einen Schleier trägt."* Die Entwicklung ging einher mit Modernisierung und Bemühungen um einen hohen Ausbildungsstand für Mädchen, nachdem er seine Gemeinde bereits 1945 zu diesen Veränderungen angeleitet hatte.

Durch die Purdah-Institution wird die Entwicklung von selbstgewählten **Beziehungen zwischen jungen Leuten** verhindert, weil die Heiratspartner-Auswahl der Eltern gestört werden könnte. Besonders StudentInnen, College-SchülerInnen und berufstätige junge Menschen in den Großstädten haben heute die Möglichkeit, Freundschaften außerhalb des eigenen Hauses und Verwandtenkreises zu schließen. Tatsächlich geschieht dies aber in sehr geringem Maße – vielleicht, weil ihnen bewusst ist, dass diese Beziehungen kaum zu einer akzeptablen Heirat führen können. Bei den freundschaftlichen Kontakten junger, moderner Menschen spielt das Telephon eine große Rolle: Die Purdah-Forderungen werden erfüllt, trotzdem können sich Jungen und Mädchen austauschen, in einer intimeren Weise, als es per Brief möglich ist.

Außerdem werden die Heiratschancen eines Mädchens durch viele Kontakte außer Haus geschmälert. Eltern befürchten ständig, dass ihre Tochter vielleicht Sympathie für einen Mann ihrer Wahl entwickelt, was die von ihnen seit langem geplante und **arrangierte Ehe** gefährden würde. Eine emotionale Beziehung zwischen den Ehepartnern soll sich idealerweise erst nach der Hochzeit entwickeln. Viele junge Leute sind überzeugt, dass sie allein nicht die richtige Partnerwahl für sich treffen würden. Es ist die Bereitschaft vorhanden, die Kontrolle der Eltern über intime und persönliche Entscheidungen in Kauf zu nehmen. Auch Entscheidungen über den weiteren Ausbildungsweg ihrer Kinder werden von Eltern gefällt; die Jugendlichen haben wenig eigene Freiheit und Einspruchsmöglichkeiten.

Frauen in Öffentlichkeit und Berufsleben

„Wer ist der Hauptverwahrer der Religion in einer Gemeinschaft? Es ist die Frau. Die muslimischen Frauen müssen ordentliche religiöse Erziehung erhalten, denn sie sind ihrem Wesen nach die Bildung der Gemeinschaft. Ich glaube nicht an ein absolutes System der Erziehung. Erziehung, wie auch anderes, ist bestimmt von den Erfordernissen einer Gemeinschaft. Für unsere Zwecke genügt religiöse Erziehung für das muslimische Mädchen. Alle Themen, die dazu neigen, sie zu entweiblichen und zu entmuslimisieren, müssen sorgfältig aus ihrer Erziehung ausgeschlossen werden."
(Iqbal, „Verstreute Gedanken", 1910)

Allgemeine Situation und Tätigkeitspektrum

Der weibliche Wirkungsbereich in der Öffentlichkeit und die Möglichkeit der Berufstätigkeit pakistanischer Frauen ist in hohem Maße abhängig von der **Purdah-Einhaltung** (s. Kapitel „Purdah – Geschlechtertrennung im Alltag").

Große Unterschiede bezüglich der beruflichen Möglichkeiten bestehen aber auch je nach Zugehörigkeit zur **sozialen Schicht** und entsprechend der Einkommensverhältnisse der gesamten Familie. Außerdem ist die Ausgangslage für Frauen bei der Stadt- im Gegensatz zur Landbevölkerung völlig unterschiedlich. In Beluchistan und der Nordwest-Grenzprovinz gibt es aufgrund nur vereinzelt vorkommender städtischer Zentren eine niedrige industrielle Entwicklung und kaum Ausbildungsmöglichkeiten für Frauen. Im Sindh und Punjab existieren Gesellschaftssysteme, die auf Landwirtschaft basieren. Durch die städtischen Zentren und die industrielle Entwicklung in diesen beiden Provinzen besteht jedoch für eine größere Anzahl von Frauen die Chance, schulische und berufliche Bildung zu erhalten.

Aber auch die Zugehörigkeit zu den jeweiligen *ethnischen Gruppen* kann die beruflichen Aussichten einer Frau beeinflussen. Durch die stammesgesellschaftliche Orientierung der Beluchen und Pakhtunen spielen die Frauen in der Öffentlichkeit eine geringe Rolle und sind im Berufsleben spärlich vertreten (s. Kapitel „Pakhtunen und Pakhtunwali").

Der **Erwerbstätigenanteil pakistanischer Frauen** gehört zu den niedrigsten in der ganzen Welt, und nur ein sehr kleiner Prozentsatz der berufstätigen Frauen hat Gelegenheit, in prestigebringenden Berufen, z.B. als Lehrerin oder Ärztin, zu arbeiten. Während 85 % der Frauen Analphabetinnen sind, erhalten nur 0,8 % der Frauen eine Universitätsbildung. Die Chance, einen Beruf auszuüben, bietet sich ihnen meist am unteren und nur – zu einem sehr geringen Teil – am oberen Ende der sozioökonomischen Skala.

Es stehen in Pakistan so unterschiedliche Bilder nebeneinander wie das der Straßenkehrerin, das der in *Purdah* lebenden Frau, die sich mit Heimarbeit auf das eigene Haus beschränkt, und das der **Frauen aus bedeutenden Familien,** die durch die Macht und das Ansehen ihres sozialen Umfelds in die Öffentlichkeit hinaustreten und berühmt werden konnten. Die bekanntesten Namen sind *Begum Rana Liaquat Ali Khan,* die Frau von Pakistans erstem Premierminister, die 1954 eine der ersten Botschafterinnen überhaupt war. Oder *Mohtarma Fatima Jinnah,* Schwester des Staatsgründers *Muhammad Ali Jinnah,* die 1965 als Präsidentschaftskandidatin aufgestellt wurde. Und auch *Benazir Bhutto,* bekannt als Führerin der *Pakistans People Party (PPP)* und zweimalige Premierministerin des Landes konnte diesen Erfolg nur als *Zulfikar Ali Bhuttos* Tochter erringen.

Frauen aus der intellektuellen **städtischen Mittel- und Oberschicht** haben die günstigsten Ausbildungs- und Berufsaussichten. Ihre Lebensumstände gleichen sich in allen Landesteilen mehr als die Lebensumstände von Frauen aus ärmeren Schichten oder den ländlichen Gebieten der selben Provinz. Bei der Mittel- und Oberschicht findet sich am ehesten innovatives Verhalten hinsichtlich weiblicher Schulbildung. Die Art der Erziehung und Beschäftigung der Familienmitglieder vermehrt das Ansehen der Familie und hebt ihren Status. Frauen aus diesen privilegierten Schichten haben Zugang zu Universitätsbildung und können häufig einen Beruf ihrer Wahl ergreifen. Auf dieser Ebene der sozioökonomischen Skala hat ein großer Zuwachs in den lehrenden und medizinischen Berufen stattgefunden. Ungefähr ein Drit-

Verhandlungssituation

tel aller Lehrer und ein Fünftel aller Ärzte sind Frauen. Der Bedarf an Lehrerinnen und Ärztinnen erklärt sich aus der Geschlechtertrennung der pakistanischen Gesellschaft. Auch in der extrem konservativen North-West-Frontier-Province sind die meisten Frauen auf medizinische oder lehrende Berufe beschränkt, aber immerhin gibt es einige praktizierende Rechtsanwältinnen.

Viele Berufe, die in den westlichen Gesellschaften als Frauenberufe deklariert werden, wie bestimmte *Büroarbeiten oder Verkaufstätigkeiten,* müssen von Männern ausgeübt werden, da sie ständigen Kontakt mit der männlichen Öffentlichkeit notwendig machen. Mittlerweile sind aber auch Frauen bei Banken und Versicherungen beschäftigt, eine beträchtliche Anzahl arbeitet sogar als Sprecherinnen beim Rundfunk, als Ansagerinnen und Moderatorinnen im Fernsehen sowie als Stewardessen und Bodenpersonal bei Luftfahrtgesellschaften.

Auf dem *sozialen und wohltätigen Gesellschaftssektor* findet sich eine große ehrenamtliche Frauenbeteiligung. Caritative Tätigkeiten sind für Frauen aus wohlhabenden Familien, denen eine Berufstätigkeit aus verschiedenen Gründen nicht möglich ist, gesellschaftlich anerkannt und wünschenwert. Es gibt in den Städten einige Frauenvereinigungen, die sich um Schulausbildung für Kinder und um Arme und Kranke kümmern. Sie sammeln Geld, basteln und stellen Handarbeiten her, die sie auf *Meena-Bazars* verkaufen. Diese farbenprächtigen Ausstellungen, bei denen auch Schmuck, Kleider und selbstgekochte oder gebackene Kleinigkeiten verkauft werden, haben nebenher sozialen Charakter – oft stellen sie die einzige Möglichkeit für reiche Frauen dar, sich sinnvoll zu betätigen. Die Erlöse gehen an Schulen, Kranken- oder Waisenhäuser, Frauenzentren und ähnliche Institutionen. Auch ausländische Frauen, die ihre in Pakistan arbeitenden Männer begleitet haben und selbst nicht berufstätig sind, engagieren sich oft in diesen wohltätigen Frauenkreisen. In den Hauptstädten der vier Provinzen haben sich internationale „Women's Clubs" gebildet.

Wirtschaftliche Notwendigkeit kontra Purdah-Restriktionen

Nach einer Schätzung sind in den städtischen Zentren Frauen aus wirtschaftlich schwächeren Schichten zu 25 Prozent im *Dienstleistungsgewerbe* tätig. Die meisten von ihnen als Kehrerinnen in Krankenhäusern, Büros und auf den Straßen; als Bedienstete in Schulen, Hotels und Krankenhäusern sowie als Personal in den verschiedenen häuslichen Tätigkeitsbereichen. Die Zahl der *Fabrikarbeiterinnen* ist ansteigend, vor allem in den Bereichen Textilienproduktion, Pharmazeutika-Herstellung und der Packerei, in Karachi auch in der Fischindustrie.

Diese Beschäftigungen lassen sich zwar alle in die traditionellen Tätigkeiten für Frauen einreihen, sind aber mit *wenig Prestige* verbunden, weil sie außerhalb des eigenen Hauses für fremde Menschen ausgeführt werden und bei deren Ausübung die Trennung von männlichen Arbeitnehmern nicht beibehalten werden kann. Diese berufstätigen Frauen haben nicht die Möglichkeit, sich die Beschäftigung nach dem Grad des damit verbundenen Ansehens auszusuchen, sie müssen den Beruf aus wirtschaftlicher Notwendigkeit ausüben. Verschiedene Studien belegen, dass der Zustrom von Frauen in die untersten Beschäftigungsbereiche vor allem durch die wirtschaftliche Situation der Familien gelenkt wird. Der ökonomische Druck ist stärker als die kulturellen Restriktionen, die Frauen in ihre eigenen Häuslichkeiten verweisen und Männern die Pflicht auferlegen, allein für ihre Familien zu sorgen. Hohe Haushaltskosten, auch bedingt durch die große Kinderzahl, müssen durch zusätzliches Einkommen der Frauen und teilweise auch der Kinder abgedeckt werden.

Ein Zubrot unter Einhaltung der Purdah-Bedingungen bietet die **Heimindustrie.** Sie besteht zum großen Teil aus Tätigkeiten wie Sticken, Stricken, Häkeln und Nähen. Diese Fertigkeiten gelten zudem als nützlich und notwendig für jede Hausfrau. Deshalb beinhaltet der weibliche Berufsschulsektor auch fast ausschließlich solche Angebote. Tätigkeiten dieser Art haben in der pakistanischen Gesellschaft wichtige einkommensparende Funktionen. Heimarbeit wird schlecht bezahlt und erlaubt der Frau keinerlei Kontaktaufnahme mit der Außenwelt. Ein Faktor, der bei anderen Beschäftigungen zumindest gegeben ist und von vielen berufstätigen Frauen sehr geschätzt wird. Auch in dem Untervertragssystem ist der Grad der Ausbeutung sehr hoch, Frauen arbeiten dabei in kleinen Workshops oder im eigenen Haus.

Hindernisse für die Berufstätigkeit von Frauen

Frauen arbeiten 14 bis 16 Stunden am Tag in Haus, Hof und auf Äckern, versorgen die Haustiere oder arbeiten auch gegen Entgelt auf den Feldern der größeren Landbesitzer. Die in der Landwirtschaft tätigen Frauen besitzen selbst kein Land, und ihr Lohn für Arbeiten auf fremden Gütern und in fremden Haushalten fließt meist direkt in die Kasse des männlichen Haushaltsvorstandes.

Der geschätzte **Analphabetismus von Frauen auf dem Land** liegt bei ca. 90 %. Diese hohe Zahl hat ihre Ursache in den dürftigen schulischen Möglichkeiten für Mädchen außerhalb der Städte. Doppelt so viele Jungen wie Mädchen besuchen die Grundschule, die Rate der Abbrecher ist bei Mädchen deutlich höher. In ländlichen Gebieten besucht nur eins von 14 Mädchen weiterführende Schulen.

Besonders auf dem Land besteht die Auffassung von der **Unsinnigkeit der Mädchenbildung,** da diese für die späteren Aufgaben der Frau nicht notwendig sei und ihre Moral zerstören könnte. Als Folge kommt es häufig zu einem Abbruch des Schulbesuchs bei Einsetzen der Pubertät. Für Teile der Landbevölkerung gibt es oft noch nicht einmal Grundschulen für Mädchen, und in den gemischten Schulen unterrichten oft männliche Lehrer. In den nächstgrößeren Ort wird ein Mädchen zwecks Schulbesuchs selten ge-

Junge Verkäuferin

schickt, denn Väter fürchten um die Ehre ihrer Töchter und wollen deren Chancen auf dem Heiratsmarkt nicht verdorben wissen.

Es muss aber nicht nur konservativ-traditionelles Verhalten sein, das die Eltern aus ärmeren Schichten oder ländlichen Gebieten davon abhält, ihre Töchter in die Schulen zu schicken, vielmehr sind es auch die **hohen Kosten der Ausbildung.** In Haushalten mit geringem Einkommen und mehreren Kindern wird sicherlich in den meisten Fällen darauf geachtet, zuerst den Söhnen eine gute Ausbildung zukommen zu lassen. Das zukünftige Geschick der Familien liegt in den Händen der Söhne, denn sie übernehmen Haus und Hof, führen Familiengeschäfte fort und sind die Altersversorgung ihrer Eltern. Gerade letzterer Aspekt ist von großer Wichtigkeit in einem Land, in dem der Staat die Funktion der Altersversorgung noch nicht übernommen hat. Töchter verlassen nach ihrer Verheiratung sehr früh den elterlichen Haushalt und kommen somit für die Versorgerrolle nur in Ausnahmefällen in Frage.

In vielen Familien wird eine praktische und als nützlich geltende Ausbildung für Mädchen bevorzugt. Beschäftigungen wie Hauswirtschaft, Hygiene und Kindererziehung, die direkt das Familienleben und den Haushalt betreffen, erhöhen die Heiratschancen und bringen dem Mädchen später Anerkennung als Hausfrau und Mutter.

In den Städten gibt es ein Potential von Mädchen mit einem Abschluss der 10. Klasse. Sie haben großes Interesse an Berufstätigkeit, sind aber schwer zu vermitteln, weil berufliche Bildungsangebote fehlen oder die Eltern nicht über die finanziellen Mittel für eine höhere Bildung verfügen.

Aber selbst Frauen, die das Glück hatten, eine Ausbildung zu erhalten, üben ihren Beruf oft nicht aus. Gegen eine gute Erziehung spricht nichts von Seite der Familie, aber es gibt mehrere Gründe dafür, weshalb sie doch nicht hinaus ins Berufsleben geschickt werden. Denn der Berufstätigkeit von Frauen haftet das **Stigma materieller Bedürftigkeit** an, solange es sich nicht um Posten mit hoher Dotierung und hohem Status handelt. Der männliche „Familienernährer" kann so an sozialem Ansehen einbüßen.

„Fatima aus Lahore ist 20 Jahre alt. Vor einiger Zeit hat sie die High School mit gutem Ergebnis verlassen, nun würde sie gern eine Ausbildung anschließen oder zumindest aushilfsweise in einem Büro oder einer Boutique arbeiten. Da sie aus einem wohlhabenden Haus stammt, gibt es für sie zu Hause auch nicht viel zu tun; Dienstpersonal ist zur Stelle, um die gröberen Arbeiten zu übernehmen. Der Familienrat hat jedoch beschlossen, dass ihrem Wunsch, das Haus zu verlassen und erwerbstätig zu werden, nicht entsprochen werden kann. Ihr Handeln würde dem Ansehen der Familie schaden. Fatima wird sich bis zu ihrer Verheiratung in ihrem Elternhaus langweilen ..."

Ein weiterer Grund, den Beruf nicht auszuüben ist eine **frühe Eheschließung,** die das Leben der jungen Frau völlig verändern kann. Sie darf keine unabhängigen Entscheidungen mehr treffen, muss oft ihren Beruf aufgeben und sich um den Ehemann kümmern. Frauen wissen, dass auch ihre Schwiegereltern über ihr zukünftiges Leben entscheiden werden.

„Aischa stammt aus einer modernen Mittelstandsfamilie in Karachi. Nach ihrem Schulabschluss begann sie, in einem Reisebüro zu arbeiten. Die Tätigkeit machte ihr Spaß, sie schätzte ihre Kontakte zur Außenwelt und ihr eigenes Einkommen. Als sie mit ihrem Cousin aus Lahore verheiratet wurde und in das Haus seiner Familie zog, war es vorbei mit der Selbständigkeit. Sollte sich die Familie des Ehemannes durch eine Erwerbstätigkeit der Frau eine finanzielle Unzulänglichkeit nachsagen lassen? Ihr wurde sehr schnell deutlich gemacht, das freiere Leben in Karachi ließe sich nicht auf die Lahorer Verhältnisse übertragen, ohne den Ruf der Familie zu gefährden."

Grund genug ist auch die **Auffassung, Frauen seien weniger kompetent als Männer.** Klienten z.B. trauen Rechtsanwältinnen keine Durchsetzungsfähigkeit zu. Die meisten Klienten sind männlich und wählen deshalb einen männlichen Rechtsbeistand. Ältere, männliche Vorgesetzte bevorzugen junge, männliche Kollegen und lassen Frauen in der Hierarchie nicht aufsteigen. *Mussarat Hilali,* Vizepräsidentin des „Peshawar High Courts" zur Situation junger Rechtsanwältinnen: *„Es dauert mindestens fünf Jahre, bis die Universitätsabgängerin sich etabliert hat. Oft sind noch längere Zeiten als Assistentin zu überbrücken, weil der Anfängerin keine Fälle übertragen und Männer bei der Stellenvergabe auf jeden Fall bevorzugt werden. Ich fühlte mich in meiner früheren Laufbahn als Rechtsanwältin benachteiligt und völlig unbeachtet."*

Familie und Kinder –
Basis der pakistanischen Gesellschaft

Bedeutung der Familie

*D*ie Familie ist das Kernstück der pakistanischen Gesellschaft. Sie ist der *Orientierungsrahmen für jedes Individuum,* verleiht ihm seinen Rang und den Platz im Sozialgefüge – jeder Pakistaner und jede Pakistanerin definiert sich über die eigene Familie. (Das zeigt sich an den Bezeichnungen für eine Person, man ist immer der Sohn von so und so...) In Pakistan übernimmt die Familie auch die Rolle der *Sozialversicherung,* da der Staat die Versorgung in Notfällen oder im Alter nicht gewährleisten kann. Der Einzelne investiert in die Familie auf Kosten seiner persönlichen Freiheit und ist dafür sein Leben lang abgesichert, zumindest in dem Maß, wie es das wirtschaftliche Niveau der Familie zuläßt. Ein Individualitätskult nach westlichen Maßstäben existiert in Pakistan nicht.

Die traditionellen Strukturen der *Großfamilie* – in der oft drei Generationen und angeheiratete Verwandte zusammenleben – finden sich vorrangig in Kleinstädten, Dörfern und bei nomadisierenden Gruppen; in den größeren Städten übernehmen andere Institutionen die Funktion der Großfamilie.

Bei traditionell lebenden Pakhtun z.B. spielt die Familie auf dem wirtschaftlichen und politischen Sektor eine bedeutende Rolle, weil sie die kleinste autonom handlungsfähige Einheit in einer Gesellschaft, die auf landwirtschaftlichen Produktionsformen oder Viehzucht basiert, darstellt. Beim Akkerbau wird das Land von den Mitgliedern der Großfamilie gemeinschaftlich bewirtschaftet und die Güter nach Bedürfnis und sozialem Status innerhalb der Familie verteilt. Für die wirtschaftliche Sicherheit fordert die Familie aber die Loyalität jedes ihrer Mitglieder, und das Familienwohl hat immer Vorrang vor den persönlichen Wünschen. In der rauhen Umwelt mit kriegerischen Auseinandersetzungen und Blutracheregelung bedeutet die Solidarität der Familie Schutz für das Individuum. Arbeitsteilung und gegenseitige Abhängigkeit sind wichtige Faktoren, die den Haushalt zusammenhalten: Der einzelne Mensch ist außerhalb der Familie nicht existenzfähig. Die Zugehörigkeit zu einem bestimmten Haushalt dient nicht nur als Identifikationsmöglichkeit den anderen Dorfbewohnern gegenüber, sondern verpflichtet die Männer auch zu gemeinschaftlichem Handeln. Der Schutz der Familie ist eine der Hauptforderungen an den pakhtunischen Ehrenmann.

Familienhierarchie

Im städtischen Bereich kommt es häufig vor, daß ein junges Ehepaar einen neuen Haushalt gründet und für sich allein wohnt – von zahlreichen Verwandten-Besuchen abgesehen. Die Eltern leben im Haushalt eines der Söhne und seiner Familie. In Dörfern oder auf dem Land lebt ein frisch verheiratetes Paar in den seltensten Fällen allein, sondern schließt sich in den meisten Fällen der erweiterten Familie des Mannes an. Die junge Ehefrau ist dadurch nicht Mitbegründerin eines neuen Haushaltes, sondern wird als neues Mitglied in einen bereits bestehenden Haushalt integriert (was sich sehr auf ihren Status auswirkt). Die neue **Schwiegertochter** hat einen niedrigen Rang in der Familienhierarchie, weil sie noch keine Gelegenheit hatte, sich im neuen Umfeld zu bewähren und ihre Position zu festigen. Die **Schwiegermutter** ist die älteste Frau im Haushalt, sie hat sich im Laufe der Jahre durch Loyalität, Arbeit und Kinder etabliert und oft beträchtlichen Einfluß gewonnen. Sie hat die höchste der ihr möglichen Autoritätsstufen erklommen und hat Anspruch auf Ehrerbietung und Unterordnung der jüngeren Frauen. Zwischen diesen beiden Frauen besteht also eine große Distanz innerhalb der Frauengruppe, die das besonders gespannte und immer wieder beschriebene Schwiegermutter/Schwiegertochter-Verhältnis bedingt. Die Schwiegermutter organisiert den Haushalt und verteilt die Arbeit, auch bei Heiratsvermittlungen hat sie beratende Funktion.

Die **Verbindung zwischen der jungen Ehefrau und ihrer Herkunftsfamilie** reißt auch nach der Verheiratung nicht ab. Für das Fortbestehen der sozialen Beziehung spricht auch das weiterhin vom Vater und den Brüdern demonstrierte Verantwortungsgefühl. Obwohl in seiner Intensität abge-

Begegnung in Chitral

97

schwächt, weil der größte Teil der Verantwortung für die Frau auf den Ehemann übertragen wird, sind ihre männlichen Familienmitglieder zur Einmischung und eventuellen Schlichtung in Streitfällen und auch zur Bestrafung bei Fehltritten der Tochter oder Schwester gezwungen. Eine Ehrverletzung fordert die Reaktion beider Familien, um das soziale Fehlverhalten gegebenenfalls durch Verurteilung und Bestrafung zu korrigieren und die Ehre wiederherzustellen.

Erst nach der **Geburt mehrerer Kinder,** bevorzugterweise **Söhne,** hat die junge Frau die Möglichkeit, in der Familienhierarchie aufzusteigen. Söhne sichern die wirtschaftliche Versorgung des Haushaltes und sind die Altersversorgung ihrer Eltern, weil sie im elterlichen Haushalt zurückbleiben, im Gegensatz zu Töchtern.

Für Frauen hat die **Beziehung der Mutter zum Sohn** einen besonderen Stellenwert, denn Söhne helfen einer Mutter, ihren Status erheblich zu verbessern und ihren Einfluß auf Ehemann und Umwelt zu vergrößern. Über den Sohn kann sie auch ansatzweise politische und gesellschaftliche Interessen wahrnehmen; er ist auch bei einer in *Purdah* lebenden Frau die eigentliche Kontaktperson zur Außenwelt. Bewußt oder unbewußt belohnt die Mutter ihre Söhne für die Vorteile und das Ansehen, daß sie ihr allein durch ihre Existenz verschaffen, durch besonders fürsorgliche und aufmerksame Erziehung. Sie schlüpft in die Rolle der Vermittlerin zwischen den Kindern und dem Vater als autoritärem Erzieher. So wird die Mutter eine sehr wichtige Bezugsperson für die heranwachsenden Söhne – diese ziehen die Mutter allen anderen Familienangehörigen vor, beschützen und verteidigen sie und beziehen auch für sie gegen die eigene Ehefrau Stellung. Der Sohn ist nicht nur eine Quelle des Ansehens und Schutzbefohlener seiner Mutter, sondern auch eine Art Altersversicherung, denn sie ist von ihm sozial und wirtschaftlich abhängig und wird ihren Lebensabend in seinem Haus verbringen.

Ihre überaus wichtige Position im Leben ihres Sohnes sieht die Mutter bedroht, wenn er heiratet und seine Sympathien auf die Ehefrau konzentriert; Störungen des freundschaftlichen oder liebevollen Verhältnisses zwischen jungen Eheleuten durch die Schwiegermutter sind nicht selten, damit der Einflußbereich der neuen Frau nicht zu groß wird.

Es ist schwierig, **Beziehungen innerhalb der pakistanischen Familie** zu verallgemeinern. Enge Mutter-Sohn-Bindungen sind bei vielen Ethnien im pakistanischen Raum typisch. Meistens stellt der Vater oder Großvater die Autoritätsperson der Familie dar. Es kommen auch sehr enge und vertraute Beziehungen zwischen Mutter und Tochter und Vater und Tochter vor. Die Vater-Sohn-Beziehung ist manchmal spannungsreich, von Rivalitäten und Erbfragen bestimmt, was aber nicht der Fall sein muß. Zwischen Brüdern und Schwestern herrscht oft ein gutes Einvernehmen; das enge und herzliche Verhältnis hält oft ein Leben lang. Die Familienhierarchie wird als selbstverständlich angesehen, auch von jungen Leuten akzeptiert und wenig kritisch hinterfragt.

Der Mensch als Gemeinschaftswesen

Der einzelne Mensch ist nie allein: *Er teilt sein Leben und seine Wohnung mit seiner Familie* – es gibt kaum „Singles" in Pakistan. Besonders für Frauen ist ein Singledasein undenkbar; auch wenn sie unverheiratet sind, müssen sie in jedem Fall bei ihrer Familie bleiben und ihr finanziell zur Last fallen, wenn sie nicht selbst eine Ausbildung und einen Job haben.

Alle wichtigen Entscheidungen werden gemeinsam getroffen, und niemand verfügt allein über sein *Geld.* Derjenige, der einen Job hat und Geld verdient, muß automatisch alle anderen Familienmitglieder mitversorgen. Manchmal lebt eine ganze große Familie von dem Geld, das einer ihrer Männer aus Saudi-Arabien schickt, wo er unter schwersten Bedingungen arbeitet.

Die *alten Menschen* erhalten ihr Auskommen, werden ernährt, gepflegt und haben Gesellschaft. Sie versuchen sich mit kleinen Verrichtungen nützlich zu machen und beaufsichtigen die kleinen Kinder. Jüngere Familienmitglieder müssen den älteren dienen: Körperpflege, Massage, Einkaufen, Briefeschreiben gehören zu den täglichen kleinen Gefälligkeiten.

Älteren Familienangehörigen wird großer Respekt entgegengebracht. Kindern wird dieses Verhalten von Anfang an anerzogen. Die Achtung und das Ansehen eines Menschen wächst mit seinem Alter. Und nicht nur das: auch seine Macht in familiären und gesellschaftspolitischen Dingen. Seine Meinung ist wertvoll – und dabei spielt es keine Rolle, ob es sich um Männer oder Frauen handelt –, jeder mißt ihr Bedeutung bei. Ratschläge von älteren Menschen werden gern angenommen und befolgt, denn man weiß, daß sie über Lebenserfahrung und

Drei Generationen

Weisheit verfügen. Manchmal können allerdings auch Familienälteste durch ihre willkürlichen und altmodischen Entscheidungen die ganze Familie tyrannisieren. Niemand wird es wagen, sich ihnen entgegenzustellen und den Gehorsam zu verweigern, aber Konflikte und Unmut sind vorprogrammiert. Viele junge Menschen berichten, daß sie unter den unbeugsamen Entscheidungen älterer Familienangehöriger leiden.

Wie gut die Familie als Gemeinschaft und Versorgungseinheit funktioniert, zeigt sich immer wieder, wenn *Krankenhausaufenthalte* notwendig werden. Der Kranke bringt nicht nur seine Bettwäsche und sein eigenes Essen mit in das Krankenhaus, sondern auch eine Person, die ihn die ganze Zeit betreut, für ihn kocht, ihn wäscht und unterhält. Auch die Medizin, welche der Arzt verschreibt, wird aus einer Apotheke außerhalb des Krankenhauses geholt. Massen von Menschen belagern immer die Krankenhäuser – gerade auch in den einfacheren staatlichen Einrichtungen –, sie verharren geduldig auf den Fluren oder umlagern den Kranken, der vielleicht gerade mühsam aus seiner Narkose erwacht. Für Versorgung und Unterhaltung der Patienten ist gesorgt, was sicherlich die Krankenschwestern entlastet – hygienische Verhältnisse sind so allerdings nicht herzustellen.

Diese persönliche und finanzielle Fürsorge ist erforderlich, weil es keine Krankenversicherung in Pakistan gibt. Beamte bekommen Zuschüsse, und einige große Firmen erstatten den Angestellten einen Teil der medizinischen Kosten. Alle anderen müssen für ihre ärztliche Versorgung, Medikamente und Krankenhausaufenthalte selbst aufkommen, was viele arme Familien an den Rand des Ruins bringen kann. Auch wenn eine Familie eine Behandlung in einem privaten Erste-Klasse-Zimmer im Krankenhaus finanziell ermöglichen kann, ist damit ihre Schuldigkeit nicht getan: Die Versorgung des Kranken liegt auch dann noch in ihrer Verantwortung.

Abschied vom irdischen Dasein

So wie man gelebt hat, so stirbt man auch – *im Kreise seiner Familie.* Wenige sterben allein, denn im Krankenhaus sind immer Familienmitglieder anwesend. Altenheime gibt es nicht, alte Menschen verbringen ihren Lebensabend bei ihren Kindern.

Verwandte und Freunde werden so schnell wie möglich über das Ableben informiert. Alle versammeln sich im Haus des Verstorbenen; idealerweise soll das noch am selben Tag geschehen. Der Tote wird gebadet, parfümiert und in das Leichenhemd gekleidet. Der Mullah rezitiert die ganze Zeit Koranverse. Wenn alle den Toten noch einmal gesehen haben, wird er unter Gebeten auf ein Bett gelegt und von den Männern zum Friedhof getragen. Die letzten Gebete werden am Grab gesprochen. Mit verhülltem Gesicht läßt man den Leichnam ohne Sarg ins Grab hinab; sein Kopf ist nach Mekka ausgerichtet. Die Angehörigen des Verstorbenen werfen eine Handvoll Erde ins Grab. Geschmückt wird das frische Grab mit Blumen und Rosenblättern, gekennzeichnet mit Steinen am Kopf- und Fußende.

Die Frauen der Familie besuchen die S zu einem späteren Zeitpunkt, die eigentliche Beerdigung und Trauerfeier findet nur unter Männern statt. Nach drei Tagen versammeln sich Verwandte und Freunde wieder im Trauerhaus, wo sie bewirtet werden, und rezitieren Verse aus dem Koran. Die Trauerperiode dauert 40 Tage, nach einem Jahr wird eine weitere Feier zum Gedenken des Toten durchgeführt.

Heirat

Gesellschaftliche Bedeutung

Heirat in Pakistan ist nicht der Zusammenschluß von Individuen, sondern die **Angelegenheit zweier Familien,** die eine gesellschaftliche Verbindung eingehen. Zwei Familienmitglieder werden ausgetauscht oder – anders betrachtet – unter Berücksichtigung von Brautpreis und Mitgift wird eine Tochter abgegeben bzw. eine Schwiegertochter aufgenommen. Die Heirat wird nach ökonomischen und politischen Gesichtspunkten arrangiert, persönliche Vorlieben nur in wenigen Fällen berücksichtigt.

Heiraten innerhalb der ethnischen Gruppe und auf verwandtschaftlicher Ebene – Cousins und Cousinen sind bevorzugte EhepartnerInnen – werden von einigen Gruppen angestrebt, sind aber nicht zwingend vorgeschrieben. Endogamie, also **Heiraten innerhalb der Gruppe,** bedeutet im Gegensatz zur Exogamie, Sicherheit und Schutz: Die Verwandtschaftsgruppe bleibt geschlossen, kein Mitglied wird weggegeben, und kein neues kommt hinzu, und auch der Besitz – meist in Form von Land – bleibt innerhalb der Gruppe. Die Auswahl der HeiratspartnerInnen unter diesen Gesichtspunkten stabilisiert die Haushaltseinheit; die enge Zusammenarbeit der Verwandtschaft sichert den wirtschaftlichen Erfolg. Außerdem erspart diese Heiratsform der Familie große Investitionen, denn bei endogamen Heiraten ist oft nur ein relativ geringes Brautgeld erforderlich.

Ein wichtiger Aspekt von Heiratsverbindungen ist die **Besitz- und Landfrage.** Muslimische Frauen haben ein Anrecht auf ihren Erbteil, wenn er auch geringer ist als der ihrer Brüder. Die – zumindest theoretische – Kontrolle der Töchter über eigenes Land hat die Präferenz von endogamen Verbindungen bestimmt. Den islamischen Vererbungsregeln zufolge kann der Besitz nämlich in kleine Teile zerfallen. Wird die Heirat innerhalb der eigenen Verwandtschaftsgruppe arrangiert, bleibt der Besitz zusammen, und das Land kommt nicht in die Hände von fremden, angeheirateten Gruppen. Besonders bei wohlhabenden Familien werden solche heiratspolitischen Schachzüge ganz genau bedacht.

Die **Jungfräulichkeit** bis zur Hochzeit ist von großer Bedeutung für das Mädchen, denn in der Hochzeitsnacht muß sie dem Ehemann, seiner Familie und auch ihrer eigenen Familie den Beweis erbringen, daß sie bisher ein sittsames Leben führte. Eine fehlende Jungfernschaft ist eine ernsthafte Sache und kann eine sofortige Scheidung nach sich ziehen. Auf dem Lande bedeutet eine „nicht vollständige Braut" einen kompletten Ehrverlust für sie selbst und ihre Familie; so eine Angelegenheit endet noch heute oft genug in der Ermordung der Betroffenen. Unkeuschheit stellt nicht nur einen Verstoß gegen die gesellschaftliche Ordnung dar, sondern stellt auch die Schutz- und Verteidigungsfähigkeit der als Ehrenmänner geltenden Familienmitglieder, Vater oder Brüder, in Frage.

Erwünschte Eigenschaften und Verhaltensweisen von jungen Frauen sind Respekt vor dem Ehemann, der Verzicht auf Widerworte, Anstand und Zurückhaltung und die Bereitschaft, sich jederzeit für den Gatten und die Familie aufzuopfern. Männer übernehmen weder Haushaltspflichten, noch versorgen sie die Kinder – sollte sich doch ein „Softie" daran versuchen, darf er es nicht öffentlich machen, sonst ist er schnell Zielscheibe des Spotts für seine Freunde und Kollegen. Eine berufstätige Frau muß zusätzlich alle haushaltlichen Pflichten erfüllen, was ihr oft nur mit weiblichen Verwandten oder Hauspersonal möglich ist, weil allein das tägliche Kochen viel Zeit in Anspruch nimmt und immer mehrere Kinder zu versorgen sind. Der Ehemann möchte gern noch zusätzlich bedient werden. Er taucht am Abend unverhofft mit Freunden auf, die sofort bekocht und bedient werden müssen. Seine Kleidung muß gewaschen und gebügelt sein und täglich bereitgelegt werden. Was früher Mutter und Schwester für ihn getan haben, muß später die Ehefrau übernehmen.

Hochzeit – Vorbereitungen und Feierlichkeiten

„Die neuen Schlafzimmermöbel werden angeliefert. Die Braut hat sie selbst ausgesucht, und ihre Eltern haben sie bezahlt. Alles wird vorbereitet in der zukünftigen Heimstatt, dem Haus der Schwiegereltern. Das Schlafzimmer, in das die Schwiegertochter einziehen wird, ist bereits geschmückt worden: Das Bett ist mit einem Vorhang aus Goldfäden und künstlichen Blüten umhüllt; die Kommoden liebevoll mit Deckchen, Cremes und Duftwässern hergerichtet; die neu angefertigte Kleidung der Braut hängt glitzernd und leuchtend im Schrank, sogar neue Bademäntel werden zurechtgelegt.

Der Hof und das Stückchen Brachland vor dem Haus sind zu einer Lagerstätte geworden: ein riesiger Grill, Kochstätten, Berge von Lebensmitteln, Schlafplätze – ein halbes Dutzend Männer ist geschäftig, baut eine provisorische Küche auf und bereitet den Festplatz vor. Der Raum zwischen Haus und Gartenmauer verwandelt sich in ein riesiges rot-golden geblümtes Zelt. Sogar Teppiche werden ausgelegt, Stühle und Tische aufgestellt. Die Familie läßt sich nicht lumpen!

Am Nachmittag laufen die Vorbereitungen für Mehndi, das Henna-Fest, auf Hochtouren. Alle Frauen laufen mit bunten Kleidungsstücken über den Armen aufgeschreckt durchs Haus, putzen die Kinder heraus und bügeln. In Pakistan werden die Shalwar-Kamize nicht auf Vorrat, sondern je nach Bedarf täglich frisch gebügelt. Vor Feierlichkeiten bricht dann die große Hektik aus; die ständigen Stromschwankungen und Stromausfälle können die Vorbereitungen ganz schön verkomplizieren. Nach getaner Arbeit verschwinden die Damen, die zum engeren Familienkreis gehören, in das Beau-

ty-Studio des Stadtteils, lassen sich schminken und die Frisuren herrichten. So eine kunstvoll gesteckte Hochfrisur kann dann schon mal 250 Rs kosten, was dem Wochenlohn eines Arbeiters entspricht. Zu Hochzeits-Festlichkeiten tragen die Frauen im Punjab gern Saris, die es in wunderschönen farbenfrohen Ausführungen gibt. Das Anlegen (und Anbehalten) eines Saris ist nicht ganz einfach, obwohl vielfach mit Sicherheitsnadeln gemogelt wird; hat man den Bogen erst einmal raus, verleiht dieses Kleidungsstück der Trägerin eine von anderen Kleidungsstücken unerreichte Eleganz und Würde.

Gegen 19.00 Uhr treffen die Verwandten und einige Freunde des Bräutigams langsam ein. Teller werden mit Henna, Kerzen, Goldstaub und Blütenblättern dekoriert und bereitgestellt. Eine kleine Bühne mit Stuhl und einem Blumenvorhang wird für den Bräutigam aufgebaut. Die Frauen und Mädchen der Familie versammeln sich in der Mitte des Zeltes, trommeln, tanzen und singen. Die männlichen Verwandten und Freunde des Bräutigams haben sich derweil in einem der Räume des Hauses versammelt, wo sie mit ihm den Abschied vom Junggesellenleben feiern. Die Stunden bis zum Abendessen vergehen mit Musik, Gelächter und guten Ratschlägen; dann werden endlich die großen, metallenen Töpfe, die zu einem Buffet aufgebaut worden sind, gefüllt und alle gemeinsam zum Essen gerufen. Das kleine Feuerwerk wird nach dem obligatorischen Tee gezündet. Sprühfontänen sind entlang des Weges vor dem Haus aufgestellt und tauchen die ganze Szene in ein festliches Licht. Die Mädchen ergreifen die dekorierten Teller mit Öl, Henna und Süßigkeiten und schreiten durch das Spalier der Feuerwerke, Öllämpchen und anderen Frauen, welche die Tellerträgerinnen mit Goldstaub und Rosenblättern bestreuen. Die Gruppe bewegt sich in die Richtung des Bräutigams, der jetzt auf seinem Thron sitzt. Einige Mädchen tanzen und werden von den Verwandten mit Geldscheinen beworfen. Jetzt ist die Reihe an den weiblichen Verwandten, die nach vorn treten und dem Bräutigam Süßigkeiten reichen, ihm etwas Öl in die Haare reiben und Henna auf seine Handflächen streichen. Erst danach treten Vater, Brüder, Onkel und Cousins vor, zum Schluß die Freunde.

Im Laufe des Abends verschwinden die Frauen des Hauses vereinzelt und tauchen nach ein paar Minuten in neuer Gewandung auf. Nach dem Grund gefragt, erklärten sie, so viele Kleider-Sets vorbereitet zu haben, daß die Tage der Hochzeitsfeierlichkeiten nicht ausreichen würden, um sie alle vorzuführen. Die Stimmung ist sehr ausgelassen, als die ersten Gäste sich verabschieden. Nur die engere Familie bleibt einsam in dem großen Zelt zurück und nimmt den Mitternachtstee zu sich. Diese Feier, die als Abschied vom Dasein des Unverheirateten zu verstehen ist, findet in der Familie der Braut in ähnlicher Form statt. Allerdings geht es im Haus der Braut zu diesem Zeitpunkt nicht ganz so fröhlich zu, denn alle Familienangehörigen sind traurig, daß das Mädchen aus ihrer Mitte herausgenommen wird und das elterliche Haus verläßt.

Das ganze Geschehen wird nicht nur von einem Team mit Videocameras aufgezeichnet, auch Profiphotographen sind vor Ort, um die Feier auf Zelluloid zu bannen. Die Hochzeitsfilme und -photos sind Dokumentationen des wichtigsten Tages im Leben eines Menschen. Sie bekommen Ehrenplätze in den Wohnungen, werden an entfernt lebende Verwandte verschickt und jedem Besucher vorgezeigt. Hochzeitsphotos anzuschauen ist eine beliebte Unterhaltungsform bei Besuchen.

Die Braut stammt aus einer anderen Stadt und reist mit ihrer Familie am nächsten Tag an. Aus allen Himmelsrichtungen und Städten Pakistans treffen jetzt auch Verwandte und Freunde ein, um mitzufeiern. Ein Auto pendelt ständig zwischen dem Haus und dem Flughafen hin und her, um Anreisende aus Karachi, Islamabad und Peshawar abzuholen. Aber auch die Schwester aus Birmingham ist schon mit ihren Kindern eingeflogen, und ein Onkel aus Saudi-Arabien wird erwartet. Für eine Hochzeit ist kein Weg zu weit und kein Umstand zu groß.

In dem ganzen Getümmel kommt der Mullah ins Haus und zelebriert ganz still und unauffällig mit Braut, Bräutigam und den Zeugen die Nikah, die eigentliche Verheiratungszeremonie. Nach vollbrachter Zeremonie werden die beiden Eheleute gleich wieder getrennt und sehen sich erst am Abend bei der großen Hochzeitsfeier wieder.

Das geschmückte Festzelt ist in zwei Bereiche aufgeteilt worden: einen für die Ladies und einen für die Herren. Auch der abgetrennte Essensbereich ist durch eine Zeltwand separiert (als besonders streng erweist sich in diesem Fall die Trennung aber nicht, denn besonders zu späterer Stunde fin-

den, ungeachtet des Geschlechts, Verwandte und Bekannte zum Gespräch zusammen, und Männer und Frauen laufen draußen vor dem Zelt durcheinander). Metallwannen mit glühenden Kohlen werden in dem Zelt verteilt, denn die Nächte im Januar sind empfindlich kalt. In dem großen Kochlager neben dem Festzelt – die Mannschaft ist für ein paar Tage angeheuert worden und bleibt die ganze Zeit da – wurde den ganzen Tag das Essen vorbereitet. Lämmer, gefüllt mit Reis und kleinen Vögeln, sind der Hauptgang, es gibt aber auch Kebabs und Spinat, Hähnchen und Salatplatten, Halwa und Tee. Drei riesige Kochtöpfe auf Feuerstellen wurden zu Dampfkochtöpfen umfunktioniert. In jedem Topf befinden sich drei gefüllte Lämmer, gewürzt und in Tücher gewickelt. Auf den Rand der Töpfe wird eine Art Weizenteig gestrichen, dann ein großer flacher Deckel daraufgelegt und das ganze mit Holzscheiten beschwert. 2 ½ Stunden müssen die Lämmer nun unter Druck mit dem Dampf garen.

Geschmückt, bekränzt und etwas einsam sitzt der Bräutigam auf seinem Thron im Damenteil des Zeltes. Da endlich wird die Braut hereingeführt. Sie ist unglaublich sorgfältig zurechtgemacht, das perfekte und dick aufgetragene Make-up läßt sie wie eine Puppe erscheinen. Ihr Hochzeitskleid leuchtet in freudigem Rot, sie ist schwer mit glänzendem Goldschmuck behängt, der leise klingelt, wenn sie sich bewegt. Ihr Blick ist schüchtern nach unten gerichtet, unter der Last des Kleides und des Schmuckes und auf den extrem hohen Schuhen kann sie sich kaum aufrecht halten. In dieser so zerbrechlich und unsicher wirkenden Person kann man kaum die resolute und lustige junge Frau erkennen, die sie sonst ist. Endlich sitzt sie neben dem Bräutigam, und ein Blitzlichtgewitter prasselt auf beide los. Photos ohne Ende – mit wechselnden Familienbesetzungen –, unerbittlich halten die Videoleute ihre Kameras auf das Paar. Jede Bewegung und jeder Blick werden auf Film gebannt. Geschenke werden dem Hochzeitspaar gereicht und von hilfreichen Verwandten auf einem Tisch in der Nähe aufgetürmt. Ausgepackt werden sie erst am nächsten Tag in aller Ruhe.

Schließlich ertönt der Ruf, der die Gäste an die gedeckte Tafel lockt. Das Essen ist reichlich und vorzüglich, es beginnt meist erst nach 22 Uhr und stellt den Abschluß der Feier dar. Eine Stunde später, die meisten Gäste sind schon gegangen, werden die erschöpften Brautleute aus dem Festzelt geführt. Die Braut voran, gesenkten Blickes, den Koran über ihrem Haupt von einer Verwandten gehalten. In diesem Augenblick löst sich die Anspannung – vielleicht wird ihr auch die baldige Trennung von ihren Eltern bewußt –, jedenfalls zerfließt das wundervolle Make-up in einem Tränenstrom. Jetzt kann auch ihre Mutter das Schluchzen nicht zurückhalten, als sie ihre Tochter, die sie bald nur noch zu Besuch erleben wird, in das Brautgemach entschwinden sieht. Endlich ist das junge Paar allein ...“

Die **Hochzeitsvorbereitungen** können sich über Monate hinziehen; die Feier selbst ist immer mehrtägig. Die Vorbereitungen und der Ablauf der Feierlichkeiten sind regional und bei Stadt- oder Landbevölkerung unterschiedlich.

Die **Mehndi-Feier** leitet bei allen Bevölkerungsgruppen sowohl in der Stadt als auch auf dem Land die Hochzeitsfestivitäten ein. Die Hände der Braut und die weiblicher Verwandter werden kunstvoll mit Henna bemalt. Henna symbolisiert Fruchtbarkeit und Glück und drückt die überschwengliche Freude anläßlich der Hochzeit aus. Dazu gehört der Tanz der jungen Mädchen der Familie, Süßigkeiten, Kerzen und Neckereien der Braut oder dem Bräutigam gegenüber. Die Henna-Bemalung wird heute oft von professionellen Kosmetikerinnen durchgeführt.

Der Höhepunkt der Feierlichkeiten ist der Zeitpunkt, an dem die Braut das Haus ihrer Eltern verläßt und Mitglied eines neuen Haushaltes wird. Der **Ehevertrag** *(Nikah Nama)* wird von beiden Parteien und Zeugen vor einem religiösen Würdenträger unterzeichnet. Er macht die Hochzeit *(Waleema)* rechtsgültig. Bei traditionellen Hochzeiten im ländlichen Raum wird die Braut nach der Feier in einer Sänfte, *Doli,* auf einem Pferd oder Kamel ins Haus des Bräutigams getragen. In der Stadt geschieht dies in reich dekorierten Autos – ein buntgeschmückter Konvoi bewegt sich dann hupend durch die Stadt (die Fahrer sind bei solchen Gelegenheiten äußerst ausgelassen – man sollte sich diesen Kolonnen möglichst fern halten!).

Der **Hochzeitstermin** wird manchmal mit einer religiösen Person festgelegt, denn es soll ein guter, glückverheißender Tag sein. Als Zeitpunkt werden, wegen des angenehmen Klimas, gern die Winter- oder die Frühjahrsmonate gewählt. Im Fastenmonat Ramadan finden keine Hochzeiten statt.

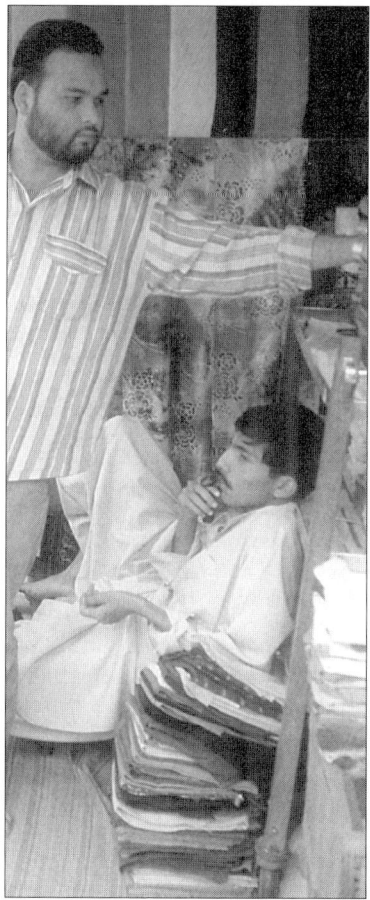

Hochzeitsfeiern finden in Hotels, in speziell dafür ausgestatteten Hochzeitsparks oder zu Hause statt; die Wahl der Örtlichkcit richtet sich nach der Größe der Geldbörse der Familie. Die Hochzeit ist ein hochrangiges gesellschaftliches Ereignis und kostet viel **Geld.** Die Hochzeiter haben gern so viele Gäste wie möglich: Wohlhabende Familien in der Stadt laden immer mehrere hundert Gäste ein (es können auch durchaus mal Tausend sein!); bei Hochzeitsfeiern im ländlichen Raum wird das ganze Dorf eingeladen. Dort helfen dann aber auch sehr viele Menschen bei den Hochzeitsvorbereitungen. Häufig verschulden sich Familien durch die Hochzeitskosten für ihre Kinder.

Mahr, die **Mitgift,** muß Mädchen nicht in Geldform in die Ehe mitgegeben werden, sondern kann auch in Form von Schmuck, Kleidung und Gegenständen für den Haushalt überreicht werden. Bei einigen Bevölkerungsgruppen wird ein hohe Mitgift für Mädchen bezahlt, traditionell sind es bei reichen Leuten 99 Kleidungssets und Goldschmuck. Heute können Fernseher, Kühlschrank, Autos und Klimaanlagen zur Ausstattung

Stoffeinkäufe für die Hochzeitskleider

gehören. Bei den Pakhtun z.B. ist ein **Brautpreis** üblich, der an die Familie der Braut als „Auslösesumme" gezahlt wird. In vielen Fällen ist die Verteilung der Hochzeits- und Aussteuerkosten auf beide Familien üblich geworden.

Flitterwochen, also eine Reise, die nur die beiden frischvermählten jungen Leute unternehmen, sind erst vor wenigen Jahren in Mode gekommen und werden natürlich nur von den Gutsituierten durchgeführt.

Auf dem Dorf hat sich die Hebamme traditionellerweise um die **Vermittlung von Heiratspartnern** gekümmert; durch ihren Beruf hatte sie Zugang zu allen Familien und genoß auch deren Vertrauen. Heute sind es fast immer Verwandte, die mögliche Heiratspartner auswählen und die Verhandlungen führen.

Auswahl der Heiratspartner

Füreinander bestimmte Heiratspartner kennen sich in vielen Fällen vor der Ehe nicht, Ausnahmen sind Cousins und Cousinen, die in der Nähe aufgewachsen sind. Manchmal dürfen sie Photos voneinander vor der Hochzeit sehen; das wirkliche Angesicht des anderen aber können sie erst während der Zeremonie erblicken, wenn sie beide zur gleichen Zeit in einen kleinen Spiegel schauen. Die Ehen werden von der Familie arrangiert, aber in vielen Fällen haben zumindest Söhne **Mitspracherecht bei der Auswahl** der Heiratspartnerin. In konservativen Familien ist das Mitspracherecht der betroffenen Kinder eingeschränkt, in modernen städtischen Familien kommt es in immer stärkerem Maß zur Geltung, bis hin zur selbstständigen Suche. Manchmal versuchen ältere Geschwister oder wohlgesonnene Verwandte, mit Druck auf die Eltern nachzuhelfen, wenn die Wünsche oder Vorschläge des oder der zu Verheiratenden nicht berücksichtigt werden.

„Am Dienstag fanden entsetzte Eltern ihre 22jährige Tochter Azma B. erhängt in ihrem Haus vor. Die junge Frau war freiwillig in den Tod gegangen. Wie Nachforschungen ergaben, sollte die Medizinstudentin im nächsten Monat gegen ihren Willen mit ihrem Cousin Farooq M. verheiratet werden. Azma hatte sich an der Universität in einen Kommilitonen verliebt und ihre Eltern gebeten, ihn heiraten zu dürfen. Seine Familie war einverstanden, Azmas Eltern verboten ihr jedoch jeglichen weiteren Kontakt. Sie wollten ihre langgehegten Pläne für die Tochter endlich umsetzen." [30]

Liebe ist nicht das Ideal der muslimischen Ehe; die Ehepartner schließen einen Vertrag ab, der von beiden Seiten eingehalten werden muß und die Versorgung der Familie, Treue, sexuelle Erfüllung und die Erziehung der Kinder zu guten Muslimen beinhaltet. Emotionen können anderen Personen gegenüber – der Mutter oder den Kindern – ausgelebt oder auf den religiösen Bereich gerichtet werden. Das heißt nicht, daß in einer arrangierten Ehe keine Liebesbeziehung entstehen kann. Viele Ehen sind ausgesprochen glücklich und halten ein Leben lang.

Natürlich gibt es auch Tragödien, besonders wenn – bedingt durch familien-politische oder finanzielle Erwägungen – sehr **ungleiche Heiratspartner** ausgewählt werden.

„Wenn ein alter Mann einem jungen Mädchen den Hof macht,
ist es, als wenn ein Hindu auf einer Kuh reitet."
(Pakhtu-Sprichwort)

Junge Mädchen werden manchmal an wohlhabende ältere Männer verheira-tet, die schon eine oder mehrere Frauen haben. Das Einleben in die bereits festgefügte Familie ist (und bleibt) für diese jungen Ehefrauen oft sehr schwer.

Da Liebe und Emotionen – zumindest zwischen Mann und Frau – in der Rea-lität wenig Platz haben, werden sie in die Dichtung verlegt; romantische Emp-findungen finden in der Poesie ihren Ausdruck. Der angebetete Mensch ist nie der Ehepartner, sondern eine unerreichbare Gestalt aus Phantasie und Traum. Die Liebe muß unerfüllt bleiben; die unglücklich Liebenden verzichten unter tragischen Umständen aufeinander. In klassischen Geschichten und po-pulären Filmen werden die **romantischen Liebesvorstellungen** aufgearbei-tet, in den tragischen Versionen sterben die Liebenden bei dem Versuch zu-sammenzukommen. Nie endet eine romantische Liebe in einer normalen Ehe.

Kinder – der Reichtum jeder Familie

Geburt eines Kindes

Bei der Geburt eines Kindes – besonders eines Sohnes – werden Süßig-keiten unter Freunden und Verwandten verteilt, und wer es sich leisten kann, kocht Essen für die Armen des Viertels. **Freunde** kommen zu Besuch, drücken dem Kind Geldscheine in die Hand und beglückwünschen die Eltern zu ihrem Erben, der mit ihnen die Last des Alters tragen wird. Beim ersten Sohn wird besonders ausgelassen gefeiert, und die Freude ist sehr groß. Die **Mutter** wird nach der Geburt vielleicht an das Grab „ihres" Heiligen eilen, um ihm für den Sohn zu danken (wenn sie ihn vorher darum gebeten hat). Der am Heiligenschrein lebende *Derwish* bekommt Almosen von ihr, und sie dafür ein *Ta'wez,* ein Amulett mit magischer Kraft, welches das Kind in den ersten ge-fährdeten Jahren beschützen wird (s. Kapitel Amulette). Das erste, was ein Kind in seinem Leben hören soll, sind Verse aus dem Koran, von einem *Mul-lah* oder zumindest einer Respektsperson gesprochen. Kosten soll es als er-stes Honig, damit es gut und „süß" durchs Leben kommt.

Es macht den Eindruck, daß die **Geburt eines Jungen** oft herzlicher be-grüßt wird als die eines Mädchens. Jungen genießen größere Freiheiten im Laufe ihrer Erziehung, sie werden nicht so streng behandelt und bleiben von häuslichen Hilfstätigkeiten verschont. Erstgeborene Söhne werden oft regelrecht verhätschelt und verwöhnt, lassen sich von Mutter und Schwestern bedienen und verwandeln sich im Laufe der Zeit in bequeme kleine Tyrannen.

Warum wird männlichen Babys in der pakistanischen Gesellschaft ein herzlicherer Empfang bereitet als weiblichen?

„Der Sohn setzt die Familienlinie fort. Jungen stärken die Familie. Hast du Söhne, bist du im Alter versorgt. Töchter bedeuten Kummer und Sorgen. Auf Mädchen muß man ständig aufpassen, daß sie sittsam und unberührt bleiben. Eine Tochter kann die ganze Familie ins Unglück stürzen (wenn sie unehrenhaft ist). *Töchter werden für Fremde großgezogen* (damit ist gemeint, daß Mädchen gut erzogen und gehütet werden, in allen haushaltlichen Tätigkeiten trainiert und dann sehr früh in die Schwiegerfamilie gegeben werden, für die sie weiter arbeiten). *Die Hochzeit der Tochter kostet viel Geld – wo ist sie, wenn die Eltern alt werden?"*

Diese für **Mädchen** wenig schmeichelhaften Sprüche sind Volksgut und bilden die Meinung vieler Menschen in Pakistan, besonders in ländlichen Gebieten. In der Stadt verwischen sich die Unterschiede in der Erziehung von

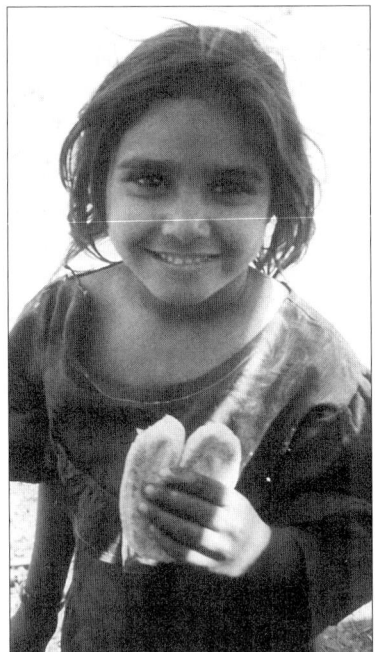

Mädchen und Jungen. Mädchen gehen zur Schule, erlernen Berufe und können sehr wohl einen Beitrag zum Unterhalt der Familie leisten. Aber nicht nur im städtischen Bereich, bei allen Bevölkerungsteilen gibt es ebenso zahlreiche Familien, die ihre Kinder unabhängig vom Geschlecht willkommen heißen und lieben.

Die ersten Lebensjahre

Die **Beschneidung** wird in den ersten Lebensjahren des Knaben durchgeführt, bis zum fünften Geburtstag soll sie vollzogen sein. In modernen Familien wird die Zeremonie schon bei Babys im Krankenhaus von Ärzten vorgenommen. Traditionell hatte der örtliche Friseur auch das Amt des Beschneiders inne. Im Anschluß an die Beschneidung findet ein Fest statt: Die Gäste werden mit einem Festmahl bewirtet, der Knabe wird mit neuen Kleidern schön hergerichtet und bekommt von den Gästen

Auch in armen Familien machen Kinder reich etwas Geld geschenkt.

Kinder werden selten geprügelt; besonders kleineren Kindern gegenüber ist man sehr nachsichtig und gutmütig, einige werden regelrecht verwöhnt. In den ersten Lebensjahren werden Kinder *intensiv umsorgt;* ständig werden sie von einem Familienmitglied aufgenommen und herumgetragen. Auch die Geschwister kümmern sich rührend um das Kleine, schleppen es herum, auch wenn sie selbst nur unwesentlich größer sind, füttern es und sind sofort zur Stelle, wenn es stürzt und weint. Kinder sind nie allein, sie besitzen in den seltensten Fällen ein Kinderzimmer und kaum eigenes Spielzeug. Sie schlafen in den ersten Lebensjahren bei der Mutter und später zusammen mit den Geschwistern.

Das Kind wird früh – auf dem Arm der Mutter – in alle *alltäglichen Verrichtungen* mit einbezogen. Der direkten und gezielten Unterweisung durch Ältere wird geringe Bedeutung beigemessen: Die Kinder lernen aus eigenem Antrieb durch Nachahmung der älteren Geschwister und Eltern. Selbständiges Spielen hat weniger Bedeutung als Imitieren und Nacheifern von Erwachsenen. Das Kind ist stolz, wenn es eine abgeguckte Handlung zufriedenstellend ausgeführt hat.

Auf dem Land

In ländlichen Gebieten bleibt den Kindern meist nur kurze Zeit, um zu spielen, denn in vielen Familien werden sie sehr früh zur Arbeit herangezogen. Kinder im Alter von fünf Jahren werden langsam mit leichten Tätigkeiten vertraut gemacht, die schon ihrer späteren Geschlechterrolle entsprechen. Die *Geschlechterrollen* werden sehr früh festgelegt, und das Rollenspektrum ist eng: Das Mädchen orientiert sich an den häuslichen Tätigkeiten der Mutter, während der Junge sich mit der väterlichen Arbeit vertraut macht. Die Kinder kennen natürlich auch Vergnügungen und Spiele, aber ihr Leben ist von Anfang an alltags- und realitätsbezogener als das der wohlhabenden Stadtkinder.

Kleine Jungen und Mädchen verbringen die ersten Lebensjahre spielend miteinander, dann trennt man die Geschlechter, und die Mädchen werden zu leichteren Arbeiten oder zur Beaufsichtigung kleinerer Geschwister herangezogen. Durch die frühe Trennung werden die Kinder an die Distanz gewöhnt, die in *Purdah,* der nach Geschlechtern getrennten Gesellschaft, zum Ausdruck kommt.

Die *zu leistende Hilfe und Arbeit* ist oft nicht unangenehm für die Kinder, denn durch ihre Nützlichkeit erwerben sie Ansehen und Status und nähern sich dem ersehnten Erwachsenenalter. Das Erwachsenenleben beginnt für Kinder aus ländlichen Gebieten gleich nach der Kindheit, es gibt keine Jugendzeit. Sie müssen viele Pflichten in der Familie übernehmen und beginnen sehr früh mit harter Arbeit. Die Ausbildungszeiten sind kurz – falls überhaupt eine Ausbildung möglich ist. Auch die Verheiratung und Familiengründung erfolgt sehr früh im Leben: Zwanzigjährige können schon seit einigen Jahren verheiratet und Eltern mehrerer Kinder sein.

In der Stadt

In der Stadt, und hier besonders **bei den wohlhabenderen Familien,** müssen Kinder kaum im Haushalt mithelfen. Sie können sich auf ihre Schulausbildung konzentrieren und ihre Kindheit spielend verbringen. Mädchen werden zwar von ihren Müttern im Handarbeiten und Kochen unterrichtet, aber das dient mehr ihrer Ausbildung, als daß es haushaltliche Hilfe darstellt. In vielen gutsituierten Familien sind Hilfskräfte angestellt, die den Kindern jegliche Arbeit abnehmen:

„Ihre Schuluniformen werden zurechtgelegt, die Lackschühchen geputzt und der Schulranzen zum Auto getragen. Es ist anfangs schockierend zu beobachten, mit welcher Selbstverständlichkeit diese kleinen Damen und Herren, am Mittagstisch sitzend, die Angestellten herumkommandieren: Da wird die Küchenhilfe, die gerade in einem anderen Zimmer arbeitet, herbeigerufen, damit sie dem kleinen Knirps am Tisch Wasser nachschenkt! Und die Eltern freuen sich über das selbstbewußte Verhalten ihrer Kinder!"

Bei städtischen Familien fällt die **Geschlechtertrennung** im Kindesalter noch nicht ins Gewicht. Geschwister wachsen miteinander auf, haben die selben SpielkameradInnen und gehen den selben Beschäftigungen nach. Rollenkonformes Verhalten wird erst ab der Pubertät von ihnen erwartet, bis dahin können sie relativ restriktionsfrei leben. Mädchen greifen oft in ihren Spielen unbewußt zum Schleier. Sie zeigen dieses Verhalten, auch wenn die Eltern es überhaupt nicht fordern. Einen Schleier zu tragen bedeutet für sie, eine erwachsene Frau zu sein.

In den wohlhabenderen städtischen Siedlungsgebieten sieht man kaum Kinder auf der Straße spielen. Sie führen ein *abgeschirmtes Leben* und bleiben mit ihren Geschwistern und anderen verwandten Kindern im Haus und Garten oder bekommen Besuch von Freunden, die allerdings von ihren Eltern im Auto gebracht werden. Überhaupt fährt man Kinder viel mit dem Auto hin und her, auch zur Schule, zum Sport, zu Veranstaltungen. Wohlhabende Kinder sind selten allein in der Stadt unterwegs. Nur die armen Kinder, die nichts mit ihrem Tag anzufangen wissen oder arbeiten müssen, sind draußen zu sehen.

Erziehungsziele

Im Erziehungsauftrag westlicher Schulen sind Inhalte wie Selbständigkeit, Neugier und Experimentierfreudigkeit vertreten; sie gelten als wünschenswerte Eigenschaften und sollen durch didaktische Konzepte verstärkt werden. Im pakistanischen Erziehungssystem werden die Kinder zu **Gehorsam** angehalten, die Autorität des Lehrpersonals darf niemals angezweifelt werden. Pakistanische Schulkinder sind eher passiv, werden auf Auswendiglernen getrimmt und ergreifen selten selbst die Initiative.

„Die Kinder saßen still und brav auf ihren Plätzen, die Schuluniformen adrett und die Haare ordentlich gescheitelt. Als die Lehrerin die Klasse betrat, sprangen alle wie auf ein Kommando auf die Füße und begrüßten sie lautstark im Chor. Die Lehrerin schritt zunächst mit strengem Gesicht die Reihen ab und überprüfte die Sauberkeit der Schulkleider und der Schuhe. Nach der 'Musterung' wurde gemeinsam ein Lied gesungen und dann mit dem Unterricht begonnen. Er bestand hauptsächlich aus Vorlesen von mehreren Kindern zugleich und Nachsprechen von gelernten Texten. Die Disziplin und Ernsthaftigkeit der Kinder war eine völlig überraschende und ungewohnte Erfahrung für eine westliche Lehrperson!“

Den Kindern wird **Respekt vor Älteren** anerzogen, diese müssen als Autoritäten akzeptiert und ihre Ratschläge beherzigt werden. Jüngere dienen älteren Menschen; sie erheben sich, wenn Erwachsene ins Zimmer treten; bieten ihnen den eigenen oder den besten Platz im Raum an; mischen sich nicht ein, wenn Ältere sprechen. In Anwesenheit von älteren Verwandten oder Lehrern darf ein junger Mann nicht rauchen, selbst ältere Männer verzichten in Gesellschaft ihrer Väter oder Onkel darauf. Längst erwachsene Studenten, die ihren Professor nach vielen Jahren zufällig wiedertreffen, verlassen den Raum, um nicht in seiner Anwesenheit zu rauchen.

Das bedeutet aber natürlich nicht, daß Kinder *nur* friedlich und passiv sind. **Mut und Selbstbewußtsein** z.B. sind pakhtunische Ideale – zumindest für Männer; es gilt als erstrebenswert, einen freien und stolzen Menschen aufzuziehen, der seine Meinung vertritt und durchsetzen kann.

Das Kind wächst automatisch in eine ihm zugeordnete Position hinein und ordnet sich unter. Die Umsorgtheit und das Behütetsein im Familienleben bedeuten aber oft auch Abhängigkeit und Unselbstständigkeit. Mädchen sind – idealerweise – besonders schüchtern, und im Alter von 11-12 Jahren, mit Einsetzen der Pubertät, verlassen sie nicht mehr allein das elterliche Haus. In der Stadt laufen sie nur in Begleitung von Eltern oder Geschwistern herum. **Sittsames Verhalten und Zurückhaltung** werden von ihnen verlangt: Mädchen sollen dienen, freundlich und ruhig sein. Durch diese Art der Erziehung sind sie oft unfähig, sich draußen allein zurechtzufinden oder Bus zu fahren – sie haben die Übernahme von Verantwortung für die eigene Person nicht gelernt.

Familie im Wandel

Traditionelles Handeln und Identifizierung mit den Werten der Gesellschaft erleichtern die Orientierung im Leben. Die enge **Verbundenheit mit Traditionen** erschwert aber auch die Entwicklung einer progressiven Denkweise. Eine kritische Haltung und Zukunftsorientierung sind gesellschaftlich oft nicht erwünscht. Schwer lösen sich einzelne Menschen aus dem Großfamiliensystem, das ihnen einerseits Stärke und Solidarität vermittelt, andererseits die Möglichkeiten des Individuums einschränkt, sein Leben nach eigenen Wünschen zu gestalten.

Während in einigen *ländlichen Gebieten* des Landes die Lebensumstände der Bevölkerung nur wenigen Veränderungen unterworfen sind und manchmal Relikte aus vergangenen Zeiten zu sein scheinen, verändert und beschleunigt sich das Leben in den Großstädten rasant.

Zwar ist auch *in der Stadt* das Bestreben vieler Großfamilien, in gegenseitiger Nähe zu siedeln, zu beobachten, die traditionelle Siedlungsweise kann aber oft aufgrund von beruflichen und städtebaulichen Faktoren nicht verwirklicht werden. Andere Institutionen, z.b. staatliche Einrichtungen, beginnen in den Städten die Funktionen der Großfamilie zu übernehmen, trotzdem spielt sie noch eine bedeutende Rolle auf sozialem, wirtschaftlichem und politischem Gebiet. Wegen des Mißtrauens Fremden und Nichtverwandten gegenüber ist der Kreis der Kontakte in der Stadt zunächst weitaus eingeschränkter als auf dem Land; die Stadtbewohner bevorzugen die eigene Verwandtschaft als ihr soziales Umfeld. Gleichzeitig fordert das moderne Leben die Akzeptanz von nichtverwandtschaftlichen Beziehungen, die zumindest den verwandtschaftlichen Beziehungen gleichgestellt sind.

Vermehrt ist in den letzten Jahren auch die Meinung zu hören, daß die *Kernfamilie* durch die veränderte Siedlungsweise nicht nur an Autonomie gewonnen hat, sondern auch dem Individuum eine gewisse Selbstverwirklichung möglich ist, weil die soziale Kontrolle durch die Großfamilie nicht mehr im früheren Maße ausgeübt werden kann. Der Zerfall der Großfamilien in einzelne Kernfamilien löst die wirtschaftliche Solidarität auf. Die Ehefrau ist alleinige Verwalterin des städtischen Haushaltes und entgeht durch die räumliche Trennung dem Einfluß der Schwiegermutter. Die Kinder knüpfen durch den Schulbesuch Kontakt zu anderen Familien. Das nichtverwandtschaftliche Umfeld mit Nachbarn und Kollegen gewinnt an Bedeutung und verändert die Einstellung zu den eigenen Verwandten.

Durch den *Bedeutungszuwachs der individuellen Interessen* erfolgt eine andere Orientierung als auf traditionelle Ziele und Wertvorstellungen. Ausbildung und Studium in der Großstadt und westliche Einflüsse verstärken die Individualisierung noch weiter. Folgeerscheinungen der Veränderung der Lebensumstände und Wertvorstellungen sind z.B. die Geburtenkontrolle, die Erkenntnis, daß schulische Bildung für Mädchen sinnvoll ist, und die Heraufsetzung des Heiratsalters. Frauen begründen die individuelle Familienplanung und den Wunsch nach kleinen Familien mit ihrer Arbeitsüberlastung; denn die Hausfrau der kleinen Familie hat alle anfallenden Haushaltsarbeiten sowie die Kindererziehung und die Gästebewirtung allein zu übernehmen. Schwiegermutter und andere weibliche Familienmitglieder fallen als Hilfe aus, und nur wohlhabende Familien verfügen über Dienstpersonal. Eine weitere Begründung des verringerten Kinderwunsches ist die kostspielige schulische Erziehung; mit dem Einkommen einer Mittelstandsfamilie ist nur wenigen Kindern eine gute Ausbildung zu ermöglichen.

Pakhtunen und Pakhtunwali

„So wie Schnee zerschmilzt im Frühling,
So ward aus Gram um meinen Freund mein Leib zu Wasser!"
(Landey)

*F*ür jeden in dem Gebiet der Nordwest-Grenzprovinz reisenden oder arbeitenden Menschen ist die Andersartigkeit der Menschen und ihrer Kultur auffällig. Die hier in der Mehrzahl ansässigen Pakhtunen unterscheiden sich in vielerlei Hinsicht von den Punjabis und Sindhis in Pakistan. Zumeist hellhäutige, groß und schlank gewachsene Menschen verblüffen durch bewußt zur Schau getragenen Stolz und Würde, archaisch anmutende Kleider und kunstvoll geschlungene Turbane über bärtigen Gesichtern. Am meisten verunsichern wird den Besucher gewiß das häufige und völlig unbefangene Zurschaustellen von **Waffen – Symbolen der Männlichkeit**. Die Kalashnikov ist allgegenwärtig und gehört zum Outfit des Mannes, der etwas auf sich hält.

Frauen fehlen dagegen oft gänzlich im kleinstädtischen Erscheinungsbild. In größeren Städten, wie der Hauptstadt Peshawar z.B., können Frauen sich

freier bewegen. Ihre Einkäufe verrichtend, sind sie in den Bazaren anzutreffen; in Ämtern, Banken, Schulen und Krankenhäusern gehen sie ihren beruflichen Beschäftigungen nach. Auf dem Land ist es schwerer, zu den Frauen vorzudringen, festungsähnliche Häuser mit hohen Mauern halten ihr Innenleben vor dem Besucher verborgen. Schießscharten und Beobachtungstürme vermitteln das Gefühl von ständiger Wachsamkeit und der Bereitschaft, Haus und Hof zu verteidigen.

Kleinere Teile der Provinz, die sogenannten **„Tribal Areas"**, haben einen autonomen Status, das Betreten dieser Gebiete ist nur mit einer offiziellen Erlaubnis möglich. Diese Einschränkung ist in vielen Fällen angebracht, denn wenn man Schlagbaum und Wachposten hinter sich gelassen hat, gelten nur noch die Gesetze der

Stolze Gesten

Stämme; die pakistanische Polizei und das Militär haben dort keine Handlungsgewalt.

Werden in Pakistan Fälle von Waffenschmuggel oder Drogenhandel aufgedeckt, wird man mit Sicherheit auf pakhtunische Namen stoßen. *Kriegerische Handlungen pakhtunischer Stammesgruppen* wegen der Aufhebung des gesetzlichen Sonderstatus in den Stammesgebieten Pakistans und der Forderung nach der Scharia, der islamischen Gesetzgebung, sind nicht selten. Dies führt natürlich dazu, bereits bestehende Klischeevorstellungen von unbändigen Stammeskriegern, die sich keinem Gesetz beugen, ständig nach Blutrache sinnen und die Ehre ihrer Frauen eifersüchtig bewachen, zu verstärken. Um pakhtunische Verhaltensweisen und Stammespolitik zu verstehen ist es unabdingbar, die gesellschaftliche Struktur und die Werte der Gesellschaft zu betrachten: Dabei stößt man sehr schnell auf das *Pakhtunwali*, ein ungeschriebenes Stammesgesetz, das auch als Ehren- und Moralkodex der Gesellschaft dient.

Struktur der pakhtunischen Gesellschaft

Die Pakhtunen sind die größte als Stammesverband lebende Ethnie und strukturieren ihre Gesellschaft durch ein patrilineares System der Abstammungsrechnung, mit dem auch die Vererbung von Landbesitz verbunden ist. Die *Zurückführung auf einen gemeinsamen Vorfahren* – sein Name ist *Qais Abdur Raschid* – in einer ununterbrochenen Linie verbindet alle Pakhtunenstämme miteinander und ist die Basis für ein Gleichheitsprinzip, welches trotz ungleicher Besitzstände und Machtverhältnisse existiert.

In der pakhtunischen Gesellschaft kam es zu einer *Herausbildung von Rängen,* aber nicht zu Klassen im eigentlichen Sinn. Das System der Wechselseitigkeit beim Austausch von Gütern, Geschenken oder Dienstleistungen und die autonome Familienproduktion stehen einer Klassengesellschaft entgegen. Die Clan-Bildung der Pakhtunen, die alle umfassende Genealogie zusammen mit den Regeln und Wertungen des *Pakhtunwali* bilden die ideologische Basis für das *Wir-Gefühl der Pakhtunen* und ermöglichen ihre ethnische Einheit. Gruppenzugehörigkeit und Zusammenhalt sind aber auch abhängig vom Grad des Festhaltens an traditionellen Werten durch den Einzelnen. Deshalb zeigen sich verstärkt fundamentalistische und nationalistische Tendenzen.

Die konservativen Schichten der *städtischen Bevölkerung,* die eine traditionelle Lebensweise führen, verstehen Aspekte des *Pakhtunwali* und ihren Ehrenkodex als ethnische Merkmale der pakhtunischen Gesellschaft, die es besonders in der Stadt zu wahren gilt, da sonst wichtige Teile der pakhtunischen Kultur verlorengehen. Veränderte Lebensumstände, eine andere Wirtschaftsform und die Ansammlung verschiedener Ethnien auf engem Lebensraum vergrößern die Angst der Pakhtunen, ihre Eigenart zu verlieren und sich mit anderen Gruppen zu vermischen.

Was ist das Pakhtunwali?

In der Literatur werden durchweg nur Teilgebiete des *Pakhtunwali* erfaßt und als „Ehrenkodex", „Stammesrecht" oder „Blutrache-Regelung" bezeichnet. Das *Pakhtunwali* bestimmt aber die pakhtunische Lebensart durch die **Summe sämtlicher Werte und Normen der Gesellschaft.** Damit wird es zum Regulativ für das Verhalten des Einzelnen und für den Erhalt der pakhtunischen Gesellschaft. Das *Pakhtunwali* dient als Instrument der ethnischen Identifikation und ermöglicht die Abgrenzung gegenüber anderen Gruppen.

Das *Pakhtunwali* umfaßt sowohl das Gewohnheitsrecht als auch die Traditionen und prägt die persönlichen Gewohnheiten und den Charakter des einzelnen Pakhtunen. Er erhält durch das Konzept des *Pakhtunwali* eine Richtlinie, durch deren Befolgen er weiß, was „man" tut und was nicht.

Besonders die älteren Quellen befassen sich ausschließlich mit den **stammesrechtlichen Aspekten** des *Pakhtunwali*. Erklärt werden kann diese enge Betrachtungsweise mit der historischen Situation: Die britischen Kolonialherren des 19. Jahrhunderts wurden an der Nordwestgrenze Britisch-Indiens mit Verhaltensweisen, Normen und Werten konfrontiert, die sie nicht einzuordnen wußten. Um das Gebiet zu kontrollieren, mußten traditionelle Rechtsauffassungen mit der Kolonialpolitik in Einklang gebracht werden. Die „rechtlichen Implikationen des *Pakhtunwali*" wurden so weit anerkannt, daß sie in die „Frontier Crime Regulation" einfließen konnten, welche die Grundlage der britischen Kolonialrechtsprechung in diesem Territorium bildete.

In älteren Reiseberichten werden die Pakhtunen vorurteilsbeladen als „wilde", nur nach Blutrache trachtende Krieger beschrieben. Bei den **pakhtunischen Autoren** sind aber auch oft Vorurteile zu finden, allerdings ganz anderer Natur. Pakhtunische Eigenschaften werden hier verherrlicht und somit ebenfalls verzerrt dargestellt. Da ist die Rede vom tapferen, ritterlichen, hochanständigen Pakhtunen, der niemals gegen seinen Ehrenkodex verstoßen würde und sein Leben vollkommen danach ausrichtet.

Das *Pakhtunwali* spielt eine große Rolle im Zusammenleben der Individuen innerhalb des Stammes und auch der Stämme untereinander. Bei seit längerer Zeit in der Stadt ansässigen Pakhtunen scheinen die Regeln des *Pakhtunwali* zu verschwimmen, nur wenn es um **Ehre und Moral** geht, gewinnen sie an Kontur und werden lebendig. Die Regeln, welche die Ehre des einzelnen Pakhtunen betreffen, sind auch heute noch völlig verinnerlicht und bestimmen das alltägliche Leben. Der Ausspruch eines alten Pakhtunen, Oberhaupt seiner Familie, steht für viele Meinungen:

„Die Familienehre ist das Wichtigste, was wir besitzen. Wird sie verletzt, verlieren wir unseren Platz in der Gesellschaft. Alle meine Söhne und Enkelsöhne habe ich so erzogen, daß sie jede Ehrverletzung vergelten werden, ohne auch nur nachzudenken. Werden meine Nachkommen selbst jemals eine begehen, müssen sie damit rechnen, daß ich sie aus dem Clan ausschließe!"

Rechtsprechung, Landverteilung und Entschädigungsregelungen können dagegen schon eher in Vergessenheit geraten. Heute werden sehr viele Angelegenheiten durch Geld geregelt. Bestimmte Vergehen können finanziell vergolten werden, sogar für Morde werden Entschädigungen gezahlt.

Durch eine **sprachliche Analyse des Wortes Pakhtunwali** ist eine Annäherung an seine konkrete Bedeutung nicht möglich, denn nur der erste Teil des Wortes, der von der Eigenbezeichnung der Ethnie abgeleitet ist, läßt sich etymologisch absichern. Die Komponente *wali* läßt sich nicht übersetzen, eine Deutung könnte aber anhand eines verwandten Begriffes versucht werden: *Kaliwali hes nalari* heißt in der freien Übersetzung „er hat kein Gefühl für seine Großfamilie" und wird von einem Mann gesagt, der entgegen den Regeln und Normen seines sozialen Verbandes handelt und sich somit außerhalb seiner Gruppe stellt.

Regeln und Normen des Pakhtunwali

Die **männliche Ehre** beinhaltet Tapferkeit, Gastfreundschaft und Großzügigkeit. Das Ansehen ist ein äußerst gewichtiges Phänomen in der Männergesellschaft. Es muß mühsam in öffentlichen und politischen Beziehungen erworben werden und ist ein persönlicher Wert. Aber nicht nur Status und Ansehen sind wichtige Funktionen der Ehre, auch das Besitzdenken kommt hinzu. Werden die Grenzen des Besitzes eines Mannes überschritten, seine Frauen angetastet oder ein Mitglied seiner verwandtschaftlichen Gruppe bedroht, ist er zum Handeln gezwungen. Der in Gang gesetzte Mechanismus des Ehrsystems läßt dem Mann keine andere Wahl, als zu reagieren.

„Ich sah die Welt und ihr Tun allerwegen,
Nur Dorn sind ihre Rosen, Gram ihr Segen.
Häuft sie auf dich auch immer größ're Schätze,
wird größ're Last sie aufs Herz dir legen!" [31]

Der vom Ausland geprägte Ausdruck „Kalashnikov-Kultur" bezieht sich auf ein durch den freimütigen Gebrauch von Waffen geprägtes Erscheinungsbild der Gesellschaft und steht in Zusammenhang mit dem Krieg im Nachbarland Afghanistan. Der Ursprung dieser **engen Beziehung zu Waffen** läßt sich auch hier im Ehrenkodex finden. Ein Pakhtune ohne Waffe galt immer als wehrlos und damit als Feigling; ein Mann, der nicht in der Lage ist, sich und andere im Notfall zu verteidigen.

„Mein Geliebter ist im Kampf geflohen –
Nun bereue ich den Kuß, den ich ihm gestern gab." [32]

Den Umgang mit Waffen zu erlernen gehörte zur Erziehung eines jeden Mannes, in friedlicheren Zeiten dienten Kampfspiele der Übung und bereiteten auf den Ernstfall vor. Entwaffnung war gleichbedeutend mit Entehrung.

Freiheitskämpfer im Namen des Islam, *Mudjaheddin,* wurden in den pakhtunischen Gebieten Pakistans ausgebildet, um in Kashmir oder Afghanistan zu kämpfen. Die durch den Krieg in Afghanistan verursachten Veränderungen und Verwirrungen, Schmuggel, Waffenhandel und das große Heroingeschäft waren ausschlaggebend für die Entstehung der „Kalashnikov-Kultur".

„Ehrenmann" *(Ghairatman)* ist ein Begriff, mit dem Männer bezeichnet werden, die dem idealen Bild der Gesellschaft von einem „Ehrenmann" entsprechen und deren Anforderungen genügen, so daß sie als ehrenwerte, geachtete Mitglieder der Gemeinschaft gelten können. Der Begriff enthält Eigenschaften wie Würde, Ehrgefühl, Stolz, Bescheidenheit und Selbstachtung. Von dem Träger des Titels *Ghairatman* wird uneigennütziges Verhalten gefordert; er verteidigt die Interessen seiner Familie, seines Dorfes, sogar der Nation, wenn es darauf ankommt. Frauen und schwache Personen stehen unter seinem besonderen Schutz. Die Maßstäbe des *Ghairatman* lassen das Bild von einem „idealen Pakhtunen" entstehen, der für seine Mitmenschen Vorbildfunktion hat. Je enger er sich an die aufgestellten Richtlinien

hält und sein Verhalten mit dem der anderen vergleicht und mißt, desto größer wird sein Ansehen, das ihm Respekt und Anerkennung verschafft. Bestätigendes Lob wird oft folgendermaßen ausgedrückt: *„Masud hat recht gehandelt, er hat Pakhtu getan."*

Der vorherrschende Pakhtunwali-Begriff *Nang* bedeutet **Ehre und Ansehen.** *Nang* zu besitzen ist eine der wichtigsten Voraussetzungen, um in der pakhtunischen Gesellschaft anerkannt zu werden. Die Schutzhaltung gegenüber Schwachen ist eine der Hauptforderungen.

Namus ist die **weibliche Ehre,** betrifft den weiblichen Teil der Familie und bedeutet gleichzeitig aber auch Schande. Die größte Bedrohung für die männliche Ehre ist die Ent- oder Verführung einer der Frauen, die zu seinem *Namus* gehören, denn dadurch wird sein Ruf in der Öffentlichkeit verwirkt.

Pakhtunischer „Ehrenmann"

Schutz und Zuflucht werden mit dem Begriff *Nanawati* bezeichnet. Der Pakhtune muß allen, die sich nicht selbst verteidigen können, Schutz, Sicherheit und Unterstützung gewähren. Die Hilfeleistung bedeutet für den Geber Prestigegewinn und für den Bittsteller ein Eingeständnis der eigenen Schwäche und Ohnmacht.

Badal bedeutet Austausch, Ersatz und **Vergeltung** und ist die legitime Reaktion auf einen Ehrverlust. Als Vergeltung muß ein vollwertiger Austausch stattfinden. Tatsächlich gibt es bei einigen Gruppen festgelegte Sanktionskataloge, die Wert und Preis, z.B. für verletzte Körperteile, angeben.

Melmapalana heißt übersetzt **Gastfreundschaft** und ist eine der stärksten Forderungen des *Pakhtunwali. Melmapalana* verblüfft durch seine Konsequenz und „Wahllosigkeit". Jeder Fremde, der das Dorf betritt, wird versorgt, hat Asylrecht und genießt bedingungslosen Schutz. Gastfreundschaft dient keinem besonderen eigennützigen Zweck, sondern ist Ehrensache.

„Mein Freund reist ab und fordert Speise -
Ich geb' mein Herz als Braten ihm, mein Aug' als Mandeln!" [33]

Die *Hujra* ist ein **Versammlungshaus für Männer,** vorhanden in jedem pakhtunischen Dorf und geöffnet für alle Dorfbewohner. Größere Dörfer haben mehrere *Hujras* mit Vorplätzen für Versammlungen im Sommer, sowie Unterbringungsmöglichkeiten für Gäste. Männliche Besucher aus anderen Dörfern haben, wenn keine verwandtschaftlichen Beziehungen bestehen, keinen Zugang zum inneren Bereich des Dorfes und müssen außen vor, d.h. in der *Hujra* bleiben. Auch männliche ausländische Gäste werden diese Schwelle zum Dorfinneren oftmals nicht überschreiten können.

Eine Mitarbeiterin aus einem Projekt in Peshawar schildert ihre erste Einladung ins Dorf: *„Wir - mein Mann und ich - empfanden es als große Ehre, an diesem islamischen Feiertag ins Dorf meiner Kollegin eingeladen worden zu sein. Wir freuten uns darauf, gemeinsam die große Familie kennenzulernen und den Aufbau des Dorfes zu studieren. Kaum waren wir dem Auto entstiegen, wurde ich durch enge, verwinkelte Gänge in einen der Innenhöfe geführt, wo Scharen von Frauen und Kindern auf mich warteten. Mein Mann hingegen wurde von unseren männlichen Gastgebern empfangen und ins Gästehaus am Rande des Dorfes gebracht. Dort wurde er den Rest des Tages königlich bewirtet und unterhalten, das Dorf betreten aber durfte er nicht. Wir sahen uns erst am Abend zur Abfahrt wieder."* [34]

In der *Hujra* werden soziale und gesellschaftliche Belange diskutiert, Nachrichten gehört und Neuigkeiten ausgetauscht. Männer nehmen hier oft gemeinsam ihre Mahlzeiten ein. Feste werden geplant, politische Entscheidungen gefällt, Geschäfte abgeschlossen. Hochzeiten finden hier ebenso wie Trauerveranstaltungen statt. Für jugendliche Pakhtunen dient die *Hujra* als eine Art „Lebensschule". Hier werden ihnen Ethik und Moral vermittelt, lernen sie die Regeln des *Pakhtunwali* kennen. Dies findet nicht durch eine konkrete Unterrichtung statt, sondern durch mündliche Überlieferungen in Form von Geschichten und Anekdoten. Die *Hujra* dient der sozialen Kontrolle, hier werden soziale Ereignisse diskutiert, einzelne Personen bezüglich ihres Verhaltens gemaßregelt. Das pakhtunische Versammlungshaus kann als Miniparlament aller männlichen erwachsenen Stammesmitglieder verstanden werden, in dem alle über eine Stimme verfügen, wobei die der einflußreichen und älteren Männer durchaus mehr Gewicht hat.

Pakhtunwali und Frauen

Werden Pakhtunen als „männliche Nation" schon sehr klischeehaft betrachtet, existiert von der weiblichen Hälfte der Gesellschaft erst recht nur sehr oberflächliches Wissen. Ihre zurückgezogene Lebensweise und eingeschränkte Bewegungsfreiheit in der Öffentlichkeit erschwert jede Untersuchung. Wie wirken sich die Regeln und Normen des *Pakhtunwali* auf Pakhtuninnen aus?

Der **Dreh- und Angelpunkt der Familienehre** ist die Frau. Die männliche Ehre ist abhängig von dem tadellosen Verhalten der Frau. Da ihr die Rolle der Gebärerin zukommt, sie also die Quelle der überaus wichtigen Söhne ist, verdient sie besondere Aufmerksamkeit. Sie gehört zu den Ressourcen, deren Sicherung lebensnotwendig ist. Ihre Loyalität gibt dem Familienoberhaupt die Sicherheit, seine eigene Abstammungslinie ununterbrochen fortzusetzen. Durch die große Bedeutung ihrer unangetasteten Ehre ist die Frau gezwungen, sich in der Öffentlichkeit äußerst vorsichtig zu verhalten, ihren Kontakt zu Männern extrem einzuschränken. Es darf kein Verdacht auf einen unmoralischen Lebenswandel aufkommen, denn nicht nur der Tatbestand eines Ehebruches oder vorehelicher Beziehungen führt in vielen Fällen zur sofortigen Ermordung der Schuldigen, oft reichen reine Verdachtsmomente schon aus, um die Vergeltungsmaschinerie in Gang zu setzen.

Das Mor-Modell ist das der **idealen pakhtunischen Mutter.** Ihr soll besondere Achtung zuteil werden, wie auch der Islam die Mutter als ein besonders zu ehrendes Wesen ansieht. Die Frau in *Mor,* die ihr *Namus,* die weibliche Ehre, schützt und keine unmoralischen Handlungen begeht, wird als rein und gut angesehen, dementsprechend ist auch Weiß ihre Symbolfarbe. Das idealisierte Mutterbild beeinflußt auch das Verhalten gegenüber Frauen in Form von Respekt und Achtung, das Kinder ihren Müttern erweisen.

So wie *Mor* alle positiven Eigenschaften enthält, sind die negativen in *Tor* enthalten. In *Tor* wird die **Gefährdung der Sittsamkeit der Frau** betont, sie ist die Person, von der *Nang* und *Namus* ihrer nahen männlichen Verwandten abhängen. Die symbolische Farbe ist Schwarz und bedeutet Tod, alles Böse und Negative.

Die **Tötung nach Ehebruch** ist die einzige Gewalttat, auf die nicht mit *Badal,* der Vergeltung, reagiert wird, denn sie stellt eine gerechtfertigte Handlung dar, die vollständig in das System des *Pakhtunwali* paßt.

„Fast täglich liest man von Vergeltungsmorden nach ehrverletzenden Taten in den großen Zeitungen der Provinz. Auf offener Straße wird ein Mensch getötet, der selbst mit dem in der Vergangenheit begangenen Verbrechen nichts zu tun hat, aber mit dem Täter verwandt ist. Die Vergeltungsmörder finden ihre Opfer sogar nach vielen Jahren oder Generationen im Ausland. Diese Vorkommnisse sind nichts Spektakuläres, sondern gehören zu den eher alltäglichen Meldungen der Presse."

Die pakhtunische Frau ist aber nicht rechtlos oder der Gesellschaft hilflos ausgeliefert, sondern sie kann **in vielen Bereichen Einfluß nehmen.** Die Familie ist oft abhängig von dem Einkommen, das Frauen zusätzlich erwirtschaften. Ihre Kooperationsbereitschaft ist aber auch für die *Gastfreundschaft* des Hauses von großer Wichtigkeit. Der Familienvorstand kann nur als Ehrenmann gelten, wenn seine Frau Haus und Hof in Ordnung hält und durch ihr Wirken – wohlgemerkt im Hintergrund – seine großzügige Gastfreundschaft ermöglicht. Diese Gastfreundschaft stellt oft eine große wirtschaftliche Belastung dar und ist für die Frauen des Hauses sehr arbeitsintensiv. Bei internen verwandtschaftlichen Angelegenheiten verfügt die Frau über große Einflußmöglichkeiten, besonders, wenn sie schon etwas älter ist und sich durch die Geburt von Kindern einen festen Platz in der Familie schaffen konnte. Bei der Heiratspartnersuche und -vermittlung für die jüngeren Familienmitglieder ist ihre Meinung und ihr Verhandlungsgeschick oft ausschlaggebend. Der enge Kontakt zu ihren Kindern und die Wertschätzung, die der Frau als Mutter entgegengebracht werden muß, machen es möglich, daß die Söhne einer Familie oft als indirekter Weg der Einflußnahme für die Mütter dienen. Sie sind Informanten über das Geschehen „draußen" und können von den Frauen mit Aufträgen und Maßgaben aus dem Haus in die Öffentlichkeit geschickt werden. Wenige Männer werden ihren Müttern widersprechen oder ihnen etwas abschlagen und tragen so auch immer einen Teil der mütterlichen Interessen in die öffentlichen Belange (s. Kapitel „Familie und Kinder – Basis der pakistanischen Gesellschaft").

Das Geschlechtsrollenverständnis und das Wertesystem des *Pakhtunwali* halten die Frau sowohl im ländlichen als auch im städtischen Bereich an dem ihr bestimmten **Platz in der Gesellschaft:** Ihre schulischen und beruflichen Entwicklungsmöglichkeiten sind begrenzt, und in Bezug auf voreheliche Freundschaften und die Wahl des Heiratspartners sind der Frau keine eigenen Entscheidungen möglich. Nur Frauen der intellektuellen, westlich orientierten Oberschicht, bei denen eine Veränderung im Wertesystem und der Beginn der Ablösung von den starren Ehre- und Schande-Prinzipien stattgefunden hat, haben Möglichkeiten der persönlichen Entfaltung und ein – wenn auch geringes – Mitspracherecht bei Entscheidungen, die ihre eigene Person betreffen. Beeinflußt durch und unterstützt von islamischen Grundsätzen, gesteht diese traditionelle Gesellschaft der Frau keine Eigenverantwortlichkeit außerhalb ihrer täglichen Arbeit zu und stellt sie, ohne auf ihre persönliche Freiheit Rücksicht zu nehmen, in den Dienst der Familie und der Gemeinschaft.

„Deine beiden großen Augen: Sterne auf der Himmelsbahn,
Und dein kleines weißes Antlitz: wie der Thron von Shah Jihan,
Deine zierlichen Gelenke wie die Schwerter von Iran,
Deine zarte Taille gleicht dem Banner hoch von Sulaiman –
O mein Liebling, weine nicht, o weine nicht vor Gram!" [35]

Sufis – die Mystiker des Islam

„Es gibt drei Formen von Kultur: Weltliche Kultur,
der bloße Erwerb von Informationen;
Religiöse Kultur, das Einhalten von Regeln;
Elitekultur, die Selbst-Entwicklung."
(Meister Hujwiri, „Die Offenbarung des Verhüllten") [36]

„Nasrudin setzt einen Pedanten über ein stürmisches Wasser über. Als er etwas sagte, das grammatikalisch nicht ganz richtig war, fragte ihn der Gelehrte: 'Haben sie denn nie Grammatik studiert?'. 'Nein.' 'Dann war ja die Hälfte ihres Lebens verschwendet!'
Wenige Minuten später dreht sich Nasrudin zu seinem Passagier um: 'Haben sie jemals schwimmen gelernt?' 'Nein, warum?'
'Dann war ihr ganzes Leben verschwendet – wir sinken nämlich!'" [37]

𝒟ie **Mullah-Nasrudin-Geschichten** gehören in vielen islamischen Ländern zum allgemeinen Erzählgut. Die Gestalt wurde von Sufis ins Leben gerufen, um in Geschichten, die Mullah Nasrudin erlebt, nach sufistischer Denkweise menschliche Bewußtseinszustände wiederzugeben. Die Gestalt ist zeitlos und läßt sich nicht genau charakterisieren. Niemand weiß, wann und wo er gelebt hat – was die Menschen nicht davon abhält, ihm eine Lebensgeschichte anzudichten und seine Grabstätte ausfindig zu machen. Die kleinen Erzählungen können auf vielen verschiedenen Bedeutungsebenen verstanden werden. In ihrer Ganzheit erfassen können sie nur Sufis: Es geht viel von ihrer Wirkung verloren, wenn sie aus dem sufistischen Zusammenhang herausgerissen werden. Die Geschichten sollen Grundlage für das sufistische Verständnis vom Leben und der Welt sein und mystische Erfahrungen ermöglichen. Als humorvolle belehrende Geschichtchen haben sie aber eine ungeheure Verbreitung erfahren und sind auch bei Nichteingeweihten sehr beliebt. Wo immer Menschen zusammensitzen und sich etwas erzählen, im Radio, Fernsehen, in der Literatur und Zeitungen – Mullah Nasrudin ist dabei.

„Jeden Tag ging Nasrudin mit seinem Esel über die Grenze, die Lastkörbe hoch mit Stroh beladen. Da er zugab, ein Schmuggler zu sein, durchsuchten ihn die Grenzwachen immer wieder. Sie machten Leibesvisitationen, siebten das Stroh durch, tauchten es in Wasser und verbrannten es sogar von Zeit zu Zeit. Nasrudin wurde unterdessen sichtlich wohlhabender.

Schließlich setzte er sich zur Ruhe und zog in ein anderes Land. Dort traf ihn Jahre später einer der Zollbeamten.

'Jetzt könnt Ihr es mir ja verraten, Nasrudin', sagte er. 'Was habt Ihr damals bloß geschmuggelt, als wir Euch nie etwas nachweisen konnten?'

'Esel', sagte Nasrudin.“ [38]

Sufismus – Entstehung und Inhalt

Der Sufismus verbreitete sich im **9. Jahrhundert durch Wanderprediger,** die aus Persien, Afghanistan und Arabien kamen. Sie zogen durch Südasien und über den indischen Subkontinent und lehrten die Liebe zu Gott, seinem Propheten *Muhammad* und die praktizierte Nächstenliebe. Es war ihnen nicht genug, Gott Gehorsam zu erweisen; sie wollten ihm durch Liebe und ekstatische Bewußtseinszustände näherkommen. Die Gottesliebe wurde in glühenden Gedichten ausgedrückt, in leidenschaftlichen Liedern und mitreißender Musik.

Den Menschen kamen sie nahe durch ihre **volkstümliche Interpretation des Islam.** Mit ihrer bildhaften Darstellungsgabe und ihren romantischen und moralisierenden Geschichten konnten die Gläubigen mehr anfangen als mit der trockenen Theorie der orthodoxen Gelehrten. Die orthodoxe Form des Islam ist in der Stadt bei den wohlhabenden Bevölkerungsschichten und den Intellektuellen zu finden. Dieser offizielle Islam zeichnet sich durch seinen nüchternen Formalismus aus. Der „Volksislam", wie die mystische Seite der Religion auch genannt wird, hilft bei der Bewältigung von Alltagsproblemen. Die Missonserfolge der Sufis wurden durch Warmherzigkeit, Humanität und friedliche Missionierung erreicht. Sie sprachen eine Einladung aus, zum Islam zu kommen und versuchten nie gewaltsam zu bekehren.

Die Sufis wurden für das einfache Volk verehrungswürdige Heilige – „zum Anfassen" sozusagen. Der Mystizismus mit all seinem Glanz und seinen Wundern und die Heiligenverehrung, die sich immer mehr ausbreitete und zum Teil politischen Charakter bekam, haben viel Ähnlichkeit mit dem Erscheinungsbild des volkstümlichen Katholizismus.

Die Sufis machten sich in den **lokalen Sprachen und Dialekten** verständlich und hatten damit einen klaren Vorteil gegenüber der Orthodoxie, die den Koran in Arabisch lehrte. Nur einige Gelehrte konnten Arabisch verstehen und lesen, von den anderen Menschen erfaßten nur die wenigsten den Sinn der Worte, die sie auswendig aufsagen konnten.

Jeder Sufi suchte sich eine Gegend, in der er sich niederließ und predigte. Viele gründeten Armenküchen, die ihnen einen **intensiven Kontakt mit den Gläubigen** der Gegend ermöglichten; diese Einrichtungen existieren zum Teil jetzt noch an den Schreinen. Durch die persönliche Betreuung der Gläubigen erreichte der Islam die Menschen in den hintersten Winkeln des Landes, und sie lernten die Liebe zu Gott und seinem Propheten.

Ihrem ursprünglich **asketischen Charakter** entsprechend, trugen die Wanderprediger einfache, wollene Gewänder, was sich im Wortursprung Sufismus – von *Suf,* „Wolle", – zeigt. Die Angst vor der koranischen Drohung des „Jüngsten Gerichts" brachte Asketen hervor, die weitaus mehr fasteten und beteten als vorgeschrieben war. Sie lebten in Armut und völligem Gottvertrauen, trafen keine Nahrungsvorsorge und gingen keine weltlichen Bindungen ein. Die Sufis versuchten ihre Triebe und seelischen Regungen zu kontrollieren: *„Die Triebseele hat einen Rosenkranz in der einen, einen Dolch in der anderen Hand." (Rumi)*

Die Sehnsucht, Gott zu erfahren, und die **Vorstellung, sich mit Gott zu vereinigen,** gab es schon in wedischer und buddhistischer Zeit. Die „Sänger der Gottesliebe" übertrugen diese Sehnsüchte in den islamischen Glauben und versuchten mit verschiedenen Bewußtseinszuständen – Ekstase, Verzückung, Ruhe und Konzentration – Gott näher zu kommen.

Die Definition des Sufismus ist komplex: Zu unterschiedlich sind die Lehren und Erkenntnisse der Sufi-Meister und ihrer Schulen – aber einen Punkt haben alle gemeinsam, und das ist Gott, einmalig und allgegenwärtig. Die Liebe zu ihm beherrschte das Denken und Handeln jedes Sufis. Sie liebten ihn um seiner selbst willen, nicht irgendeines Lohnes wegen. Der Sufi ist sich der ständigen Gottesgegenwart bewußt: Zu *Islam,* der Hingabe, und *Iman,* dem festen Glauben, kommt *Ihsan* hinzu – „Gott zu dienen, als ob man ihn sähe".

„Im Garten sind tausend Entzückende fein
und Rosen und Veilchen mit Düften so rein
Und rinnendes, plätscherndes Wasser im Fluß –
Dies alles ist Vorwand: Er ist es allein."
(Rumi)

Der Mystiker wird zum vollkommenen Menschen, wenn er das Persönliche auslöscht und eine Vereinigung mit Gott eingeht. Der Gottbegeisterte trifft Allah und drückt diese Erfahrungen in der Poesie aus. Die „Reinheit des Herzens" ist eine Bedingung für die Liebe zu Gott, die nicht an Strafen oder Belohnungen gebunden ist. Das Sinnbild des Falters, der sich in die Flamme stürzt, um eins zu werden mit ihr, wird gern benutzt.

„Tief im Meer ist Reichtum ohne Maß.
Doch suchst du Sicherheit, dann bleib am Ufer."
(Saadi, Der Rosengarten) [39]

Das 13. Jahrhundert war die große Zeit der Sufis, die *Maulana Dschalaluddin Rumi* und die „Tanzenden Derwische" hervorbrachte. Sie beherrschten beim Tanz **Techniken, die sie in Ekstase versetzten,** dem Zustand, in dem sie sich Gott nähern konnten. Auch eine bestimmte Technik der Atemkontrolle kann zu mystischer Verzückung führen, oft kombiniert mit dem Wiegen von Kopf und Körper, und Drogengenuß. Dazu wird unablässig der Name Allahs gesungen und rezitiert.

Die ekstatische **Musik der Sufis** wird *Qawwali* genannt. Vier bis zwölf Vortragende bilden eine Qawwali-Gruppe, die Chor und Führungsstimme hat. Der Qawwali-Gesang zeichnet sich aus durch eine stetige Steigerung der Rhythmen bis zum Höhepunkt. *Azis Mian, Ghulam Farid, Maqbul Ahmed Sabri* und *Fateh Ali Khan* sind berühmte Qawwali-Sänger.

Das dichterische Werk von **Maulana Dschalaluddin Rumi** verherrlicht den Propheten und dient der Anleitung und Erbauung der Gläubigen bis zum heutigen Tag. 30.000 Verse sind aus mystischer Liebe entstanden; rhythmisch betont führen sie den Hörer in Sphären der Entrückung. Die mystische Volksdichtung findet sich konzentriert in den Provinzen Sindh und Punjab, wo sie sich bei den Dorfbewohnern größter Beliebtheit erfreut. *Maulana Dschalaluddin Rumi* war *Muhammad Iqbals* geistiger Führer. *Iqbal* widmete einen Teil seines Werks sufistischen Themen. Das nachfolgende Gedicht ist eine fast humoristische Verarbeitung des Falter-Motivs, in dem der Falter in der Flamme Gottes verbrennt.

„Der Bücherwurm
Ich hört' in meiner Bücherei des Nachts
Den Bücherwurm den Schmetterling befragen:
,Ich habe mein Nest in Avicennas Blättern,
Bin in Farabis Manuskript beschlagen –
Den Sinn des Lebens hab' ich nicht verstanden,
Ganz sonnenlos leb' ich in finstern Tagen!'
Wie schön sprach darauf der halbverbrannte Falter:
,Nach diesem Punkt darfst du nicht Bücher fragen:
Nur Fieberglut kann neues Leben bringen,
Nur Fieberglut gibt deinem Leben Schwingen!'"
(Iqbal)

Der **wandernde Sufi** lebt von Almosen, verkauft Amulette, weissagt und versucht sich mit der Heilung Kranker. Auch Menschen, die ein ganz „normales" Leben führen, Familie haben und einer geregelten Beschäftigung nachgehen, können für eine Zeitlang das Leben eines wandernden Mystikers führen. Neben den eigentlichen Sufis gehören **Derwish** und **Faqir** zu den exzentrischen Mystikern. Auch sie leben in Armut und Askese, sie sind oft einfache Menschen und auch aus der Gesellschaft Ausgestoßene. Sie fertigen Amulette an oder führen unter größter Selbstbeherrschung Kunststücke am eigenen Körper vor. Der *Malang,* wie er im Volksmund genannt wird, trägt ein buntes Flickengewand und eine Essensschale. *Malangs* sind oft geistig verwirrte Menschen mit Neurosen, Psychosen und anderen Krankheiten. Natürlich finden sich in dieser „Berufsgruppe" auch Heuchler und Scharlatane, die durch Betrügereien und von Almosen bequem leben wollen.

Sufi-Orden

„Fasten heißt nur, Brot sparen. Gewohnheitsmäßiges Gebet ist nur etwas für alte Männer und Frauen. Pilgerschaft ist ein weltliches Vergnügen. Erobere das Herz - es zu meistern ist wahrlich ein Sieg. Das sufische Gesetz des Lebens verlangt:
Güte für die Jungen
Freigebigkeit für die Armen
Guten Rat für die Freunde
Nachsicht mit Feinden
Gleichgültigkeit gegen Narren
Achtung für die Wissenden."
(Sheikh Abdullah Ansari) [40]

Die Sufis bildeten Orden und Bruderschaften um Meister und Prediger herum. In den Orden wurde die emotionale Religiosität ausgelebt und berauschende Musik komponiert. Ebenso wurden in den Sufi-Orden die sufischen Gesetze des Lebens erdacht und aufgezeichnet.
Eine der ältesten Bruderschaften ist der **Chishti-Orden,** der von *Khwaja Mu'inuddin Chishti* (1142-1236) in Ajmer, Indien, gegründet wurde. Der Orden befaßte sich mit Musik, Literatur, Gesang und praktizierte Nächstenliebe; er zeigte sich immer uninteressiert an weltlichen Herrschern. Berühmte Nachfolger waren *Gandsch-i-Schakar* und *Rahman Baba,* der von 1642 bis 1706 in Peshawar als Volksdichter und bedeutendster Heiliger der Pakhtunen lebte. Der Chishti-Orden ist sehr volksverbunden und auch heute noch einflußreich in Pakistan.
Eine eindrucksvolle Geschichte schildert den übernatürlichen Kampf zwischen *Mu'inuddin Chishti* und dem berühmten Hindu-Magier *Jaypal Yogi:*

„Jaypal hatte einige tausend seiner Yogi-Schüler bei sich, so berichtet die Chishti-Legende, und unterbrach die Wasserzufuhr zum See Anasgar. Auf Mu'inuddins Befehl schöpfte einer von seinen jüngst Bekehrten einen Eimer voll Wasser aus dem See – woraufhin im weiten Umkreis jeder Fluß und jeder Brunnen austrocknete. Jaypal schickte daraufhin Hunderte von Geistererscheinungen aus, darunter Löwen und Tiger, um den Heiligen und seine Gefolgschaft anzugreifen. Sie alle zerschellten an dem magischen Kreis, den Mu'inuddin zum Schutz gezogen hatte. Nach einer Anzahl ähnlicher Heldentaten ergab sich Jaypal; er wurde einer von Chishtis berühmtesten Schülern." [41)]

Im Gegensatz zum Chishti-Orden lebte *Sheikh Baha'uddin Sakariya* Gründer einer großen Mystikergemeinde, des **Saktariya-Ordens,** in Multan in gutem Einvernehmen mit den weltlichen Herrschern. *Sheikh Sakariya* liebte das Wohlleben und gute Speisen. Heute existiert in Utsch, nahe der Stadt Multan, ein großes Sakariya-Ordens-Zentrum.

Der dritte große Orden wurde von *Abdul Quadir Gilani* gegründet und breitete sich im 15. Jahrhundert als **Quadiriyya-Orden** von Utsch aus. Eine große Zahl von Gläubigen und Suchenden folgte *Qadir Gilani,* denn sie wurden von ihm in einer leichtverständlichen Sprache angesprochen. Der Orden ist auch jetzt noch aktiv. Zu den *Quadiris* gehörte *Madhu Lal Husain,* einer der populärsten Dichter des Punjab, dessen poetische Kernthemen Liebe, Hoffnung und Sehnsucht waren.

Der **Naqshbandi-Orden** ist auf *Sheikh Ahmad Sischindi* zurückzuführen; er wird von seinen Anhängern als Erneuerer des Islam gepriesen, weil er den Bemühungen *Kaiser Akbars* (1556-1605), eine Einheitsreligion zu gründen, Widerstand leistete. *Naqshbandi* ist ein politisch orientierter Orden, der intellektuelle Meditation praktiziert. Viele bedeutende Urdu-Dichter entstammen dieser Vereinigung.

Die mystischen **Bruderschaften Tariqah** oder **Silsilah** praktizieren das Leben in Gemeinschaft mit einem *Pir* oder *Sheikh.* Sie lernen Gebetsformeln und Übungen, um den rechten Weg zur Erkenntnis unter Anleitung eines „Heiligen Mannes" zu finden. Diese Bruderschaften leben nicht zölibatär, die Mitglieder halten sich zum Teil nur zeitweise im Orden auf.

Grabmal in Multan, Punjab

„„Wir kennen ein Wort, das beschreibt was wir tun und unsere Art zu denken zusammenfaßt. Das Wort heißt Anguruzuminabstafil.' Und der Agha erzählte eine alte Sufi-Geschichte.

'Vier Männer, ein Perser, ein Türke, ein Araber und ein Grieche waren unterwegs zu einem fernen Ort. Sie stritten sich, wie sie das einzige Geldstück, das sie noch besaßen, ausgeben sollten.

Ich möchte angur kaufen, sagte der Perser.

Ich will uzum, meinte der Türke.

Nein, ich will inab, sagte der Araber.

Ach was, sagte der Grieche, wir sollten stafil kaufen.

Ein anderer Reisender, ein Sufi, der gerade vorüberkam, sprach sie an: Gebt mir die Münze. Ich werde einen Weg finden, euer aller Wünsche zu befriedigen. Zuerst wollten sie ihm nicht trauen, dann gaben sie ihm die Münze. Er ging zum Stand eines Obsthändlers und kaufte vier Büschel Weintrauben.

Da ist ja mein angur, sagte der Perser.

Das ist doch genau das, was ich uzum nenne, rief der Türke.

Sie haben mir inab gebracht, sagte der Araber.

Ach was, sagte der Grieche, in meiner Sprache heißt das stafil.

Die Männer ließen jeden Streit sein und teilten sich die Weintrauben.'

Der Agha sprach: ,Die Reisenden sind vier gewöhnliche Menschen mit verschiedenem Glauben. Der Sufi zeigt ihnen, daß der Grund ihrer Religionen in Wahrheit derselbe ist. Er bietet ihnen jedoch keinen Wein an, jene Essenz, welche die innere Lehre bedeutet. Der Wein ist für ein späteres Stadium.'" [42)]

Heiligenverehrung und Wallfahrten

„Der Scheich zieht sein Gebet so lange hin:
Zu Gärten, Pferden, Frauen schweift sein Sinn,
Zu bunten Teppichen und Seidenkleidern,
Und Gold- und Silberschätze sieht er drin!"
(Khushal Khan Khattak)

Rolle der Heiligenverehrung

Zu Lebzeiten und auch noch nach ihrem Tod wird den „Heiligen Männern", – **Sufis, Pirs oder Sheiks** – große Verehrung zuteil. Tausende von Menschen pilgern zu ihren Schreinen, erbitten Gesundheit und Kraft, Hilfestellung in schwierigen Lebenslagen und Heilung von Gebrechen. Viele Frauen wenden sich mit Kinderwünschen an „ ihren" jeweiligen Heiligen. Es gibt Hunderte von Schreinen in ganz Pakistan, und jeder hat seine eigene zahlreiche Anhängerschaft.

„Die Afridi-Pathanen von Tirah schämten sich vor ihren Brüdern, daß ihr Territorium mit keinem heiligen Schrein gesegnet war, an dem sie die Anbetung üben konnten, und daß sie sich an die Heiligen ihrer Nachbarn wenden mußten, wenn sie göttliche Hilfe benötigten. Unter dem Gefühl der Unvollkommenheit leidend, überredeten sie mittels großzügiger Angebote einen Heiligen von weit berühmter Frömmigkeit, seinen Wohnsitz unter ihnen aufzuschlagen. Dann versicherten sie sich seines Bleibens bei ihnen, indem sie ihm die Kehle durchschnitten; sie begruben ihn mit allen Ehren und bauten über seinen Gebeinen ein glänzendes Heiligtum, in dem sie ihn verehren konnten und seine Hilfe und Fürsprache erflehten, und so reinigten sie sich von ihrer Schmach." [43]

Im religiösen Denkmodell des Islam gibt es keine Mittler zwischen Gott und den Menschen. *Mullahs* sind Korangelehrte, die nicht in ein hierarchisches System eingebettet sind, d.h. sie sind den gewöhnlichen Gläubigen nicht überstellt. Mit der Herausbildung der Mystik hat sich aber – als deren Weiterentwicklung oder Konsequenz daraus – die **Heiligenverehrung etabliert.** Gleichzeitig hat eine Vermischung mit vorislamischen Traditionen und Kulten stattgefunden. Der Heilige ist der Freund Gottes, *Wali;* er kann Wunder bewirken, ist in der Hierarchie aber unter dem Propheten *Muhammad* angeordnet. Die Heiligenverehrung – zumindest in ihrer extremen Form – findet nicht die Zustimmung der Orthodoxie, weil sie im Koran eher ablehnend beurteilt wird:

„.... und sie sprechen: ‚Dies sind unsere Fürsprecher bei Allah.‘ Sprich: ‚Wollt ihr Allah ansagen, was er nicht kennt, in den Himmeln und auf der Erde? Preis ihn! Und erhaben ist er ob dem, was ihr ihm beigesellt.‘ "
(Koran, Sure 10, 19)

Die Heiligen sind neben dem Propheten *Muhammad* Thema in ungezählten Volksliedern und Legenden. Sie bringen die Sorgen des Menschen vor Gott und greifen vermittelnd ein. Der **praktische Bezug zur Religion** ist für die Gläubigen wichtig: Die „Heiligen Männer" sind lebendig und greifbar, sie bieten persönliche Betreuung und Führung in religiösen Dingen; *Pir* bedeutet „Seelenführer". Sie verfügen über spezialisierte Fähigkeiten, die besungen und gerühmt werden, und vollbringen Wunder. Da die *Pirs* als spirituell mächtig und stark gelten, erbitten die Anhänger Hilfe und Schutz in verschiedenen Lebenslagen. Das Vertrauen in Heilige gibt den Menschen in ihrem schweren Alltag Kraft.

Orte der Heiligenverehrung

Schreine heißen *Dargah* oder *Ziarat* und sind oft an besonderen „magischen" Orten wie Quellen, alten Bäumen oder Höhlen plaziert. Kleinere Gräber sind gut erkennbar an bunten Stoffetzen, die gern an Bäumen und Sträuchern angebracht werden. Es gibt sehr viele Heiligengräber in Pakistan: Einige sind wahre Prachtbauten in leuchtenden Farben und mit elegant geschwungenen Kuppeln, andere sind lediglich schlichte Steingräber. In der Provinz Sindh befinden sich die meisten Gräber – plötzlich leuchten sie dem Reisenden grün, blau und gelb entgegen, jedes eine Überraschung in der staubig braunen Umgebung. Eine Oase für die müden Sinne ist z.B. der Schrein von *Shah Abdul Latif;* er stammt ebenfalls aus dem Sindh, aus Bhit Shah, und ist einer der berühmtesten Sufi-Heiligen.

An den Schreinen werden aus Dankbarkeit Gaben hinterlegt, Gelübde abgelegt und Opfer gebracht. Das Wichtigste bei einem Besuch ist die Berührung des Schreins oder eines heiligen Gegenstandes, damit die positive und **segenspendende Kraft, Barakat, übertragen** werden kann. Die Gläubigen verwenden Lampen mit heiligem Öl und lassen dafür Spenden am Schrein zurück. Versunken sitzen Männer am Grab des Heiligen und studieren den heiligen Koran. Verschiedene Gegenstände werden am Grabmal des Heiligen deponiert, um ihn an Bitten zu erinnern: Geld, Kerzen, Stoffetzen, Armreifen und verschiedene andere symbolische Gegenstände. Es ist nicht unüblich, daß Gläubige Erde vom Grab mit Tee oder Wasser vermischt trinken, oder Rosenblätter, die auf dem Grabmal gelegen haben, essen. Mit diesem Verhalten soll die direkte Aufnahme von *Barakat* ohne Umwege gewährleistet sein. Bevor Speisen an Arme verteilt werden, spricht man Gebete über sie, damit sie „mit heiliger Kraft aufgeladen" werden. Das Amulettwesen und auch der Reliquienkult gehören zur Heiligenverehrung; oft enthalten die Schreine ein Barthaar oder Kleidungsstücke des *Pirs.*

Die Gläubigen **verehren ihren Heiligen als greifbare Person,** aufgrund seiner Dichtungen, Lieder, Tänze und Wundertaten – nicht als Teil eines komplizierten theologisch-philosophischen Gedankengebäudes. Die Grabstätten bieten Gelegenheit zu sozialen Kontakten; Gemeinschaft und Solidarität werden gepflegt. Die Feierlichkeiten an den Schreinen sind eine der wenigen Möglichkeiten der Entspannung und des öffentlichen Auslebens von Emotionen. Jahrhundertelang haben die Sufis dem einfachen Volk Hoffnung

Grabmal eines Dorfheiligen

und Trost gespendet. Ihre Schreine sind nicht nur religiöse Treffpunkte geworden, sondern auch **soziale und kulturelle Kommunikationszentren:** Viele große Schreine beherbergen Schulen, Bibliotheken und Armenküchen. Besonders am Donnerstag, dem Vorabend des wöchentlichen Feiertages, herrscht viel Betrieb am Schrein. Menschenmassen ergötzen sich an religiösen Gesängen und Tänzen und erholen sich von der Arbeitswoche.

Auch **nicht-muslimische BesucherInnen** sind an den Pilgerstätten willkommen. Die Atmosphäre ist friedlich und gastfreundlich, es herrscht sogar oft Freude über das Interesse eines fremden Besuchers. Der oder die Fremde wirkt nicht störend oder entweiht die Feier mit seiner Anwesenheit. Die Atmosphäre ist völlig verschieden von der in Moscheen, wo „Eindringlinge" manchmal von finsteren oder kritischen Blicken getroffen werden. Die mystische Seite des Islam ist nicht nur von einer tiefen Gottesliebe geprägt, sondern auch von der Liebe zu den Menschen und einer großen Toleranz.

„Als der afghanische Herrscher Ahmad Shah Durrani im Jahre 1747 Upper Sind seinem Reich hinzufügen wollte, wurden ihm viele Kostbarkeiten gebracht. Am Ende aber brachte Diwan Gidumal, der Minister des damaligen Kalhoro-Fürsten, zwei Säckchen: ‚Herr, sie enthalten das Kostbarste, was Sind bieten kann!' ‚Und was ist das?' fragte der Fürst. ‚Es ist Staub von den Gräbern der Heiligen und Sayids!' "

Wallfahrten und Volksfeste an den Todestagen der Heiligen

An jedem jährlichen Todestag des Heiligen, dem *Urs,* finden **Wallfahrten zum Schrein** statt. Gleichzeitig werden ausgelassene und **bunte Volksfeste,** *Melas,* inszeniert; Musikanten spielen traditionelle Lieder, und *Derwische* tanzen sich in Ekstase. Bei den Festen geht es aber nicht nur um mystische Verzückung und religiöse Musik, auch Gaukler und Prostituierte treten in Erscheinung, Spiele und Wettkämpfe werden aufgeführt. Reiten, Ringen und Schwertkämpfe gehören zu den traditionellen Zerstreuungen. Der Zuschauer muß nicht passiv bleiben, an vielen Geschicklichkeitsspielen oder Mannschaftswettkämpfen kann er teilnehmen. Alle möglichen Waren werden verkauft, und Ausstellungen traditioneller Gewerbe finden statt. Das ganze Treiben wirbelt in den unglaublichsten Farben durcheinander, die Geräuschkulisse ist ohrenbetäubend, die Vielfalt der Gerüche atemberaubend, die Stimmung ausgelassen und feierlich zugleich. Zu einer *Mela* können Zehntausende von Besuchern kommen. Um den Besucherstrom aufzufangen, sind zahlreiche Rasthäuser an den Orten der Schreine entstanden. In den letzten Jahren interessierten sich auch viele Touristen für diese Volksfeste.

Lal Shahbaz Qualandar von Sehwan im Sindh ist einer der beliebtesten und bekanntesten Heiligen. Sehwan Sharif ist neben Taxila die älteste, durchgehend bewohnte Stadt. Sie liegt am Indus und wurde von *Alexander dem Großen* gegründet. Allein in Sehwan Sharif existieren 17 Sufi-Bruderschaften; bunte Mützen zeigen an, zu welcher Bruderschaft die einzelnen gehören.

Das Fest zum Jahrestag von *Lal Shahbaz Qualandar* ist berüchtigt wegen des Auftretens von Tanzmädchen und Prostituierten, die eigens aus Lahore anreisen.

„Moslems, Hindus, Christen, Tanzmädchen und Transvestiten sind alle in der Liebe zu Allah vereint," sagt ein auf die Prostituierten angesprochener Sufi-Meister – ein für Pakistan unglaublich revolutionärer Ausspruch!

Von *Lal Shabaz Qualandar* – *Qualandar* ist der mystische Wanderer – werden sehr eigenwillige Gedanken und Ideen überliefert. Es gibt viele Wege zu Gott, jeder Mensch muß seinen eigenen Weg suchen, verkündete er und verzichtete auf Belehrung und Missionierung.

Manche seiner Anhänger haben halbrasierte Köpfe und lange, seltsam geflochtene Zöpfe. Sie wollen provozieren und *anders* als Normalsterbliche sein. *„Unser Heiliger trug die Haare so, und wir wollen sein wir er,"* sagen sie mit Verachtung in der Stimme für alles, was als *normal* gilt. An den heiligen Stätten zählt das Herz und nicht das Äußere.

Lal Shahbaz Qalandars große Grabstätte ist mit einer beeindruckenden goldenen Grabtür versehen. Viele Pilger können in den weiträumigen Hallen übernachten. Nacht für Nacht tanzten sich die *Derwishe* in Ekstase; die Tanzmeditation ist jetzt nur noch in den Abendstunden zwischen 7 und 8 Uhr erlaubt, um dem Freudentaumel Grenzen zu setzen.

Während des *Urs* aber gibt es wenige Einschränkungen. Eine Gruppe von „Brustschlägern" tritt auf: halbnackte Männer, die sich rhythmisch auf die Brust schlagen. Die jungen Männer geißeln sich, bis Blut fließt. Schausteller und Schlangenbeschwörer führen unbeeindruckt davon ihre Kunststücke vor, *Faqire* stoßen sich mit unglaublicher Körperbeherrschung Dolche durch die Wangen oder schlucken Schwerter und Feuer. Bettler nutzen die ausgelassene Stimmung und appellieren an die Großherzigkeit und die offenen Börsen der Feiernden. Rhythmische Musik versetzt alle Besucher in eine gespannte Stimmung.

Im Verlauf der Feier wird „Heiliges Henna" mit einem Umzug zum Schrein getragen; ein Symbol für die mystische Hochzeit des Heiligen mit Gott. Das Abschreiten aller heiligen Orte ist mit Meditationen verbunden. Die ganze Nacht wird durchgefeiert. Der Schrein ist geschmückt und erleuchtet und sieht aus wie eine Mischung aus Moschee, Disney Land und Las Vegas. An der Jahrestagsfeier tragen die Nachfahren des Ortsheiligen den Turban ihrer Ahnen, um symbolisch eng mit ihm verbunden zu sein.

Für **Madhu Lal Husain,** den bekannten Punjabi-Dichter des 17. Jahrhunderts, wird jedes Jahr im März die *Mela Dhiraghan,* das Lampenfest, veranstaltet. Die Feier wird in Lahore veranstaltet, in der Nähe der historischen Shalimar-Gärten.

Auch **Data Ganj Bakhsh** wird in Lahore verehrt; er war im 11. Jahrhundert Autor des ersten theoretischen Werkes über den Sufismus in persischer Sprache. Er definierte das Wesen der Frömmigkeit und leitete eine neue Periode der mystischen Literatur ein. *Zulfiqar Ali Bhuttos* Lieblingsausdruck, wenn er seine Politik auf einen Nenner bringen wollte, war „Islamischer Sozialismus" – er führte ihn zurück auf „seinen" Heiligen *Data Ganj Bakhsh.* In Anlehnung an seine Lehren predigte *Bhutto* Egalitarismus und hatte die Vision einer klassenlosen Gesellschaft in einem islamischen Kontext.

In einem marmornen Mausoleum steht der Sarkophag von *Data Ganj Bakhsh,* mit Seidentüchern bedeckt und von einem Marmorgitter umgeben, um allzu stürmische Pilger zurückzuhalten. Blumen und Räucherstäbchen, Rosenwasser und das Gemurmel der Gebete verwirren die Sinne, die enge emotionale Bindung zwischen dem Heiligen und seinen Verehrern ist an diesem Ort greifbar. Die körperliche Berührung des Schreins ist hier wie an den anderen heiligen Orten überaus wichtig, denn nur so kann die Übertragung des *Barakat,* der positiven Ausstrahlung und Kraft, von *Data Ganj Bakhsh,* geschehen.

Ein berühmter Heiliger des Nordens ist **Bari Imam,** der vor 300 Jahren am Fuße des Himalaya lebte. Sein Jahrestag wird Ende April/Anfang Mai in Form eins riesigen Jahrmarktes in Nurpur Shahan, in der Nähe Islamabads, gefeiert, und ist eine Attraktion für die ganze Gegend.

Derwish-Orden

Die Derwish-Orden sind **keine Mönchsgemeinschaften,** die Brüder haben auch ein Leben außerhalb des Ordens und sind manchmal nur zeitweise dabei.

„Ich bin eigentlich Bauer, habe drei Kinder, die ich versorgen muß. Wenn sie erwachsen sind, widme ich mich ganz dem Schrein und meditiere für den Rest meines Leben," sagt ein Mann, der das Fest als wandernder *Derwish* besucht.

Ein junger Derwish muß in der Bruderschaft arbeiten, will er dem Schrein nahe sein. Es gibt **viel Arbeit vor dem Fest:** Die mystische Anziehung ist auch ein Wirtschaftsfaktor. Die Pilger kommen zu Fuß, mit überfüllten Zügen, Bussen und auf Kamelen. Für alle muß Unterkunft und Verpflegung bereitstehen. Manche Pilger sind auch mittellos, für sie ist die Speisung ein Geschenk Gottes.

Irgendwann wird ein junger Derwish von seinem Meister auf **Wanderschaft** geschickt. Manche Derwishe haben nur den Besitz, der in ihren Beutel paßt, einen Wanderstab zur Verteidigung gegen Schlangen und Hunde – manche finden damit auch Wasser – und ein Horn. Mit diesem können sie Signale und Warnungen geben sowie Verfluchungen ausstoßen, und außerdem brauchen sie es für ihren Derwish-Tanz. Besitz gilt als Hindernis auf dem Weg zu Allah.

Frauen, die das Leben eines Derwishs führen, sind sehr selten. Eine alte Frau tritt bei einer Feier als Heilerin auf, obwohl sie es nie gelernt hat. Sie kommt aus Rawalpindi und lebt dort an einem Schrein. *„Ich weiß, daß nur wenige Frauen so leben wie ich. Aber ich habe keine Kinder und kein Geld, also nichts mehr vom Leben zu erwarten."*

Nach dem Fest werden die Derwische von ihren Orden wieder auf den Weg geschickt, teilweise gehen sie nach Hause, teilweise auf Wanderschaft, um dort Erfahrungen zu sammeln.

Pirs und Politik

„Ein Verwandter kam irgendwo tief aus dem Hinterland, den Mullah zu besuchen, und brachte als Geschenk eine Ente mit. Hocherfreut ließ Nasrudin die Ente zubereiten und teilte das Mahl mit seinem Gast. Es geschah jedoch, daß in der Folgezeit ein Mann vom Lande nach dem anderen bei Nasrudin auftauchte, jeder ein Freund des Freundes ‚des Mannes, der die Ente mitgebracht hat'. Weitere Geschenke aber gab es nicht. Schließlich waren die Mittel des Mullah erschöpft. Eines Tages erschien wieder einmal ein Fremder. ‚Ich bin der Freund des Freundes des Verwandten, der Dir die Ente mitgebracht hat.'" Er setzte sich nieder und erwartete, wie all die anderen ein Mahl aufgetischt zu bekommen. Nasrudin setzte ihm eine Schale heißes Wasser vor.

‚Was ist das?'

‚Das ist die Suppe der Suppe der Suppe der Ente, die mir mein Verwandter mitgebracht hat.'" [44)]

Viele Sufis dienen den heutigen Menschen noch immer als Vorbild, ihre Liebe zu Gott, ihre guten Taten und Lehren der Toleranz sind unvergessen, sie leben in unsterblichen volkstümlichen Gedichten und Geschichten. Allerdings sind auch viele der Gedanken und Ideen heute nicht mehr so lebendig und vieles ist in Vergessenheit geraten – verwässert wie die Suppe bzw. die Lehre der Sufis in Mullah Nasrudins Enten-Geschichte. Noch heute gibt es ein paar Mystiker im Land, die mit kleiner Gefolgschaft unauffällig in Dörfern leben und wirken.

Die **Nachkommen von Heiligen** sind leicht an ihren Namen *Sahibzada, Akhund-Zahdah* und *Pirzadah* zu erkennen. Sie sind durch ihre Herkunft selbstverständlich Träger religiöser Würde. *Pirs* sind als Mittler und Schlichter gefordert, und die Anhänger erwarten Neutralität von ihnen.

Die Nachkommen der Sufis leben heute in Wohlstand, meist besitzen sie Ländereien und ganze Dörfer, sie bekleiden wichtige Ämter, sind Bürgermeister und hohe Beamte. Viele an den Schreinen ansässige Nachkommen verdienen auch an den Heerscharen der Pilger.

Um den *Sheikh* oder *Pir* sammeln sich Anhänger wegen der Überzeugungskraft seiner Lehre oder seiner Wundertaten. Im historischen Kontext werden einige Stämme mit einem bestimmten Heiligen assoziiert, der sie einstmals zum

Islam geführt haben soll. Alle Stammesangehörigen sind dann diesem Heiligen oder seinen Nachkommen loyal gegenüber. Die Verehrung muß aber nicht mit einer Konvertierung einhergehen sondern kann auch auf einer Wundertat beruhen, die für einen Angehörigen des Stammes vollbracht wurde.

In vielen Fällen sind im Laufe der Jahre Autoritäts- und Abhängigkeitsverhältnisse entstanden, die von fortschrittlichen Politikern als *„Pirismus"* bezeichnet und kritisiert werden. Die Ausbeutung des Volkes unter Zuhilfenahme von mystischen Reden und okkulten Fähigkeiten (oder Vortäuschung solcher) werden angeprangert. Besonders in ländlichen Gebieten haben *Pirs* große Macht über ihre Anhänger – als spirituelle Führer und Großgrundbesitzer.

Im Gegensatz zu der islamischen Aussage, daß es keine Mittler zwischen Gott und dem Gläubigen gibt, hat sich im „Pirismus" eine komplizierte Hierarchie herausgebildet: Der Gläubige erreicht Gott nur durch den Lokalheiligen, der ihn weiter an den Gründer des Sufi-Ordens, zu dem der Heilige gehört, „verbindet", der wiederum „einen direkten Draht" zum Propheten hat. Gott ist damit unerreichbar für den gewöhnlichen Gläubigen, der von Vermittlern abhängig wird. Dieses hierarchische Vermittlungssystem ist kongruent mit den traditionellen sozialen, politischen und wirtschaftlichen Strukturen der Gesellschaft.

Religiöse und politische Strukturen verliefen parallel: Die „Heiligen Männer" repräsentierten nicht nur Gott, sondern auch die Herrscher, welche die **Wichtigkeit der Pirs für die sozialen und politischen Ziele der Regierung** erkannt hatten. Durch Versprechen von Ländereien, Gütern und Hilfe beim Aufbau der Schreine versuchten sie die *Pirs* unter ihre Kontrolle zu bringen. Besonders die Unterstützung der Regierung für einige Schreine war eine geschickte Methode, um die Gefolgschaft der Bevölkerung für den jeweiligen Regierenden zu sichern. Die „Heiligen Männer" und ihre Familien konnten großen Einfluß auf ihre Anhänger geltend machen und gebrauchten ihn nicht selten zu politischen Zwecken.

Pir Pagaro in Sindh ist ein extremes Beispiel für die Macht eines *Pirs* und die Manipulation seiner Anhänger. Als *Hurs* werden fanatische Anhänger bezeichnet, die wie eine Leibstandarte ihr Leben für den Heiligen lassen würden. Mit seinen *Hurs* führte *Pir Pagaro* 1890 und 1940 zwei Aufstände gegen die britischen Kolonialherren durch. Die Briten sahen ihn als echte Bedrohung an und ließen ihn 1943 exekutieren. Sein Sohn wurde in London erzogen in der Hoffnung, daß er als Nachfolger seines Vaters die extremen Anhänger in Schach halten, und – als Sympathisant aufgezogen – den Briten wohlgesonnen sein würde. Die britische Kolonialmacht gab späteren pakistanischen Regierungen ein gutes Beispiel und protegierte die Schreine einflußreicher *Pirs,* um sich ihrer Unterstützung sicher sein zu können. Diese Politik wurde nicht nur *Pirs,* sondern auch Großgrundbesitzern und Stammes-Anführern gegenüber angewendet: *Stärkt ihre ökonomische Macht und ermöglicht ihnen die Erziehung im britischen System – dann werden sie mit uns kollaborieren!*

„Machtkampf zwischen Zikris

Vor nicht allzu langer Zeit reiste ein Zikri-Pir – der übrigens noch lebt – nach Koh-i-Murad, einem Berg in Süd-Beluchistan, welcher der eigentliche Sitz des Mahdi (Messias) sein soll. Dieser Berg ist das Ziel der Zikri-Pilger, und nicht Mekka. Als er den Ort erreichte, wurde er gewahr, daß die goldenen Opfergaben für den Schrein (Chanda) gestohlen worden waren. Er schalt die anderen anwesenden heiligen Männer, daß sie nicht genügend Barakat besäßen, das Gold zurückzuholen, und kündigte an, daß er mit seiner Macht eine Schlange dazu bringen könnte, den Schuldigen anzugreifen. In dieser Nacht wurde ein Sunni Beluch in der Oase Turbat in der Nähe des heiligen Berges, von einer Kobra gebissen. Er gab das Gold heraus und bat den Zikri ihn zu heilen. Der Heilige antwortete ihm aber, daß es seine Bestimmung war, für das Verbrechen zu sterben – und so geschah es." [45]

Die pakistanische Regierung versucht bis zum heutigen Tag, das Geschehen an den Schreinen zu kontrollieren, um ihren Einfluß nicht zu verlieren. In der Bhutto-Zeit wurden wichtige Zeremonien während des *Urs* von hohen Staatsbeamten durchgeführt. Natürlich tauchten diese Aktionen in allen Zeitungen und im Fernsehen auf und wurden ausführlich publiziert. *General Ayub Khan* ließ literarische Lesungen und Wohltätigkeitsaktivitäten während des *Urs* veranstalten. *Zia-ul-Haq* wollte mit seinem „Auqaf Department" die Schreine in multifunktionale religiöse und soziale Wohlfahrtszentren umwandeln. Viele *Pirs* haben sehr einflußreiche Freunde in der Verwaltung, an Gerichten und in der Regierung. Die *Khanqah* eines bedeutenden *Pirs* enthält z.B. ein Krankenhaus, eine Schule, eine Moschee und eine Bücherei.

In den letzten Jahren ist in Pakistan viel **Kritik an den Geschehnissen in einigen Schreinen** laut geworden. Die fehlende Gesundheitsversorgung, mangelhafte Bildung und ein weit verbreiteter Aberglaube trieben die Menschen in die Arme von dubiosen „Heiligen", die Geschäfte aus den Gebrechen und Nöten ihrer Kunden machten. Seltsam anmutende Heilmethoden werden von ihnen praktiziert. Am Fazil-Shah-Schrein können verstörte BesucherInnen beobachten, wie psychisch kranke Menschen an Bäume gebunden dahinvegetieren. Kurmaßnahme wird diese Behandlung genannt! An einem anderen Schrein in Ghotki erfahren die Kranken eine kurze, aber sehr schmerzvolle und auch gefährliche Behandlung: *Ilyas Faqir*, der „Ortsheilige", hält ihnen heiße Eisenbarren an die Schläfen, um den Geist durch den Schock gesunden zu lassen.

Der alte Schrein von *Hazrat Sadi Moosani*, zwischen dem Indus und dem Wald von Dadu gelegen, ist dagegen berühmt für seine **Heilungen** auf den Gebieten Herzerkrankungen, Nierensteinprobleme und Augenentzündungen. Nach der Legende verläßt *Hazrat Sadi Moosani* nachts seine Grabstätte und reitet auf einem Löwen zu seinen gläubigen Patienten, an denen er dann auch chirurgische Eingriffe vornimmt. Folgende Geschichte von einer wundersamen Heilung wird am Schrein erzählt:

„Ein Mann, der durch eine Polio-Erkrankung in der Kindheit behindert war und seine Beine nicht bewegen konnte, besuchte den Schrein und verbrachte dort lange Zeit meditierend und betend. Eines Nachts erwachte er aus tiefem Schlaf und fühlte unsichtbare Hände auf seinem Körper. Am nächsten Morgen konnte er selbstständig vom Lager aufstehen und davongehen."

Abwehrmittel gegen den „Bösen Blick"

„Sprich: Ich nehme meine Zuflucht zum Herrn des Morgengrauens,
vor dem Übel dessen, was er erschaffen,
und vor dem Übel der Nacht, wenn sie naht,
und vor dem Übel der Knotenanbläserinnen,
und vor dem Übel des Neiders, wenn er neidet." [46)]
(Koran, Sure 113)

Der religiöse Volksglaube

Der religiöse Volksglaube wird gebildet aus einer **Vermischung von traditionellen lokalen Glaubensformen und Gebräuchen und der Schriftreligion, dem Islam.** Die Welt wird oft als von guten und bösen Geistern bevölkert angesehen, die bevorzugt markante Orte in der Natur – Bäume, Felsen oder Quellen – bewohnen. Viele Phänomene der Volksreligion werden von der Bevölkerung als „islamisch" bezeichnet, auch wenn sie tatsächlich einen anderen Ursprung haben. Beim Versuch, bestimmte Riten oder Traditionen zu erklären, fällt den Leuten auch nichts Besseres ein, als zu betonen, dass dies schon von den Vorfahren so gehandhabt worden wäre und man es übernommen hätte. Eine Abgrenzung zwischen „reiner Lehre" und „reinem Aberglauben" ist nur sehr schwer möglich, weil sie sich gegenseitig beeinflusst haben. Viele nichtislamische Elemente sind auch im Laufe der Jahrhunderte in die Religion eingeflossen und haben Zugang in die religiöse Dogmatik gefunden.

Elemente der Volkskultur finden sich auch in der modernen, technisierten Gesellschaft – das Eine schließt das Andere nicht aus. Das Irrationale hat nicht nur einen festen Platz in der nüchternen, modernen Welt, sondern scheint dort sogar manchmal gefördert zu werden, und eine Rückkehr zu Sicherheit vermittelnden und einfachen volktümlichen Ritualen ist zu beobachten.

Die Angst vor dem „Bösen Blick"

Die Angst der Menschen vor der **todbringenden Kraft des „Bösen Blickes"** ist universell. Im Glauben an den „Bösen Blick" spielt der Mensch eine aktive Rolle: Mit seiner Seele und seinen Augen kann er Ungutes tun und anderen Menschen schaden.

Das **Auge** erhält eine enorme Bedeutung, weil es als Ein- und Ausgang der Seele verstanden wird; es führt also in die Tiefen des Menschen. Es ist nicht nur ein besonders wertvoller Bestandteil des menschlichen Körpers, seine Funktionsweise blieb auch lange Zeit rätselhaft. Das Böse, das in jedem Menschen lauert, kann sich durch die Augen äußern. Es ist überliefert, dass auch der Prophet an die Wirkung des Auges geglaubt haben soll.

Es besteht die Angst, dass das eigene Glück und Wohlbefinden **Neid und Missgunst** hervorruft bei anderen Menschen. Diese möchten gerne haben, was ein anderer besitzt – da sie es nicht haben können und der anderen Person nicht gönnen, zerstören sie es.

Ein kräftiger, neugeborener Junge, schönes Vieh oder ein fruchttragender Baum können *„Neid-Objekte"* sein.

Niemand kann sich sicher sein, welcher seiner Mitmenschen den „Bösen Blick" besitzt und ob absichtlich oder unabsichtlich gehandelt wird. Die Gefahr kann aber eingegrenzt werden, denn es gibt in jeder Gesellschaft Kreise von **Menschen, die als besonders gefährlich gelten.** Alte, unfruchtbare Frauen, oder solche, die selbst keine kräftigen Kinder zur Welt bringen konnten, sind gefährlich für Säuglinge. Aber auch Menschen, die aus der gesellschaftlichen Norm fallen: Verkrüppelte, Schielende, „Schwarze" (wenn alle anderen „Weiß" sind) – Fremde dürfen in dieser Aufzählung ebenfalls nicht vergessen werden. Der Gast sollte deshalb vorsichtig sein, die Gesundheit oder Niedlichkeit eines Babys oder Kindes zu sehr zu loben. Prostituierte, Müllsammler, Latrinenreiniger und Bettler, die am Rande der Gesellschaft ein kärgliches Dasein führen, sind potentielle Gefahrenträger. Der „Böse Blick" ist eine missgünstige, schadenstiftende Kraft, die von dem, der ihn „an sich hat", ausgeht und jeden treffen kann. Besonders empfindlich sind Säuglinge und kleine Kinder, weil sie noch schwach und hilflos sind.

Schutz vor dem „Bösen Blick"

Der Mensch muss für seinen Schutz vor dem Neider sorgen; der Schutz muss sich gleichzeitig auf seine unmittelbare Umwelt und die Kinder auswirken und von dauerhafter Natur sein. Der Wirkung des „Bösen Blickes" kann mit spezifisch islamischen Mitteln entgegengearbeitet werden.

Die Abbildung der **Hand** ist eines der wirksamsten Abwehrmittel. Der auf eine Person gelenkte Blick wird abgefangen, indem ihm die Hand entgegengehalten wird. Das Handmotiv kommt in einer Vielzahl stilisierter und abgewandelter Formen vor, vielfach in florale Ornamente aufgelöst. Die Zahl fünf, nach der Anzahl der Finger, ist ebenfalls sehr bedeutsam und taucht in den unterschiedlichsten Abwandlungen auf. **Spiegel** sind in Pakistan sehr gebräuchliche Abwehrmittel und finden sich eingearbeitet in die Kleidung, Tücher, Kappen und Taschen.

Türkise und blaue Keramikperlen, sogenannte *„Augenperlen",* weil sie die Zeichnung eines Auges tragen, sollen den „Bösen Blick" zurückwerfen. Hand und Auge sollen den „Bösen Blick" bannen und wenn möglich zerstören.

Das Flüstern von Koranversen ins Ohr des Kindes und das völlige Einwickeln oder *Verhüllen der Kinder* soll sie vor bösen Einwirkungen schützen. Babys machen manchmal einen etwas sonderlichen Eindruck: Ihre Augen sind mit *Khol* schwarz umrandet – die Bemalung soll das Kind hässlich machen und neidische Geister abschrecken, außerdem sollen die Khol-Substanzen die Augen schützen. Hässliche Kleidung wird zur Abschreckung gewählt, Amulette zieren die Ärmchen und Hälse, und zusätzlich sind einige Babys von den Füßen bis zum Hals fest eingewickelt, so dass ihnen kaum eine Bewegungsmöglichkeit bleibt.

„Ich habe so ein angemaltes und gefesseltes kleines Etwas im Haus einer pakistanischen Freundin gesehen", erzählte eine fassungslose Kollegin, *„es war völlig bewegungsunfähig! Die Wiege wurde zusätzlich noch mit einem Tuch abgedeckt, damit das Kind vor Mücken geschützt schlafen konnte."*

Lähmungen, Schwächeerscheinungen, Brustentzündungen bei stillenden Frauen und Impotenz werden häufig auf den „Bösen Blick" zurückgeführt. Auch ein plötzlicher und unerklärlicher Tod kann diese Ursache haben. Geister, *Jinn,* und Gespenster können ebenfalls das Wachstum von Kindern behindern, Tiere krank oder das Land unfruchtbar machen. Es gibt aber auch gute Geister, die heilen und helfen. *Koran-Verse,* von heiligen Männern aufgeschrieben, schützen vor üblen Einflüssen und Verwünschungen übelmeinender Personen. *Schwarze Stoffahnen* sind ebenfalls von schützender Natur und begleiten Auto-, Bus- und Lastwagenfahrer auf ihren gefährlichen Wegen.

Auch bei aufgeklärten, modernen Städtern tritt oft eine große Empfindlichkeit bezüglich „übersinnlicher" Erscheinungen zutage.

„Bei einem abendlichen Spaziergang in unserem Feriendomizil in den Bergen", so berichtete eine Freundin, die einen ganzen Sommer mit einer pakistanischen Familie verlebte, *„bogen wir - die ganze Familie inklusive Kinder war unterwegs - in einen unbeleuchteten Waldweg ein. Die kurze Dämmerungsphase war schon der Dunkelheit gewichen, wir blieben automatisch nah beieinander, und die ausgelassenen Gespräche wurden unwillkürlich gedämpft. Wir hatten uns zuvor über die Welt der Geister und Feen unterhalten, und so dachte ich mir nichts dabei zu scherzen: In diesem dunklen und verlassenen Waldstück sind wir ja das gefundene Fressen für Jinne und Schaitane (Teufel, A.d.V.). Mit der heftigen Reaktion hatte ich nicht gerechnet: ,Sei sofort still! Wie kannst du nur so etwas sagen! Wenn du die Namen ausprichst, rufst du diese Wesen herbei!' Für den Rest des Weges hielt ich meinen Mund!"*

Schmuckstücke ganz besonderer Art sind **Amulette, die zum Schutz, zur Heilung und Abwehr des Bösen** getragen werden. Der Glaube an Amulette ist ebenso weit verbreitet wie die Furcht vor dem „Bösen Blick", die Angst vor den Geistern der Nacht oder trickreichen Feen. Im gesamten islamischen Kulturkreis ist der Gebrauch von Schutzamuletten verbreitet, auch in Pakistan finden sich unterschiedlichste Formen für verschiedene Wirkungsbereiche. Besonders in ländlichen Gebieten werden Amulette verwendet, aber auch Städter, die diese Schmuckform oft mit einem überlegenen Gesichtsausdruck und einer abwehrenden Handbewegung als Manifestation des Aberglaubens abstempeln, sind insgeheim nicht ganz frei davon.

In der volkstümlichen Vorstellung existiert neben der körperlichen und sinnlich wahrnehmbaren Welt eine Geisterwelt, zu der man durch Magie oder Zauberei Kontakt aufnehmen kann. Schwarze Magie, teuflisches Zauberwesen und Wahrsagerei wurden von der islamischen Glaubenslehre strikt abgelehnt. Trotzdem haben die Menschen zu allen Zeiten hilfesuchend nach diesen schützenden und trostspendenden Praktiken und Gegeständen gegriffen. **Orthodoxer Islam und volkstümliche Umsetzung** der Religion klaffen hier weit auseinander.

Der Mullah ist als Dorfpriester nicht nur religiöser Lehrer, sondern oft auch „Arztersatz": Er „bespricht" Kranke und fertigt Amulette an; Verse des heiligen Koran haben beschützende oder heilende Funktion. Der „Thronvers" wird gern in Amuletten verwendet; er ist die wichtigste Formel im islamischen Zauberwesen.Der „Vers der Heilung" (Sure 26.80) oder der „Vers des Schutzes" (Sure 13.12) werden gern als **Schriftamulette** auf von Krankheiten befallene Körperteile gebunden. Auch die „99 Schönen Namen Gottes" werden, auf Papier geschrieben, als schutzbringender Amulettinhalt verwendet. Aus der Sufi-Mystik stammt die Kunst, mit magischen Quadraten und Zahlen umzugehen. Da jedem Buchstaben im Alphabet ein Zahlenwert zukommt, können die „Schönen Namen" in immer neuen Zahlenkombinationen und Quadraten ausgedrückt werden; auch einzelne Koransuren oder Namen der Engel werden auf diese Weise umgewandelt.

„Meine Schwester und ich werden Nacht für Nacht von Alpträumen geplagt. Nachts sind auch Geräusche im Haus zu hören – wir schlafen jetzt schon zusammen in einem Zimmer. Einmal schreckte ich aus dem Schlaf hoch und spürte, wie etwas auf mir saß und mir den Brustkorb zuschnürte", erzählte mir eine pakistanische Arbeitskollegin. Ich fragte sie, was sie denn nun dagegen unternommen hätte. *„Gestern war der Mullah bei uns",* war die Antwort, *„er hat im Schlafraum den Koran verlesen, um die Jinns zu vertreiben und außerdem diesen roten Faden mit Koranversen besprochen",* sie deutete auf ihren Hals. *„Diese Schnur soll ich in den nächsten Wochen tragen, sie wird mich schützen."* Wie ich nach Wochen hörte, hatte die Jinnplage kurze Zeit später nachgelassen.

Für Amulette geeignete Sprüche werden meistens auf Papier geschrieben – beliebt sind die magischen Substanzen Rost und Safran als Tintenersatz – und in **Amulettbehältern** aus den verschiedensten Materialien untergebracht. Am häufigsten finden sich Metall-, Stoff- und Lederbehältnisse. Die meisten werden an Ketten oder Schnüren um den Hals getragen oder um den Oberarm gewickelt; häufig gibt es Kombinationen mit anderen Schmuckelementen.

Unter den metallenen Behältern sind sehr schöne und kunstvolle Exemplare aus Gold oder Silber. Die meisten metallenen Amulettbehälter sind mit reichhaltigen Verzierungen versehen und tragen Schmucksteine und Korallen auf ihrer Oberfläche. Der Karneol ist in Pakistan sehr beliebt – ihm werden blutstillende Eigenschaften nachgesagt –, außerdem ist überliefert, dass der Prophet empfohlen haben soll, einen solchen Stein bei sich zu tragen. In den Schmuckbazaren sind wunderschöne alte und neue Amulettbehälter aus Silber zu finden. Besonders in der Altstadt von Peshawar gibt es ein großes Angebot in den afghanischen Geschäften. Amulette werden heute von jungen Städtern auch, losgelöst von ihrem eigentlichen Zweck, als „Ethno-Schmuck" getragen.

AusländerInnen werden wahrscheinlich relativ wenig Kontakt mit übersinnlichen Phänomen während ihres Aufenthaltes haben; Amulette werden von ihnen hauptsächlich zu Schmuckzwecken erworben. Im Umgang mit Einheimischen dreht sich das Gespräch selten um die Geisterwelt; höchstens geben Hochzeiten, Feiertage und Wallfahrten zu Heiligenschreinen Anlass, diesbezügliche Rituale zu beobachten und auch einbezogen zu werden. Bei solchen Gelegenheiten ist ein Hintergrundwissen über die Natur des „Bösen Blicks", *Jinne* und Amulette sehr hilfreich, um Geschehnisse richtig zu interpretieren, den Erfordernissen entsprechend zu handeln und sich Fettnäpfchen zu ersparen.

Der Bazar:
Ausdruck vielfältigster und buntester Kultur

„Wenn das Wüstengras vom Frühling ergrünt,
ziehen Kafilas über den Khyber-Pass.
Schlank die Kamele, doch prall die Körbe.
Leicht sind die Börsen, doch schwer die Ballen,
wenn der Handel dem Schnee von Norden entflieht
zum großen Marktplatz der Stadt Peshawar."
(Rudyard Kipling)

Das Leben im Bazar

Die Bazare sind die **sozialen und wirtschaftlichen Zentren der Städte.** Traditionell haben Männer viel Zeit dort verbracht: zusammengesessen vor einem Laden, geraucht und Leute betrachtet, beim grünen Tee und Betelkauen über Politik und Geschäfte gesprochen. Auch wenn der moderne Mittelstandsmann seine Freizeit nicht mehr im Bazar verbringt, sondern bei seiner Familie und seine Freunde abends in ihren Häusern besucht, hat der Bazar für Teile der Bevölkerung seine Bedeutung als sozialer Treffpunkt und Kommunikationszentrum nicht verloren.

Wohlhabende Händler beobachten selbstzufrieden ihre gutgehenden Geschäfte, die von jungen Angestellten geführt werden, kleine Boten bringen dem Kunden Tee. Arme Händler, die nur besitzen, was sie in ihrem Bauchladen mit sich herumtragen, versuchen Socken, Handtücher, Gummiband und andere Kurzwaren an den Kunden und die Kundin zu bringen.

Für den **Bazarbesuch** ist viel Zeit notwendig, zum Schauen, Vergleichen, Handeln, Teetrinken und Unterhalten. Wer hetzt, hat schon verloren. Ist die gewünschte Ware bei einem Händler nicht vorrätig, schickt er einen Jungen los, das Geforderte zu holen, oder er ruft einfach zum Nachbargeschäft und fragt, ob sein Kollege das Gewünschte hat. Ist es vorhanden, wird es zum Kunden gebracht.

Gewürzhändler

Aufbau des Bazars

Im *traditionell aufgebauten Bazar* befinden sich Geschäfte mit ähnlichen Waren im gleichen Bereich, wodurch gewerkschaftsähnliche Strukturen entstanden und eine Preiskontrolle möglich wurde. Inzwischen gibt es aber auch viele gemischte Bazarbereiche; eine beliebige kleine Ansammlung von Geschäften wird jetzt schon Bazar genannt.

Es gibt *große Bazare für eine Warenart,* so z.b. für Geschirr, Metallwaren, Obst und Gemüse, Tiere und vieles mehr. In Lahore und Karachi existieren riesige Stoffmärkte – *Anarkali Bazar* und *Empress Market* – mit Hunderten von Geschäften und Verkaufsständen. Diese Bazare sind das Reich der Frauen; sie kaufen dort Materialien und lassen vom Schneider Kleider für die ganze Familie anfertigen. Eine ungeheure Material- und Farbenvielfalt verwirrt die Sinne der Besucher. Schmuck, Kosmetik, golden bestickte Pantöffelchen, Hochzeitsartikel – alles gibt es in Hülle und Fülle.

Einige Bazaris

Einige *Bazaris* und ihre Gewerbe sind besonders auffällig und lenken die Blicke (oder Nasen) der Kunden auf sich. Der Bäcker, *Tandoori,* lockt den Besucher mit dem Duft seines Backwerks an. Der Ofen ist aus Lehm gebaut und hat eine Höhlung von 1,20 x 1,00 Meter, unter der traditionellerweise ein Holzfeuer brennt. Heutzutage werden ersatzweise auch Gasfeuer benutzt. Die Brote, *Nan,* werden in runden Teigfladen an die Innenseite des Ofens geklebt. Ist die Wand des Ofens belegt, kann das erste fertiggebackene Brot, das schon fast von der Ofeninnenwand zu fallen droht, entnommen werden. Der Bäcker holt sie mit einem angelähnlichen Instrument aus dem Ofen – das frische, heiße Brot schmeckt köstlich!

Sita-Walla wird der Maiskolbenverkäufer genannt. Die Kolben werden mit Zitrone, Salz und Chilli gekocht oder im Feuer geröstet. So wie die Maiskolben des *Sita-Wallas* wird *Lassi* in Lahore an jeder Straßenecke verkauft. *Lassi* ist ein Yoghurt-Getränk, das man gesalzen oder gesüßt genießt. Es ist sehr erfrischend im Sommer, sollte von BesucherInnen-Mägen aber zunächst ferngehalten werden (weil sonst Durchfall droht).

Interessant anzuschauen und Besuchern vielleicht zunächst unergründlich sind die Aktivitäten des *Pan-Wallas,* der mit seinem Betel-Geschäft überwiegend in den *Bazaren* des Punjab und Sindh zu finden ist. Er besitzt einen kleinen Stand, oft lediglich eine winzige Plattform, und verkauft nicht nur Betel, sondern stellt sich als wahrer Künstler auf seinem Gebiet heraus. Geschickt handhabt er alle möglichen Ingredienzen, die in Flaschen um ihn herum aufgebaut stehen. Der *Pan-Walla* bestreicht ein Blatt mit einer kalkigen, weißen Paste und einer bräunlichen Substanz. Anschließend wird, je nach gewünschter Geschmacksrichtung, der farbig schillernde Inhalt einiger Flaschen hinzugegeben. Es folgen Sämereien, Anis, Tabak und andere geheimnisvolle Zutaten. Ein Stückchen der zerstoßenen Betelnuss bildet den Abschluss. Sirup hält das Gemisch klebrig zusammen, die Masse wird fest in das Blatt eingewickelt. Das kleine Blattpäckchen enthält immer neue Geschmacksüberraschungen. Es wird tief in die Wange geschoben, damit sich der Geschmack langsam im Mund entfalten kann. Ein seltsam astringierendes Gefühl entsteht auf der Zunge, zumindest bei den ersten Versuchen. Gewohnheits-Betelesser sind leicht zu erkennen an der rötlichen bis schwärzlichen Färbung von Lippen, Gaumen und Zähnen. Das Betelkauen soll verdauungsfördernd sein und wird deshalb gern nach einer Mahlzeit praktiziert. Betelesser haben oft – z.T. ausgesprochen schöne – kleine Kästchen aus verschiedenen Materialien bei sich, *Pandan* genannt. Im Inneren der Kästchen finden sich Unterteilungen für die verschiedenen Zutaten und eine Aufbewahrmöglichkeit für feuchte Blätter.

Aber es gibt noch mehr *Wallas* im Bazar; das Wort bezeichnet einfach eine Person, die sich mit etwas Bestimmtem beschäftigt. Der **Dudh-Walla** verkauft Milch, der **Akhbar-Walla** die Zeitungen, Gemüse gibt es vom **Sabzi-Walla** und Obst vom **Fruit-Walla.** Der **Pani-Walla** trägt einen Wasserbehälter und Becher durch den Bazar, um die Durstigen zu versorgen. Nicht nur die einzelnen Händler im Bazar werden so bezeichnet, auch die Händler, die mit Karren durch die Straßen der Vorstädte ziehen und die Haushalte versorgen. Dienstags und mittwochs hat der **Ghosht-Walla** nichts zu tun, diese beiden Tage sind fleischfrei in Pakistan, nur Hühnchen bilden eine Ausnahme.

Handeln um jeden Preis

Das **Feilschen um den Preis einer Ware** ist eine ganz besondere Kunst und gehört einfach zum Einkauf dazu. Einen Preis genannt zu bekommen und widerstandslos zu bezahlen ist nur in den modernen Geschäften und teuren Bekleidungsläden üblich, beispielsweise im hypermodernen Einkaufsturm von Islamabad. Sonst wird in fast allen Bereichen des Bazars gehandelt: Nahrungsmittel, Stoffe, Haushaltswaren, Schmuck – um alles wird gefeilscht.

Der Handel läuft nach **bestimmten Ritualen** ab. Der Kunde bekommt einen Preis genannt und lässt sofort verlauten, dass der ihm viel zu hoch ist. Der Händler preist die Vorzüge und Qualität der Ware, der Kunde weist auf Mängel hin, erwähnt, dass er den Artikel woanders viel billiger gesehen hat. Bewunderung oder Begeisterung für die Ware darf niemals gezeigt werden. Wenn dieses Anpreisen und Zurückweisen ein paarmal hin und her gegangen ist, wird der Händler vielleicht den Preis senken, oder er fragt den Kunden nach dessen Preisvorstellungen. Je nach Größe und Bedeutung des Geschäftes nennt der Kunde einen Preis, der eventuell nur ein Drittel oder die Hälfte der ursprünglichen Summe ausmacht. Im weiteren Gespräch werden

Bazarstraße

sich beide von ihrem eigenen Standpunkt entfernen und sich irgendwo in der Mitte treffen. Bei großen Käufen, wie Teppichen z.B., kann das Verhandlungsgespräch sehr lange dauern, denn Teepausen und allgemeine Gesprächssequenzen werden eingeschoben. Oft klagt der Händler einem unerbittlichen Kunden gegenüber, dass er die Summe schon unter den Einkaufspreis gesenkt hätte, dass er sich noch ruinieren wird und seine Familie darunter leiden müsse. Dieses Lamentieren gehört zum Spiel – jeder will gewinnen und jedem macht es auch Spaß, wenn gewisse Grundregeln eingehalten werden. Eine ungefähre Kenntnis der Preise und Marktverhältnisse sollte vorhanden sein, sonst sind die Forderungen von vornherein nicht gut einzuschätzen. Besucher sollten nicht vergessen, dass es sich um ein Spiel handelt; sich darüber aufzuregen ist unsinnig. Ruhiges, bestimmtes und freundliches Verhalten ist immer angebracht und trägt dem Käufer Respekt ein. Wenn dem Kunden der zuletztgenannte Preis zu hoch erscheint, sollte er sich ruhig verabschieden und den Laden verlassen, manchmal ruft der Händler seine Handelspartner zurück und macht ein neues, niedrigeres Angebot oder geht auf den Kundenwunsch ein. Oft wird auch ein kleiner Gehilfe hinter den Kunden hergeschickt, um sie zurückzuholen.

Viele Händler können ein wenig Englisch, trotzdem behindern Sprachbarrieren das Handeln, weil verfeinerte Ausdrucksmöglichkeiten fehlen. Außerdem werden oft *für Touristen automatisch höhere Preise* genannt bzw. der Preiserlass fällt nicht so hoch wie bei Einheimischen aus. Es ist praktisch, wenn pakistanische FreundInnen manche Dinge für den ausländischen Gast einkaufen können. Händler kennen die besseren finanziellen Möglichkeiten von westlichen Besuchern (zumindest verglichen mit pakistanischen Einkommen) oder haben z.T. phantastische Vorstellungen von unserem Wohlstand. Natürlich möchten sie auch gern ein wenig davon profitieren und können nicht verstehen, warum der reiche Gast trotzdem noch handeln will. Viele Händler kennen auch das deutsche Preisniveau oder haben zumindest davon gehört und weisen bei Versuchen, den Preis zu drücken, deutlich darauf hin.

„*Ich weiß, dass Silberschmuck und diese Edelsteine bei euch in Deutschland sehr teuer sind, warum handeln Sie hier, wo sie doch nur einen Bruchteil davon bezahlen müssen*", entrüstete sich ein Schmuckhändler. Einen kleinen Preisnachlass erreicht der Kunde aber in den meisten Fällen.

Wer für längere Zeit in Pakistan wohnt, sollte bestimmte Konsumgüter immer in den selben Geschäften oder an den selben Marktständen kaufen. Der Händler sieht dann in der Person keinen Touristen mehr vor sich, sondern einen normalen Kunden und wird gute Ware zu fairen Preisen verkaufen. Es kommt aber auch vor – besonders in den nordwestlichen Regionen des Landes –, dass Fremde beim Einkauf als Gäste betrachtet und besonders gut behandelt werden. Im Sommer wird dem schwitzenden Besucher plötzlich ein kühles Getränk gereicht oder ein Stück Obst zum Probieren.

Käufer und Verkäufer haben ein anderes Verhältnis zu den Waren; sie nehmen automatisch **körperlichen Kontakt** auf, was bei uns inzwischen als unfein und unhygienisch gilt. Alles wird angefasst: Die Dicke und Qualität des Stoffes wird befühlt, der Duft des Obstes gerochen, um den Reifegrad zu bestimmen, und Nahrungsmittel werden vor dem Kauf oft gekostet (damit sollte man aber warten, bis die Aufforderung des Händlers erfolgt).

In Peshawar: die schönsten Märkte Pakistans

Als Knotenpunkt des Handels zwischen verschiedenen Ländern und Stämmen kam Peshawar als Marktstadt immer besondere Bedeutung zu. Berühmt sind **Peshawars Bazare,** hier hat man als BesucherIn das Gefühl, die Zeit könnte zum Stillstand gekommen sein. Nach jahrhundertealter Tradition sind die Straßen immer noch nach bestimmten Handelswaren und Berufen aufgeteilt, deren Gliederung damals wie heute gilt. Juweliere, Kupferschmiede, Korbflechter, Charpoi-Macher, Zahnärzte, Stoffhändler – alle befinden sich im Bazar jeweils unter ihresgleichen und preisen ihre Waren oder Dienstleistungen in schöner Eintracht an.

Früher wurde Peshawar von **Kamelkarawanen** angesteuert, die aus den umliegenden Bergen kamen. Es gibt sie noch, die abenteuerlich anzuschauenden Karawanen, aber sie sind jetzt viel seltener geworden. Ersetzt werden sie durch die **farbenprächtigen Lastwagen,** die mit beliebten Motiven der Volkskunst in leuchtenden Farben bemalt sind. Phantastische Berg- und Seelandschaften, Adler, Löwen, Filmhelden und schöne Frauen – trotz des islamischen „Bildnisverbots" natürlich ohne störenden Schleier – sind auf den Gefährten zu bestaunen und spiegeln die Phantasie ihrer Besitzer wider. In Peshawar gibt es mehrere Werkstätten, in denen man seinen Lastwagen ganz nach Wunsch bemalen und mit vielen klingenden, an Ketten hängenden Metallplättchen, versehen lassen kann.

Der berühmteste Bazar Peshawars ist der **Quissa-Khawani-Bazar,** die Straße der Märchenerzähler. Im Zeitalter des Nachrichtenaustausches durch

Radio und Fernsehen gibt es keine Märchenerzähler im Bazar mehr. Hier werden viele politische Aktivitäten, die Afghanistan betreffen, diskutiert und koordiniert. Trotzdem ist ein alter Zauber, etwas Geheimnisvolles in den engen, verwinkelten Gassen erhaltengeblieben. Eine Wanderung durch den quirligen Bazar ist immer ein aufregendes Erlebnis. Die Fülle der auf den Besucher einstürmenden Reize ist überwältigend. Unterschiedliche Charaktere sind hier unterwegs, abenteuerliche Gestalten und Gesichter unterschiedlichster Couleur. Punjabis und Belutchen aus der benachbarten Provinz, würdevolle Pakhtunen unterschiedlicher Stammeszugehörigkeit, Afghanen und Hazara mit zentralasiatischer Herkunft laufen bunt durcheinander, dazu Vertreter verschiedener Ethnien aus Pakistans Nordregionen, hellhäutig und mit den charakteristischen runden Wollmützen auf dem Kopf, die so gar nichts mit den dunklen und zierlichen Sindhis aus dem heißen Süden gemeinsam haben. Die unterschiedlichsten Trachten tragen zu der Farbenpracht des Gesamtbildes bei. *Shalwar Kamiz,* bunte Tücher, Turbane, Mützen, bestickte Kappen, aber auch der eher düstere Anblick der schwarzen *Burqas,* Ganzkörperverhüllungen für die Frauen, die den Blick nach draußen nur durch ein feines Gitter zulassen.

An den farbenprächtigen Obst- und Gewürzständen mit hochaufgetürmten Waren, in den kleinen Geschäften und in den Werkstätten kann man versuchen, seine Verhandlungen auf Englisch oder Urdu zu führen, oder seiner Zunge die kehligen und rollenden Pakhtu-Laute zu entlocken – einige Händler haben aber auch Persisch, Hindko oder Hazara als Muttersprache. Nicht selten ertönt, besonders bei afghanischen Händlern, ein fröhliches „Guten Tag, bitte treten Sie ein". Die Afghanen pflegen seit Anfang des Jahrhunderts enge Kontakte zu Deutschland, viele haben dort studiert oder eine deutsche Schule in Afghanistan besucht. Wer von den vielfältigen Farben und Formen, von Gold und Silber sowie der menschlichen und tierischen Geräuschkulisse, die sich aus Rufen, Anpreisen der Waren, Hupen, Gackern, Wiehern und verschiedenen Musikrichtungen zusammensetzt, noch nicht verwirrt ist, wird von den Gerüchen endgültig betäubt. Da vermengen sich Staub, Tee, Kardamom, Tabak, Sandelholz, frisch gebackenes Brot und Kebab zu einem unbeschreiblichen Gemisch. Trotz aller Ablenkungen darf die Aufmerksamkeit aber nicht dem Straßenverkehr entzogen werden. Das Gedränge ist verwirrend und unübersichtlich: Pferdekarren, Motorräder, Rikschas, Fußgänger, Schubkarren, Händler mit Bauchladen fahren und laufen durcheinander. In den engen Gassen bleibt rechts und links kaum Platz, um auszuweichen. Am gefährdetsten in diesem alltäglichen Betrieb sind die Frauen in ihren *Burqas,* die – oft noch mit einem kleinem Kind auf dem Arm und einem weiteren am Kleiderzipfel – ein sehr eingeschränktes Gesichtsfeld haben und kaum ohne Hilfe die Straße überqueren können.

Fast im Zentrum der Altstadt, am Ende des Quissa-Khawani-Bazars, geht die Straße in einer scharfen Linkskurve in den **Bazar der Kupferschmiede** über. Die schmalen Stände sind in Nischen eingelassen, der Handwerker sitzt auf einem Kissen davor und bearbeitet das Kupfer durch leichte Schläge mit einem kleinen Hammer. Unter seinen Händen entstehen glänzende und feine Teekannen, Vasen, Teller, Schalen und Samoware. *Ali Brothers* ist eine der berühmtesten Kupferschmieden. Der *„Arme Ehrliche Ali"* hat seine von Hand gehämmerten Kupferwaren schon an mehrere Staatsoberhäupter, darunter Königin *Elizabeth II.,* vergeben.

Wenige Minuten zu Fuß vom Bazar der Kupferschmiede entfernt befindet sich der **Chowk Yad Gar.** Es ist Peshawars zentraler alter Platz, der für Treffen aller Art und politische Versammlungen genutzt wird. Am Rande des *Chowk Yad Gar* sitzen die Geldwechsler. Tief gebeugt über farbenprächtige Stapel von Papiergeld, ermöglichen sie alle erdenklichen Transaktionen und Umtauschgeschäfte.

Vom *Chowk Yad Gar* führt eine schmale Straße direkt in den **Sarafa-Bazar,** den Ort des Schmuckhandels. Die Gasse ist von alten hohen Häusern gesäumt, und ihre Enge und Düsterheit steht im Gegensatz zu der farbenfrohen Pracht und dem Goldglanz der ausgestellten Schmuckstücke. Ketten, Ringe, Ohrringe und Armreifen sind in allen Variationen zu haben. Besonders die Garnituren von zueinander passenden, sehr prächtigen Geschmeiden in samtenen Schatullen fallen ins Auge. Sie werden für das wichtigste Ereignis im Leben einer Pakistanerin – ihre Hochzeit – gekauft. Zu dieser Gelegenheit wird Schmuck aus Gold – der z.T. in unglaublichen Mengen in den Schaufenstern der Geschäfte liegt – gleich kiloweise gekauft. Gold dient hier gleichzeitig als Wertanlage und ist oft das einzige Vermögen der Frauen, das sich in Notzeiten oder bei Hochzeiten der eigenen Kinder leicht in bare Münze umtauschen lässt. Deshalb wird vornehmlich mit möglichst reinem Gold – 22 oder 24 Karat – gehandelt, wobei die Handwerker die Schönheit und Kunstfertigkeit alter Schmuckstücke längst nicht mehr erreichen. Auch die Qualität der bei der Schmuckherstellung verwendeten Steine spielt nur eine untergeordnete Rolle.

Folgt man der schmalen düsteren Straße, in der sich im Sommer eine unglaubliche Hitze aufstaut, weiter ins Innere des Schmuckbazars, fallen zwischen den Juwelieren mit Goldschmuck Händler mit afghanischem Silberschmuck auf. Nach dem Einmarsch der Sowjets in Afghanistan 1979 und dem nachfolgenden Krieg kamen immer mehr Flüchtlinge nach Peshawar, darunter zahlreiche Händler. Viele Afghanen mussten aus Not ihren Schmuck verkaufen. Einige schöne alte Stücke sind noch zu finden, das meiste wird aber inzwischen ganz neu für den pakistanischen und ausländischen Markt gefertigt. Gern wird der tiefblaue Lapislazuli als Schmuckstein verwendet, einer seiner Hauptfundorte liegt in Afghanistan. Der vormals sehr teure Stein musste durch den Verlust der staatlichen Monopolkontrolle einen starken Preisverfall durchmachen. Auffallend sind die charakteristischen klaren, geraden Linien des Turkmenen-Schmucks. Die Turkmenen verarbeiten häufig

Karneol für ihre Schmuckstücke und heben Ornamente durch Vergoldung hervor. Auch Schmuckstücke mit Korallen und Türkisen sind bei den afghanischen Händlern zu finden, zumeist stammen sie aber aus den angrenzenden nördlichen Ländern. Der Nomadenschmuck hat eine ganz besondere Note, er besteht aus reichhaltigen Silberteilen, bunten Perlen, Silbermünzen und Amuletten. Auch die schwarzen Nomadengewänder, mit ausladenden, in Falten gelegten Röcken und langen weiten Ärmeln, sind mit silbernen Schmuckelementen, Perlen und Münzen bestickt. Bunte Kappen und kunstvoll verzierte Tücher gehören ebenfalls zur Ausstattung.

Unter all den Bazaren Peshawars ist der Sarafa-Bazar der beeindruckendste. Mehr als 300 Geschäfte befinden sich auf engstem Raum, viele sind nur wenig mehr als einen Meter breit. Hier bummeln die Peshawari-Familien entlang, um Schmuck auszusuchen und zu kaufen. Vor der Abspaltung Pakistans von Indien 1947 war der Sarafa-Bazar von Hindu-Juwelieren bevölkert, die einen beachtlichen Teil der wohlhabenden Juweliere, Goldschmiede und Bankiers stellten. Ihre Residenzen gehören zu den feinsten architektonischen Werken Peshawars. Sie arbeiteten und handelten auf der Straße und wohnten in den Obergeschossen der Häuser. Es gab aber auch moslemische Juweliere, Begründer des heute erfolgreichen Peshawari Schmuck-Handels. 1947 mussten die Hindus fliehen, und die pakistanische Regierung wurde Besitzer der meisten Gebäude im Sarafa-Bazar. Die neuen Besitzer investierten in die Geschäfte und Werkstätten, vernachlässigten aber die Wohnetagen der Häuser, weil sie selbst bereits in anderen Stadtteilen lebten oder das Leben in ruhigeren Straßen vorzogen. In entsprechend schlechtem Zustand sind viele alte Häuser. Der Putz und die Farben blättern von den einstmals prächtigen Fassaden und lassen den alten Glanz nur noch erahnen. Der Islam verlangt eine strenge und klare Trennung zwischen Wohn- und Geschäftsraum, weil das Familienleben und die Frauen nicht der Öffentlichkeit preisgegeben werden dürfen.

Typisch für den Sarafa-Bazar sind die *Khattras,* geräumige Gebäude, die Platz für zahlreiche Werkstätten und Geschäfte bieten. Sie bestehen aus einem zentralen Hof, umgeben von einer Galerie, die den Zugang zu den Werkstätten ermöglicht. Ein Torweg führt von der Straße zum Hof. Eine *Khattra* hat drei Etagen. Eine moderne *Khattra* ist der **Shinwari-Bazar,** wo die KäuferInnen zwischen Säulengängen wandeln und die Vielfalt der ausgestellten afghanischen Schmuckwaren betrachten können.

Tanzmädchen und Prostitution

„In den langen heißen Nächten des späten April und Mai schien die ganze Stadt in Laluns kleinem weißen Salon versammelt zu sein um zu reden und zu rauchen. Da waren Shias mit der grimmigsten und kompromisslosesten Überzeugung; Sufis, die allen Glauben an den Propehten verloren hatten und sich an Gott festhielten; wandernde Hindu-Priester auf dem Weg nach Süden zu den großen Märkten Zentralindiens; Pundits in schwarzen Roben, mit Brillen auf den Nasen und unverdauter Weisheit in ihrem Inneren; Sikhs mit allen Details des letzten eklektischen Skandals im Goldenen Tempel; rotäugige Priester von jenseits der Grenze (Afghanistan; A.d.A.), die wie Wölfe in der Falle um sich schauten und wie Raben sprachen; Magister von den Universitäten, sehr überlegen und redegewandt – all diese Menschen und noch mehr konnte man in dem weißen Salon finden. Wali Dad lehnte im Fenster und lauschte den Unterhaltungen.“ [47)]

Jn der Moghulzeit lebten viele Tanzmädchen an den Höfen und versüßten Königen und Prinzen das Leben mit Tanz und Gesang. In Lahore ist das **Viertel der Tanzmädchen,** das Heera Mandi heißt, unweit des alten Forts situiert, direkt hinter der Badshahi-Moschee. Wörtlich übersetzt bedeutet *Heera Mandi* „Juwelenmarkt". Die Juwelen sind natürlich Mädchen. Der Markt wird auch *Kotha* genannt, was Dach bedeutet, weil die Sängerinnen und Tänzerinnen dort ihrem Gewerbe meistens in den oberen Etagen der Häuser nachgehen. Auch in Multan und Peshawar befinden sich die Viertel der Tanzmädchen in unmittelbarer Nähe zum Herrscherpalast. Peshawars traditioneller „Rotlicht-Bezirk" ist der Qissa-Khawani-Bazar, der Bazar der Märchenerzähler, in der historischen Altstadt. Besonders Soldaten und Offiziere der Armee fühlten sich in die schmalen, dunklen Gassen der Altstadt gezogen. Hinter den bröckelnden und den ehemaligen Glanz nur noch erahnen lassenden Häuserfassaden befanden sich die Etablissements zahlreicher Tänzerinnen, Sängerinnen und Prostituierter. Bei einem Spaziergang durch das alte Peshawar können viele ältere Einheimische auf die Fenster und verzierten Holzbalkone höherer Stockwerke zeigen und erzählen, wer einst hinter den Fenstern wohnte und wirkte – oder zumindest, was davon überliefert ist.

„Wali Dad verbrachte Stunden damit, aus dem Fenster von Laluns Etablissement auf der Stadtmauer von Lahore zu schauen und zu träumen: ,Wenn du von der breiten Fensterbank stürztest, wärest du 30 Fuß in den Stadtgraben gefallen. Wenn du aber deinen festen Stand bewahrtest, konntest du aus dem Fenster schauen, und all das Vieh sehen, das aus der Stadt hinunter zum Fluss getrieben wurde. Und auch die Studenten des Government College, die Cricket spielten, das hohe Gras und die Bäume, die das Flussufer säumten, die großen Sandbänke, die dem Fluss seine Rippenstruktur verliehen, die roten Grabstätten der toten Kaiser jenseits des Flusses,

Tanzjunge mit Musikanten

und weit, sehr weit in der Ferne durch den blauen Hitzedunst hindurch die Ahnung des Himalaya-Schnees.'" [48)]

Das **Sängerinnen- und Tänzerinnengewerbe ist nicht eindeutig von der Prostitution zu trennen,** einige der Künstlerinnen arbeiten zusätzlich als Prostituierte. Teilweise gehören sie zu einer besonderen sozialen Schicht, zu alten Familien, in denen alle Mitglieder in einem Schaustellerberuf tätig sind. Sie haben zwar eine gesellschaftlich niedrige Stellung, genießen aber zumindest Schutz im Rahmen ihrer geschlossenen sozialen Gruppe: Sie leben in bestimmten Vierteln der Altstädte und heiraten nur untereinander. Andere Mädchen wurden entführt, in die Prostitution gezwungen oder als Tänzerinnen ausgebildet.

Prostituierte und Tanzmädchen bilden die **Gegenpole zu dem Leben einer „beschützten" und anständigen Frau.** Verliert eine Frau ihren Schutz – d.h. den beschützenden Mann und das dazugehörige Umfeld –, gibt es für sie oft keine alternative Beschäftigung als Betteln oder die Prostitution.

Entführte Mädchen können ihrer Situation nicht entkommen, denn die Kontrolle der Zuhälter ist stark – wohin sollten sie aber auch gehen? Die Prostitution gehört zu den größten gesellschaftlichen Tabuthemen Pakistans. Selbst wenn Mädchen persönlich keine Schuld an der Entehrung tragen, sind sie für ihre Familien gestorben, sie werden verstoßen und verachtet, weil sie Schande über die ganze Familie gebracht haben.

Transvestiten und Menschen mit unklarer Geschlechtszugehörigkeit bilden eine weitere Subgruppe der Gesellschaft und stehen „ganz unten" auf der sozialen Rangskala. Sie verdingen sich teilweise im schaustellerischen Gewerbe und in der Prostitution und begegnen Diskriminierung und Verachtung, sobald sie sich aus ihren Enklaven herauswagen.

„Keine der Frauen hier ist verschleiert. Die kühnen Mädchen, mit kurzem dauergewelltem Haar und Resten alten Makeups, starren uns an wie Eindringlinge. Sie flüstern und kichern und verbergen die Gesichter an den Schultern ihrer Freundinnen. Ihre Kamize sind zu kurz, und ihre Shalwars zu weit. Sie haben seltsame Frisuren und benutzen die ausladenden und selbstverständlichen Gesten der Männer. Die we-

nigen in der Gasse herumschlendernden Männer tragen ausgebleichte Lungis und kratzen sich gedankenverloren ihre bloßen Bäuche, oder halten an, um mit den Mädchen Scherze zu machen." [49]

„Wir laufen an zwei jungen Frauen vorbei, die sich vor einem Stand strecken und gähnen, der von Girlanden aus Rosen und Jasmine überfließt ... Die Frauen, die mit dem Ladenbesitzer schwatzen, sehen zerknittert aus, als wären sie gerade aufgewacht und trügen noch ihre Shalwar-Kamize, in denen sie geschlafen haben. Es gab wenig Geschäftigkeit dort, abgesehen von den Ständen für Zigaretten und Betelnuss, und ein paar Essbuden mit Fleisch und Pakoras. Die alten, grob geschnitzten Türen waren fast alle geschlossen. Die wenigen, die geöffnet waren, erlaubten einen Blick auf enge Treppenhäuser und Innenräume im Zwielicht, die ich nicht richtig erkennen konnte." [50]

Abends gehen die roten Lampen im Viertel an, **Männer** spazieren durch die Straßen und suchen sich ein Etablissement aus, in das sie einkehren wollen. Sie machen es sich in einem mit Teppichen und Kissen ausgelegten Raum bequem, bestellen Getränke, hören dem Musikanten und dem singenden und tanzenden Mädchen zu. Die Künstlerin singt solange, wie sie Geld zugeworfen bekommt oder es sich direkt beim Gast abholen kann. Nach der Darbietung verlassen die Gäste das Etablissement oder warten auf weitere Dienste für eine weitaus größere Geldsumme. Sängerinnen und Tänzerinnen treten oft auf Hochzeiten wohlhabender Leute oder anderen gesellschaftlichen Anlässen vor Publikum auf.

„Lalun wurde noch nicht beschrieben. Tausend goldene Stifte braucht es dazu, sagt Wali Dad, und nach Moschus duftende Tinte. Sie wurde verschiedentlich mit dem Mond verglichen, dem Dil Sagar See, einer gefleckten Wachtel, einer Gazelle, der Sonne auf der Wüste Kutch, der Morgendämmerung, den Sternen und dem jungen Bambus. Diese Vergleiche unterstellen, dass sie nach dem einheimischen Standard außerordentlich schön ist, und dieser Standard unterscheidet sich nicht wesentlich von dem des Westens. Ihre Augen sind schwarz, und ihr Haar ist schwarz, ihre Augenbrauen sind schwarz wie Blutegel; ihr Mund ist klein und spricht kluge Dinge; ihre Hände sind klein und haben viel Geld angesammelt; ihre Füße sind klein und sind über die nackten Herzen vieler Männer geschritten." [51]

Wandel im Prostitutionsgewerbe

Unter *Ayub Khans* Militärdiktatur wurde das Treiben im Bazar von Peshawar verboten und die Bewohner des Rotlichtbezirks auf die Straßen gejagt. Vormals durch Lizenzen und die Mauern ihres Bazarviertels geschützt, mussten die Prostituierten *ihrem Gewerbe nun auf den Straßen oder in angemieteten Häusern nachgehen.* Um nicht ständig von der Polizei belästigt zu werden, wurden Schutzgeld-Abkommen geschlossen, eine willkommene Aufbesserung der mageren Polizistengehälter. Unter der Patronage der verschiedenen Polizeireviere wurde in unterschiedlichen Stadtteilen das Geschäft entweder in speziell dafür angemieteten Häusern durchgeführt, oder Kunden und Prostituierte trafen sich auf Hauptstraßen, der „Mall" z.b., und Straßen des Cantonments. In vielen Fällen werden Verbindungen durch Kuppler oder Kupplerinnen zuwege gebracht.

Die Zahl der Prostituierten in Peshawar ist in den letzten Jahren sprunghaft angestiegen. Den größten Anteil davon machen **afghanische Frauen,** hauptsächlich aus Kabul stammend, aus. Die Frauen sind aus wirtschaftlichen Gründen gezwungen, auf die Straße zu gehen, weil Schutz und Versorgung durch die vom Krieg zerrütteten Familien in vielen Fällen nicht mehr gewährleistet sind. Eine nicht unbeträchtliche Zahl von afghanischen Männern hat diesen Gewerbezweig auch als äußerst lukrativ erkannt. Sie zwingen afghanische Mädchen und Frauen – oft sogar Verwandte – gewaltsam zur Prostitution, vermitteln und überwachen das Geschehen.

„Eine der afghanischen Frauen, Gulnaz, die eigentlich Sängerin und Tänzerin ist, berichtet, dass sie mit ihrer persischsprachigen Gesangskunst keinen Erfolg in Peshawar hat, weil sie nicht den Geschmack der Leute trifft. Sie hasst das Leben als Prostituierte, musste sich aber umstellen, um ihren Lebensunterhalt zu verdienen. Ihr Mann war Krankenpfleger in einem Kabuler Krankenhaus und wurde im Krieg getötet. Als die Truppen der Mudjaheddin die Stadt erreichten, musste Gulnaz mit ihren drei Töchtern außer Landes flüchten. Alle drei seien jetzt im selben Gewerbe tätig. Sie verdiene nicht schlecht, müsse aber einen nicht unbeträchtlichen Teil an die Polizei abgeben."

Die Afghaninnen, die als Prostituierte in Peshawar arbeiten, brachten eine **neue Methode** mit. Sie schlendern tiefverschleiert in kleinen Gruppen von zwei bis vier, manchmal auch noch mehr Frauen, an bestimmten Straßen entlang oder halten sich in den wenigen Parks der Stadt auf. Einige der Parks, wie der Bagh-e-Naran im weit außerhalb gelegenen Stadtteil der Reichen, Hayatabad, sind inzwischen bekannt und berühmt für das nächtliche Geschehen. Die Geschäfte im Bagh-e-Naran werden von einem Afghanen kontrolliert, der offiziell eine Kebab-Bräterei unterhält. Er stellt Mädchen in unterschiedlichen Ecken des Parks zur Schau und bietet Kunden an, sich eines der Mädchen auszusuchen, danach wird über den Preis verhandelt. Verschiedenen Aussagen zufolge sollen viele der persischsprachigen Mädchen noch minderjährig sein. Der Zuhälter kassiert 3.000-4.000 Rupien (150-200 DM) für eine Nacht und 300-400 Rupien (15-20 DM) für einmalige Dienste. Bewohner des Stadtteils Hayatabad haben sich bereits bei den Behörden über das unzüchtige Treiben beklagt, und prompt wurden Polizeiposten an den Toren der Parks aufgestellt, um sie für die Familienbesuche

„sauber zu halten". Eine schwierige Situation für so manchen Polizisten, der auf die Schmiergelder des Zuhälters angewiesen ist. Eine andere, relativ neu eingeführte Methode ist es, mit Auto-Rikshas langsam an den Hauptstraßen entlangzufahren und Kunden zusteigen zu lassen.

Ganze Prostitutions-Netzwerke sind von einflussreichen und „ehrenhaften" Personen – Regierungsbeamte sollen darunter sein – aufgebaut worden. Sie schließen Abkommen mit der Polizei und lösen Konflikte untereinander, um den reibungslosen Geschäftsablauf zu gewährleisten. Es gibt zwei spezielle Bordelle in Peshawar, von denen aus Mädchen und Frauen „auf Bestellung" in Städte der Nachbarprovinz Punjab verschickt werden. Afghanische Frauen sind oft sehr hellhäutig und von großer und schlanker Statur, was dem pakistanischen Schönheitsideal entspricht und den „Marktwert" der Frauen enorm steigert. Mädchen aus diesen Häusern sind sehr teuer, weil sie nicht nur ihre Körper vermieten, sondern sich auch noch auf Sanges- und Tanzkünste verstehen.

Eine ehemalige Studentin aus Kabul, die während des Krieges nach Pakistan flüchten musste, erzählt ihren „Werdegang":

„Wir unterhielten ein Geschäft mit Lebensmittelkonserven und Kleidung in Kabul. Wir mussten die Stadt verlassen, als die verschiedenen Mudjaheddin-Gruppen Kabul angriffen. Meine drei Brüder wurden durch Bomben-Explosionen getötet. Mein Vater wurde von unbekannten Männern umgebracht, zwei Tage, bevor wir nach Pakistan aufbrachen. Wir haben keine männlichen Ernährer in der Familie mehr, deshalb blieb mir keine andere Wahl. Ich arbeite als Prostituierte, um meine Mutter und meine vier Schwestern zu ernähren. Als wir in Peshawar ankamen, besuchte ich viele Büros der Hilfsorganisationen, um einen Job zu finden, aber es gab nichts für mich. So wurde ich gezwungen, mich auf dieses Gewerbe einzulassen. Ich kam dazu, als ich meine Schwester in ein Peshawarer Krankenhaus brachte. Ein Apotheker nahm mich mit zu sich nach Hause. Aber jetzt hilft uns noch nicht einmal diese Beschäftigung mehr, weil der Markt von Neuankömmlingen überschwemmt wird."

Freizeit

„Gott mach Dich zur Blume am Ufer,
Dass ich dich rieche, wenn ich sag', ich hole Wasser."
(Landey)

Öffentlichkeit und „Innerer Bereich"

Jn Pakistan gibt es nur **relativ wenige Freizeitvergnügungen,** die mit denen der „westlichen Welt" verglichen werden könnten. Das Gros der Bevölkerung hat keinerlei finanziellen Spielraum, um eine „Freizeit" zu gestalten. Alle Familienmitglieder, Kinder eingeschlossen, verrichten den ganzen Tag schwere Arbeit, um sich mit dem Notwendigsten an Nahrung und Kleidung zu versorgen. Auch für die wohlhabenderen Teile der Gesellschaft sind die Gestaltungsmöglichkeiten der Freizeit gering. Religiöse Vorbehalte dem „lustigen und lauten Leben" gegenüber und die *Zurückhaltung in bezug auf Aktivitäten in der Öffentlichkeit* schränken das Angebot ein. Durch das System der Geschlechtertrennung und die von Frauen erwartete Konzentration auf den häuslichen Bereich ist zumindest für den weiblichen Teil der Gesellschaft die Bewegungsfreiheit in der Außenwelt sehr klein.

Spazierengehen oder Wandern ist unüblich, es gibt keine Cafés oder Kneipen, keine Discos. Auch Konzerte oder Theater gibt es kaum. Das Kinoangebot beinhaltet neben pakistanischen auch ausländische Filme, die im Originalton gespielt werden; vorzugsweise werden Action-Filme gezeigt. Für Frauen sind – zumindest unbegleitete – Kinobesuche nicht üblich.

Die Beschränkungen und die gesellschaftlich auferlegte Zurückhaltung in der Öffentlichkeit bedingen eine *Hinwendung zum „Inneren Bereich".* Die freie Zeit wird innerhalb des Hauses mit der eigenen Familie verbracht. Verwandten- und Freundesbesuche bieten Zerstreuung und sind sehr beliebt, auch die Feiertage bringen etwas Abwechslung ins Alltagsleben. Zu großen Feiertagen ist das ganze Land in Bewegung: Alle versuchen rechtzeitig im Heimatdorf anzukommen oder mit der Familie zusammen zu feiern. Diese Gemeinsamkeit ist das höchste Gut und das größte Vergnügen für viele Menschen. Hochzeiten sind willkommene soziale Anlässe, um sich zu treffen, Neuigkeiten auszutauschen und natürlich, um sich selbst und die schönen neuen Kleider zu präsentieren – wenn auch nur im Kreis der GeschlechtsgenossInnen.

Freizeitbeschäftigungen

Eine der beliebtesten häuslichen Beschäftigungen ist das *Fernsehen,* das sich schnell im Land verbreitet hat. Besonders jüngere Leuten leihen sich oft Videos aus und hören „moderne" Musik; Videotheken gibt es inzwischen in allen größeren Städten des Landes.

Sehr beliebt sind *Picknicks* mit der ganzen Familie, Ausflüge an landschaftlich schöne Plätze. Die Vorbereitungen für das Picknick dauern oft viele Stunden: Essen wird vor- und zubereitet, Tee gekocht und in Thermoskannen gefüllt, die Kinder herausgeputzt, die Frauen müssen sich dann auch noch ein bisschen herrichten, Vater bereitet das Auto vor, die Großmutter wird schon einmal auf dem Rücksitz verstaut, weitere fünf Personen quetschen sich in den Kleinwagen, drei Kinder auf den Beifahrersitz, die Fahrt kann losgehen, nur noch unterwegs ein wenig Obst kaufen … Nach vielen Stunden heißer staubiger Fahrt, am „Ort der Schönen Aussicht" angekommen, wird das Menschenknäuel entwirrt und das unglaubliche Gefährt entladen, Schatten gesucht, Decken werden ausgebreitet, und dann kann auch schon bald das Mahl beginnen. Danach wird ein bisschen umhergeschlendert, und die Füße werden ins Wasser gesteckt, sofern sich ein See oder ein Fluss in der Nähe befindet.

Man liebt schöne Aussichten – alles, was auch nur annähernd als „View Point" deklariert werden kann, wird anvisiert und als Picknick-Platz auserkoren. Die Natur wird zwar romantisch verklärt, aber gerade an häufig frequentierten Plätzen macht sie keinen unberührten Eindruck mehr, im Gegenteil; der Ort verwandelt sich langsam in eine Müllhalde. Überall geschieht die Müllentsorgung recht unbekümmert: In den Fluss damit, ins nächste Gebüsch, oder aus dem Autofenster ganz selbstverständlich – und mit noch verklärten Augen von der schönen Aussicht des View Points – direkt auf die Fahrbahn.

Parkbesuche gehören zum festen Bestandteil des Freizeitvergügens und werden häufig mit der ganzen Familie durchgeführt; in jeder größeren Stadt gibt es mehr oder weniger schöne Parks. Wunderschön gestaltete Parks mit altem Baumbestand und Kolonialzeit-Flair sind in Lahore zu finden, neuere dagegen haben die Tendenz, eher karg zu sein, und wirken sehr künstlich. In Islamabad hat man sich mit der Ausstattung der neueren Parks viel Mühe gegeben, außerdem sind sie landschaftlich sehr schön gelegen. Der Eintritt in diese Parks kostet nur wenige Rupien. Üblicherweise enthält ein Freizeit-Park ein paar Klettergerüste für Kinder, manchmal einen kleinen künstlichen Teich für Tretboote, außerdem Karussells, Tische und Bänke für den den obligatorischen Imbiss und die Softdrinks aus dem Kiosk. Die Sprösslinge kaufen Eiscreme und geröstete Maiskörner von kleinen geschäftstüchtigen Kindern, die, mit Bauchläden versehen, den Park ebenfalls bevölkern. Sie haben nicht das Vergnügen, von ihren Eltern ausgeführt zu werden, sondern müssen oft allein für ihre ganze Familie sorgen. Sie verkaufen an anderen Orten alles Mögliche, speziell der Park ist aber der richtige Absatzmarkt für Drops und *Chingam* (gebräuchliche Abkürzung für „Chewing Gum"). Die Erwachsenen drehen derweil ein paar langsame Runden auf den Spazierwegen. Auf den Bänken und den abgelegeneren Grünflächen sitzen abends Einsamkeit suchende Pärchen (verheiratete, natürlich!).

In den Städten gibt es auch eine gute Auswahl an **Restaurants,** die man zu besonderen Anlässen mit der ganzen Familie oder mit Geschäftspartnern besucht. Die Gerichte sind auf Sammelbestellungen ausgerichtet: Niemand bestellt für sich allein, mehrere Hauptgerichte werden für alle am Tisch Anwesenden zusammen geordert. Meist übernimmt eine Person am Tisch die Rolle des Gastgebers und bestellt für alle. Die Rechnung auseinander zu dividieren ist völlig unüblich; wie auch beim Bestellen verhält sich eine Person als Gastgeber und bezahlt die gesamte Rechnung. Es ist ein typisches Bild, mehrere Menschen um die Ehre, für alle zahlen zu dürfen, streiten zu sehen. In den großen Städten und besonders in Islamabad, Lahore und Karachi gibt es mittlerweile auch Fastfood-Restaurants, Pizza-Lokale und Eissalons. Chinesische Restaurants gehören inzwischen zum Stadtbild und sind sehr beliebt. Sie bieten eine nette gepflegte Atmosphäre und „leichtes" Essen, verglichen mit dem pakistanischen Öl- und Gewürzverbrauch. Diese relativ neuen und „untypischen" Restaurants sind für arme Leute nicht erschwinglich; das Essen ist sehr viel teurer als in den pakistanischen und afghanischen Lokalen. Sehr einfache Gasthäuser und Straßenstände sind natürlich am preisgünstigsten, sollten von ausländischen BesucherInnen aber nur aufgesucht werden, wenn der Magen kräftig ist oder sich schon ein bisschen an die pakistanischen Mikrokulturen gewöhnt hat, denn die Küchen sind oft nicht die hygienischsten.

Spaziergänge außerhalb der Freizeitparks sind unüblich, eine Ausnahme bildet aber der **abendliche Bummel durch den Bazar.** Diesen Ausflügen muss keine Kaufabsicht zugrunde liegen, das Schlendern durch die Einkaufsgassen in der abendlichen Kühle ist, für sich genommen, schon Vergnügen genug. Stoffe für festliche Kleider werden angeschaut, passende Accessoires gesucht, der Goldschmuck in den Schaufenstern bewundert; zwischendurch gibt es ein paar Snacks, Popcorn und Luftballons für die Kinder.

Das **Auto** hat seinen festen Platz als Statussymbol in der pakistanischen Gesellschaft und wird in viele Lebensbereiche einbezogen. Beim abendlichen Stadtbummel der Städter wird die körperliche Bewegung zugunsten des Autos aufgegeben. Wenn die Familie nicht gerade durch den Park schlendert oder im Bazar einkauft, bleibt man gern im Auto sitzen und fährt den Lieblingskiosk an, um ein Getränk zu kaufen oder ein Eis zu essen. Viele betuchte Jugendliche mit betuchten Eltern und eigenen Autos verbringen so ihre freien Abende: hören Musik, rauchen (heimlich) und unterhalten sich mit den Freunden von Autofenster zu Autofenster. An den Getränkebuden werden die Erfrischungen von flinken Gehilfen eilig ans Auto gebracht, die Flaschen später wieder abgeholt. Auch andere Händler haben sich auf diese Autospazierfahrten der wohlhabenden Bürger eingestellt und umlagern die Autos, um Süßigkeiten, Blumenket-

Beliebter Schneeausflug

ten, Spielzeug, Luftballons oder allerlei Haushaltswaren anzubieten. Häufig bieten Kinder an, die Scheiben des Autos zu säubern, einen Parkplatz zu suchen oder bitten einfach um ein paar Münzen.

Sport als Freizeitbeschäftigung ist in Pakistan nicht so weit verbreitet. Cricket und Hockey sind sehr beliebt, Polo ist für die nördlichen Landesteile typisch. Fußbälle und Hockeyschläger werden von Pakistans großer Sportartikel-Industrie gefertigt. Kinder und Jugendliche versuchen sich auf den Straßen spielend im Cricket und ahmen ihre Sportler-Idole nach. Die Cricket-Saison dauert von Oktober bis März, ein Spiel dauert drei bis fünf Tage lang. Bei einem wichtigen Spiel ist ganz Pakistan nicht ansprechbar, Arbeit und Geschäfte ruhen, und die Menschen versuchen, sich in der Nähe eines Radios oder Fernsehers aufzuhalten.

Badminton und Tennis sind bekannt und beliebt, haben aber keinen Volkssport-Charakter.

Ein beliebter pakistanischer Volkssport und ein großes Freizeitvergnügen sind die **Drachenwettkämpfe.** Am 1. März wird in Lahore das Frühlingsfest *(Basant)* gefeiert. An diesem Tag finden in der ganzen Stadt und auch an anderen Orten Drachenwettkämpfe statt. Die Drachen werden in allen Größen und Farben hergestellt; an ihrer Schnur sind Glassplitter befestigt, welche die Schnur der gegnerischen Drachen durchschneiden sollen. Die Kinder sind aufgeregt und ausgelassen, es herrscht viel Tumult in den Gassen. An diesem Tag wird auf der Straße gegessen, von überall her dröhnt Musik. Die bunten Drachen sind am blauen Himmel sehr schön anzuschauen – es ist selten, eine so ausgelassene und fröhliche Stimmung in der Stadt zu verspüren. Am Abend, wenn die Kinder erschöpft heimgekehrt sind, finden sich überall zerbrochene Drachen, bunte Überreste des Wettkampfes.

Frauen, die sich sportlich betätigen möchten, können in den Clubs schwimmen, Badminton und Tischtennis spielen. In der Öffentlichkeit oder auf Sportplätzen treiben Frauen keinen Sport. Vor ein paar Monaten allerdings fand ein öffentlicher Ausdauer-Lauf von einer Frauengruppe durch Islamabad statt. Die Damen liefen in *Shalwar-Kamiz* und mit einem kleinen Schleier …

Ursprünglich stammen die **Clubs** aus britischen Tagen und sind alte traditionelle Einrichtungen. *Peshawar Club* oder *Rawalpindi Club* sind bekannte soziale Treffpunkte, sie verfügen über Bibliotheken, Gesellschafts- und Speiseräume. Neben diesen Eliteclubs gibt es jetzt auch neue Clubs für den pakistanischen Mittelstand. Sie bieten Facilitäten für Hochzeitsfeiern und andere Festivitäten, größere gesellschaftliche Zusammenkünfte und sportliche Betätigung. Einige Clubs werden hauptsächlich von Ausländern besucht. Um den *American Club* in Peshawar z.B. zu betreten, ist es notwendig, Mitglied zu sein. Pakistaner dürfen nur als Gäste mitgebracht werden. In dem Club wird Alkohol ausgeschenkt, es gibt „amerikanisches" Essen – hier sind AusländerInnen unter sich. Fernsehen, Zeitungen, Bücher, Unterhaltungen: Es steht dem Mitglied frei zu wählen, wie es den Abend verbringen möchte.

Traditionelle Freizeitvergnügungen finden sich besonders bei **Volksfesten,** den *Melas,* die oft anlässlich der Todestage von Heiligen, *Urs,* veranstaltet werden. Ringen und Hahnenkämpfe gehören dazu, Volkstheater und Volksmusik mit Tanz, Puppenspiele und Komiker. Letztere, *Toki* im Pakhtu genannt, sind besonders in pakhtunischen Gebieten sehr berühmt und beliebt. Geschichtenerzähler und Gaukler, persisch *Bazegar,* gehören unbedingt zum Bild des Volksfestes, und natürlich auch Schlangenbeschwörer und Tierschausteller, „Kalender" im Urdu, Fakire und Pantomimen. Zu diesen Gelegenheiten werden auch *Kabaddi,* Mannschaftsspiele, durchgeführt.

Zu den **Kommunikations- und Freizeitorten des traditionellen Landlebens** gehörten und gehören teilweise noch die Wasserstelle, wo sich je nach Tageszeit die Männer oder Frauen des Ortes treffen. Brunnen und Quellen spielen auch in der Dichtung eine große Rolle, so wie der gemeinsame Backplatz, *Tandoor* im Urdu. Auch er ist ein wichtiger Kommunikationsort und Treffpunkt des Dorfes. Männer haben traditionell viel Zeit in den Gast- und Männerhäusern, *Hujras,* verbracht, in der Moschee, dem Bazar und Teehäusern.

Pakistanisches Kino und Fernsehen

Einhundert pakistanische Filme werden jedes Jahr produziert. Eine beliebte pakistanische Redewendung zur Qualität der Filme: *„Sie sind so schlecht, dass noch nicht einmal die Pakistaner sie sehen wollen!"*

Im Zuge der Auseinandersetzungen bei der Teilung Indiens wurden die Studios in Lahore zerstört, nach einigen Jahren wurde die Film-Gesellschaft *Pancholi* aufgebaut. Die meisten Schauspieler und Regisseure waren im Zuge der Teilung nach Bombay und Calcutta gegangen; die in Pakistan verbliebenen fanden keine Film-Infrastruktur mehr vor. Das Ausstrahlungsverbot von indischen Filmen kurbelte die **heimische Filmindustrie** ein wenig an, aber es gab wenig originelle neue Ideen, und eine eigenständige Filmrichtung entstand nicht. Indische Filme und Popmusik wurden und werden noch heute gnadenlos kopiert. *NAFDEC (National Film Development Corporation)* hatte sicherlich gute Vorsätze für ein pakistanisches Kino, als sie in den 70ern gegründet wurde. Tatsächlich wurden einige Filme nach klassischen Vorlagen gedreht – dann gingen aber sehr schnell die Ideen aus. Die strenge Zensur aller Filme unter *Zia ul-Haq* versetzte dem Filmgewerbe einen weiteren Schlag und behinderte die zukünftige Entwicklung. Der Urdu-Film versucht zur Zeit ein Comeback – der Ausgang bleibt ungewiss.

Das **Fernsehen** dagegen entwickelte sich schnell und breitete sich im ganzen Land aus, eine Reihe guter TV-Spiele und Serien wurden produziert. Nach 1988 und dem Ende der konservativen, islamischen Tendenzen der Ära *Zia ul-Haq* fand eine Liberalisierung des pakistanischen Fernsehens statt.

Dem **SchauspielerInnenberuf** fehlt es in Pakistan an künstlerischer Anerkennung. Es gibt auch keine Schauspielschulen oder sonstigen Hilfestellungen. Viele Film-Berühmtheiten stammen aus dem zwielichtigen SängerInnen- und TänzerInnen-Milieu: Sie werden als Stars bewundert, aber nicht als Künstler respektiert. *Sultan Rahi* z.B. ist ein berühmter Kino-Star; er wurde religiös, um seinen Ruf zu verbessern, und demonstrierte das bei allen Gelegenheiten. *Mussarat Shaheen* ist seit vielen Jahren bekannt durch ihre Rollen als knapp bekleidete Heldin in zweitklassigen Pakhtu-Filmen. In den 70er Jahren wurde sie durch den Film *„Dulhan Ek Rat Ki"* („Braut für eine Nacht") berühmt. 1997 ließ sie sich im Wahlkreis Dera Ismail Khan für die Wahlen aufstellen und kündigte an, gegen den Führer einer religiösen Partei, *Maulana Fazlur Rahman,* antreten zu wollen. Jedem war klar, dass sie keine Gewinnchancen hatte, aber das ganze Land schmunzelte über ihre Unverfrorenheit, den *Maulana* durch ihre Aktion lächerlich zu machen. Er hatte viele Leute gegen sich aufgebracht, weil er entgegen seiner frommen und vollmundigen Ankündigungen nichts für das Wohlergehen der Menschen und die Entwicklung der Gegend unternommen hatte.

Nach wie vor sind Frauen und Familien *in Kinos* kaum zu finden, nur Gruppen von jungen Männern, die sich ein paar Stunden lang amüsieren wollen. Sie bewundern üppige Schauspielerinnen in (für pakistanische Verhältnisse) aufreizenden Kleidern und Posen, sind begeistert von Platzpatronen-Effekten und ein paar eingängigen Liedern, die sie nach dem Film auf der Straße nachsingen können.

Feindliches Fernsehen

Es gibt keine Sprachbarrieren für die Menschen, die das Fernsehprogramm des *feindlichen Nachbarn Indien* anschauen möchten. Wer Urdu spricht, kann auch Hindi verstehen. Die Satellitenschüsseln breiten sich im Land aus – wie Unkraut, sagen konservative Stimmen. *ZEE-TV,* ein indischer Kanal, ist besonders beliebt: In Gegenden, wo es nur wenige Fernseher gibt, sitzen ganze Gruppen von Menschen vor dem Gerät und verfolgen die Programme. In den entlegensten Gebieten stellen Leute, die es sich leisten können, Satellitenschüsseln auf. Die empfangenen Sendungen vermitteln völlig neue Eindrücke und konfrontieren mit der Moderne. Das Programm ist modern und peppig aufgemacht, pikante Themen werden in aller Offenheit behandelt. Es werden Talkshows mit jugendlichen Jungen und Mädchen ausgestrahlt, die über alle Angelegenheiten reden, die junge Leute interessieren und betreffen – auch Liebe und Freundschaft. Frauenthemen und -probleme werden in speziellen Talkshows behandelt; Männer und Frauen sitzen unverkrampft ohne Tuch und Schleier beieinander und reden.

Zwar schüttelt mal der eine oder andere, vor dem Fernseher sitzend, den Kopf über allzuviel indische Offenheit und Direktheit, trotzdem sind alle begierig darauf, die Programme zu sehen. Das pakistanische Fernsehen sei langweilig, wird als ein Grund genannt.

Viele der anderen **Satelliten-Programme** sind in englischer Sprache, deshalb bleibt für nicht fremdsprachige Menschen nur die indische Alternative. Vor der Satellitenausstattung wurden indische Radiosender empfangen und gehört. Nachrichten und Diskussionen im pakistanischen Fernsehen *PTV* sind nicht gefragt, schmissige Hindi-Lieder mit flotten Tanzeinlagen sind besser geeignet, den Menschen die Flucht aus dem harten Alltagsleben zu ermöglichen. Die Kanäle *ZEE, Jain, Sony* und *EL,* um nur einige zu nennen, sind sehr unterhaltsam und die Filmstars beliebt. Viele Sender produzieren aber auch nur flache Unterhaltung in Gestalt von Soap-Operas und kaum gehaltvolle Filme, die z.B. soziale Verhältnisse beleuchten oder Lebensrealitäten in Dokumentar-Filmen darstellen. Auch *BBC News, Chinese Channel* und *TNT* werden empfangen und angeschaut. 6000 Rupien kosten in Pakistan hergestellte Satelliten-Ausrüstungen; diese Anschaffung können sich inzwischen viele Mittelklasse-Familien leisten. Und sie tun es auch, weil sich ein großer Teil des Freizeitlebens im Haus und vorm Fernseher oder Videogerät abspielt.

Es gibt kein Kabelsystem in Pakistan, von einigen Versuchen in Karachi abgesehen.

Nach ihren **Sehgewohnheiten** gefragt, sind die Leute sehr zurückhaltend. Man gibt die Vorliebe für indische Kanäle nicht gern zu – und Kinder dürften sowieso nur ausgewählte Programme sehen, wird versichert. Die Nachrichten könnte man auch nicht anschauen, weil es lauter Propaganda sei. Einige Intellektuelle ziehen sie aber den pakistanischen Nachrichten wegen größerer Objektivität vor. Ältere Menschen sind manchmal entsetzt über die Freizügigkeit, das untypische Verhalten und die Kleidung der Frauen. Junge Mädchen werden in manchen Familien vom Fernseher ferngehalten, damit sie nicht unter schlechten Einfluss geraten.

Auf ins Getümmel –
Überleben im Straßenverkehr

„Vorne der Islam und hinten das Leben"
(charakteristisch für die Bemalung von Lastwagen)

Situation auf den Straßen

*A*lle möglichen und unmöglichen **Gefährte** bewegen sich in den Städten und auf den Überlandstraßen Pakistans: Autos natürlich in wachsender Zahl und Busse, Lastwagen, Motorräder und Mopeds, Ochsen- und Eselskarren, Pferdegespanne, Motorrikshas, Fahrräder, von Menschen gezogene Karren – dazu kommen ab und an ein paar Kamele, eine Herde Wasserbüffel und Hunde, die todesmutig mitten auf der Straße ihr Sonnenbad nehmen. Manche Gefährte sind in einem erbarmungswürdigen Zustand, viele gänzlich ohne Beleuchtung, was das nächtliche Fahren sehr risikoreich macht (die Dunkelheit bricht nach der kurzen Dämmerung früh und plötzlich herein). Die Fahrzeuge sind oft hoffnungslos überladen, die Innenräume mit Passagieren vollgestopft. Selbst auf den Dächern klammern sich noch Reisende fest, auf den Ladeflächen, sogar auf Stoßstangen; dazu ist überall Gepäck in großen Mengen notdürftig befestigt.

Die **Verkehrssicherheit** der meisten Fahrzeuge lässt sehr zu wünschen übrig. Es gibt kaum Sicherheits-Kontrollen und kein TÜV-ähnliches System. Es besteht zwar Führerscheinpflicht für AutofahrerInnen, die Papiere können aber problemlos für eine mittelhohe Summe gekauft werden. Man bringt sich selbst das Fahren bei, übt und erlangt seine Praxis im Verkehrsgetümmel.

Das **Verhalten der Verkehrsteilnehmer** ist unberechenbar, ständige Aufmerksamkeit sowohl im Stadtverkehr als auch auf Überlandstraßen ist äußerst notwendig. Langsames und vorsichtiges Fahren ist für jeden zu empfehlen, der sich in dem pakistanischen Verkehrssystem nicht gut auskennt. Menschen stehen unschlüssig am Wegesrand und laufen schließlich über die Straße, kurz bevor das Auto bei ihnen ist; Kinder sind unachtsam und überqueren den Fahrweg, wie und wann es ihnen in den Sinn kommt. Lichtzeichen werden willkürlich verwendet: Mit plötzlichem Ausscheren, Bremsen und unvernünftigem Überholen muss jederzeit gerechnet werden. Überhaupt werden Vorfahrtsregeln ganz nach Belieben ausgelegt.

Oft tauchen unvermutet große Schlaglöcher auf, denn die **Straßen** werden von starken Regenfällen und Überschwemmungen arg mitgenommen – oder rutschiger Schotter liegt auf der Fahrbahn. In den Ortschaften beanspruchen Straßenhändler die Seitenränder der Fahrbahn. Es gibt Ampeln in den Städten, die teilweise auch funktionieren, was aber nicht heißt, dass sich alle VerkehrsteilnehmerInnen nach den Lichtsignalen richten.

Das Hupgeräusch ist aus dem Straßenverkehr nicht wegzudenken, und die **Hupe** ist mindestens so wichtig wie die Bremsen. Sie gibt den unmissverständlichen Hinweis: *Hier bin ich, macht mir gefälligst Platz!* In den engen Kurven der Bergstraßen dient Hupen den Fahrern als ständige Warnung vor Gegenverkehr auf den unbefestigten Straßen, die keinerlei Absperrung zum Abgrund haben.

Das **Recht des Stärkeren** wird auf den Straßen völlig ausgelebt. Ein schwächerer Verkehrsteilnehmer wird ohne Skrupel zum Ausweichen auf den unbefestigten Randstreifen genötigt, um einem Zusammenstoß mit einem deutlich größeren Bus oder Lastwagen zu entgehen. Der Kampf auf den Straßen wird immer zugunsten der größeren Gefährte ausgetragen: PKW-FahrerInnen verlieren meistens, wenn es darum geht, wer die besseren Nerven hat oder in den Graben ausweichen muss.

Auf den Überlandstraßen findet ein Wettrennen der unterschiedlichsten Fahrzeuge statt: Dieser Wettbewerb ist nichts für Leute mit schwachen Nerven. Besonders Bus- und LKW-Fahrer stehen oft unter Drogen, um längere Fahrzeiten ohne Pausen verkraften zu können, und zeichnen sich durch große Rücksichtslosigkeit und Unerschrockenheit aus. Dies ist sicherlich eine der Ursachen für die **höchste Unfallrate der Welt,** ein Rekord, auf den Pakistan sicher nicht stolz sein kann. Immer wieder ist in den Zeitungen von Bussen zu lesen, die mit all ihren Passagieren in Schluchten gestürzt oder mit anderen Vehikeln frontal zusammengestoßen sind. Ausgebrannte Wracks liegen an den Straßenrändern.

Die **Versorgung der Verletzten** ist schlecht, denn es gibt nur wenige Krankenwagen, die in den Städten wegen des dichten Verkehrs sowieso nicht durchkommen. Meistens machen ihnen die anderen Verkehrsteilnehmer auch keinen Platz. Nach den Gründen für dieses hartherzige Verhalten gefragt, antworteten einige, die Fahrer würden die Autorität ihres Notfall-Fahrzeuges dazu benutzen, banale und private Geschäfte zu erledigen oder einfach besser durch die Staus in den Städten zu kommen. Der tatsächliche Unfall wird dann nicht mehr ernstgenommen. Die Einlieferung eines Verletzten ins Krankenhaus und die ärztliche Versorgung am Unfallort oder im Krankenhaus ist nicht selbstverständlich und erweist sich sogar oft als sehr problematisch, weil es kein Krankenkassen-System gibt. Der Patient muss die Behandlung und die Medikamente aus der eigenen Tasche zahlen. Unfallopfer bleiben oft einfach auf der Straße liegen und hauchen dort ihr Leben aus. Nimmt man einen Verletzten in seinem eigenen Auto mit, ist man unter Umständen

Nur Rikshas kommen durch die engen Bazargassen

verantwortlich für diese Person inklusive finanzieller Verpflichtungen.

Offiziell besteht eine Meldepflicht bei Unfällen. **Ist man selbst in einen Unfall verwickelt** und fühlt sich bedroht, was bei Personenschäden vorkommen kann oder weil der Unfall in der Nacht geschah, sollte man zur nächsten Polizeistation fahren und mit Polizeischutz zurückkommen.

Tankstellen und Rasthäuser sind an den Hauptstraßen zahlreich vorhanden. Die **Straßenkarten** sind sehr ungenau und oberflächlich, Stadtpläne geben die Örtlichkeiten oft falsch wieder. Es gibt wenige **Verkehrsschilder,** einige von ihnen sind in Urdu, andere in Englisch beschriftet. In den entlegeneren Gebieten herrscht Urdu vor, auch auf den Schildern, die Orte und Entfernungen angeben. Es kann hilfreich sein, sich vor der Fahrt das Schriftbild der Orte oder Städte einzuprägen, die man anfahren möchte.

Kleine *Suzukis* sind das Mittelstandsauto Pakistans; Prestigeobjekte dagegen *Pajero* oder *Mercedes*. Jeeps mit Allradantrieb sind auf den vielen unbefestigten Straßen des Landes und für Ausflüge in den bergigen Norden empfehlenswert und sehr praktisch.

Es gibt sehr viele **Straßenkontrollen** und Autodurchsuchungen, AusländerInnen können aber meist unbehelligt passieren. Sollte dennoch eine Kontrollsituation entstehen, empfiehlt sich ruhiges und freundliches, aber durchaus selbstbewusstes Verhalten.

Es gibt keinen TÜV oder etwas ähnliches in Pakistan, alle Fahrzeuge, die sich irgendwie fortbewegen können, trauen sich auf die Straße. Inzwischen hat der motorisierte Verkehr eine **hohe Luftverschmutzung** verursacht. Nur wenige Geräte sind für Emissionsmessungen bei Fahrzeugen vorhanden, bei den seltenen Kontrollen werden Aufforderungen ausgesprochen, das defekte Fahrzeug reparieren zu lassen – doch wer soll das nachprüfen? 80 % der Fahrzeuge haben zu hohe Emmissionswerte. Reparaturen sind teuer, und für Trucker bedeuten sie Verdienstausfall. Das wachsende Verkehrsaufkommen in den Städten kann kaum bewältigt werden. Die Innenstädte dürfen tagsüber wegen des dichten Verkehrs und chronischer Staus nicht mit den Trucks befahren werden.

Die pakistanische Umweltschutz-Behörde, „Pakistan Environmental Protection Council", hat eine Aktion zur **Begrünung** Pakistans durch das Verpflanzen von Baumsetzlingen gestartet. Pakistans Baumbestand liegt nur noch bei 5 %, er soll in den nächsten Jahren zumindest verdoppelt werden. Die Armee, Banken, Ämter und Fabriken beteiligen sich an der öffentlichen Aktion. Besonders Straßenrändern soll die Bepflanzung zugute kommen.

Öffentliche Verkehrsmittel

Die größeren Städte sind von einem dichten Busnetz überzogen. Der **Bus** ist ein sehr billiges Transportmittel, aber leider ist es sehr schwierig, das System der Abfahrtszeiten- und orte zu durchschauen. Um von den Stadtbussen mitgenommen zu werden, müssen sich die Fahrgäste an den Straßenrand stellen und auf einen Bus warten, der dann herangewunken wird. Es gibt sehr wenige offizielle Haltestellen, und die sind auch nicht etwa durch ein Schild gekennzeichnet; die inoffiziellen müssen durch Eingeweihte in Erfahrung gebracht werden. Die Fahrtrichtung wird von jugendlichen Gehilfen und Beifahrern an jeder Haltestelle herausgebrüllt. Ansonsten helfen nur Erfahrungswerte, herauszufinden, wohin der Bus tatsächlich fährt. Es gibt keine Fahrpläne oder Fahrscheine, das Entgelt wird während der Fahrt abkassiert und beträgt nur wenige Rupien. Die abenteuerlichen Fahrzeuge sind immer überfüllt, Frauen dürfen meist hinter dem Fahrer einen eigenen Sitz beanspruchen.

Überall in den Städten herrscht wegen der unkontrollierten Abgase schlechte Luft, die Busse bieten keinerlei Schutz davor, weil viele keine Fensterscheiben haben.

Die „Flying Coaches" sind schnelle **Überlandbusse** und insgesamt komfortabler ausgestattet als die Stadtbusse. Sie haben Fensterscheiben und erträgliche Sitze, manche sind sogar klimatisiert. Neben den großen Bussammelstellen – meist sind es zentrale Plätze in der Stadt – gibt es wenig offizielle Haltestellen. Reisende müssen beachten, dass für die diversen Fahrtziele und -richtungen mehrere verschiedene Plätze in größeren Städten existieren. Busse fahren meistens ab, wenn sie voll besetzt sind; für weit entfernte Ziele gibt es aber zumindest grob festgelegte Abfahrtszeiten. Das Gepäck wird bei den Reisebussen meist auf dem Dach befestigt. Bei den häufigen Buskontrollen durch die Polizei wird das Gepäck von Fremden meist nicht angetastet.

Reisenden kann es bei Überlandfahrten in Pakistan passieren, dass die Busfahrt plötzlich unterbrochen wird: Alle Männer steigen aus, breiten Tücher oder kleine Gebetsteppiche aus, setzen Kappen auf den Kopf und **beten alle gemeinsam.** Sehr viele Menschen beten fünfmal am Tag und lassen sich durch nichts davon abhalten, wenn der Muezzin ruft. Diese Unterbrechungen sind aber sehr kurz und können von nichtbetenden Menschen zum Beinevertreten genutzt werden.

Die **Motor-Riksha** ist das innerstädtische Kleintaxi. Sie ist zwar langsam, aber wendig und kann sich durch den dicksten Verkehr mogeln. In der Motor-Riksha sitzt der Fahrgast allerdings völlig ungeschützt: Man ist sehr niedrig plaziert und fühlt sich verschwindend klein und unbedeutend neben einem größeren Gefährt, auf dessen Reifen man quasi schauen kann. Außerdem ist in dieser Sitzposition das Einatmen des gesamten Abgasgemischs unvermeidbar. Der Preis wird mit dem Riksha-Fahrer vor Beginn der Fahrt ausgehandelt; es ist günstig, eine ungefähre Preisvorstellung zu haben.

Das **Taxi** ist die bequemere Alternative, aber nicht überall sind welche zu finden – außerdem haben sie in den engen Gassen der Altstädte auch keine Chancen durchzukommen. Die Taxifahrer schalten bei Fahrtbeginn nicht ihr Taxameter ein, sondern wollen einen Preis aushandeln. Hat man die Gelegenheit, dieselbe Strecke einmal mit und einmal ohne Taxameter zu fahren, wird der Preisunterschied sehr schnell deutlich: Mit dem Taxameter beträgt er oft nur die Hälfte des üblicherweise ausgehandelten Preises. Auch für Überlandverbindungen sind Taxis, wenn es schnell gehen soll, eine nicht zu teure Alternative. Die neueren Taxis, die sogannten „Yellow Cabs" sind besser ausgestattet als ihre Vorgänger.

Die großen Städte Pakistans sind mit Bahnlinien verbunden. In der westlichen Hälfte des Landes reicht die Süd-Nord-Zugverbindung nur von Karachi bis Quetta. Peshawar ist über Lahore auf der Ostroute erreichbar. Die **Züge** sind immer voll besetzt und müssen lange vor der Abfahrt gebucht werden, unabhängig davon, in welcher Klasse man reisen möchte. Auch für relativ kurze Entfernungen ist die Fahrt lang und staubig: Der vorausschauende Reisende sollte etwas zu essen und zu trinken dabei haben sowie einen großen Schal, um sich vor dem gröbsten Schmutz zu schützen.

Lastwagen und was dazu gehört

Straßennetz

Im Zuge der Teilung Indiens in zwei unabhängige Staaten wurden wirtschaftlich verflochtene Landesteile getrennt, so auch das Verkehrsnetz. Pakistans *infrastrukturelle Erschließung* blieb weiter hinter der Indiens zurück. Die Kolonialherren hatten ein gutes Eisenbahnnetz in Indien geschaffen, um die Exportgüter zu den Häfen zu transportieren, das Straßennetz hingegen blieb relativ unbeachtet, weil kein Interesse an der ökonomischen Entwicklung der Kolonie bestand. Motorfahrzeuge gab es zu der Zeit auch noch nicht. Der junge Staat musste neue Verkehrsadern schaffen, um vor allem die ländlichen Gebiete mit den städtischen Zentren zu verbinden. Pakistan konzentrierte sich auf den Straßenbau; die für den Eisenbahnbetrieb benötigten Kohlen hätten aus Indien importiert werden müssen.

Die Hälfte der pakistanischen Straßen ist nicht asphaltiert, aber ihre Beschaffenheit lässt verschiedene Transportmittel zu, um landwirtschaftliche Produkte und Güter von den Dörfern in die Städte zu bringen. Viele kleine Orte in abgelegenen Gebieten sind aber nach wie vor nur mit Karren und Zugtieren zu erreichen. Die *„Grand Trunk Road",* kurz „GT Road" genannt, ist die berühmte historische Verbindung zwischen Kabul und Kalkutta, ein alter Handelsweg, der von den Briten ausgebaut wurde. Die Route Peshawar – Kabul ist immer noch sehr wichtig, der Abschnitt nach Indien hingegen hat seine Bedeutung verloren. Der Übergang Lahore – Amritsar ist nur für den Personenverkehr passierbar.

Der *Karakorum Highway* ist eine zweispurige Straße, die durch schwierigstes Gelände führt, teilweise folgt sie der alten Seidenstraßen-Route und schafft eine Verbindung zu Zentralasien. Der Karakorum Highway ist ein Gemeinschaftsprojekt mit der VR China, die Bauzeit betrug 20 Jahre. Die Straße wurde im Jahr 1978 fertiggestellt, 15.000 pakistanische und 30.000 chinesische Arbeiter waren mit dem Bau beschäftigt, und viele Hundert verloren bei der gefährlichen Arbeit ihr Leben. Die Instandhaltung der Straße ist äußerst schwierig: Erdbeben, Schneelawinen, Schlamm- und Geröll-Rutsche vernichten immer wieder einzelne Straßenabschnitte. Die infrastrukturelle Einbindung der Nordgebiete konnte in ihrem jetzigen Ausmaß erst durch den Bau der Straße erreicht werden und somit die politische Zugehörigkeit demonstrieren.

Beruf des Truckers

Durch die Konzentrierung auf die Straße als Verkehrsader haben Lastwagen als Transportfahrzeuge eine große Bedeutung erlangt. Der Beruf des

Truckers ist **sehr beliebt,** vermittelt er doch das Gefühl von Freiheit und Unabhängigkeit. Der Trucker ist ständig „auf Achse" und entkommt, zumindest zeitweise, den Zwängen seiner Familie oder seines Dorfes; er ist oft wochenlang unterwegs, bevor er seiner Familie wieder einen Besuch abstatten kann. Lastwagen-Fahrer genießen ein gutes Ansehen in der Gesellschaft, sie selbst sind stolz auf ihre Beherrschung der Technik.

Die **Crew eines Trucks** besteht aus drei Personen, dem Fahrer, der gleichzeitig Chef oder Meister ist, dem Beifahrer, der sich mit dem Fahrer abwechselt, wenn er zu müde wird, und dem Gehilfen. Die Fahrer betonen immer wieder, dass sie einen „richtigen" Beruf ausüben, der gelernt werden muss. Der Gehilfe steht am Anfang dieser Karriere, er wird vom Fahrer und Beifahrer instruiert. Er muss kleine Besorgungen machen, Tee und Tabak holen und sich um die Reinigung und Wartung des Fahrzeugs kümmern. Er lernt die Grundregeln der Mechanik und kümmert sich um die Ladung. Auf schwierigen Pisten sitzt er auf dem Truck, um dem Fahrer schlechte Stellen auf der Straße anzusagen. Die Lehrzeit des Gehilfen kann viele Jahre dauern, irgendwann hält ihn der Meister für reif und erfahren genug, dass er ihn ein kleines Stück mit dem Wagen fahren lässt. Der Fahrer trägt die Verantwortung, vermittelt und verhandelt mit dem Spediteur und den Kunden. Einige Fahrer beklagen sich, dass sie sehr viel Verantwortung tragen müssen, dafür von den Speditionen aber nicht genug Lohn bekommen. [52]

„Der Traum fast jeden Fahrers ist es, selbst einen Truck zu besitzen. Als Grund nennen viele außer besseren Verdienstmöglichkeiten die Unabhängigkeit von einem nörgelnden Besitzer, der versucht, sie zu kontrollieren und ihnen nicht vertraut. Auf einem der Trucks steht: ‚Es ist mir gleichgültig, ob Du mir glaubst oder nicht; ich bin meiner Pflicht mit aufrichtigem Herzen nachgekommen.'" [53]

Leibliches und spirituelles Wohl

Es gibt **spezielle Rastplätze für Lastwagenfahrer** entlang den Hauptstraßen, sie umfassen Restaurant, Moschee, Werkstätten und Reifenwechseleinrichtungen, Waschmöglichkeiten und manchmal Zweigniederlassungen der Speditionen. Auch die Tankstellen sind in der Nähe. Auf dem Rastplatzgelände befinden sich ebenfalls kleine Geschäfte, die sich auf Artikel zum Verschönern der Lastwagen spezialisiert haben. Alle möglichen Dekorationsteile sind dort zu erstehen, auch Musikkassetten und kleine Geschenke für die Familie können gekauft werden. Trucker haben Stammlokale, *„wo sie immer, zumindest für einen Tee, anhalten".*

Diese Treffpunkte haben sozialen Charakter, die Trucker tauschen sich dort über geschäftliche Entwicklungen aus, berichten Tagesneuigkeiten und geben Erkenntnisse über die Straßenlage weiter, wenn z.B. wieder einmal Zerstörungen durch den Monsun stattgefunden haben. Die Trucks werden bei dieser Gelegenheit begutachtet und untereinander verglichen. Trucker bekommen Sonderpreise in ihren Stammlokalen für gutes und frischgekochtes Essen – und starken Tee. Sein Spitzname in Truckerkreisen ist „500-Kilometer-Tee" oder „Petrol", er muss stark sein, damit die Trucker lange Strecken durchhalten und munter bleiben. Die Teeblätter werden nicht minuten-, sondern stundenlang gekocht, oft direkt in Milch ohne Zusatz von Wasser.

Trucker besuchen oft **Schreine am Straßenrand,** um ihren „persönlichen Heiligen" anzusprechen oder eine kleine Gabe zurückzulassen. Manchmal verlangsamen sie beim Vorüberbrausen nur die Fahrt und werfen einen Geldschein aus dem Fenster – natürlich mit einem Wunsch verbunden. Die Besuche und ihr Spendenverhalten gehören zu ihrer religiösen Gewohnheit, meist wissen sie gar nicht viel über den Heiligen, der dort begraben liegt. Der Truck wird gesegnet, das bringt Glück und Schutz vor Unfällen. Der Name des jeweiligen Heiligen steht manchmal auf dem Truck geschrieben, auch Tücher vom Schrein, die der Fahrer vielleicht am *Urs,* dem Jahrestag des Heiligen, mitgebracht hat, werden am Lastwagen befestigt. Bei größeren Bitten und Wünschen werden Gelübde und Versprechen am Schrein abgelegt.

Lastwagenmalerei

Der Stolz auf sein Fahrzeug veranlasst den Trucker, es bemalen und verschönern zu lassen. Auch Karren und Pferdegepanne wurden in früheren Zeiten verziert; schon im Indien von 1930 tauchten buntbemalte Lastwagen auf. Trotz des islamischen Bilderverbotes hat sich die Lastwagenmalerei zur **Volkskunst** entwickelt, ein hochspezialisierter Künstlerstand hat sich herausgebildet, der den individuellen Wünschen der Kunden mit Ideenvielfalt und verschiedensten Motiven begegnet. Die Künstler bleiben meist anonym.

Traditionelle und moderne Motive und Elemente werden für die Lastwagen-Kunstwerke verwendet. Die Naturverbundenheit und der Romantizismus lassen die phantastischsten Landschaften in der künstlerischen Auseinandersetzung mit der Umwelt entstehen; schöne Frauen gesellen sich zu Heldinnen aus Sagen und Literatur; Filmstars befinden sich in unmittelbarer Nachbarschaft zu religiösen Gestalten und politischen Figuren. In dem Glauben, dass sich die Eigenschaften der aufgemalten Wesen auf das Gefährt übertragen, werden bevorzugt Symbole für Mut, Kraft und Gewandtheit (Löwe, Adler, Tiger z.B.) oder Schnelligkeit, Anmut und Schönheit (Hirsch, Gazelle, Pfau) verwendet.

Die Bilder und Ornamente, mit denen der Lastwagen bemalt ist, verraten etwas über die Kultur und die Lebenszusammenhänge des Künstlers und des Menschen, der diesen Schmuck in Auftrag gibt. Bei jedem Lastwagen findet eine Neugestaltung von Ideen und Ausdrucksformen statt. Wer den **Beruf des Malers** ergreifen möchte, geht zu einem Meister und verbringt mehrere Jahre bei ihm. Der Lehrling schaut ihm zu, kopiert ihn und bekommt mit der Zeit kleine Aufträge zugeteilt, wie z.B. das Bemalen der Ketten unterhalb des Trucks mit verschiedenen Farben. Schließlich beherrscht er eigene Ausdrucksformen, bemalt Schilder und Lastwagen. Er muss dazu die Grundbegriffe der Kalligraphie beherrschen und eine Kombination von Bild und Schrift praktizieren. Bei der Bemalung geht es ausschließlich um Schönheit. Maler sehen sich nicht als Handwerker, sondern als Künstler. Der Berufszweig ist noch jung, weil es noch nicht so lange motorisierte Fahrzeuge gibt. Begonnen hat die Lastwagenmalerei vielleicht mit der Schrift auf den Trucks, die den Namen der Spedition oder Werbung beinhaltete. Langsam kamen Bilder und Motive hinzu, Verse, Sinnsprüche, philosophische Ergüsse, humoristische Reime und fromme Sprüche.

Der Truck wird grundiert und lackiert, die Seitenwände und die Klappe an der Rückseite sind in Rechtecke unterteilt, die als **Rahmen für die Malerei** dienen. Fein unterteilte Flächen mit viel sorgfältiger Malerei sind teuer und beanspruchen viel Zeit. Meistens müssen sich die Maler aber beschränken, weil nur zwei bis drei Tage Spielraum vorhanden sind, um das Kunstwerk zu vollenden.

Ganz oben, auf Aufbau des Führerhauses, ist der richtige Platz, um Gott zu verehren und zu lobpreisen, auf der Heckklappe aber wird das pralle Leben dargestellt: *„Vorne der Islam und hinten das Leben."*

Segenskraft und Schutz erhofft man sich von Koransuren für den Wagen und die Mannschaft. Die Fahrerkabine wird mit besonderen Bildern zum Schutz bedacht: dem Prophetengrab in Medina oder der Kaaba in Mekka. Auch *Buraq,* das mythologische Reittier des Propheten, mit dem er die visionäre Nachtreise von Mekka nach Jerusalem unternahm, wird gern abgebildet. Aufgemalte Dreiecke und suggestive Augenpaare sollen Unheil und den bösen Blick abwenden. Auch Derwishe und andere „Heilige Männer" sollen Segenskraft und Schutz bieten. Das Reisen ist gefährlich, vor allem bei dem vorherrschenden Fahrstil, unter Zeitdruck, übermüdet und von Rauschmitteln umnebelt. Vielfältige Glücksbringer und Amulette sind deshalb erforderlich, um einen genügenden Schutzmantel um den Lastwagen und seine Besatzung zu hüllen.

Die Schönheit der Trucks wird häufig mit der Schönheit einer geschmückten Braut verglichen.

„Während Schönheit und Schmuck in Pakistan ein Vorrecht der Frauen sind, bildet der Truck die ostentative Ausnahme. Die Schönheit einer Frau ist jedoch eine private, während der Truck stolz und öffentlich durch die Landschaften fährt, er besitzt die Schönheit zum Vorzeigen: den Männern das Schöne – oder das Schöne der Männer." [54]

Die Seiten eines Trucks **gleichen einem Bilderbuch:** Landschaften, Tiere, Blumen und alle Verkehrsmittel werden phantastisch dargestellt. Vorlagen sind Poster, Bilderbücher und Plakate. Seltsam muten völlig kulturfremde Motive an, die ausländischen Büchern entstammen. „Superman" fliegt da beispielsweise über gigantische Dampfer vor alpinen, verschneiten Landschaften.

Blumen, besonders Rosen, und Augen, von jedem Körper losgelöst, sind dominant in der Malerei. Sehr beliebt sind auch Gärten – imaginäre schattige, kühle Plätze auf staubiger, brennendheißer Straße bieten einen Vorgeschmack auf das Paradies. Der Shalimar-Garten in Lahore ist ein häufiges Motiv und auch das Taj Mahal in den verschiedensten Variationen. Dieses Bauwerk ist, obwohl es kaum einer der Fahrer je gesehen hat, weil es in Indien steht, Sinnbild der Liebe. Der Moghulherrscher *Shah Jehan* ließ es als Grabmal für seine Frau bauen – ein großartiges Beispiel vollendeter Moghularchitektur. Große berühmte Moscheen werden gern abgebildet, z.B. die Badshahi-Moschee in Lahore oder die moderne Shah-Faisal-Moschee in Islamabad. Nationalstolz lässt das Nationaldenkmal Pakistans, *Minar-el-Pakistan* in Lahore, und berühmte Staatsmänner wie *Iqbal, Ayub Khan* und *Zia ul-Haq,* immer wieder neu entstehen.

Geschwindigkeit verkörpernde Verkehrsmittel und Erzeugnisse moderner Technik sind eine **weitere beliebte Motivgruppe.** Züge, Hubschrauber und Flugzeuge werden farbenprächtig und naiv dargestellt. Auch Kriegerisches fehlt nicht in der bunten Palette: Berühmte Generäle werden abgebildet, Soldaten, Panzer, Waffentechnik und Kampfflugzeuge (besonders gern das Düsenflugzeug F-16, aus den USA importiert, weil es den indischen Flugzeugen überlegen sein soll!).

Aus Kostengründen wird wohl bald auf den Schmuck verzichtet werden oder zumindest eine Reduzierung stattfinden – einige Spediteure sollen sich schon dementsprechend geäußert haben. Schade wär's um diesen einzigartigen und das Straßenbild ungemein verschönernden Beitrag zur Volkskunst!

Esskultur

„Verwehrt ist euch Krepiertes, Blut, Schweinefleisch und das, über dem ein anderer Name als Allahs (beim Schlachten) ausgerufen ward; das Erwürgte, das Erschlagene ...“
(Koran, Sure 5, 3)

Typische Gerichte

Die pakistanische Küche hat regional sehr unterschiedliche Ausprägungen, und die diversen Bevölkerungsgruppen haben verschiedene Speise- und Essgewohnheiten. In den östlichen und südlichen Landesteilen unterscheidet sich die Küche wenig von der Nordindiens.

Chapattis, dünne, ungesäuerte **Fladenbrote** aus Weizenmehl, sind das Hauptnahrungsmittel der Pakistaner und werden zu jeder Mahlzeit frisch auf einer Eisenplatte, *Tawa,* gebacken. Dabei wird eine Portion Teig in den Händen zu einer dünnen Scheibe geformt und auf die trockene, heiße Eisenpfanne gelegt. Dickere Fladen aus Weizenmehl, die mit Butter gebacken werden, heißen *Paratha*. *Double Roti* ist weißes Toastbrot, es ist in allen Lebensmittelgeschäften erhältlich und wird gern zum Frühstück gegessen.

Curries sind typisch für die süd- und ostpakistanische Küche und bestehen aus Fleisch- und/oder Gemüsestückchen, die in einer scharfen Soße gekocht und mit Brot oder Reis gegessen werden. Charakteristisch für die Küche Pakistans ist auch **Dhal,** das sind Gerichte aus Kichererbsen, Bohnen und eingekochten Linsen.

Gewürze werden allgemein als *Massala* bezeichnet, und das Essen wird reichlich damit versehen. Besonders die Ost- und Südpakistaner kochen scharf. Gern verwendet werden Kardamom *(Eleichi)*, Gewürznelken *(Laung)*, Kreuzkümmel *(Jira)*, Zimt *(Dalchini)* und Ingwer *(Adrak)*. Um noch mehr Schärfe zu erreichen, werden *Chutneys* und Pfefferschoten gegessen. **Chutneys** sind scharfe Pasten aus zerkleinertem Gemüse und Gewürzen. Auch *Achar*, bestehend aus eingelegten Chilli-Schoten, Mangos u.a., ist recht geschmacksintensiv und sollte zunächst in kleinen Dosen probiert werden. Es

ist anzuraten, scharfes Essen nie mit Wasser oder anderen Getränken abzulöschen; sie verstärken die Schärfe nur. Geeigneter sind Reis, Brot oder Joghurt. *Raita* ist eine schmackhafte Soße aus Yoghurt mit Kräutern und Gurken, die sich hervorragend zum „Löschen" oder Verdünnen kräftiger Speisen eignet.

Kochfett nennt sich *Ghi* bzw. *Ghori* in Pakhtu und wird leider allzu üppig verwendet. Da sich in den Kochtöpfen ärmerer Familien selten Fleisch oder nahrhaftes Gemüse befindet, muss die magere Brühe, die zum Brot gegessen wird, zumindest durch Fett ihren Gehalt gewinnen. *Ghi* besteht aus Pflanzenfett oder Büffelmilch, in manchen Gegenden auch Kamelmilch. Joghurt und andere Milchprodukte werden in allen Landesteilen hergestellt und viel gegessen. **Samosas** sind Teigtaschen mit Fleisch und Gemüse gefüllt, **Pakora** frittiertes Gemüse im Teigmantel; beide Gerichte werden als Vorspeisen, als

Hauptnahrungsmittel Brot

Snacks oder zum Nachmittagstee gereicht, und sind auch an Straßenständen erhältlich. Zum Frühstück wird gern **Halwa Puri** gegessen, das sind frittierte, süße Kuchen.

In den **westlichen und nördlichen Landesteilen** ist das Essen weniger gewürzt. Spinat, Zwiebeln, Knoblauch, Blumenkohl und Okraschoten gehören zu den bevorzugten Gemüsesorten, auch Kartoffeln gelten als Gemüse. *Shish Kebabs* sind über dem Feuer gebratene Fleischspieße mit persisch-türkischem Ursprung und werden mit Brot oder Reis gegessen. **Kebabs** nennen sich Fladen aus gehacktem Fleisch, Tomaten, Ei und Granatapfelkernen, die gewürzt und scharf gebraten werden; sie sind besonders für die Nord-West-Grenzprovinz typisch. Originell ist der *Chapli-Kebab, Chapli* bedeutet „Schuh" und beschreibt die Form dieses Kebabs. Kleine Teller mit frischem Salat werden zu jeder Mahlzeit gereicht.

Im Westen und Norden gibt es auch die indisch-orientierten Gerichte des Ostens, die Küchen haben sich bis zu einem gewissen Grad vermischt; sie sind aber nicht typisch für die Gegend. *Roti* ist der allgemeine Begriff für **Brot,** zu dem die *Chapattis* und auch *Naan* gehören. Die Pakhtunen und Afghanen essen *Naan,* ein Fladenbrot aus Weizen- oder Maismehl, leicht gesäuert und von der Form her größer und dicker als die anderen Brote. Es wird nicht auf einer heißen Platte, sondern im Ofen gebacken. Hartes Brot wird in Suppe oder Milch eingeweicht und dann verzehrt.

Besonders die Pakhtunen essen bevorzugt und möglichst viel **Fleisch,** obwohl in allen Landesteilen für die meisten Leute Fleisch, *Ghosht,* nur an besonderen Tagen auf den Tisch kommt. Gemüse und Reis werden verächtlich als Beilagen bezeichnet. Gästen wird besonders gern ein frisch geschlachtetes Hähnchen angeboten. Fisch spielt nur in den Fanggebieten eine Rolle. Häufig gegessene Fleischsorten (von denen, die es sich leisten können!) sind Rind, Lamm, Hammel und Huhn. Im Punjab und Sindh werden auch Kamel- und Büffelfleisch verzehrt. Wandernde Gruppen greifen gern auf Trockenfleisch zurück.

Reis, *Chawal,* ist oft Bestandteil eines Festessens und relativ teuer. Auch bei uns bekannt ist der hervorragende *Basmati-Reis. Palau* oder *Pilau* ist gewürzter, gelber Reis, der mit Gemüse und/oder Fleisch gegessen wird. Unterschiedliche Zutaten werden dem Reis beigegeben, u.a. Möhren, Pistazien, Mandeln, Rosinen und Kardamom.

Auch im Westen des Landes werden die Speisen mit relativ viel Fett angerichtet. Dafür gibt es aber weniger versteckte Zusatzfette als in unserer Nahrung, es werden auch keine Snacks, Süßigkeiten oder Fastfood verzehrt, nur die regulären Mahlzeiten und Obst.

Arme Leute essen meist Brot mit einer dünnen Suppe oder ein wenig Gemüse. Die alltägliche Kost ist generell einfach, mit Brot als Hauptnahrungsmittel. Mahlzeiten fallen oft nur üppiger aus, wenn Gäste da sind und der Gastgeber seinen Status beweisen möchte. In Pakistan gibt es zwei fleischfreie Tage in der Woche – Dienstag und Mittwoch –, an denen ganz auf den Genuss dieses teuren Lebensmittels verzichtet werden soll.

Zum Nachtisch wird in allen Landesteilen gern **Obst** verzehrt, wovon es ein reichhaltiges und gutes Angebot im Land gibt. Melonen, Trauben, Äpfel, Birnen, Apfelsinen, Bananen, Guaven, köstliche Mangos und andere Obstsorten sind je nach Jahreszeit erhältlich. Traditionelle **Süßspeisen** werden aus Milch, Zucker und Kardamom hergestellt. *Rasgula* sind Bällchen aus geronnener Milch mit Zuckersirup, *Bharfi* ist eine vom Geschmack her marzipanähnliche Milchspeise. Die traditionellen Süßigkeiten werden von vielen Ausländern als extrem süß empfunden. *Jalebi* ist eine Süßware, die gern bei festlichen Anlässen gereicht wird; am Eid-Fest ist *Jalebi* nicht wegzudenken. Auch bei der Geburt eines Sohnes oder einer Feier anlässlich eines Universitätsabschlusses z.B. wird es verteilt. Durch diese Süßspeise soll die Freude des anderen symbolisch geteilt und Dankbarkeit ausgedrückt werden. *Jalebi* besteht aus einem orangefarbenen Zuckergemisch, das aus einer Tüte mit Loch in dünnen Strängen direkt in heißes Öl gedrückt wird. Es verhärtet sofort in bizarren Formen und wird am besten warm gegessen, dann ist die klebrige Süße erträglich.

Bei moderneren Familien gibt es oft Puddings, Kuchen oder Eiscreme, *Khulfi;* bei ihnen werden zum Essen auch Softdrinks gereicht. Manchmal werden auch frisch gepresste Fruchtsäfte getrunken oder eine selbstangerührte Limonade, *Sharbat.*

Getränke

Zum Essen wird hauptsächlich **Wasser** gereicht.

Schwarzer Tee mit Milch und Zucker, *Chini* oder *Burra,* aufgekocht heißt *Dudh Tschai* und ist das Nationalgetränk Pakistans. *Qahwah,* **grüner Tee** mit Zucker und Kardamom, schließt das Essen ab. Tee beschränkt sich aber nicht auf das Essen, er wird zu jeder Tageszeit getrunken. Besonders die Pakhtunen trinken sehr häufig *Qahwah.* Zum Frühstück und zur nachmittäglichen Teestunde – wie in Großbritannien zwischen 16.00 und 18.00 Uhr – ist Milchtee obligatorisch, er wird aber auch zwischendurch bei allen möglichen Gelegenheiten gereicht. Das Teetrinken hat einen starken sozialen Charakter bekommen: zu einem guten Gespräch gehört eine Tasse Tee. Die Teehäuser heißen *Tschaikhanah* oder *Samowat.*

Der Milchtee ist sehr üppig und nahrhaft, die mitgekochten Zuckermengen sind manchmal etwas schwer zu verkraften. Der grüne Tee ist sehr bekömmlich und wird aus Verdauungsgründen gern nach dem Essen getrunken. Er ist allerdings auch sehr anregend, was beim spätabendlichen Genuss bedacht werden sollte. Die Tassen werden vor dem Trinken häufig mit Wasser oder Tee ausgespült. Dem Gast wird besonders viel Zucker in die Tasse gefüllt, dann der *Qahwah* darauf geschüttet. Süßer Tee ist ein Zeichen des Wohlstandes, ebenso das Vermögen, *Dudh Tschai* ganz ohne Wasser, nur mit Milch zu kochen.

Es ist nicht ungewöhnlich, dass der Tee aus der Untertasse getrunken wird. In den nördlichen Landesteilen trinkt man oft gesalzenen Tee mit Fett und brockt Brot hinein, durch diese Gewohnheit macht sich der zentralasiatische Einfluss bemerkbar.

Rauchen und Betelkauen

Männer rauchen **Zigaretten** oder **Wasserpfeife,** *Hookah* oder *Chilam* und kauen Tabak, *Naswar.* Zigaretten werden häufig vor dem Rauchen mit Speichel angefeuchtet. Durch ein Schnippen von Daumen und Ringfinger wird die Asche entfernt. Normale Zigaretten werden oft auch in der Wasserpfeifen-Manier geraucht, das heißt, der Rauch wird durch die geballte Faust eingesogen. Im Sindh und Punjab ist **Betelnusskauen** sehr verbreitet. Das Blatt heißt *Pan,* die Nuss wird darin mit wechselnden Zutaten eingerollt, das Päckchen dann in die Backentasche geschoben und langsam zerkaut. Der *Panwallah* bereitet seinen Kunden ganz spezielle und persönliche Mischungen zu (s. Kapitel „Der Bazar …").

Verhalten bei den Mahlzeiten

Dem **Frühstück** wird keine große Bedeutung zugemessen, Tee und etwas Brot oder Toast mit Omelett reicht den meisten Menschen aus. Das **Mittagessen** wird am späten Mittag oder frühen Nachmittag eingenommen, danach gerne eine Ruhepause eingelegt. Besonders im Sommer ist es in den Nachmittagsstunden unerträglich heiß. Die **Hauptmahlzeit** findet meistens abends, zwischen 19.00 und 21.00 Uhr statt und wird gern im Kreis der ganzen Familie eingenommen.

In traditionellen Familien sitzt man **auf dem Boden,** auf einem Teppich, falls vorhanden, und das Essen steht in verschiedenen Schüsseln auf einem großen Tuch in der Mitte der Sitzrunde. Wenn Gäste anwesend sind, die nicht zur Verwandtschaft gehören, wird in jeweils einer Männer- und einer Frauengruppe gegessen. Sind Gäste da, bleibt die Hausfrau auch oft in der Küche, um sich um die Zubereitung der Speisen zu kümmern. Ist der Essplatz auf dem Boden eingerichtet, werden vor dem Betreten des Zimmers oder Areals die Schuhe ausgezogen.

Vor dem Essen werden die **Hände gewaschen,** zu diesem Zweck wird oft eine Schüssel mit Wasser gereicht. Das Waschen der Hände stellt nicht nur einen hygienischen Akt dar, sondern auch eine rituelle Reinigung, durch die der Einfluss von Dämonen und Geistern verhindert wird.

Das übliche **Sitzen** mit gekreuzten Beinen kann für Ungeübte recht schnell unbequem werden. Es hilft manchmal, die Stellung öfter leicht zu verändern oder beide Beine zu einer Seite hin wegzuknicken. Die Sitzhaltung kann auch halb kniend und halb hockend sein. Während des Essens dürfen die Beine nicht ausgestreckt werden, denn die Füße sollen das „Tischtuch" nicht berühren.

Die Ältesten oder Ehrengäste sitzen oft am Kopfende des rechteckigen Tuches. Es ist schicklich, dass der Gast wartet, bis er vom Gastgeber einen Platz zugeteilt bekommt. Die Mahlzeit wird mit *Bismillah,* der Anrufung Gottes, eröffnet, niemand sollte vorher **mit dem Essen beginnen.**

Man isst mit der rechten Hand, die linke gilt als unrein und sollte das Essen nicht häufig berühren. Brotfladen dienen als **Essinstrument:** Es werden Stückchen davon abgerissen, und eine Mischung aus Tütchen und Zange gebildet, um damit das Essen auf dem Teller oder in der Schüssel aufzunehmen und zum Mund zu führen. So lässt sich auch Fleisch zerteilen oder von Knochen ablösen. Reis wird mit den Fingerspitzen der rechten Hand aufgenommen, leicht gepresst und geformt und mit dem Daumen in den Mund geschoben. Die einzelnen Essensbestandteile werden nicht miteinander vermischt, nur bei *Dal,* Linsen, und Reis wird es praktiziert. In vielen städtischen Familien werden inzwischen auch schon Bestecke verwendet, zumindest wird Gästen meistens ein Besteck hingelegt. Ist ein Messer für das Fleisch vorhanden, wird das Fleisch damit zerkleinert und dann das Messer wieder weggelegt. Die linke Hand liegt möglichst untätig auf dem Oberschenkel. Zum Zerreißen des Brotes oder zum Aufnehmen des Wasserglases darf sie

zu Hilfe genommen werden. Einfache Bauern essen alle gemeinsam aus einer Schüssel, der Gast sollte sich nicht ausgrenzen, wenn er eingeladen ist.

Getränke oder Wasser werden oft erst gegen Ende der Mahlzeit gereicht, was mit einer besseren Bekömmlichkeit begründet wird. Der Prophet trank erst nach dem Essen, ist überliefert, und dieses Beispiel wird gern nachgeahmt.

Nach dem Essen wird wiederum Wasser zum Händewaschen gereicht. Die Zähne werden noch am Tisch mit Zahnstochern gereinigt. Schmatzen und Aufstoßen gehören nicht zu ungehörigem Verhalten, sondern verdeutlichen eher Wohlbehagen und ein angenehmes Sättigungsgefühl.

In der Bäckerei

Zu gutem Benehmen gehört maßvolles und bescheidenes Essen. Nahrung ist ein Geschenk Gottes, besonders Brot, und sollte entsprechend gewürdigt werden. Wer sehr schnell isst, bekommt seinen Teller immer wieder aufgefüllt. Der Gastgeber bietet seinem Gast oft selbst die Speisen an, füllt den Teller selber auf und legt dem Gast die besten Stücke vor. Nur energischer Protest hilft gegen Ende der Mahlzeit, wenn das **Fassungsvermögen des Essers** schon erschöpft ist. Für gewöhnlich insistiert der Gastgeber, dass der Gast noch etwas nehmen möge, der Gast lehnt ab – so geht das mehrmals hin und her, bis vielleicht als Kompromiss doch noch ein kleines bisschen nachgenommen wird.

Fällt etwas von den Speisen neben den Teller auf das Tuch, kann es getrost dort liegen bleiben: **Speisereste** und Knochen werden von allen auf das Tischtuch geworfen, das nach dem Essen (ohne Geschirr) zusammengerafft und wie ein großer Beutel hinausgetragen wird.

Reinheitsvorstellungen und äußere Erscheinung

Reinheit und Reinigungen

*N*ach den Vorschriften des Islam müssen Gläubige die **rituelle Reinheit wahren.**
Der Verzehr von **Schweinefleisch** ist verboten, es gilt als unrein in allen semitischen Kulturen. Auch Blut und Aas sind *Haram*, verboten und unrein und nicht zum Verzehr erlaubt. Schweinefleisch enthält oft Trichinen, Bandwürmer und verdirbt schnell; das Schwein macht durch seine Lebensweise auch einen schmutzigen Eindruck. Die Nahrungsaskese hat sicherlich pädagogische Bedeutung. Damit Fleisch, *Halal*, rein und als Nahrungsmittel erlaubt wird, muss das Tier bei der Schlachtung geschächtet werden, d.h. das Blut wird durch Öffnen der Halsschlagader komplett abgelassen. Nur gesunde Tiere dürfen geschlachtet werden. Auf den Genuss von Pferde- und Eselsfleisch soll verzichtet werden, nur in Notzeiten sind Ausnahmen möglich. Die Mitglieder einiger sozialer Randgruppen verzehren auch Schweinefleisch und das Fleisch bereits toter Tiere sowie Hunde und Katzen. Sie werden von den Muslimen allerdings sozial geächtet; gemeinsame Mahlzeiten mit ihnen sind undenkbar.

Sauberkeit hat im islamischen Kulturraum einen hohen Stellenwert. Es gibt feste Regeln der Reinigung, besonders vor Gebeten und dem Moscheebesuch. (s. Kapitel „Der Islam in Pakistan"). Eine Verunreinigung kann durch das Berühren unreiner Tiere oder Fäkalien erfolgen, weshalb „Sweeper"-Arbeiten minderwertig sind und von Muslimen nicht ausgeführt werden können.

Häufiges Räuspern und Ausspucken sind im Freien üblich und dienen der Mundpflege. Die Nase wird nur bei der Reinigung ausgeschneuzt, ansonsten wird das Sekret hochgezogen. Naseputzen ist unüblich (wie kann man das abgesonderte Nasensekret bloß in die Tasche stecken?) und wird angeekelt beobachtet. Besonders bei Tisch oder in Gesellschaften sollte sich der Gast nicht ausführlich die Nase putzen. Spucken und Mundpflege sind aber auch Abwehrmaßnahmen gegen *Jinns,* unberechenbare Geister. Das Gähnen soll mit vorgehaltener Hand geschehen, damit die *Jinns* nicht in den Körper eindringen können. Nach der Überlieferung hat der Prophet das Niesen gutgeheißen, weil es das Eindringen von Krankheitsdämonen verhindert.

Es ist für Männer und Frauen üblich, ihre Achsel- und Schamhaare zu entfernen, denn diese **Körperbehaarung** wird als unrein empfunden. Haare werden mit Sexualität in Verbindung gebracht und durch Rasieren und Verhüllen kontrolliert und unschädlich gemacht. Abgeschnittene Haare, gebrauchte Stoffetzen und Hygieneartikel werden nicht einfach weggeworfen, sondern oft verbrannt. Schamgefühl und Schadensmagie spielen dabei gleichermaßen eine Rolle.

Die Benutzung der rechten Hand für „reine" Verrichtungen wird schon in frühester Kindheit antrainiert. Die linke Hand dient zur Reinigung nach dem Toilettengang. Traditionell ist der Gebrauch von Toilettenpapier unüblich (und für Leute mit kleinem Einkommen auch zu teuer); man reinigt sich mit Wasser. In den **Toiletten,** die mit fließendem Wasser ausgestattet sind, ist ein Wasserhahn knapp über dem Boden in Reichweite des Toilettenloches angebracht. Darunter steht meistens eine Plastik- oder Metallkanne, *Lota,* mit der die Reinigung des Körpers bewerkstelligt und gleichzeitig gespült werden kann. Für Europäer ist diese Art der Reinigung zunächst sehr ungewohnt. Leider gibt es in den Toiletten oft keine Seife für die Reinigung der Hände nach der Verrichtung. Die etwas komfortableren Hotels sind meistens mit Sitztoiletten ausgestattet oder zumindest mit Hocktoiletten, Wasserspülung und auch Toilettenpapier. Es kann aber nicht schaden, immer etwas Toilettenpapier oder einige Papiertaschentücher bei sich zu haben.

Toiletten befinden sich bei alten Häusern oft auf dem Dach, der Abfluss reicht dann bis zum Erdgeschoss hinunter in einen Sammelbehälter. Die Dachposition hat den Vorteil, die Toilette geruchs- und fliegenfrei zu halten. Reinlichkeitsbewusste Muslime setzen sich nicht mit entblößtem Hinterteil auf einen Sitz, der schon von anderen Menschen benutzt wurde, sie hocken sich stattdessen auf die Brille. Der Toilettenkrug, *Lota,* aus Plastik oder Blech ist immer dabei; man sieht ihn oft bei reisenden Pakistanern zwischen dem Gepäck stehen.

Im Volksglauben werden durch den **reinigenden Akt des Ausräucherns** übelwollende Mächte und Geister vertrieben. Diese für die menschlichen Sinne nicht wahrnehmbaren Existenzen aus der Geisterwelt versuchen, in den menschlichen Körper einzudringen, um dort Schaden, in Form von Krankheiten z.B., anzurichten. Sie halten sich besonders gern an Orten auf, wo gegessen und getrunken wird. Speiselokale bedürfen deshalb eines besonders gründlichen und häufigen Ausräucherns und „Säuberns". Aus diesem Grund ist es auch wichtig, jede Mahlzeit mit dem frommen Spruch *Bismillah, „im Namen Gottes"*, zu beginnen.

In den Bazaren treten Männer mit Holzkohlebecken und Kinder mit qualmenden Konservendosen, die an langen Schnüren befestigt hin- und hergeschwenkt werden, an die einzelnen Verkaufsstände heran; steckt ihnen der Händler ein paar Rupien zu, legen sie geheimnisvolle Bröckchen auf die Holzkohlestücke, worauf sich ein weihrauchartiger Geruch verbreitet, der schnell den ganzen Raum erfüllt. Auch Verkaufsräume in geschlossenen Gebäuden bleiben nicht verschont. Kinder mit Räuchergefäßen nähern sich parkenden Autos, um ihre Dienste anzubieten.

Die äußere Erscheinung

Kleidung, Körperpflege und Körperhaltung sind abhängig von der ethnischen Zugehörigkeit, dem Status, der wirtschaftlichen Position und religiösen Faktoren. Die äußere Erscheinung sagt viel über das Prestigebedürfnis der einzelnen Person aus. Bei den Pakhtun und Beluch drückt die Körperhaltung Stolz, Selbstbewusstsein und Imponiergehabe aus. Bei vielen dieser Männer macht sich ihre Eitelkeit durch sehr gepflegtes Äußeres bemerkbar.

Die Gläubigen eifern ihrem Propheten nach, von dem überliefert ist, dass er großen Wert auf Sauberkeit und ein gepflegtes Äußeres legte. Im volkstümlichen Islam spielt die **Nachahmung des Lebenswandels des Propheten** eine große Rolle. Seine Gewohnheiten, seine Ernährung und sein Äußeres haben für die Gläubigen vorbildlichen Charakter. Er liebte auch Blumen und gute Düfte, empfahl Männern aber, nur dezente Düfte zu verwenden. Männer und Frauen tragen wegen ihres Wohlgeruchs oft Blumen am Körper.

Auffällig an vielen Männern, Frauen und Kindern ist die **schwarze Umrahmung der Augen** mit *Surmah,* Antimon, oder *Kajal,* einem Gemisch aus Holzkohle und Öl. Die so betonten Augen sollen den „Bösen Blick" durch Zurückwerfen des selbigen abwehren. Neugeborene Babys werden aus magischen Schutzgründen sehr stark geschminkt. Außerdem sollen die verwendeten Substanzen die Augen schützen und die Tränenbildung anregen, so dass die Augen immer von Staub gereinigt werden. Die Bemalung der Augen verleiht vielen Menschen ein interessantes und geheimnisvolles Aussehen (s. Kapitel „Abwehrmittel gegen den ‚Bösen Blick' ").

Auch der sprichwörtliche **Bart des Propheten** dient muslimischen Männern zur Nachahmung. Streng religiöse Gruppen erwarten von ihren Mitgliedern das Tragen eines Vollbartes, weil sie es als verpflichtende islamische Tradition ansehen. Im alltäglichen Leben wird diese Ansicht – zumindest in der extremen Form – nicht geteilt. Angehörige von Heiligenfamilien tragen oft Vollbärte und auch ältere, würdige Männer. Besonders weiße Bärte vermitteln Respekt und religiöse Würde. Das Färben der Bärte mit Henna, *Mehndi* im pakistanischen Sprachgebrauch, ist weitverbreitet, auch ergrautes Haupthaar wird manchmal rot gefärbt. Die rote Farbe hat eine starke Verbindung zu *Barakat,* der segenspendenden heiligen Kraft. Haare und Bart werden gekämmt, mit Henna rot gefärbt und eingeölt. Im Punjab und Sindh sind Bartträger nicht so zahlreich zu finden, auch in den Städten sind sie nicht so verbreitet; der moderne Städter empfindet Bärte als altmodisch und bringt sie mit extremen religiösen Gruppen in Verbindung. Junge Männer sind meistens glattrasiert. Der Schnurrbart ist im ganzen Land beliebt, er wird als schön empfunden und gilt als Zeichen der Männlichkeit. Das Abschneiden eines langen Bartes, besonders des eines alten Mannes, ist eine schwere Entehrung und Beleidigung. Diebe im Bazar werden manchmal so bestraft, wenn sie erwischt werden.

Das **Kopfhaar** ist meist kurz geschnitten und wird gern bedeckt. Nur einige wenige Ethnien und Sufis bevorzugen eine längere Haartracht. Frauen tragen ihr Haar fast immer lang, im Nacken zusammengebunden oder zu einem Zopf geflochten. In der Öffentlichkeit werden die Haare der Frauen bedeckt. Ausnahmen finden sich in den großen Städten, bei „modernen" Frauen, die keinem gesellschaftlichen oder familiären Druck ausgesetzt sind und die koranischen Vorschriften anders als die Mehrheit der Bevölkerung interpretieren.

Der Gläubige trägt Bart

Sie verzichten auf die Verschleierung und tragen zum Teil moderne Kurzhaarfrisuren.

Hell ist gleich schön und dunkel gleich hässlich: Die Verwendung der Begriffe in diesem Kontext ist in Pakistan völlig selbstverständlich. Ein „dunkles" Kind – und hier trifft es besonders die Mädchen – in einer ansonsten „hellen" Familie hat einen schweren Stand: Günstigstenfalls wird es geneckt, schlimmstenfalls diskriminiert. Helle Haut symbolisiert zudem Reichtum und Wohlstand. Die schönheitsbewusste Frau entfernt dunklen Haarflaum aus ihrem Gesicht und trägt zusätzlich bleichende Cremes auf. Frauen, die es sich leisten können, benutzen eine Vielzahl an Seifen, Cremes und verschiedenen Kosmetika. Sie verwenden viel

Zeit und Mühe für ihre Schönheitspflege. Um dem Schönheitsideal zu ent-sprechen, muss Frau eine helle Haut haben und eine große, schlanke Ge-stalt. Helles Haar wird auch als sehr schön empfunden und bewundert. Frau-en, die keiner Arbeit im Freien nachgehen müssen, bemühen sich, den Son-nenstrahlen zu entgehen, um den blassen Teint zu retten. Die Bemühungen westlicher Damen, eine „schöne braune" Hautfarbe durch Sonnenbäder zu bekommen, werden mit völligem Unverständnis beobachtet. Sollten sie sich in einer pakistanischen Familien aufhalten, werden sie von den Frauen bei den ersten Sonnenstrahlen mit einem Aufschrei in den Schatten gezerrt. Die internationale Kosmetikindustrie hat den Trend längst erkannt und produziert Aufheller für pakistanische Verbraucherinnen.

Bekleidung

Traditionen

Zwischen der Kleidung einzelner Bevölkerungsgruppen in Pakistan beste-hen traditionelle Unterschiede; die **Trachten** treten im Alltagsleben aber kaum noch in Erscheinung. Trachten werden manchmal bei *Melas,* den Volks-festen, vorgeführt und so wiederbelebt, und folkloristische Elemente fließen in die Modeschöpfungen ein. Traditionelle Kleidung, besondere Haartrachten und ausgefallener Schmuck werden nur noch von Randgruppen, einigen Eth-nien in Nordpakistan und Nomaden getragen. Weitgeschnittene, üppig be-stickte Kleider und überaus reicher Silberschmuck sind besonders typisch für Nomaden. Seit einigen Jahren besteht die Tendenz zur **Vereinheitli-chung von Kleidung und Haartracht** in Pakistan.

Der soziale Status des Trägers zeichnet sich durch Qualität und Sauberkeit der Kleidung aus. Um **religiösen Forderungen** und lokalen Traditionen ge-recht werden zu können, muss die Kleidung den Körper samt Armen und Bei-nen züchtig verhüllen und lose geschnitten sein, damit die Körperkonturen verwischt werden. Für Frauen ist zusätzlich ein Tuch oder Überwurf obligato-risch, für Männer sind es vereinzelt Mützen und Turbane.

Der **Shalwar-Kamiz,** die pakistanische Nationaltracht, in den Nachbarlän-dern Indien und Afghanistan *Punjabi* genannt, wird in ganz Pakistan mit leich-ten lokalen Variationen getragen. Ausnahmen bilden einige Angehörige intel-lektueller Kreise und Wohlhabende in den Städten, die für bestimmte Anlässe westliche Kleidung bevorzugen. Zu den regionalen Abweichungen und Vor-lieben gehören mit Spiegelstickereien verzierte Kleidungsstücke, die beson-ders in den Provinzen Sindh und Beluchistan anzutreffen sind. Der Begriff *Shalwar* ist türkischen Ursprungs und bedeutet „weite Hose" – eine zutreffen-de Bezeichnung, denn der Hosenbund ist mehrere Meter breit. Bei den mo-derneren Formen der Hose wird auf ein paar Meter Stoff verzichtet, sie sind insgesamt schmaler geschnitten. Die breiten Männerhosen werden am Bund durch ein Stoffband gerafft, die Frauenhosen besitzen einen breiten Gürtelteil, *Belt* genannt. Die lose fallenden Hemden reichen je nach Mode vom Knie bis zur Mitte des Unterschenkels; Männerhemden sind in der Regel kürzer als die der Frauen und modischen Schwankungen gegenüber widerstands-fähiger. Die Kleidung ist dem trocken-heißen Klima sehr gut angepasst: Der Stoff liegt weder am Körper an noch engt er ihn ein. Westliche Kleidung ist für die hohen Temperaturen ungeeignet und sehr unbequem für die übliche Sitz-haltung auf dem Boden. Der *Shalwar-Kamiz* kann im Winter gut mit Pullovern, Jacken und Westen kombiniert werden.

Die *Shalwar-Kamize* der Frauen sind bunter und variationsreicher in der Aus-führung und verstärkt modischen Schwankungen unterworfen. Die der Män-ner halten sich meist an den klassischen Schnitt und beschränken sich auf die Farben weiß, beige und grau; sie greifen höchstens noch zu Pastellfarben – mit bunter Kleidung würde ein Mann sich lächerlich machen. Das obligato-rische Tuch für Frauen – *Dupatta, Chunni* oder *Chader* – variiert in Länge und Breite, verhüllt den Oberkörper und Kopf der Trägerin oder ist nur – in seiner feinsten und kleinsten durchsichtigen Form – leicht um Hals und Schultern gelegt.

Im Punjab und Sindh wird traditionell von Männern ein **Wickelrock** aus be-drucktem Baumwollstoff getragen, der *Dhoti* im Sindh oder *Lungi* im Punjab. Er reicht von der Taille bis zu den Waden oder den Fußknöcheln, und wird je nach ethnischer Gruppe in speziellem Verfahren gewickelt. *Dhoti* oder *Lungi* werden heute überwiegend von der ländlichen Bevölkerung getragen, aus dem städtischen Erscheinungsbild ist er fast völlig verdrängt.

Kopfbedeckungen werden in den verschiedensten Farben, Materialien und Ausführungen hergestellt. Kunstvolle Gebilde aus überwiegend schwar-zem, weißem, braunem und grünem Tuch türmen sich auf den Köpfen der Männer, mal sorgfältig und kunstvoll drapiert, mal auch nur lose und wie zufäl-lig wirkend gewickelt. In einigen Gebieten Pakistans ist der Turban Bestand-teil der Würde eines Mannes: Er signalisiert Herkunft, Stamm und Status. Im Sindh werden Turbane aus buntem Stoff, *Ajrak,* gewickelt. Unter dem Turban steckt manchmal eine bestickte Stoffkappe, um den Tuchbahnen eine Basis zu geben. Kopfbedeckungen schützen vor der starken Sonne und vor Staub bei der Arbeit im Freien. Aber auch aus religiösen Gründen wird der Kopf be-deckt, beim Gebet trägt jeder Gläubige zumindest ein einfaches weißes Käppchen. Gern werden auch bunte Kappen mit kunstvollen Spiegelsticke-reien überall im Land getragen

In Nord- und Nordwest-Pakistan ist eine runde Wollmütze mit aufgekrem-peltem Rand sehr verbreitet, sie wird nach einem pakhtunischen Wort *Pa-kul* genannt. Die „Jinnah-Kappe", die ihren Namen von dem Staatsgründer *Jinnah* hat, der oft mit einer solchen Mütze abgebildet wird, ist ein schiff-chenförmiges Gebilde aus dem Fell des Karakulschafes. Männer mit Rang und Bedeutung greifen zu dieser Kopfbedeckung, die als besonders wür-devoll gilt.

Ein Universal-Kleidungsstück ist ein langer und breiter **Schal** aus Baumwolle mit unterschiedlichen Farben und Mustern – er wird von Männern im ganzen Land getragen. Da er fast Deckengröße besitzt, wärmt er wie ein Mantel, schützt vor Sonne, Staub und Wind, dient als Unterlage, als Zelt und Gebetsmatte, aber auch als Gürtel und Tragetuch.

Moderne Tendenzen

In der formellen gesellschaftlichen Szene der Wohlhabenden wurde bis in die 80er Jahre hinein gern der **Sari** getragen, ein aus Indien stammendes Kleidungsstück für Frauen, bestehend aus langem Wickelrock, kurzer Bluse und einem Übertuch. Der *Shalwar-Kamiz* wurde zwar als Nationalkleid verstanden, diente in seiner Schmucklosigkeit aber meist dem alltäglichen Gebrauch. Pakistan stand modemäßig lange Zeit hinter Indien zurück.

Im Laufe der letzten Jahre unterlag der *Shalwar-Kamiz* aber vielfachen Veränderungen und verdrängte den *Sari* fast völlig, nur bei einigen Festlichkeiten – besonders im Punjab – sind Frauen noch darin zu bewundern. Inzwischen gibt es den *Shalwar-Kamiz* in allen Ausführungen und aus den unterschiedlichsten Materialien: Modelle aus Baumwolle sind die häufigsten, gefolgt von Leinen, Seide, Wolle, Chiffon und Brokat; man findet sie bestickt, mit umhäkelten Kragen und Ausschnitten, verziert mit Gold, Silber und Perlen.

Die Mode wechselt schnell, jedes Jahr gibt es neue Farben, Muster, Längen und Zuschnitte – die neuen Trends werden durch Fernsehen und Zeitschriften verbreitet. In den **Schneidereien** der Dörfer und kleinen Städte werden nach wie vor überwiegend *Shalwar-Kamize* mit klassischen Schnitten hergestellt, aber auch die Designer in den Städten nahmen sich des Kleidungsstücks an und verhalfen ihm dazu, sich auch als elegantes Kleidungsstück zu etablieren.

Inzwischen ist es in größeren Städten einfach geworden, in Geschäften und Boutiquen „Ready-Made-Suits", **fertige Bekleidung** von der Stange, zu kaufen. Sie sind abwechslungsreich, mit interessanten Mustern, und es gibt sie in allen Größen und allen Preisklassen. Es ist ein großer Vorteil, dass die üblichen Wartezeiten bei den Schneidern – die vor Feiertagen nicht unbeträchtlich sind – wegfallen. Besonders für die berufstätigen Frauen in den Städten wird vermehrt Fertigkleidung produziert: Diese Frauen stellen eine neue Quelle der Kaufkraft dar und benötigen praktische und bezahlbare Kleidung.

Benazir Bhutto wurde – vielleicht ungewollt – zur „Modebotschafterin", als sie 1988 an die Regierungsmacht gelangte und durch ihre Reisen und Öffentlichkeitsauftritte den *Shalwar-Kamiz* im Westen vorstellte. *Benazir* wurde im Ausland mit ihrer exotischen Kleidung immer als „unglaublich elegant" bezeichnet, im Land selbst wird ihr Geschmack und ihre Kleiderwahl von modebewußten Damen allerdings nicht sonderlich geschätzt. Zwei britische Ladies haben den *Shalwar-Kamiz* erst kürzlich wieder in die internationale Presse gebracht. *Jemima Khan,* glamouröse Millionärstochter und Gattin *Imran Khans,* des pakistanischen Cricket-Nationalhelden und inzwischen ambitionierten Politikers, trägt feine und raffinierte Exemplare des *Shalwar-Kamiz,* wenn sie sich in Pakistan aufhält. Ihre Freundin *Prinzessin Diana* steht ihr in nichts nach. Als sie *Jemima* in Pakistan besuchte, trug sie ein perlenbesetztes Designerstück, das auf den Titelseiten vieler großer Zeitungen abgebildet war. Kopien dieses Kleidungsstücks fanden kurze Zeit später in Londons High-Street-Boutiquen reißenden Absatz. *„Unser Nationalkleid ist im Kommen",* lauteten mehrere Zeitungsmeldungen in Pakistan, die den Stolz über die internationale Anerkennung ausdrücken.

Für die feine Gesellschaft gibt es jetzt auch formelle **Herren-Kleidung** mit dem „östlichen Touch". *Amir Adnan,* Designer für Herrenmode in Karachi, lässt sich von der Mode der Moghul-Zeit inspirieren und will sich von westlichen Designs, die in der formellen Kleidung vorherrschen, absetzen. *„Ethno-Mode ist hip, und es gibt eine deutliche Nachfrage für meine neueste Schöpfung. Der Mann von heute entscheidet sich für ein traditionelles Hochzeitsgewand statt eines westlichen Anzugs. Bislang gab es keine östliche Kleidung für den offiziellen Anlass – meine Kollektion bietet genau das."* Allerdings für Preise, die für die meisten Menschen im Land unerschwinglich sind. [55]

Symbole und ihre Bedeutung

lle Tätigkeiten und Verrichtungen in Pakistan sind von einem starken **Rechts-Links-Symbolismus** geprägt.

„Die Gefährten der Rechten – was sind die Gefährten der Rechten? (selig!). Und die Gefährten der Linken – was sind die Gefährten der Linken? (unselig!)."
(Koran, Sure 56, 8-9)

Die rechte Hand wird für „reine" Verrichtungen verwendet, die linke dient zur Reinigung des Körpers. Koransprüche werden ins rechte Ohr des Neugeborenen geflüstert. Der Tote wird auf die rechte Gesichtshälfte gebettet. Die Moschee soll mit dem rechten Fuß zuerst betreten werden. Auch im europäischen Kulturkreis gibt es noch Überbleibsel alter Traditionen, die „das Linke" als schlecht und böse, dem Teufel zugeordnet, bezeichnen, z.B. wird gesagt, jemand ist mit dem linken Fuß zuerst aufgestanden, wenn die Dinge schlecht laufen oder unbegründet üble Laune aufkommt.

„O Mensch, siehe, du bemühtest dich in Mühe um deinen Herrn und sollst ihm begegnen. Und was den anlangt, dem sein Buch (in dem seine Taten verzeichnet sind) in seine Rechte gegeben wird, mit dem wird leichte Abrechnung gehalten, und fröh-

lich wird er zu seinen Angehörigen heimkehren. Was aber den anlangt, dem sein Buch (in die linke Hand, welche auf den Rücken der Verdammten gefesselt ist) hinter seinem Rücken gegeben wird, der wird nach Vernichtung rufen, doch in der 'Flamme' wird der brennen."
(Koran, Sure 84, 6-12)

Das **heilige Buch,** der Koran, muss – am besten eingewickelt – an einem geschützten Ort aufbewahrt werden. Die arabische Schrift ist ein Symbol des Islam, weil in ihr der Koran verfasst ist. Der Koran darf nicht verunreinigt werden, und nichts darf auf ihm liegen. In vielen Haushalten befindet er sich in schöne bunte Tücher gehüllt auf dem Schrank. Vor Reisen wird der Koran vom Schrank heruntergehoben, über den Kopf und dann in Mundhöhe des Abschiednehmenden gehalten, damit er ihn küssen kann. So gewappnet und geschützt kann er die Reise beruhigt antreten.

Besonders im pakhtunischen Kulturkreis wird dem **Brot als Gabe Gottes** eine sehr hohe Wertschätzung entgegengebracht. Liegt ein Stückchen Brot auf der Straße, wird es aufgehoben und auf eine erhöhte Stelle gelegt, damit Menschen nicht darüber laufen oder Tiere es nicht auffressen können.

Die Wertigkeit von Brot und dem Koran im Verständnis des gläubigen Menschen verdeutlicht folgende Belehrung: *„Hast du ein Bündel Brote bei dir und kannst einen hochgelegenen Gegenstand nicht erreichen, darfst du nicht auf das Brot steigen, um an dein Ziel zu gelangen. Hast du aber einen Koran bei dir, und kannst – hungrig wie du bist – nicht an hochgelegenes Brot reichen, darfst du ausnahmsweise auf das 'Heilige Buch' steigen, um deinen Hunger zu stillen!"*

Die **Beschneidung** ist ein Symbol der Zugehörigkeit zur *Ummah,* der Gemeinschaft der Gläubigen. An jedem männlichen Kind wird die Beschneidung in den ersten Lebensjahren vollzogen; der Überlieferung zufolge soll der Prophet beschnitten geboren worden sein.

Farb- und Zahlensymbolik

Es ist überliefert, dass der Prophet ein grünes Gewand trug; die Farbe **Grün** wird daher gern verwendet und als Farbe des Islam bezeichnet. Die Farbe Grün wird auch mit dem Paradies in Verbindung gebracht. Grüne Kleidung wird von heiligen Männern, Sufis, Mullahs und anderen Geistlichen getragen.

Die grüne Flagge Pakistans bildet die **Mondsichel,** *Hilal,* ab; der Ursprung ist vorislamisch, im islamischen Sinn symbolisiert sie das Mondjahr und das Ende des Fastenmonats Ramadan. Die Mondsichel erlangte erst in der westlichen Welt den Status eines Symbols des Islam und wurde daraufhin von islamischen Ländern explizit als Identifikationsmerkmal benutzt.

Rot ist die Farbe der Freude, des Feuers und der Leidenschaft, Hochzeitskleider und Schmucksteine werden gern in dieser Farbe verwendet. Es ist die Farbe *Alis,* der ein rotes Gewand trug. Pakistanische Frauen kleiden sich gern bunt und bevorzugen grelle Farben, auch der Schmuck und die Schmucksteine sind sehr auffallend. Besonders unverheiratete Mädchen tragen gern fröhliche, farbenfrohe Kleidung und die Farbe Rot.

Schwarz ist besonders bei den Pakhtunen das Symbol für Schande und Unreinheit. Gleichzeitig ist es ein Schutzmittel, um den „Bösen Blick" abzuwenden, aus diesem Grund wehen an vielen Gefährten und Gegenständen schwarze Fähnchen. Schwarz kann, muss aber nicht Trauer bedeuten; Schiiten tragen gern schwarze Kleidung.

Weiß symbolisiert Reinheit, Unschuld, Frieden und steht auch für den Propheten *Muhammad*. Das Leichenhemd ist weiß. Ältere Frauen und Witwen bevorzugen weiße Kleider oder zumindest sehr unauffällige helle Farben. Sie verzichten auf bunte und grelle Farben, die im Alter als unschicklich gelten. Auch *Sayids,* Nachfahren des Propheten, und Heilige tragen Weiß; die Tücher der Pilger in Mekka sind ebenfalls weiß.

Die **Zahl fünf** ist eine beliebte und besondere Zahl. Sie steht für die fünf Grundpfeiler des Islam, *Arkan,* für fünf Gebete täglich und die fünf wichtigsten Menschen des Islam, *Panjtan: Muhammad, Fatima, Ali, Hassan* und *Hussein.* Die **Zahl sieben** hat eine starke magische Bedeutung. Die Gebete werden siebenmal wiederholt, die Kaaba wird bei der *Hadj,* der Pilgerreise, siebenmal umrundet.

Es existieren auch noch vorislamische Symbole: Der **Fisch** steht für Fruchtbarkeit und Glück und ist die Verkörperung des Hindugottes Vishnu. Man sieht ihn oft an Fahrzeugen, aus Blech geschnitten, klappernd und scheppernd an den schmückenden Ketten der Busse hängen.

Körpersprache

„Gott mach mich zu einem Becher,
Damit ich jeden Morgen Deine Lippen spüre!"
(Landey)

Begrüßung

Während des Grußes sehen Menschen einander an, vermeiden aber einen tiefen Blickkontakt. Bei sozial ungleichen Beziehungen kommt eine leichte Kopfverbeugung hinzu, die respektvollem und formellem Verhalten zuzuordnen ist. Manchmal wird die „Hand aufs Herz" gelegt zur Begrüßung oder Beteuerung von Gesagtem. Es ist üblich zwischen Männern, sich die Hände zu reichen, besonders im Norden und Nordwesten des Landes wird die Hand lange festgehalten, eventuell mit beiden Händen umfasst und dann der Arm mit der linken Hand gegriffen. Unser kräftiges Händeschütteln oder Auf-die-Schulterklopfen ist unbekannt. Bei Begrüßungen auf Distanz wird oft die Hand an den Kopf gehoben mit nach vorn gerichteter offener

Handfläche. Die Umarmung mit Berührung der Köpfe ist unter Freunden und Verwandten üblich. Nur zwischen Männern wird eine formalisierte, leichte Umarmung praktiziert, wobei der Kopf in die Richtung der rechten, dann der linken Schulter des Gegenübers bewegt wird. Der Wangenkuss ist in den Städten bei den gehobenen Schichten verbreitet. Eine ausgesprochene Respektsbezeugung ist das Küssen der Hände von älteren Menschen, die im Gegenzug oft die Hand auf das Haupt der jüngeren Person legen, diese Geste hat etwas Beschützendes und „Segnendes". Im Sindh ist es alte Tradition, dass die Kinder sich bei der Begrüßung Erwachsener verbeugen und, in der gesteigerten Form, die Füße oder Knie älterer Verwandter mit ihrer rechten Hand berühren.

Heiligen Männern oder hochstehenden Autoritätspersonen werden im traditionellen Umgang als Respektsbezeugung Hände oder Füße geküsst. Zwischen Derwishen, Fakiren und *Malangs* existieren rituelle Begrüßungen mit Geheimbund-Charakter. ***Ergebenheitsgesten*** und **Demutshaltungen** verschwinden langsam im modernen Pakistan; sie sind noch zu finden zwischen Menschen mit sehr großen sozialen Unterschieden. Landbesitzer und hohe Beamte werden manchmal von der einfachen Bevölkerung mit einer tiefen Verbeugung und Handkuss begrüßt. Bei Frauen in Beluchistan, die einen unterschiedlichen sozialen Rang haben, ist zu beobachten, dass eine die Hand der anderen ergreift und sie auf die eigene Stirn und die Augen drückt. Ältere Frauen legen die Hand auf den Kopf der jüngeren, welche die Hand dann ergreift und küsst.

Beim Eintritt von Autoritätspersonen – wozu auch Mutter und Großmutter gehören – in einen Raum erheben sich alle Personen respektvoll; nur der „Herr" bleibt sitzen, wenn ein „Untergebener" den Raum betritt. Im Umgang mit Dienstpersonal ist oft zu beobachten, dass keine direkte Begrüßung und Ansprache von Seiten der „Dienstherren" stattfindet, sondern dass die Kommunikation nur durch einseitige barsche Zurufe geschieht.

Gesten und Mimik

Nonverbale Verhaltensweisen wie Gesichtsausdruck, Gebärden, Gesten, Blick- und Körperkontakt begleiten die Sprache und senden kommunikative Signale aus. Verallgemeinernd gilt für Pakistan, dass Sindhis und Punjabis eine reiche Gestik besitzen, die Menschen in den anderen Landesteilen damit aber eher sparsam umgehen.

Bei intensiven und vertraulichen Unterhaltungen wird dem Gegenüber manchmal die rechte Hand auf den Arm gelegt. Scherzen Freunde miteinander oder soll spontan **Freude** ausgedrückt werden, öffnet ein Gesprächspartner die Hand und streckt sie mit der Handfläche nach oben aus, der andere schlägt seine Handfläche darauf. Diese Geste betont das gute Einverständnis der Gesprächspartner und die Freude an etwas Gemeinsamen.

Die in einigen westlichen Ländern gebräuchliche Geste, um *Geld* darzustellen, das Aneinanderreiben von Daumen und Innenflächen der oberen Glieder der anderen Finger, findet seine Entsprechung nur im Punjab; bei den Pakhtunen kann es als sexuelle Geste missgedeutet werden. Wird die rechte Hand zur Faust geballt und mit dem Arm als waagerechter Stoß geführt, symbolisiert dies in roher Form *Geschlechtsverkehr.* Zarteres Flirtverhalten unterscheidet sich in nichts von dem Verhalten in westlichen Kulturkreisen. Auch die Geste des *„Vogelzeigens"* findet seine Entsprechung mit der selben Bedeutung.

Ein energisches Zurseitestrecken der Arme und Hände soll Ruhe schaffen, „Schluss" und „Halt" aussagen. Als *Abwehrgeste* von Frauen – bei Zudringlichkeiten z.B. – wird das Ausstrecken der Hände und Arme wie ein Schutzschild vor dem Körper praktiziert.

Bei einer häufig im *Straßenverkehr* zu beobachtenden Geste wird die rechte Hand aus dem Fenster des Fahrzeugs gehalten und die Finger winkend nach vorn bewegt. Diese Handbewegung soll einem anderen Verkehrsteilnehmer andeuten, z.B. mit dem Auto vorbeizufahren. Ein hochgereckter Zeigefinger hingegen soll Einhalt gebieten.

Einem Gefühl der *Trauer* wird Ausdruck gegeben, indem die rechte Handfläche an die rechte Wange geführt wird und dort verweilt.

Eine *Aufzählung* unter Zuhilfenahme der Hände beginnt mit dem kleinen Finger der rechten Hand, setzt sich fort bis zum Daumen und geht dann entsprechend auf die andere Hand über.

Chutki wird das *Fingerschnippen* genannt und hat die Bedeutung: Los geht's! Sofort! Voran! Ich hab's! Fingerschnippen dient aber auch als begleitende Geste beim Tanz, die von Geübten überraschend laut ausgeführt werden kann. Kleine Kinder werden schon ermutigt, Tanzdarbietungen mit *Chutki* zu begleiten.

Das wiederholte *Zusammenklatschen der Hände,* der „Applaus", drückt Begeisterung aus; auch musikalische Vorstellungen und Tanz werden mit Händeklatschen „kommentiert".

Um die Aufforderung *„Komm her"* nonverbal auszudrücken, verwendet man folgende Geste: Der rechte Arm wird mit nach unten zeigender Handfläche ausgestreckt, die Finger sind geschlossen und bewegen sich winkend hin und her. Um ein Haltesignal für Bus oder Taxi zu geben, wird die Hand dabei auf und ab bewegt. Es gilt als unhöflich, die Handfläche dabei nach oben zu drehen oder etwa den Zeigefinger zu benutzen.

Die nonverbalen Ausdrucksformen von *„Ja" und „Nein"* sind den westeuropäischen sehr ähnlich. Eine Verneinung wird mit Kopfschütteln signalisiert, Zustimmung und die Bereitschaft zuzuhören durch ein leichtes Nicken mit einem gleichzeitigen seitlichen Kippen des Kopfes. Diese Bejahung vermittelt manchmal den Eindruck, als würde der Kopf „wackeln" – so, als wolle jemand seinen Zweifel zeigen.

Um die Frage **„Was ist los?"** oder „Worum geht es?" nonverbal zu stellen, wird der Kopf leicht ruckartig angehoben. Das Ergreifen der Hand des Gegenübers bei der Begrüßung mit den beiden eigenen Händen ist den **Zuneigungsgesten** zuzuordnen; dabei wird der eigene Kopf gebeugt. Wird das eigene Herz mit der rechten Hand des Gegenübers berührt oder der eigene Kopf an das Herz des anderen gedrückt, versucht der aktive Teil, Ergebenheit auszudrücken. Diese Gesten findet man oft älteren Respektspersonen gegenüber und im ländlichen Umfeld.

Der Gast kann eigentlich immer mit Nachsicht für ungeschicktes Verhalten rechnen, aber Vorsicht ist mit schroffen Gesten geboten. Auf keinen Fall sollte **mit dem Finger auf Personen gezeigt** werden, was nicht nur unhöflich ist und schlechtes Benehmen beweist, sondern in der pakistanischen Vorstellung auch Schaden anrichten kann, weil unter unglücklichen Umständen der „Böse Blick" auf die bezeichnete Person gerichtet wird.

Ältere Menschen unterstreichen ihre Rede gern mit groben **Skizzen,** die mit einem Stock oder ähnlichen Hilfsmitteln auf den Boden gezeichnet werden. Dieses Verhalten wird von jungen Leuten scherzhaft imitiert und überzogen in Komödien oder Persiflagen dargestellt.

Selbstbeherrschung und Körperkontrolle gehören zu den Idealen besonders der männlichen Pakhtun und Beluch. Gestik und Mimik sollen ausgewogen und gemäßigt sein und eine zurückgezogene, nach innen gekehrte Haltung in der Öffentlichkeit widerspiegeln. Sie sind sowohl mit traditionellen als auch islamischen Männlichkeitsvorstellungen eng verknüpft (s. Kapitel „Pakhtunen und Pakthunwali"). In Situationen extremer Trauer oder Wut kann ehrbewusstes und selbstkontrolliertes Benehmen natürlich nicht immer beibehalten werden. Die ständige Kontrolle und Selbstbeherrschung führt manchmal zu einem emotionalen Überdruck – unerwartet kann dann plötzlich Unbeherrschtheit und emotionale Überreaktion auftreten. Der gerade noch gutmütige und lammfromme Mensch wird unberechenbar und jähzornig. Jungen werden sehr früh zu Selbstbeherrschung und Zurückhaltung in der Öffentlichkeit und zum Bezeugen von Respekt angehalten; Gedankenlosigkeit oder bewusste Zuwiderhandlungen werden hart bestraft. Auch Frauen sind der Öffentlichkeit mit emotionalen Regungen zurückhaltend, lautes Sprechen oder Lachen gilt als schamlos. Frauen sollen sich möglichst unauffällig verhalten, zumindest außerhalb des eigenen Hauses. Zu den Ausnahmen gehören heftige und z.T. ritualisierte Trauerbezeugungen, sie gehören zum „typischen Verhalten" von Frauen und werden geradezu erwartet.

Sitzen und Hocken

Pakistan ist eine **„stuhllose" Gesellschaft:** Das Gros der Bevölkerung sitzt auf dem Boden, nur die modernen Städter haben inzwischen teilweise ihre

Sitzgewohnheiten geändert und sich Tische und Stühle angeschafft. Die Menschen sitzen auf Teppichen oder Matten, manchmal gestützt von großen bunten Sitzkissen. Bettgestelle dienen oft als Sitzgelegenheit, und in Teehäusern sitzen die Männer manchmal auf niedrigen hölzernen Podesten, *Takhtah* genannt.

Die ruhende und bequeme Haltung schlechthin ist der bei uns als *„Schneidersitz"* bekannte *Asana,* aus der indischen Yogalehre stammend. Er wird im Urdu als *Chonkri* bezeichnet. Pakistaner können stundenlang so verharren, ohne die Position ändern zu müssen.

Das *Hocken* wird in Urdu *Akru* genannt. Der Körper ruht auf den Füßen, die flach auf dem Boden stehen, das Gesäß berührt dabei aber nicht den Boden. Ist man diese Haltung gewohnt, kann man sie sehr lange entspannt beibehalten, für Ungeübte ist sie aber sehr anstrengend. In dieser Haltung werden viele Arbeiten verrichtet, oder man sitzt einfach nur abwartend da. In den Bergregionen des Nordens ist es immer wieder faszinierend zu beobachten, wie Menschen „einfach so" an einsamen und wenig befahrenen Straßen oder an einem Abgrund hocken – regungslos und in Decken gehüllt, so dass sie von der graubraunen Umgebung kaum zu unterscheiden sind.

Die Hockhaltung wird auch auf den Latrinen eingenommen. Männer verrichten auf diese Weise hockend oft ihre Geschäfte im Freien, auf abgelegenen Plätzen oder an kleinen Kanälen. Die lockeren, weiten Hosen können einfach und schnell mit Hilfe einer Schnur gelöst werden. Das lange Hemd hängt dabei vorn und hinten herab und macht das Geschehen uneinsehbar.

Zu den typischen Haltungen gehört auch das *Kauersitzen,* wobei das Gesäß den Boden berührt und die Arme um die geraden oder gekreuzten Beine geschlagen werden. Bei der Hockstellung wird ein Bein untergeschlagen, das andere aufgestellt, so das sich das Knie in Brusthöhe befindet.

Bei einer häufig eingenommenen *anderen Sitzhaltung* wird der Körper auf den untergeschlagenen Unterschenkeln gelagert, die Fersen zeigen dabei nach hinten (Ungeübten schlafen dabei sofort die Beine ein!).

Beim *Seitensitz* werden die Beine zur Seite weggeknickt, der Körper mit den Armen abgestützt. Besonders bequem ist diese Haltung, wenn ein festeres Kissen oder eine Rolle vorhanden sind und untergeschoben werden können. Besonders Frauen nehmen gern diese Position ein, auch für ungeübte BodensitzerInnen ist diese Sitzhaltung eine Alternative.

Körperkontakt – Pakistaner sind sich nah

Körperliche Nähe und Berührungen sind unter Personen desselben Geschlechts und zwischen Erwachsenen und kleinen Kindern intensiver als in Deutschland z.B., wo sich immer mehr körperliche Distanz im alltäglichen Miteinander ausbreitet. Bei einem großen Teil der Bevölkerung ist *wenig*

Wohnraum vorhanden, viele Menschen leben in wenigen Räumen – selbst wenn man wollte, könnte man sich nicht aus dem Weg gehen. Immer schlafen mehrere Personen in einem Zimmer, und Kinder teilen sich häufig eine Schlafstelle. Nur bei wenigen wohlhabenden Familien gibt es „Kinderzimmer", meistens verfügen Kinder über keinen eigenen Raum, sondern schlafen dort, wo gerade Platz ist. Auch der obligatorische Mittagsschlaf wird zu mehreren Personen in einem Zimmer abgehalten. Gäste kommen oft unangemeldet und bleiben über Nacht; sie werden einfach auf die vorhandenen Betten verteilt, oder es werden Schlaflager auf dem Boden errichtet: Alle rücken ganz selbstverständlich ein bisschen zusammen.

Pakistaner suchen die Gesellschaft ihrer Mitmenschen, wer sich bewusst absondert, um allein zu sein, gilt als seltsamer Kauz. Es ist interessant zu beobachten, wie eng Menschen oft zusammensitzen, obwohl es viel Platz in einem Raum gibt.

Hausarbeit wird – wenn möglich – gemeinschaftlich verrichtet, gegenseitige Hilfe ist selbstverständlich. Während der langwierigen Essensvorbereitungen oder bei der Handarbeit werden Neuigkeiten ausgetauscht, Familienprobleme besprochen und Feierlichkeiten geplant.

Kinder sind meistens in der Nähe ihrer Mutter oder werden von irgendeiner verwandten Person verhätschelt: auf den Schoß genommen, in die Wange gekniffen, mit Leckereien vollgestopft oder in den Schlaf gewiegt. Kleinere Kinder schlafen zusammen mit ihren Müttern – sie werden nie allein gelassen. Sobald sie laufen können, nehmen sie am Alltagsleben der Erwachsenen teil; Kinder, die allein und ruhig in einer Ecke spielen, sind in Pakistan ein ungewohnter Anblick.

Frauen und Mädchen kämmen sich oft gegenseitig die Haare, schminken sich und tanzen miteinander. Frauen halten sich oft bei den Händen und umarmen sich bei Begrüßungen oder Verabschiedungen. Der körperliche Kontakt wird auch beim Beieinandersitzen gesucht, sei es zu Hause oder in öffentlichen Verkehrsmitteln. Haben kleine Mädchen z.B. erst einmal Vertrauen zu der Besucherin gefasst, nehmen sie diese auch körperlich in Beschlag: Die Sitzplätze neben ihr sind sehr gefragt, kleine Hände tasten sich vor und ergreifen die große Hand, die Haare werden gekämmt und geflochten, Babys herangeschleppt und auf den Schoß der Besucherin gelegt. Männliche Besucher werden distanzierter behandelt, und auch pakistanische Jungen halten sich mit ihren Sympathiebezeugungen etwas zurück.

Zwischen Männern und Frauen gibt es in der Öffentlichkeit keine körperlichen Kontakte, auch zu Hause, im Kreise der Familie, halten Paare Distanz. Der Austausch von Zärtlichkeiten zwischen Ehepartnern findet nur in unbeobachteter Zweisamkeit statt, Kinder sehen ihre Eltern nie „Hand in Hand". Intimes Verhalten von Paaren in der Öffentlichkeit wird als sehr ungewöhnlich und schamlos empfunden. Kontakte körperlicher Natur zwischen nicht miteinander verheirateten Menschen werden schnell als Unzucht und Ehebruch ausgelegt und können ernste Folgen haben. Einem Mann ist es erlaubt, seine Mutter und Großmutter in der Öffentlichkeit zu umarmen und förmlich und respektvoll zu küssen.

Im Gegensatz dazu ist es vollkommen selbstverständlich, dass junge und auch ältere **Männer mit ihren Freunden** Hand in Hand, mit eingehakten Armen oder die Schulter des anderen umfassend, durch die Straßen spazieren. In Parks oder auf dem Universitätscampus sind „diese Paare" sehr häufig anzutreffen. Zwischen befreundeten Männern besteht oft ein sehr enges emotionales Verhältnis, und dazu gehören Umarmungen und Händehalten. Ausländische Besucher werden nicht gleich in dieses Umgangs- und Berührungsverhalten miteinbezogen, aber schon das längere Festhalten der Hand bei der Begrüßung oder ein um die Schultern gelegter Arm mag manchem Westler seltsam anmuten.

In gleichgeschlechtlichen Beziehungen gibt es wenig Anspannung oder Verkrampfung und keine Berührungsängste (wie z.B. beim indischen Kastenwesen). Körperkontakte sind ein Zeichen von Freundschaft, Gastlichkeit und Schutzgewährung. Besonders bei den Pakthunen wird das **Ideal der Männerfreundschaft** hochgehalten. In ihrer Gesellschaft mit der strengen Geschlechtertrennung haben sie wenig Gelegenheit, enge emotionale Beziehungen zum anderen Geschlecht einzugehen und Bedürfnisse nach menschlicher Nähe zu befriedigen.

Für Westler sind diese häufigen gleichgeschlechtlichen Berührungen, die in Pakistan zu den kulturell geprägten Verhaltensmustern gehören, oft ungewohnt, schockierend oder peinlich. Gerüchte über **Homosexualität,** die besonders in islamischen Gesellschaften häufig auftreten soll, halten sich hartnäckig. In unserem eigenen Kulturkreis haben auch nur homosexuelle Männer so enge körperliche Kontakte, wie sie in Pakistan zwischen Männern zu finden sind. Es ist faktisch aber nicht belegbar, dass Homosexualität in Pakistan besonders häufig vorkommt. Freundschaftlicher und auch körperlich enger Umgang ist unabhängig von der sexuellen Orientierung. Gleichgeschlechtliche Kontakte werden deutlicher und intensiver, wenn heterosexuelle in der Öffentlichkeit unerwünscht sind. Durch die starke gesellschaftliche Stigmatisierung der Homosexualität ist ein „outing" für die meisten Homosexuellen undenkbar. Homosexualität ist kein Thema in der pakistanischen Öffentlichkeit; „Knabenliebe" als Ersatz für Frauen sowie Tanzjungen, die sich prostituieren, sind aber keine neue Erscheinung. Die Person, die den passiven, so genannten „weiblichen" Part in einer homosexuellen Beziehung übernimmt, ist ehrlos und verachtungswürdig. Der Pakhtu-Begriff *Bedagh* für den passiven Mann in einer gleichgeschlechtlichen Verbindung wird gleichzeitig als Schimpfwort benutzt.

Verhältnis zu Natur und Umwelt

„Im Himmelsrosenhag sprach eine Huri:
,Ich habe nie, was jenseits ist, erkannt.
Was ist das: Tag und Nacht, und Morgen, Abend?
Geburt und Tod, sie kennt nicht mein Verstand.'
Zum Dufthauch ward sie, sproßt' am Rosenzweige -
so setzte sie den Fuß in dieses Land.
Das Auge tat sie auf, ward Knospe, lächelnd,
Ward Rose - Blatt und Blatt fiel in den Sand,
Und von der Zarten, die die Fesseln löste
Blieb nur ein Ach - man hat es Duft genannt."
(Iqbal)

Liebe zur Natur

Sonnenuntergänge, schneebedeckte Berge, schattige Auen, blühende Bäume und kühles plätscherndes Wasser sind **Naturerscheinungen,** die jeden Pakistaner und jede Pakistanerin **zum Schwärmen bringen.** Sofern es sich um reale Orte handelt, werden sie besucht und bestaunt; als Traum- und Wunschvorstellungen tauchen sie in unzähligen Bildern und in der Lastwagenmalerei auf. Vielleicht findet sich die Idealisierung verstärkt bei Städtern, die Landbevölkerung hat eine etwas pragmatischere Einstellung zu den Naturphänomenen. Filmhelden und -heldinnen treiben an übernatürlich schönen Orten ihr (Un-)Wesen, tanzen singend durch blühende Haine und springen bei spielerischen Verfolgungsjagden über glucksende Bächlein. Gebiete großer landschaftlicher Schönheit – wie z.B. die Gallies oder Kashmir – wurden und werden für solche Filmszenen ausgewählt.

„Seht der Tag: es gleicht seinem Himmel
Einem Hengste schwarzgescheckt,
Gleich ob der Gärten Blüten
Schönster Teppich bunt bedeckt:
Himmel ist tiefdunkler Atlas,
Erde: Seide grüngefleckt!"
(Al-Muhallabi)

Die romantische Verbundenheit mit der Natur und die Verklärtheit angesichts der Schönheit und des Duftes von Blumen werden immer wieder in Abbildungen, Liedern, Gedichten und Filmen dargestellt. **Duftende Blumen** werden von allen Bevölkerungsgruppen Pakistans schwärmerisch betrachtet. Selbst

Kinder loben schon den Duft einer Blume; viele Menschen stecken sich Blumen oder Blüten ins Haar oder an die Mütze. Schöne Steine werden bewundert und in Schmuckstücke eingearbeitet, auch Männer tragen gern steinbesetzte Ringe an ihren Fingern.

Gärten und Blumen sind nicht nur als reale Dinge äußerst beliebt, sondern prägen auch die Dichtung. Von dem Propheten *Muhammad* ist überliefert, daß er Blumen liebte; sie sollen einen Vorgeschmack auf die Gärten des Paradieses geben. Schönheit, Zartheit und Duft der Blumen müssen einfach göttlich sein, deshalb werden sie die Gläubigen im Paradies umgeben. In der Poesie und Volksdichtung wird besonders gern die **Rose,** *Gul,* als Symbol für den geliebten Menschen verwendet. In der Sufi-Dichtung stellt die Rose die Schönheit Gottes dar.

„Die Rose ist ein Huldgeschenk vom Himmel;
Die Rose kann den Menschen Glück verleih'n!
Verkaufst du, Rosenhändler, sie für Silber –
Was kaufst du für das Geld denn Bess'res ein?"
(Kisa'i)

Das Rosenmotiv ist auch in der Miniaturmalerei häufig zu finden. Florale Muster werden in allen Kunstbereichen reichlich verwendet. Das islamische Abbildungsverbot von lebenden Wesen war die Ursache dieses Ausweichmanövers auf Blumenmotive.

„Welche Unterhaltung ging heute früh im Garten vor?
Alle Knospen waren Mund und die Rose ganz Ohr!"
(Dard)

Blüten finden als Opfergaben an Schreinen Verwendung, besonders gern werden Rosenblätter auf die Särge der Heiligen gestreut. Blumen und Blüten, auf Schnüre gereiht, dienen als duftende Ketten: Auf Gräbern liegend, drücken sie Ehrfurcht und Freude aus, ganz profan in Autos aufgehängt, haben sie schmückenden Charakter und strömen einen angenehmen Duft aus.

Es gibt sehr viele Wortverbindungen mit *Gul,* der Blume oder Rose, besonders im afghanischen Kulturkreis und in dem pakistanisch-afghanischen Grenzgebieten. Viele Namen werden mit dem Zusatz *Gul* versehen, so ist *Alam Gul* ein beliebter Männername, *Bibi Gul* werden viele Frauen genannt, und *Gul Dada* ist eine ehrenvolle Anrede für ältere Männer.

Der **Lotus** steht als Symbol für die Reinheit, seine besondere Bedeutung stammt aus dem buddhistischen Kulturkreis.

„Siehst du der frohen Lotosblüte Frische,
Den süßen Duft, den ihre Mitte trägt?
Sie gleicht an Glanz der Schale voller Perlen,
In die man schwarze Ringe einlegt."
(Ibn Abdschad)

Besondere Beziehungen zu **Bäumen,** insbesondere den Eichen- und Wal-
nußbäumen, finden sich nur in den nördlichen Regionen des Landes,
hauptsächlich im Hindukush und Karakorum. Bäume gelten dort als rein und
heilig und werden mit überirdischen Kräften in Verbindung gebracht. Diese
Einstellung hat sicherlich einigen Bäumen das Leben gerettet, denn sie verhindert ihr gedankenloses Fällen. Heilige Männer werden manchmal mit Bäumen in Verbindung gebracht; ihre Gräber finden sich häufig in Baumnähe.
Fahnen und Tuchfetzen werden an sogenannten Wunschbäumen angebracht, damit die Wünsche in Erfüllung gehen.

„Ein Banyanbaum allein im Feld,
den liebe ich gar sehr –
Der Liebste sitzt im Schatten dort:
ein Baum und doch ein Wald!"
(Qadi Qadan)

Im Süden Punjabs und im Sindh gelten Banyan- und Feigenbäume als etwas
Besonderes, sie haben dort sakralen Charakter, was sicherlich auf buddhisti-
sches und hinduistisches Erbe zurückgeführt werden kann.
    Wasserfälle, Bäche, Fluß- und Seeufer erfreuen sich großer Beliebtheit und
werden gern als Picknick-Plätze auserkoren. **Wasser** ist lebensspendend, es
gibt keine Fruchtbarkeit ohne dieses Element; in dem regenarmen Pakistan
ist vielen Menschen die Bedeutung dieser, für uns so banal klingenden Fest-
stellung sehr bewußt. Pakistaner bezeichnen Wetter als schön, wenn es be-
wölkt, regnerisch und kühl ist – diese, dem Urteil von Bewohnern kalter Länder entgegengesetzte Bewertung, ist nicht überraschend in einem Land, in
dessen Ebenen der Sommer von März bis September währt und Temperaturen von über 50 °C hervorbringt!
    Viele wohlhabende Familien versuchen, der Gluthitze des Sommers in den
Ebenen zu entkommen, und „flüchten" in den **gebirgigen und kühleren
Norden.** Zahlreiche Gasthäuser und Hotels sind auf diesen Inlandtourismus
eingestellt. Einige Familien haben Ferienhäuser in den klimatisch angenehmen Gegenden. Wer es sich leisten kann, verbringt ein bis zwei Monate im
Norden. Abottabad, das Kaghan- und das Swattal, und besonders die Gallies
mit Murree als Zentrum, nördlich von Islamabad, gehören zu den bevorzugten Urlaubsgebieten. In den Gebirgsregionen hatten schon die britischen Ko-

lonialherren ihre Sommerresidenzen, was noch an dem Kirchlein und einigen kolonialzeitlichen Bauten in Murree zu erkennen ist. Hier versuchten die Briten, die mörderisch heißen Sommermonate zu überstehen und sich von Malaria-Attacken und Gelbfieber zu erholen.

Umgang mit dem Müll

Für den umweltbewußten Westler ergeben sich schizophrene Situationen, wenn er die Landschafts- und Naturliebe seiner Gastgeber mit ihrem **tatsächlichen Verhalten** auf Reisen vergleicht.

„Ich verweilte mit meiner Gastfamilie in ihrem Wochenendhaus im idyllischen Swattal", berichtet eine Pakistan-Reisende. *„Alle waren total begeistert von der Umgebung, der Aussicht und dem sauberen Wasser des türkisfarbenen Flusses. Während in der Küche, die nach hinten zum Hang raus gelegen ist, der Tee zubereitet wurde, schaffte eine der Damen schon mal Ordnung – und kippte die Abfälle einfach den Hang hinunter. Ich traute meinen Augen nicht und fragte meine Gastgeberin, die noch vor wenigen Minuten über die unberührte Natur geschwärmt hatte, warum sie denn die Natur in ihrer unmittelbaren Nähe verschmutze. So ganz bewußt war ihr wohl das eigene Verhalten nicht, aber nach einem Moment der Besinnung antwortete sie mir: „Es machen doch alle so, auch wenn wir uns anders verhalten, wird sich nichts ändern!" Sie behauptete, daß der Müll, den wir ja auch in einen Container hätten werfen können, nur zu einem anderen Zeitpunkt ebenfalls den Hang hinuntergekippt würde. Auch beim anschließenden Spaziergang ließen sich die Kinder nicht von der ausländischen Tante belehren, als sie die Plastiktütchen ihrer Knabbereien freimütig in der Natur verteilten. Ich denke, daß ich als ziemlich sonderbares Wesen angesehen wurde, das den Müll kilometerweit mit sich herumschleppt, um ihn dann in den Abfalleimer zu werfen (der dann doch einen anderen Hang hinuntergekippt wird?!)."*

Sorgloser Umgang mit dem Müll findet sich nicht nur in der Urlaubssituation, sondern auch zu Hause. Der Müll wird bedenkenlos vor die eigene Haustür geworfen oder direkt aus der Küche über die Mauer auf das benachbarte Brachland. Hinweise auf die unansehnliche Wohnumgebung und die vielen Hunde und Ratten, die, von den Essensresten angelockt, das ganze Gebiet bevölkern, werden mit einem Achselzucken abgetan. Die in vielen Wohngebieten aufgestellten Abfallcontainer, welche mehr oder weniger regelmäßig entleert werden, sind teilweise nicht angenommen worden.

Organische Abfälle werden am Wegesrand gleich von den Tieren entsorgt. Plastik und sonstigen Verpackungsmüll gibt es glücklicherweise nur in begrenztem Ausmaß. Kinder sammeln Abfälle in Säcke auf und führen sie der Wiederverwertung zu, so daß meist jede Zigarettenschachtel und jedes Bonbonpapierchen noch einen Zweck erfüllt. Einwegfeuerzeuge werden wieder aufgefüllt, viele Dinge aus den Abfallhaufen umfunktioniert und wiederverwendet.

Es gibt moderne Müllentsorgungsprogramme, die aber größtenteils nur auf dem Papier bestehen. Umweltschutz ist für viele Pakistaner ein nichtssagendes Wort; den meisten fehlt es an Problembewußtsein. Auch in den Medien ist das **Thema „Umweltschutz"** erst in den letzten Jahren überhaupt nur erwähnt worden. Angesichts des Kahlschlags in den Wäldern des Nordens und des gesundheitsgefährdenden Smogs in den Städten beginnen verschiedene Institutionen, sich Gedanken über Aufforstungsprogramme und Luftverbesserung zu machen.

Umgang mit bedrohten Tierarten

Shimshal ist ein Tal in der Nähe der pakistanisch-chinesischen Grenze, unweit des Khunjerab-Passes. 120 Familien leben dort auf 3.000 Meter Höhe, sie verfügen weder über Elektrizität noch über ein Krankenhaus. Die Menschen verwenden Tierfett, um ihre Häuser in der Nacht zu beleuchten. Das Bevölkerungswachstum ist gering. *„Die Menschen hier können entweder leben oder sterben"*, sagt *Syed Yahiya Shah,* Sozialarbeiter in dem Gebiet, *„es führt keine asphaltierte Straße in das Tal. Wird jemand akut krank, gibt es keine Möglichkeit, ihm schnell zu helfen."* Die Shimshalis wehren sich gegen den **Khunjerab-Nationalpark**, der Teile ihres Gebietes umfaßt. Sie haben eine Nichtregierungs-Organisation gegründet („Nature Conservation Organisation Shimshal") und wollen sich selbst um die gefährdeten Spezies in ihrem Tal kümmern. *Shambi Khan,* ein Shimshal-Bewohner, erklärt die vier Schichten des natürlichen Systems, das in und um Shimshal funktioniert:

„Auf der untersten Stufe betreiben wir unseren Ackerbau und pflanzen Weizen, Gerste, Erbsen und Kartoffeln. Auf der zweiten lassen wir unsere Schafe, Ziegen und Yaks grasen. Auf der dritten Stufe leben wilde Tiere wie Steinbock, Schneeleopard und Braunbär; auf der vierten schließlich gibt es noch ein paar ganz seltene Arten von Tieren, wie das Marco-Polo-Schaf und fast ausgestorbene Vögel. Alle vier Stufen sind voneinander abhängig und werden von uns kontrolliert und gepflegt."

In den Teilen des Parks, in denen **staatliche Sicherheitskräfte** beschäftigt sind, sind die Bestände des gefährdeten und „geschützten" Wildes (Steinbock, Füchse, Schneeleoparden u.a.) sogar gesunken, anstatt sich zu stabilisieren oder zu vergrößern. Die Shimshalis fürchten, daß die Ranger die Wildbestände weiter reduzieren. *„Sie jagen die Tiere und verkaufen die Trophäen, um ihr Gehalt aufzubessern. Kommen die Wildhüter in unser Gebiet, wird bald kein Tier mehr übrig sein."*

Mensch und Tier

Tiere haben für Pakistaner **fast ausschließlich Nutzcharakter:** Hühner und Rinder werden zur Eier-, Milch- und Fleischgewinnung gehalten; Ochsen, Esel, Wasserbüffel und Kamele als Zug- und Lasttiere. Pferde gelten besonders im Norden des Landes als Statussymbole und sind wichtig für das beliebte und traditionelle Polospiel. Auch dem Propheten wird eine Vorliebe für Pferde nachgesagt. Die Wertschätzung für Wasserbüffel, Ziegen und Schafe ist in den verschiedenen Landesteilen unterschiedlich. Esel gelten überall als dumme und störrische Tiere, die zudem noch über eine große Lüsternheit verfügen. Wildtiere werden ebenso gejagt wie alle Arten von Vögeln – viele Tierarten sind aufgrund des rücksichtslosen Verhaltens bereits ausgerottet. Greifvögel genießen eine besondere Wertschätzung; noch jetzt betreiben wohlhabende Araber – nur sie können sich die Lizenzen leisten – die Falknerei in Pakistan, was inzwischen aber im Land auf Kritik stößt. Imkerei wird hauptsächlich im Norden des Landes betrieben. Natürlich findet sich eine Entsprechung in den religiösen Überlieferungen – der Prophet aß gern Honig.

Haustiere in unserem Sinn sind nicht verbreitet, in den meisten Haushalten wäre auch gar kein Geld für Futter vorhanden. Die Haustierhaltung bei dem wohlhabenden Teil der Stadtbevölkerung unterliegt modischen Strömungen und ist vom Ausland beeinflußt.

Es gibt viele streunende **Hunde** und Katzen in den Städten Pakistans, die in den großräumigen Vorstadtsiedlungen leben und sich von Abfall ernähren. Sie sehen sehr räudig aus und machen einen unberechenbaren Eindruck. Viele Pakistaner haben Angst vor Hunden und greifen sofort nach auf der Er-

Der Bauer und sein Pflugtier

Ironie des Schicksals

de liegenden Steinen, sobald solche Tiere auftauchen. Diese kennen die Geste auch schon und treten meist sofort mit eingeklemmtem Schwanz die Flucht an. Vorsicht ist geboten, wenn man in den Abendstunden allein unterwegs ist und plötzlich einem Rudel gegenüber steht.

Die Berührung von Hunden bedeutet außerdem für einen gläubigen Muslim Verunreinigung, deshalb sollten in Pakistan lebende Ausländer das eigene Tier wegsperren, wenn Besuch von Pakistanern erwartet wird. Hunde gelten als schmutzig, rituell unrein, feige und hinterhältig.

„Engel betreten nie ein Haus, in dem sich ein Hund oder ein Bildnis befinden."
(Hadith)

Eine etwas andere Wertschätzung erfahren die Hirtenhunde der Nomaden, große, kräftige und sehr gefährliche Tiere. Auch Jagd- und Kampfhunde genießen ein höheres Ansehen, vielleicht, weil sie sich durch ihre Ausbildung nützlich machen können. Der *Qalandar,* ein Schausteller, der von Stadt zu Stadt zieht und Volksfeste besucht, hat oft zu Kunststücken abgerichtete Hunde bei sich. In den feinen Vorstadtvierteln der Neureichen breitet sich die Haltung von Wachhunden aus.

Katzen werden zwar kaum als Haustiere gehalten, aber immerhin unterstellt man ihnen positive Eigenschaften wie die Reinlichkeit; außerdem sind sie durch ihre mausfängerischen Fähigkeiten akzeptiert.

Tiere werden oft in koranischem Kontext in ihrer **symbolischen Bedeutung** betrachtet: Der Löwe z.B. ist bei den Schiiten Symbol des ersten *Imam Ali* und wird deshalb „Löwe Gottes" genannt, er verkörpert die positiven Eigenschaften Macht und Kraft. Den in Märchen und Fabeln vorkommenden Tieren werden ganz bestimmte, typische Charaktere zugeschrieben. Der Papagei gilt als besonders neugierig und weise, er verkörpert den „Lehrer" im Tierreich. Papageien sind unter den Ziervögeln sehr beliebt, in vielen Häusern und Gärten kann man Käfige finden, in denen die unterschiedlichsten Vögel gehalten werden. Papageien können oft mit gestutzten Flügeln eine relative Freiheit genießen. In der abbildenden Kunst lassen sich Papageien und Singvögel in ihrer Buntheit und Grazie wunderschön darstellen. Aus vorislamischer Zeit wurden sie als Symbole der Fruchtbarkeit übernommen. Im Punjab und Sindh gilt die Krähe als Liebesbote. Tauben leben in großen Zahlen an Heiligenschreinen und werden vielleicht deshalb als Seelenträger mit göttlichem Segen ausgestattet angesehen.

In der persischen Dichtung wurde traditionell eine Liebesbeziehung zwischen Nachtigall und Rose hergestellt.

„Tautropfen sind's nicht, die auf Rosen fallen –
Es sind die Tränen nur der Nachtigallen!"
(Akbar)

Die „namentliche" Verwirrung

„Das Wissen um den persönlichen Namen eines Menschen
verleiht gleichzeitig Macht über diese Person."
(Sprichwort)

Namensteile in vielen Varianten

Schwierig ist es für ausländische Besucher Pakistans, eine Person mit ihrem „richtigen Namen" anzureden. Die für uns so selbstverständliche Kombination von Vor- und Familiennamen gibt es in der formalisierten Verwendung erst seit wenigen Jahrzehnten in Pakistan. Da eine Registrierung der Geburt auf dem Einwohnermeldeamt mit gleichzeitiger Namensfestlegung nicht üblich war und auch heutzutage nur Menschen in den Städten ihre Kinder anmelden, gab es **keine Notwendigkeit für festgelegte Namen.** Sie werden erst für die Ausstellung von Ausweisen und Papieren, die eine Ausreise aus Pakistan ermöglichen, relevant.

Aus der Reihe von verschiedenen Namen, Stammesbezeichnungen und Titeln muß nun – nach westlichem Vorbild – so etwas wie Vor- und Nachname ausgewählt und festgelegt werden. Das Ergebnis ist meist ein ziemlich unein-heitliches Bild: Auf jedem Ausweis und jedem Papier steht eine **andere Na-mensvariation** (wozu bei Papieren in anderen Sprachen die verschiedenen Übersetzungsmöglichkeiten beitragen), und verwandtschaftliche Beziehun-gen sind nicht ohne weiteres aufgrund der Namen auszumachen, weil alle Fa-milienmitglieder anders heißen. Die verschiedenen Namensteile tauchen auch nicht immer in derselben Reihenfolge auf, sondern erscheinen in immer neuer Zusammensetzung in den Personalpapieren. Diese Umstände haben schon so manche ausländische Behörde in die Verzweiflung getrieben (ganz zu schweigen von den Pässen der Frauen, die u.U. aus Purdah-Gründen kein Bild enthalten).

In den meisten Familien übernehmen die **Kinder** den Namen des Vaters. Ehefrauen behalten traditionell ihren eigenen Namen; in modernen Familien übernimmt die Frau aber den Namen des Mannes und wird zu *Mrs. Sharif.*

Der Titel der väterlichen Familie – falls vorhanden – wird ebenfalls an die Kinder weitergegeben, aber erst in einem bestimmten Alter aktiv getragen. Kinder werden nur bei ihrem einfachen Rufnamen genannt.

Festlegung des Geburtsdatums

Geburtstage sind – zumindest bei der Landbevölkerung – in den seltensten Fällen genau bekannt. Die Eltern haben manchmal ein besonderes Ereignis zum Zeitpunkt der Geburt in Erinnerung, einen Feiertag, das Ende der Fa-stenzeit, oder auch nur einen besonders heißen Monat. Durch die fehlende amtliche Registrierung gab es bislang keinen Grund, sich ein genaues Datum zu merken. In den großen Städten sind die Verhältnisse anders; Geburtstage sind bekannt, aber man mißt ihnen keine besondere Bedeutung bei und feiert sie in der Regel nicht.

Braucht ein Dorfbewohner Papiere, legt er einen offiziellen Namen für sich fest und gibt ein **ungefähres Geburtsdatum** an. Manchmal wird ganz be-wußt das Geburtsjahr falsch eingetragen. Um ein Mädchen sehr jung zu ver-heiraten, wird ihr Alter einfach heraufgesetzt; gleiches geschieht, wenn ein Jugendlicher in die Golfstaaten ausreisen will, um dort zu arbeiten und seine Volljährigkeit beweisen muß.

Beliebte Namen

Das Kind erhält bei der Geburt – genauer beim Abtrennen der Nabelschnur – einen **religiösen Namen.** Beim ersten Haarschnitt nach einer Woche einen weiteren Namen. Zu dieser Gelegenheit wird dem Kind das Glaubensbe-kenntnis ins Ohr geflüstert, und die Eltern, die es sich leisten können, brin-gen ein Tieropfer. Die „99 Schönsten Namen Gottes" und die Namen des

Propheten – *Muhammad, Ahmad* und *Mustafa* – werden besonders gern verwendet. *Muhammad* oder *Ali* sind oft Beinamen, die nicht unbedingt als Rufnamen verwendet werden, sie verheißen Segen und baldigen Eingang ins Paradies. *Abd* bedeutet „Diener" oder „Sklave" und wird zusammengesetzt mit göttlichen Namen, z.b. *Abd-Allah, Abd-ur-Rahman,* verwendet. Auch *Ghulam* hat die Bedeutung von „Diener" und wird mit anderen Namen kombiniert, so daß ein Mann z.b. *Ghulam Sarwar* (der „Diener Sarwars") genannt wird. *Ghulam* kann nicht als eigenständiger Name verwendet werden und schon gar nicht als Anrede: „Herr Diener" würde sich sehr sonderbar anhören. Bevorzugte Frauennamen sind *Fatima* und *Aischa* nach den Verwandten des Propheten; aber auch *Amat,* was Dienerin bedeutet, wird in zusammengesetzter Form mit anderen Namen verwendet.

Namen, die neben den religiösen, bei der Geburt verliehenen, verwendet werden, bezeichnen häufig die **regionale Herkunft des Namensträgers** oder seiner Vorfahren, wie z.b. *Bukhari,* was „aus Bukhara stammend" bedeutet. Ein Mensch mit dem Zusatz *Beluch* in seinem Namen bezeichnet damit seine ethnischen Ursprünge, mit *Barakzai* oder *Afridi* die Stammeszugehörigkeit.

Der **gesellschaftspolitische Rang** spiegelt sich in den Namen *Khan, Malik, Sheikh* und *Chowdry* (Dorfschulze); *Nawab* und *Mir* sind alte Adelsbezeichnungen. Die *Sayyeds,* Nachfahren der Familie des Propheten, tragen einen religiösen Namen wie auch *Pir* und *Qureshi.* Berufe bilden nur in wenigen Fällen die Grundlage für die Namengebung (ganz in Gegensatz zur westlichen Tradition), *Rikshawallah* – „der Rikschafahrer" – ist ein solches Beispiel.

Nach der **Teilung Indiens** griffen die Menschen zu **Namensänderungen,** um alte Kastennamen, wie z.b. *Bhatti* loszuwerden. Da neue, wohlklingende Namen gesucht wurden, kam es zu einer Inflation der Namen *Sheikh, Malik, Khan* usw. Die einstmalige gesellschaftliche Position und religiöse Bedeutung geht deshalb in vielen Fällen nicht mehr selbstverständlich mit dem Namen einher. Viele Christen aus Indien, speziell Goa, tragen europäische Namen portugiesischen Ursprungs wie *DaGama* oder *DaSilva.*

Anrede unter Fremden

Die **Nennung des persönlichen Namens einer Person,** ohne einen höflichen Zusatz oder eine Verwandschaftsbezeichnung, ist einem Eindringen in die Privatsphäre gleichzusetzen und kann auch „bösen Kräften" den Zugang zu diesem Menschen ermöglichen. Das Wissen um den persönlichen Namen verleiht gleichzeitig Macht über die betreffende Person.

Nichtverwandte Erwachsene verwenden gern den **Titel des jeweiligen Gesprächspartners,** weil damit die direkte Namensnennung vermieden werden kann. Es ist auch ein Ausdruck des Respekts, sein Gegenüber mit *Haji Sahib, Engineer Sahib, Doktor Sahib* oder *Khan Sahib* anzusprechen.

Stellt ein Pakistaner sich vor, wird er vielleicht alle seine Namen inklusive Titel aufzählen. Herr *Mian Ahmed Hussain* soll uns als Beispiel dienen: *Mian* ist der Adelstitel, also können wir ihn *Mian Sahib* nennen. Vielleicht stellt er sich auch nur als *Ahmed Hussain* vor. Freunde nennen ihn *Ahmed.* Da wir nicht so gut mit ihm bekannt sind, reden wir ihn mit *Mr. Ahmed Hussain* an. Ihn einfach mit dem letztgenannten Namen anzusprechen, kann aufgrund der Zusammensetzung der Namen falsch sein. Manchmal ist eine Namenskombination auch einfach, z.B. bei der imaginären Person *Lal Shah,* der erste Name wird wie ein Vor- und der zweite wie ein Familienname verwendet (Wir wissen allerdings nicht, was für Zusätze und Titel sich noch im Verborgenen befinden!). Wenn die Namensverwirrung komplett ist, verwendet man am besten alle Namen, auch wenn das etwas steif klingen mag. Es ist immer eine gute Alternative, den Titel, falls vorhanden, mit der Anrede *„Herr" Sahib* zu kombinieren. Herrn *Muhammad Ajmal Khans* erster Name wird nie allein als Rufname verwendet. Die geläufigste Anrede ist hier *Mr. Ajmal Khan.* Falls noch ein Stammesname dazu kommt, könnte sich die Anrede in *Mr. Ajmal Khan Afridi* verändern, auf den Zusatz kann aber auch verzichtet werden. Bei der Suche nach einer Person im Telefonbuch sollte unter allen bekannten Namen nachgeschaut werden – nur nicht so schnell aufgeben!

Choudhry Farooq Ahmed stammt aus einer punjabischen Großgrundbesitzerfamilie. Die Anrede *Choudhry Sahib* ist sehr respektvoll im traditionellen Sinne; die Form *Mr. Choudhry* ist auch möglich, aber da es sehr viele gibt, die sich so nennen, ist es manchmal etwas verwirrend herauszufinden, um welche Person es sich tatsächlich handelt. Den Herrn Großgrundbesitzer mit *Mr. Farooq Ahmed* anzusprechen ist heutzutage im Rahmen des Akzeptablen. Der Titel *Khan* in der NWFP und in Beluchistan bedeutet eigentlich „Landbesitzer" und „einflußreicher Mann" in der Stammesgesellschaft. Inzwischen nennen sich in der Stadt so viele Menschen *Khan,* daß er zum „normalen" Namen geworden ist. *Khan Sahib* bezeichnet Respekt und Anerkennung der sozialen Autorität des Gegenübers.

In Zweifelsfällen kann es nicht schaden zu **fragen, wie der oder die GesprächspartnerIn angesprochen werden möchte.** Eine sehr höfliche Anrede für Frauen ist *Begum,* von der Bedeutung her tendiert es mehr zu „Dame" als zu „Frau". *Begum Sahiba* ist nicht nur die vollendet höfliche Form, sondern auch Ausweichmöglichkeit, wenn Unklarheit über den Namen besteht. Wird über die Gattin eines gemeinsamen Bekannten gesprochen, ist die Form *Mr. Abduls Begum* zu empfehlen.

Anrede unter Verwandten

Im familiären Kreis werden Personen bei ihren persönlichen Namen mit dem Zusatz der **Verwandtschaftsbezeichnung** oder nur mit der Verwandtschaftsbezeichnung genannt. Cousins nennen sich manchmal gegenseitig

Brüder, was etwas über die Enge ihrer verwandtschaftlichen Beziehung aussagt (und Außenstehende mit Aussagen, sie wären zu Hause 37 Brüder, völlig verwirren kann!).

Das Suffix, mit dem Zuneigung ausgedrückt wird, ist *Jan*. *Ji* wird für die respektvolle Anrede benutzt. Kinder sprechen Erwachsene mit diesem respektausdrückenden Zusatz an: *Ami-Ji* bedeutet „liebe Mutter". Respektspersonen wie Vater oder Ehemann werden nie mit dem Vornamen angesprochen. *Apa* oder *Baji* sind Bezeichnungen für die ältere Schwester, aber auch Großmütter werden mit *Apa* angesprochen. *Lala* ist im pakhtunischen Sprachgebrauch der Onkel mütterlicherseits, *Kaka* der Onkel väterlicherseits. *Lala* ist ein allgemeiner Titel für respektierte ältere Männer, unbekannte ältere Männer werden im allgemeinen mit *Kaka* angesprochen. Eine Person wird von den verschiedenen Familienmitgliedern je nach Art der Beziehung unterschiedlich genannt, manchmal haftet eine Bezeichnung aber auch an einer Person, mit der sie dann von den meisten anderen auch bezeichnet wird.

Besucher und Besucherinnen, die über einen längeren Zeitraum bei einer Familie verweilen, werden ebenfalls mit einer verwandtschaftlichen Bezeichnung bedacht. An Frauennamen wird oft der Zusatz *Bibi* gehängt, was „liebe Frau" oder „liebes Mädchen" bedeutet. Ein jüngerer weiblicher Gast wird dann z.B. *Anna Bibi* tituliert, um sie in die Familie einzuordnen. Die höfliche Anrede von Kindern und Jugendlichen für weibliche Besucherinnen ist *Aunti,* nach dem Englischen Wort für „Tante". Diese Bezeichnung ist für alle Frauen bestimmt, die keine direkte verwandtschaftliche Verbindung mit der Familie haben.

Freunde der Familie ohne Verwandtschaftsgrad werden oft als *Bhai-Jan,* „lieber Bruder", oder *Baji,* „liebe Schwester", tituliert. Die Frau eines guten Freundes wird als *Bhabi,* „Schwägerin", bezeichnet.

Einheimische und Fremde:
Einstellungen und
Verhaltensweisen

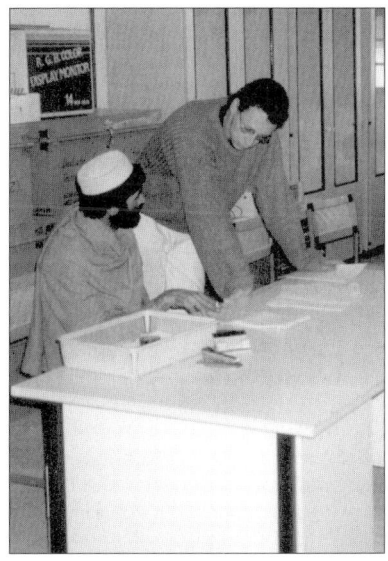

„Des Westens Meister, jener deutscher Dichter,
Verzauberter der persischen Gesichter.
Er formt' das Bild der reizend Kecken, Schlanken.
Und bracht' dem Osten einen Gruß der Franken.
Des Ostens Botschaft ist die Antwort mein.
Auf Ostens Abend goß ich Morgenschein."

(Iqbals **Antwort auf** *Goethes*
„Westöstlichen Diwan")

Die Kultur der Gastfreundschaft

„Mein Haus ist auch Dein Haus!"
(Ausdruck höchster pakistanischer Gastfreundschaft)

Bedeutung der Gastfreundschaft

Pakistaner begegnen ausländischen Gästen offen und hilfsbereit. Sind der Besucher und die Besucherin fähig, sich ebenfalls zu öffnen und dem Land und seinen Bewohnern sensibel, interessiert und verständnisvoll zu begegnen, wird es wenige Probleme und Kommunikationsschwierigkeiten geben. Der Ausdruck *Adab* stammt aus der arabischen Sprache und bezeichnet einen **Verhaltenskodex,** der gesellschaftliche Umgangsformen, gutes Benehmen und feine Sitten beschreibt, – Gastfreundschaft und Respektverhalten sind wichtige Bestandteile dieser Umgangsformen. Es gibt sehr genaue Regeln für *Adab,* das Verhalten ist aber nicht so stark formalisiert oder ritualisiert wie z.B. bei Kulturen Ostasiens.

Für viele ausländische Besucher ist die pakistanische Freundlichkeit Gästen gegenüber verblüffend, denn nur wenige Kulturen kennen eine derartige, nahezu „wahllose" Gastfreundschaft. Sind Reisende in ländlichen Gebieten unterwegs und treffen auf Menschen, die gerade eine Mahlzeit zu sich nehmen, wird ihnen dieses (oft nicht üppige) Essen sofort angeboten. Die Männer eines Dorfes wetteifern um die **Bewirtung** eines Fremden, was nicht nur Verköstigung und Unterkunft beinhaltet – im streng traditionellen Sinn wird die Gastfreundschaft auch auf **Schutzgewährung** und Asylrecht ausgedehnt.

Die Gastfreundschaft dient sicherlich teilweise dazu, Beziehungen auszubauen und Verbindungen zu stabilisieren, da sie aber auch völlig Fremde umfassen kann, ist Freundlichkeit gegenüber Gästen eher als **Ehrensache** anzusehen und dient keinem bestimmten Zweck. Der Gastgeber vergrößert durch erwiesene Gastfreundschaft sein Ansehen, weil er sich als fähig erweist, Verantwortung für den Gast zu übernehmen und ihn zu schützen. Er kann sich als Autoritätsperson darstellen und demonstriert dem Gast zugleich durch die großzügige Bewirtung seinen Wohlstand und einen gut funktionierenden Haushalt. Der reibungslose Ablauf der Bewirtung hängt ausschließlich von den Frauen ab, die so eine bedeutende (wenn auch verdeckte) Rolle in dem System der Gastfreundschaft spielen.

Der **typische pakistanische Gastgeber** ist großzügig und äußerst bemüht um seinen Gast, der für die Dauer des Besuchs im Mittelpunkt seiner Aufmerksamkeit steht. Es ist eine Ehre, Gäste zu beherbergen; oft entwickelt sich aus der anfänglichen Freundlichkeit und Symphatie echte Freundschaft. Der Gast wird verpflegt, man versucht, seine Wünsche zu erfüllen, leistet ihm Gesellschaft und unterhält ihn – und schützt ihn, was in früheren Zeiten oder auch jetzt noch in den Stammesgebieten von großer Wichtigkeit sein kann.

„Wie konnte er mir das nur antun?! Er hat in meinem Haus gegessen, und ich habe ihm vertraut!" Die Redewendungen *„Er hat bei mir gegessen ..."* oder *„Ich habe bei ihm gegessen ..."* verdeutlichen die enge Beziehung und das Vertrauensverhältnis zwischen Gast und Gastgeber.

Schutz der Privatsphäre vor Fremden

Obwohl es paradox klingt, existiert im Gegensatz zu der Gastfreundschaft auch ein ausgeprägtes **Mißtrauen dem Fremden gegenüber;** der eigene häusliche Bereich wird nach außen hin abgegrenzt. Deshalb empfiehlt sich für den Besucher Pakistans eine behutsame Vorgehensweise und das Warten auf eine Einladung. Für Frauen ist die Kontaktaufnahme unproblematischer, weil von ihnen keine Gefahr ausgeht und weil der häusliche Bereich mit Frauen und Töchtern nicht vor ihnen abgeschirmt werden muß. Wenn sich ein männlicher Gast einem Haus nähert, sollte er sich durch Geräusche bemerkbar machen oder ein Kind zur Anmeldung vorausschicken. Das **Respektieren der Privatsphäre** ist ungemein wichtig – den Frauen des Hauses muß die Chance gegeben werden, sich zurückzuziehen.

Ein **fremdes Dorf** sollte von Besuchern zunächst mit einem Begleiter betreten werden; ist keiner vorhanden, wartet man am Eingang des Dorfes auf einen ersten Kontakt oder eine Aufforderung, näher zu treten. Im Punjab und Sindh ist dieses Verhalten eine Demonstration guten Benehmens, in der NWFP und in Beluchistan ist es zusätzlich Selbstschutz – unbefugtes Betreten von fremden Häuslichkeiten kann tödliche Folgen haben. Bei guten Bekannten und Freunden ist natürlich eine größere Bewegungsfreiheit möglich. Ist auf dem Lande die Ankunft eines Fremden erst einmal bekannt, und sind die Dorfbewohner von seinen freundlichen Absichten überzeugt, werden viele darum wetteifern, den Gast aufnehmen und bewirten zu dürfen.

Zu Gast auf dem Land

Der **männliche ausländische Gast** wird im Freien oder im **Gästehaus** von den Männern des Dorfes bewirtet. Eine **Frau** kann sich ebenfalls dort aufhalten oder wird möglicherweise in den inneren Bereich des Hauses geführt und der Obhut der Familie übergeben. Die Frauen und Mädchen sind sehr gespannt darauf, die Besucherin zu sehen, auch die Nachbarinnen mit allen Kindern kommen dazu, so daß sie schnell von zwanzig oder dreißig Frauen und Kindern in allen Altersstufen umgeben ist. Alle betrachten die Besucherin erstaunt und neugierig, aber sehr freundlich und stellen ihr tausend Fragen – sofern eine Verständigung möglich ist.

Sofort wird Wasser gereicht, Nüsse und Obst werden bereitgestellt, und der obligatorische Tee wird gekocht. Natürlich werden auch die Männer „draußen" **versorgt;** ständig sind größere Kinder und junge Männer mit Tabletts, die die Frauen aufgefüllt haben, in Richtung Gästezimmer unterwegs. Einige der Frauen machen sich gleich daran, eine Mahlzeit anzurichten, und wenn die Besucher über Nacht bleiben, wird eine Schlafstelle vorbereitet.

Für **Unterhaltung und Gesellschaft** ist die ganze Zeit gesorgt, zwar sind die meisten Frauen in den Abendstunden in ihre eigenen Häuser zurückgekehrt, aber die Kinder lassen sich diese spannende Unterbrechung ihres Alltags nicht entgehen und bleiben in unmittelbarer Nähe des Gastes. Zunächst sind sie sehr schüchtern, aber die anfängliche Scheu verfliegt bald, und hier und da zupfen kleine Hände an der Kleidung der Besucherin, ganz mutige Kinder setzen sich sogar zu ihr auf das *Charpoi.*

Zu Gast in der Stadt

Besuche bei der Städtern und bei wohlhabenden Familien laufen üblicherweise **nach formelleren Mustern** ab. Der Gast wartet im Empfangsraum, der Gastgeber bereitet sich auf den Besuch vor, wählt vielleicht noch schnell angemessene Kleidung. Nachdem er den Gast begrüßt hat, führt er ihn in den Salon, in dem eventuell schon andere Familienmitglieder warten. Sind die Zimmer mit Teppichen ausgelegt, auf denen man auch sitzen wird, sollten die Schuhe ausgezogen werden. Zunächst werden die älteren Menschen begrüßt, denen man, auch als Gast, besondere Achtung und Aufmerksamkeit zukommen lassen soll. Die Respektbezeugung Älteren gegenüber ist sehr wichtig, wenn sie den Raum betreten, stehen alle Anwesenden auf. Angehörige des anderen Geschlechts werden ohne Berührung gegrüßt: Ein freundliches Lächeln oder eine angedeutete Verbeugung sind ein guter Ersatz. In Familien, die viel Kontakt mit Westlern haben, ist die Sitte des Händeschüttelns auch zwischen Männern und Frauen bekannt. Manche pakistanischen Frauen passen sich an die Gewohnheiten des Gastes an und reichen ihm von sich aus die Hand.

Verhalten als Gast

Der geschätzte Gast sitzt an der Seite des Gastgebers, der ihn auch eigenhändig bei der Mahlzeit bedient. Der Gastgeber wird sich mehrmals entschuldigen, daß sein Haus und sein Essen nicht gut genug für den Gast seien. Dies ist eine gute Gelegenheit für den Gast, dieser Herabwürdigung vehement zu widersprechen und die Bewirtung ausdrücklich zu loben. Mitgebrachte **Geschenke** sollen so rechtzeitig überreicht werden, daß sie nicht wie eine Bezahlung für die erhaltene Gastfreundschaft aussehen – so ein Verhalten würde den Gastgeber sehr kränken. Geschenke werden formlos angenommen und oft erstmal beiseite gelegt. Das ist aber keine Achtlosigkeit den Mitbringseln gegenüber – sie werden später in aller Ruhe ausgepackt. Auch der sparsame Umgang mit Dank und Lob ist kein Zeichen von Undankbarkeit oder Unhöflichkeit; das Verhalten entspringt vielmehr dem festen Glauben, daß alle Dinge von Gott kommen und der Gläubige nur ihm danken soll. Auch im täglichen Miteinander werden die Worte „Bitte" und „Danke" selten, bei Anreichungen am Tisch z.b. gar nicht verwendet.

Einrichtungsgegenstände im Haus sollten bei einem Besuch nicht zu sehr bewundert werden, denn sonst kann es passieren, daß man genau diesen Gegenstand beim Abschied ganz beiläufig und lässig in ein Tuch gewickelt überreicht bekommt. Alle Beteuerungen, man habe den Gegenstand gewiß nicht bewundert, um ihn hinterher geschenkt zu bekommen, und man könne das großzügige Geschenk nun wirklich nicht annehmen, werden mit einer Handbewegung fortgewischt. Der Gast trägt schließlich das Objekt seiner Bewunderung – vielleicht mit einer Mischung aus Freude und Verlegenheit – nach Hause.

Gern verschenken Frauen beim Abschied kleine Handarbeiten, die sie oder die Töchter angefertigt haben. Schon kleine Mädchen greifen zur eigenen Haarspange oder nehmen ein Kettchen oder ein Paar Ohrringe aus der Schmuckschatulle und geben der Besucherin ein kleines Geschenk „zum Andenken" mit. Es ist nicht schwierig, selbst an so nette Kleinigkeiten zu denken und bei solchen Gelegenheiten ein Fläschen Parfum oder etwas Modeschmuck, die beliebten bunten gläsernen Armreifen z.B., dabei zu haben.

Der Gast wird bedient, alle seine Wünsche werden erfüllt – er darf sich nicht rühren, um etwa bei der Hausarbeit auszuhelfen. Durch diese *erzwungene Passivität* gelangen BesucherInnen schnell in eine abhängige Position. Verweilen sie als Gäste länger bei einer Familie, kann das Gefühl der Unmündigkeit oder Unselbständigkeit aufkommen, weil ihnen alle Arbeiten und Verantwortung abgenommen werden. Kontakte zu anderen Familien werden aus dem Gastgeber-Haus heraus geregelt, eventuelle Besuche und Treffen arrangiert.

Meistens möchte sich der Gast *nicht energisch gegen die Vereinnahmung wehren,* um die Gastgeber nicht vor den Kopf zu stoßen und undankbar zu wirken. Bei längerfristigen Aufenthalten erweist es sich als notwendig, sich langsam und behutsam in die Familie zu integrieren, auch Aufgaben und Arbeiten zu übernehmen, um einen normalen, alltäglichen Zustand entstehen zu lassen und die anfangs eingeschränkte Bewegungsfreiheit wiederherzustellen.

„Nach einer Woche kamen wir uns regelrecht eingesperrt vor," berichtet eine Deutsche, die mit ihren beiden Kindern die Familie ihres Mannes in Pakistan besuchte. *„Alle meinten es schrecklich gut, Verwandte kamen von nah und fern, um uns zu sehen und sich von unserem Wohlergehen zu überzeugen. Alle brachten kleine Geschenke für uns mit, und auch wir hatten Geschenke für jedes Familienmitglied in zwei großen Koffern transportiert. Jeden Tag gab es viel und gutes Essen, die Kinder wurden gestopft wie kleine Gänse. Ich durfte mich nicht rühren und hel-*

fen, alles wurde von mir fern gehalten, noch nicht einmal unsere Wäsche durfte ich waschen. " Am meisten störte sie die Bewegungsunfähigkeit: *„Hier in der Stadt konnten wir noch nicht einmal einen Spaziergang machen. Die Einkaufstouren im Bazar waren mein einziger „Auslauf.`" "*

Nicht nur in Gastfamilien genießen BesucherInnen besondere Wertschätzung; in vielen Situationen wird man sozusagen **als Gast des Landes behandelt:** In einer Menschenschlange an einem Schalter vorgezogen zu werden oder die Bankgeschäfte in einer ruhigen Ecke an einem gesonderten Schreibtisch erledigen zu können, sind sehr angenehme Auswirkungen der Gastfreundschaft. Über diese Bevorzugung wird sich niemand der Wartenden beschweren, denn alle freuen sich, wenn sie in den Genuß von bevorzugter Behandlung kommen.

„Fünf Leute standen am Schalter im Flughafen und mußten die Auskunft hinnehmen, daß der Flug nach Lahore ausgebucht sei. Als ich mich gerade mit meinem Gepäck davonmachen wollte, rief mich der Schalterbeamte zurück, trug mich in die Liste der Passagiere ein und stellte mir den Bordpaß aus. Ich weiß bis heute nicht, ob ich als Frau diese bevorzugte Behandlung genoß oder als Gast des Landes," berichtete eine Touristin.

Pakistanische Gastfreundschaft kann manchmal bedeuten, in sommerlicher Hitze beim Einkauf im Bazar plötzlich ein kühles Getränk gereicht zu bekommen – ohne daß der Händler ein Geschäft wittert. Diese kleinen Gefälligkeiten treffen Reisende oft ganz unverhofft.

Für die erwiesenen Wohltaten sollte sich der Gast **geehrt und dankbar zeigen** und nicht etwa gleichgültig, herablassend oder ungeduldig reagieren. Höflichkeit, Bescheidenheit und Humor sind sehr beliebte Eigenschaften, die Tür und Tor öffnen.

Kindergeburtstagsfeiern

In **modernen städtischen Familien** ist es zur Zeit chic, „Birthday Parties" für die lieben Kleinen zu feiern. Verwandte und befreundete Mütter mit Kindern werden eingeladen, in wenigen Fällen feiern auch die Väter mit. Die Frauen machen sich so schön, als ginge es zu einer Hochzeit; sie trinken zusammen Tee, essen Gebäck und kleine Snacks. Der Raum ist mit bunten Girlanden und Luftballons geschmückt. Die feingemachten Kinder werden mit Spielen beschäftigt: Es gibt Limonade, einen Geburtstagskuchen und natürlich Geschenke. Diese Feiern für kleine Kinder sind eine Erscheinung der letzten Jahre und eine willkommene Gelegenheit für wohlsituierte Frauen, aus dem Haus zu kommen und Neuigkeiten auszutauschen (und neue Kleider vorzuführen).

Hochzeitsfeiern

Wird man zu einer Hochzeit eingeladen von einer Familie, mit der man nicht verwandt oder gut bekannt ist, sollte man sich mit der Anreise Zeit lassen (sagen Pakistaner).

„Die Feierlichkeiten erwiesen sich als recht langatmig. Alle Gäste saßen in Reih und Glied, natürlich nach Männern und Frauen getrennt in verschiedenen Räumlichkeiten. Gemäß meiner Geschlechtszugehörigkeit saß ich bei den Frauen, die damit beschäftigt waren, untereinander ihre Kleidung zu begutachten – all die Schönheit und Pracht nur für die Geschlechtsgenossinnen! Noch nie hatte ich solch eine Ansammlung von leuchtend-bunten Kleidern, so intensiv glitzerndem und funkelndem Goldschmuck und so langen, dicken und schwarzen Zöpfen auf einmal gesehen! Plötzlich kam Bewegung in die Reihen, und die Köpfe drehten sich in Richtung des Hochzeitspaares, welches, auf der Bühne sitzend, unter den aufmerksamen Blicken Hunderter Augen und dem Blitzgewitter gefühlloser Kameras leiden mußte – Stunde um Stunde. Die Kinder quäkten und stritten, Unterhaltungen flogen zwischen den Sitznachbarinnen hin und her. Gegen 22.00 Uhr wurde das Buffet eröffnet, und alle stürzten darauf zu, als hätten sie seit Wochen nichts gegessen (was ich mir bei der Fülle des Goldschmucks gar nicht vorstellen konnte!). Frauen jonglierten überladene Teller – die Hälfte fällt herunter – durch die Reihen; Kinder wischten fettige Finger an den Seidengewändern ihrer Mütter ab. Gleich nach dem Essen war ein deutlicher Spannungsabfall im Raum bemerkbar: Kinder wurden als Boten zwischen dem Männer- und Frauensaal hin und her geschickt, damit die Abfahrt zwischen den Eheleuten organisiert und abgesprochen werden konnte. Kaum eine halbe Stunde später leerte sich der große Raum, und von all dem Glitzer und Glanz blieben nur die Essensreste auf dem Boden. Im Herrensaal soll es auch nicht viel lustiger zugegangen sein, erzählte mir mein Mann später. Schöner sind Hochzeiten im kleineren Rahmen oder im Dorf, wo noch traditionell gefeiert wird."

Pakistaner haben bei ihren Hochzeiten gern Ausländer als Gäste, ihre Anwesenheit ehrt die Gastgeber, und ihr Glückwunsch, *Mubarrak,* wird hochgeschätzt. Übliche **Geschenke** bei Hochzeiten sind Kosmetiksets, Schmuck, Haushaltswaren, elektrische Geräte oder ein Geldbetrag in einem Umschlag. Das Geschenk, versehen mit dem Namenskärtchen des Schenkenden, sollte gleich zu Beginn der Feier abgeben werden. Meistens stehen Verwandte bereit, die die Geschenke annehmen und auf einem Tisch stapeln.

Verhalten als Gastgeber

Einladungen mit offiziellem Charakter erfolgen in der Regel schriftlich oder werden jeder Person persönlich übermittelt. Willkommens- und Abschiedsparties sind sehr beliebt und werden gern für ArbeitskollegInnen veranstaltet. Männliche Kollegen oder Bekannte werden wahrscheinlich nicht in

Begleitung ihrer Ehefrauen erscheinen, es sei denn, es handelt sich um einen kleinen und intimen Kreis.

Bei gesellschaftlichen Anlässen sollte darauf geachtet werden, daß *„ranggleiche" Menschen* zusammen eingeladen werden. In den Kreisen der Wohlsituierten der pakistanischen Gesellschaft herrscht wenig Verständnis für einen offenen und freien Umgang von Menschen unterschiedlicher sozialer Schichten. Es mag für einen Gastgeber vom sozialen und menschlichen Standpunkt her rühmlich sein, Personen aus verschiedenen Gesellschaftsebenen zusammenbringen zu wollen; das Fest wird aber sicherlich kein Erfolg werden. Hohe Staatsbeamte werden ungern den Tisch mit einem „kleinen Angestellten" teilen, und Fahrer und anderes Dienstpersonal gehören in der

Herzlich Willkommen!

pakistanischen Gesellschaft ganz selbstverständlich in einen separaten Raum (aber das ist in westlichen Gesellschaften oft auch nicht anders!).

Noch ein paar kleine *Tipps:*

●Zum Dinner erwartet der pakistanische Gast warmes Essen, belegte Brote z.B. gelten nicht als Mahlzeit.

●Es wird von den Gastgebern erwartet, dass sie ihre Gäste nötigen, noch Speisen nachzunehmen, sobald der Teller leer ist. Und dies nicht nur einmal, sondern mehrere Male.

●Es ist üblich, in Pakistan spät zu essen. Das Dinner bildet sozusagen den Höhepunkt und Abschluss des Abends. Nach dem Tee machen sich die Gäste langsam auf den Heimweg.

●Westliche Gastgeber sollten darauf achten, dass das von ihnen angebotene Essen im religiösen Sinn rein ist. Alle Lebensmittel, die aus Schwein hergestellt sind, müssen vermieden werden. Sämtliches Fleisch muss von geschächteten Tieren stammen.

●Gastgeber sollten behutsam mit dem Ausschenken von Alkohol sein. Viele Pakistaner trinken zwar Alkohol, verstehen diese Gewohnheit aber als sehr private Sache, weil sie gesellschaftlich stark sanktioniert wird. Sie trinken vielleicht in Gesellschaft von guten Freunden, möchten aber nicht, dass fremde Pakistaner davon erfahren – Kollegen gestehen sich oft gegenseitig nicht ein, dass sie Alkohol trinken.

●Gastgeber sollten bei Feiern nicht vergessen, den Fahrer der pakistanischen Gäste, der eventuell draußen wartet, mit Essen zu versorgen.

Auf eine Einladung muss eine *Gegeneinladung* erfolgen. Ein Pakistaner, der weiß, dass er seinen Gastgeber selbst einmal bewirten muss, wird einer Einladung vielleicht gar nicht erst Folge leisten, weil er Angst hat, sich nicht angemessen revanchieren zu können. Oft steckt die Scham über einfache Wohnverhältnisse dahinter und die Befürchtung, den Gast nicht nach dessen Vorstellungen bewirten zu können.

Inoffizielle Einladungen

Mitbringsel bei Einladungen sind nicht unbedingt erforderlich, Blumen zu schenken ist unüblich. Bei Antrittsbesuchen ist es aber passend, eine Kleinigkeit aus dem Heimatland mitzubringen; so etwas ist interessant und wird gern angenommen. Kinder lieben – wie überall – Süßigkeiten und freuen sich über kleine Geschenke. Wenn eine Einladung zum Tee ausgesprochen wurde, kann ein Kuchen oder etwas Gebäck mitgebracht werden, die Auswahl ist groß, und Geschäfte gibt es in jedem Ort. Unter Verwandten und Freunden bringt man sich oft Obst der Saison mit. Bei der Übergabe der Mitbringsel oder Lebensmittel wird kein großes Aufheben gemacht, sie werden den Gastgebern formlos überreicht, auf dem Wohnzimmertisch abgestellt oder von den Kindern in die Küche getragen.

Bei Besuchen von Freunden oder Verwandten ist eine **vorherige Anmeldung** nicht nötig. Bevorzugte Besuchszeiten sind die späten Nachmittags- oder frühen Abendstunden, zumindest vor dem Abendessen, was meist zwischen 19.00 und 21.00 Uhr eingenommen wird. Ob die Gäste zum Abendessen eingeladen werden und ob sie die Einladung annehmen oder nicht, ist von der jeweiligen Situation abhängig – es gibt keine allgemein gültigen Regeln dafür.

Die **„Lounge"**, worunter ein einfacher Raum für den alltäglichen Bedarf verstanden wird, ist das zentrale Zimmer der Wohnung. Das offizielle Wohnzimmer ist meist nur Gästen vorbehalten bzw. wird nur zu besonderen Anlässen genutzt. In der Lounge hält sich die Familie auf, die Kinder spielen dort, und der Fernseher hat in diesem Raum seinen festen Platz. Das Wohnzimmer ist oft sehr förmlich, die Möbel sind unbenutzt, die Polstergarnitur ist mit Spitzendeckchen belegt, Plastikblumen und ein paar Hochzeitsphotos schmücken die Ablageflächen. Gäste können, je nach Bekanntheitsgrad, ins Wohnzimmer oder in die Lounge geführt werden.

In jedem Fall müssen sie – zumindest die Frauen – Stapel von **Familien- und Hochzeitsphotos** anschauen. Bei diesen Gelegenheiten ist es praktisch, ein paar Photos vom Zuhause der eigenen Familie, dem Haus, dem Garten usw. dabei zu haben. Familienphotos sind unglaublich beliebt; sie vermitteln Pakistanern einen Eindruck von dem familiären Umfeld des Gastes, den sie zur gesellschaftlichen Einordnung der Person benötigen.

Männer und Frauen werden auch bei inoffiziellen Besuchen oft in getrennte Räume geführt. Die **Herren** begeben sich ins Wohnzimmer, wo sie förmlich beieinander sitzen, über Politik reden und Zigaretten rauchen.

Frauen sitzen gern im Schlafzimmer, einem Raum, der allerdings nicht diesen Charakter und ausschließlichen Zweck hat. Er ist gemütlich eingerichtet, die Frauen sitzten entspannt auf den Betten oder dem Boden, zeigen sich Photos, Handarbeiten oder die letzten Kleidereinkäufe, schauen indische Musikvideos und kümmern sich um die kleinen Kinder. Die Häuser auf dem Land sind natürlich nicht in diesem Maße unterteilt. Dort hat jede Familie meist nur ein oder zwei Räume und einen großen Außenhof.

Oft können pakistanische Gäste Einladungen nur mit **Verspätung** nachkommen, weil sie selbst unvorhergesehen Gäste bekommen haben oder weil Verwandte ihre Aufmerksamkeit beanspruchen; dadurch wird es ihnen manchmal auch ganz vereitelt, noch auf einer Party zu erscheinen. Die Verpflichtung gegenüber einem Gast ist größer als die gegenüber einem Gastgeber. Das Gesetz der Gastfreundschaft erfordert, dass man seinen Gästen die volle Aufmerksamkeit schenkt, auch wenn man andere Pläne hatte und vielleicht selbst gerade wegfahren wollte. Alle Vorhaben werden in dem Moment der Ankunft der Gäste über den Haufen geworfen. Wohlhabendere Familien mit größeren Häusern haben einen *Chowkidar,* einen „Türwächter". Er ist immer anwesend und öffnet jedem Verwandten oder Freund der Familie die Tür, auch wenn die Gastgeber gerade nicht zu Hause sind. Bei der „High Society" der Großstädte sind Verspätungen von mehreren Stunden bei abendlichen Einladungen nicht unüblich. Der moderne Mensch hat mehrere „Social Events" am Abend, ist zu diversen „Dinner-Parties" eingeladen und kann nur wenige Stunden bei einem Gastgeber bleiben.

Kommunikation

„Besser eine Lüge, die dich beglückt, als eine Wahrheit, die dich niederdrückt." (*Sadi,* 13. Jahrhundert)

Gesprächsführung

Jedes Gespräch beginnt mit der **Begrüßung:** *As-Salam-Aleikum,* kurz *Salam,* sind die Grußworte, die „Friede sei mit Euch" bedeuten. *Wa-Aleikum-Salam* ist die Antwort des Gegenübers und bedeutet „Über Euch das Heil". Die Begrüßung ist höflich und ausführlich, der Ablauf ritualisiert. Es wird nach dem Befinden des anderen und seiner Familie gefragt, allerdings werden die Frauen des Haushaltes nicht direkt und namentlich angesprochen. Ausweichend wird nach der Frau als „Mutter von Salim" gefragt. Eine noch neutralere Formulierung ist: „Wie geht es Ihrem Haus(halt)?" [56] Eine ehrliche Antwort über den Zustand des tatsächlichen Befindens wird nicht erwartet; die gleichen Fragen werden von dem Gegenüber zurückgegeben. Man nimmt sich viel Zeit für Höflichkeiten und die Zeremonie der Begrüßung. Auch zwischen Personen unterschiedlichen Standes werden höfliche Begrüßungsformeln ausgetauscht.

Formeln der **Verabschiedung** sind *Khoda Hafiz* (Persisch) und *Baman-e Khoda* (Pakhtu).

Die **Einleitung eines Gesprächs** geschieht durch höfliche Erkundigungen, nie kommen die Gesprächspartner sofort zur Sache. Gespräche beinhalten, wie überall, allgemeine Neuigkeiten wie Wetter, Preise und Politik.

Stellen sich einander Fremde vor, werden **Fragen nach der persönlichen Lebenssituation des Gesprächspartners,** nach Herkunft, Beruf, Wohnort, Alter und Schule der Kinder usw., gestellt. Bei Gesprächen inoffizieller Natur ist der ausländische Gesprächspartner oft von der Direktheit der Fragen überrascht oder sogar überrumpelt. Der Familienstand wird zuallererst erfragt, die Zahl der Kinder ist wichtig. Wenn keine Kinder vorhanden sind, wird erstaunt gefragt, aus welchen Gründen das so ist. Der Fragende will nicht aufdringlich sein, sondern sein Gegenüber einschätzen und einordnen können. Außerdem sind diese Lebensbereiche äußerst wichtig in der pakistanischen Gesellschaft, und die Fragen erwachsen aus einem ehrlichen Interesse. Erkundigungen nach der Ausbildung, den Wohnverhältnissen und der Höhe des Gehaltes dienen der Festlegung des sozialen Ranges des Gesprächspartners.

Ausländische Besucher werden gern über ihr *Herkunftsland* ausgefragt; im Fall von Deutschland werden im Laufe des Gespräches ganz sicher die technischen Errungenschaften des Landes und die deutsche Wertarbeit im besonderen gerühmt (s. Kapitel Pakistanische Selbstbetrachtung). Politik ist ein beliebtes und unerschöpfliches Gesprächsthema. AusländerInnen werden nach der politischen Situation in ihrem eigenen Land gefragt. Es ist oft erstaunlich, wie gut Pakistaner über das politische Geschehen über ihre Landesgrenzen hinaus informiert sind.

Mit Ausnahme von intellektuellen und berufstätigen *Frauen* dominieren in rein weiblichen Kreisen überwiegend Gesprächsthemen, die sich um die Familie und den Haushalt drehen. Kindererziehung, Feierlichkeiten im Verwandtenkreis, Hochzeitsvorbereitungen, gegenseitige Besuche, Einkäufe und die Mode stehen im Vordergrund dieser Gespräche.

Quellen für Missverständnisse

AusländerInnen, die mit Pakistanern beruflich zu tun haben, beklagen sich oft, dass sie in geschäftlichen Angelegenheiten *direktes Vorgehen vermissen.* Es wird viel „um den Brei herumgeredet", man tastet sich vorsichtig vor. Die „eigentlichen" Themen werden in einen allgemeinen Kontext gepackt. Direktes und forsches Vorgehen nach westlichem Beispiel schreckt eher ab und kann die Kommunikation schnell beenden.

Auch im privaten, zwischenmenschlichen Bereich kann es leicht zu Missverständnissen kommen, wenn man sich noch nicht daran gewöhnt hat, dass es nicht üblich ist, „Nein" zu sagen. Statt unverblümt „Nein" zu antworten, wird lieber geschwiegen, denn eine direkte *Verneinung* oder das Abschlagen eines Wunsches gilt als unhöflich. Der Gesprächspartner wird es vorziehen zu erklären, dass er es gern versuchen wird. Der Fragende soll nicht enttäuscht oder verärgert werden. Hinterher, wenn es nicht geklappt hat, wird die Sache mit einem Lächeln übergangen. Enttäuschung oder Ärger des Ausländers wird mit Unverständnis begegnet: Er hat sich doch Mühe gegeben und es versucht! Die Erklärung des guten Willens ist eine Zusage, der Gesprächspartner muss es nicht unbedingt wörtlich meinen und gibt keine Garantie für das Gesagte.

Eine weitere Quelle für Missverständnisse und Enttäuschungen ist die pakistanische Gewohnheit, *Entscheidungen hinauszuzögern* oder möglichst gar nicht zu fällen. Ist ein Entschluss erst einmal gefasst, gibt es keinerlei Gewähr dafür, dass es auch dabei bleibt – es ist eher davon auszugehen, dass er noch mehrmals verändert oder gar verworfen wird. Pakistaner teilen sich ihr Leben sehr ungern durch Planungen ein, sollten sie jedoch dazu gezwungen sein, werden die Pläne bis zur tatsächlichen Durchführung oft umgestellt.

Wer am Anfang der Woche fragt, ob man am Wochenende nicht gemeinsam einen Ausflug ins Swattal unternehmen sollte, die enthusiatische Bejahung als tatsächliche Zusage nimmt und sich auf den Trip vorbereitet – ist selbst schuld. Selbst ein sonntäglicher Parkbesuch ist nicht einfach zu planen. Die Abfahrtszeit wird beim Frühstück fünfmal verschoben; wer mit wem in welchem Auto fährt, ist unklar; wird im Park gegessen oder hinterher zu Hause ... Ist es endlich soweit, läuft es doch ganz anders, als die wirklich letzte Entscheidung besagte ...

Sensibilitäten bei Pakistanern

Viele Pakistaner kritisieren im Gespräch oder in der Diskussion die gerade amtierende Regierung, stellen ihren Staat als solchen aber nicht in Frage. Die Entstehungsgeschichte des jungen Staates ist in den Köpfen vieler Menschen noch präsent und wird immer wieder in politischen Diskussionen miteinbezogen. **Kritik am pakistanischen Staat** sollte von AusländerInnen nicht in krasser Form geäußert werden oder zumindest erst dann, wenn eine gewisse Vertrautheit mit dem Land und den GesprächspartnerInnen vorhanden ist. Der von pakistanischer Seite oft zur Schau gestellte Nationalismus steht sicherlich in Zusammenhang mit der zur Zeit bestehenden politisch instabilen Situation und der Sorge um den Fortbestand des Staates. Viele Pakistaner reagieren empfindlich auf Kritik und Einmischung von Ausländern bei Themen wie den pakistanisch-indischen Animositäten, dem Kashmir-Konflikt und der pakistanischen Involvierung in den Afghanistan-Krieg. Behutsames und diplomatisches Vorgehen ist anzuraten, wenn sich Gespräche um solche Themenkomplexe drehen, sonst ist der pakistanische Gesprächspartner schnell verletzt oder verärgert. Sensibilität ist auch vorhanden bei Fragen bezüglich der Regionalität und den Unabhängigkeitsbestrebungen einiger Ethnien im Lande.

Auch bei **religiösen Fragen** sollten ausländische GesprächspartnerInnen Einfühlungsvermögen beweisen. Die Religionszugehörigkeit ist wegen der Minderheitenprobleme im Land ein heikles Thema und Fragen danach werden vermieden. Die muslimischen PakistanerInnen sind von ihrer Religion überzeugt; der Islam prägt die Gesellschaft in hohem Maße und dient der Identitätsfindung der Menschen. Die in westlichen Kulturen weitverbreitete Distanz oder Gleichgültigkeit der Religion und der christlichen Kirche gegenüber oder etwa ein offen zur Schau getragener Atheismus stoßen auf völliges Unverständnis.

Arbeitsleben

Behördengänge

*J*n staatlichen Einrichtungen, bei Behörden, Ämtern und Büros der Verwaltung ist der Antragsteller oder Auskunftsuchende nie mit dem Beamten allein. Bei höhergestellen Beamten sitzen mehrere untergeordnete Mitarbeiter mit ihm in einem Raum. Ein Bote oder Wachmann regelt den **Zugang zum Büro.** Entlang der Wände stehen zahlreiche Stühle, die teilweise von Mitarbeitern, Freunden des Beamten oder Antragstellern besetzt sind. Der Neuankömmling setzt sich dazu und wartet, bis er an der Reihe ist – wobei das dann folgende Verfahren nicht immer einsichtig ist. In einigen Fällen wird die neu dazugekommene Person sofort angesprochen und nach dem Anliegen gefragt, nach ein paar Augenblicken dann aber in die Reihe der Wartenden verwiesen.

Die Verteilung der **Aufmerksamkeit des Beamten** ist meist mit einem Stuhlwechsel verbunden: Wer „dran" ist, wird aufgefordert, sich direkt vor den Schreibtisch oder neben den Beamten zu setzen. Auch bei vertraulichen Themen bleiben alle anderen im Raum sitzen und hören zu, mischen sich manchmal sogar mit Kommentaren ein. Oft erschließen sich BesucherInnen die Funktionen der einzelnen Leute nicht sofort: Manche springen während des Gespräches auf und holen aus anderen Zimmern Akten heran, andere beantworten die ankommenden Telephongespräche und reichen manchmal den Hörer an den Beamten weiter, wieder andere sitzen relativ unbeteiligt da und leisten den „Herrschern des Büros" offensichtlich nur Gesellschaft …

In der pakistanischen Sozialordnung ist das **Senioritätsprinzip** vorherrschend. Bei Behörden oder in Firmen ist der Ältere meist der Ranghöhere. Ausnahmen gibt es natürlich bezüglich der verschiedenen Berufsgruppen und der wirtschaftlichen und sozialen Stellung der einzelnen Individuen. Die Alters- und Autoritätshierarchie macht sich besonders im offiziellen Gespräch bemerkbar.

Der höchste Beamte führt das **Gespräch,** das von allgemeinen Inhalten und Höflichkeiten umrahmt ist. Manchmal geht das Hauptanliegen fast in dem allgemeinen Gespräch unter. Der Antragsteller muss sehr aufmerksam sein, um nicht den roten Faden zu verlieren, und sein Anliegen bestimmt aber höflich vertreten. Obligatorisch ist das Anbieten von Tee oder kalten Getränken, ausländische Gäste werden besonders zuvorkommend umsorgt.

Das Gespräch endet oft abrupt, das Formular wird unterzeichnet, die gewünschte Kopie von einem Bediensteten gebracht, und der Beamte wendet sich einem anderen Anwesenden zu. Die **Verabschiedung** ist sehr viel kürzer und formloser als die Begrüßung.

Ungewohnter Arbeitsrhythmus in der Fabrik

Als Arbeitspartner von Pakistanern

In der pakistanischen Gesellschaft sind **gute soziale Beziehungen** notwendig, um sich in einer neuen Gruppe zurechtzufinden, dies gilt auch für das Arbeitsumfeld. Die Akzeptanz durch die MitarbeiterInnen erhöht sich, wenn Neulinge von einer Respektsperson vorgestellt und eingeführt werden. Auch ein Geschäftsabschluss ist ohne soziale Beziehungen kaum vorstellbar. Pakistaner möchten gern wissen, was für einen Menschen sie vor sich haben – er muss ihren gesellschaftlichen Vorstellungen entsprechen – und warum sie etwas für ihn tun sollen. Ein Mitarbeiter oder Partner, den man ins Vertrauen ziehen kann, ist als Vermittler und Kontaktknüpfer äußerst hilfreich und manchmal einfach notwendig.

Das Ideal eines Menschen – besonders in höherer Position – umfasst Korrektheit, Höflichkeit und Beherrschtheit. Zur **Korrektheit** gehört formelle Kleidung, auf die sehr großer Wert gelegt wird – sie dient auch dazu, dem Gegenüber Respekt zu erweisen. Von einem Ausländer wird auch automatisch Pünktlichkeit erwartet. Außerdem ist Sicherheit im Umgang mit grundlegenden pakistanischen Verhaltensweisen notwendig.

Der **höfliche Mensch** muss sich mit den Gepflogenheiten des Landes insoweit vertraut gemacht haben, dass er die gesellschaftlichen Umgangsformen und die „richtige" Gesprächsführung beherrscht. Er wird sich zunächst allgemeinen Themen zuwenden, bis der richtige Zeitpunkt gekommen ist, das Kernthema zu besprechen. Es ist angebracht, eine persönliche Athmosphäre zu schaffen, wenn etwas Wichtiges besprochen werden soll. Als Vorgesetzter übernimmt er die Rolle des Gastgebers, ist für das Wohlbefinden der „Gäste" verantwortlich und muss für ein angenehmes Umfeld sorgen; z.B. Tee und Getränke servieren lassen.

Eine Person in leitender Funktion muss ihre **Emotionen im Griff haben,** sonst wird sie nicht ernst genommen. Es wird erwartet, dass sie nie die Selbstbeherrschung verliert. Bei überheblichem oder harschem Verhalten endet die Kooperation schnell.

Auch untergebene Mitarbeiter sollten als gleichwertig behandelt werden. Befehle sind in Form von höflichen Anordnungen akzeptabler; auch sollte niemand vor den Augen oder Ohren von Kollegen „heruntergemacht" werden. In der pakistanischen Gesellschaft ist es überaus wichtig, dass die **Würde und Ehre eines jeden** unangetastet bleibt; höfliche Hinweise auf unkorrektes Verhalten sind ein weitaus diplomatischeres Verhalten.

Soziales Verhalten, Gespräche und Diskussionen haben einen enormen Stellenwert bei Pakistanern; dazu gehört auch das **gemeinsame Teetrinken** bei der Arbeit. Dieses Verhalten sollte bei MitarbeiterInnen nicht unterbunden werden, weil es „auf Kosten der Arbeitszeit geht" – völlig ungeschickt ist es, die versammelte Runde mit rüden oder strengen Worten zur Disziplin rufen zu wollen, ein paar scherzhafte Worte sind angebrachter.

Verhältnis zur Zeit

„Ihr habt die Uhren, wir haben die Zeit.“
(pakistanische Redensart)

Zeit ist in Pakistan nicht so überaus kostbar und knapp bemessen wie in westlichen Ländern.
Mangelnde Pünktlichkeit und die Unverbindlichkeit von Angaben und Aussagen sind oft ein Punkt, den BesucherInnen des Landes an Pakistanern kritisieren. Die Ursache für die Unpünktlichkeit ist eine andere Einstellung zur Zeit und zu den Abläufen des täglichen Lebens, die nach pakistanischer Auffassung nicht durch und durch planbar sein müssen. Gottes Wille ist unergründlich und kann die Planungen der Menschen jederzeit durcheinanderbringen. Auch das Warten auf ein Geschehen ist in Pakistan kein so quälender Vorgang wie in westlichen Kulturkreisen und nicht mit dem Gefühl von unnötiger Zeitverschwendung verbunden. *Kal* bedeutet im Urdu gestern und morgen: Es gibt kein Konzept der Zeit – der Mensch wartet einfach auf Geschehnisse, die dann seine Zeit ausfüllen.

Besonders in **ländlichen Gebieten** existieren ganz andere Lebensrhythmen und Tagesabläufe; die Menschen orientieren sich am Mondkalender und passen sich den Vorgängen in der Natur an, die periodisch wiederkehren wie die Jahreszeiten, Ernten und Monsunzeiten. Es gibt keinen Zeitdruck, nicht das Gefühl, dass die „Zeit davonläuft“.

Unsere messbare Zeit, die Zeit des Arbeitsalltags, die anscheinend immer zu knapp ist und für Monate oder sogar Jahre verplant wird, ist eine Erscheinung des modernen Lebens in den **großen pakistanischen Städten.** Dort hat die „westliche Korrektheit“ Einzug gehalten: In der Verwaltung und auch im Geschäftsleben wird Wert auf Pünktlichkeit gelegt.

Es kann für BesucherInnen Pakistans sehr schwierig sein, die **eigenen Gewohnheiten mit dem pakistanischen Zeitverständnis in Einklang zu bringen.** Manchmal ist es problematisch, Dinge zur „rechten Zeit“, also pünktlich, erledigt zu bekommen. Da Zeitdruck nicht als solcher empfunden wird, handelt auch niemand schnell und terminbewusst. Irgendwann wird es erledigt – damit sollte sich jeder Mensch, der seine Nerven auf Dauer schonen will, abfinden. Kurz vor dem endgültigen Abgabetermin eines Papiers oder Produktes entsteht eine ungeheure Hektik, um das Ziel dann (nach den Wünschen des Ausländers) doch noch zu erreichen. Alle sind ungeheuer stolz, wenn es schließlich geschafft ist.

Beziehungsnetze

Die Autorität des **Vorgesetzten** wird ohne Kritik anerkannt, er genießt die volle Loyalität seiner Mitarbeiter. Der Chef ist eine Vaterfigur, die zu dem alten

Prinzip „Landlord und Pächter" passt. Er ist verantwortlich für seine Angestellten und das Wohlergehen ihrer Familien. Er leistet z.b. kleine finanzielle Unterstützungen, wenn die Kinder des Angestellten heiraten oder eine Beerdigung bezahlt werden muss. Ein Chef muss geschäftliche und soziale Kontakte pflegen, um seiner Position gerecht zu werden und sie vor allen Dingen zu halten.

Büro-Angestellte und Sekretäre genießen kein besonders hohes soziales Ansehen; die Kenntnis des Lesens und Schreibens ist traditionellerweise alles, was sie gelernt haben. Inzwischen gibt es aber natürlich auch Ausbildungsmöglichkeiten für das SekretärInnenwesen, so dass ein neuer Berufszweig entstanden ist; ChefsekretärInnen haben auch in Pakistan größere Verantwortung und Entscheidungsbefugnis. Durch moderne Ausbildungszweige, die zu Status verhelfen, verwischen in den Städten die Grenzen der traditionellen sozialen Gruppen und Klassen.

Regierungsbeamte haben sehr viel Macht und Einfluss. Sie oder ihre persönlichen Assistenten können in viele Angelegenheiten regelnd eingreifen und den Ausgang einer Sache verändern. Sie sind so mächtig, dass sie auch bei Verfehlungen keine Entlassung befürchten müssen, im Notfall halten alle im Beziehungsnetz zusammen und decken ihre Machenschaften gegenseitig, wenn es etwas zu verschleiern gibt.

In der pakistanischen Gesellschaft brauchen Menschen viele Freunde und Bekannte, um sich in ihrem feudalen und bürokratischen System zu behaupten. Es ist günstig, **Freunde in den verschiedensten Lebensbereichen** zu haben: Die Idealkonstellation besteht aus einem Polizisten, einem Arzt, einem Rechtsanwalt und einem Händler. Mit Beziehungen ist es ein Leichtes, Anträge genehmigt zu bekommen und Reparaturen in einem akzeptablen Zeitrahmen ausführen zu lassen – sie ersparen das „Sich-ganz-hinten-anstellen". Manchmal haben diese Verbindungen auch keinen tatsächlichen Nutzen. Darauf angesprochen sagte ein Pakistaner: *„Es ist aber ein besseres Gefühl, zu den Privilegierten zu gehören"*. Das Beziehungssystem beruht auf Gegenseitigkeit; eine Hilfestellung wird in anderer Form und zu anderer Zeit von dem gerade Begünstigten erwartet.

Eine Person, *„die es geschafft hat"*, zieht immer eine Anzahl von anderen Menschen mit sich – das Ergebnis ist die vielfach angeprangerte **Vetternwirtschaft.** Es gibt immer Menschen, denen man etwas schuldig ist, außerdem kann man die eigene Position stärken, wenn man sich mit Vertrauten und Wohlwollenden umgibt. Es besteht die Meinung, dass nur Verwandten richtig zu vertrauen ist, deshalb werden sie bevorzugt eingestellt. Hier wird die Familie wieder ihrer Rolle als wirtschaftliche Einheit und Solidar-Gemeinschaft gerecht. Freunde werden oft in dieses Austausch-System miteinbezogen. Viele Bereiche des Geschäftsleben funktionieren auf Familienbasis, auch wenn moderne Firmen westliche Richtlinien zur Grundlage haben.

Bestechung ist eine häufig angewendete Vorgehensweise, um ein Ziel zu erreichen. Der Vorgang läuft sehr diskret und unauffällig ab: Der Staatsbeamte z.B. tritt gar nicht persönlich in Aktion. Sein Vertrauter, der der persönliche Assistent sein kann, regelt die Geschäfte für ihn. Der Beamte selbst wird nie einen Preis nennen. Auch der Vertraute wird die Forderung in ein neutrales Gespräch einbetten und erwarten, dass der Gesprächspartner die Andeutung richtig interpretiert und ebenso diskret handelt. Ausländische BesucherInnen sollten sich mit Kommentaren und Kritik an dem korrupten System zurückhalten, bis sie ihre Mitmenschen besser kennen und eine Vertrauensbasis aufgebaut ist. Es ist ratsam, sich als Außenstehender nicht auf diese undurchsichtigen Machenschaften einzulassen. AusländerInnen werden – oft von ihnen selbst unbemerkt – von pakistanischen Behörden kritisch beobachtet und überprüft.

Arbeitsethos – sind Pakistaner faul?

Die **christliche Arbeitsethik,** die beinhaltet, dem schaffenden Gott nachzueifern, ist die Quelle der westlichen Einstellung, dass Arbeiten der einzige Sinn des Lebens ist – bei Untätigkeit und Vergnügungen muss man ein schlechtes Gewissen haben. „Workaholics" sind die extremen Auswüchse dieser Ethik, Menschen, die ihre Arbeit nicht mehr beiseite legen können und denen eine Trennung von Freizeit und Arbeit nicht mehr möglich ist.

Auch für **Muslime** ist das Arbeiten so verdienstvoll wie das Beten. Sogar freitags, am traditionellen Feiertag der Woche, ist die Arbeit erlaubt; mit Ausnahme der Zeit des gemeinsamen Gebetes in der Moschee.

„Ihr lebt, um zu arbeiten, wir arbeiten, um zu leben – gerade soviel, dass wir uns ein gutes und angenehmes Leben leisten können", brachte ein befreundeter Pakistaner die Diskussion auf den Punkt.

Die Arbeit, die in Pakistan in den meisten Fällen zum Lebensunterhalt verrichtet werden muss, ist oft sehr **harte körperliche Arbeit.** Unter schwierigen Bedingungen wird in Haus und Hof und auf den Feldern gearbeitet; es gibt wenig Hilfsmittel und Erleichterungen. Schon einfache haushaltliche Verrichtungen sind – besonders für die Frauen – sehr anstrengend: Wasserholen, Brotbacken und Holzsammeln gehören zur täglichen Routine und beanspruchen einen großen Teil der Zeit. Auch bei der Feldarbeit gibt es wenig technische Hilfen und Maschinen. Hat der Bauer aus wirtschaftlichen Gründen keine Zugtiere mehr oder kann er sie nicht einsetzen, weil das Feld zu klein und unwegsam gelegen ist – wie z.B. beim Terrassenfeldbau in den nördlichen Bergregionen – steigt er selbst ins Geschirr und zieht den Pflug. Auch die Angehörigen der unteren sozialen Schichten in den Städten müssen lange und hart arbeiten, um sich und ihre Familien zu ernähren; Geschlecht oder Alter sind da kein Grund für Schonung oder Rücksichtnahme (s. „Kinderarbeit" im Kapitel „Feudale Strukturen").

In Zeiten schwächerer Arbeitsbelastung oder wenn die Versorgungslage gut ist, besteht meistens aber kein Bedürfnis, weiter zu arbeiten. Man genießt die Freizeit in Pakistan und erholt sich von der Arbeit. Nur für Frauen auf dem Land gibt es häufig kein Entkommen von der täglichen schweren Hausarbeit. Der **Vorsorgegedanke** scheint oft nicht so ausgeprägt zu sein – ist genug erwirtschaftet, lebt man davon und beginnt erst wieder mit der Arbeit, wenn Kasse oder Kammer leer sind. Ein Leben im Überfluss wird im allgemeinen gar nicht angestrebt, lieber nimmt man sich Zeit für Gespräche, Feste und Familienzusammenkünfte.

Fabrikarbeit hat keine Tradition in Pakistan, sie ist für die meisten Pakistaner ungewohnt, und wird als unnatürliches und unmenschliches Arbeiten empfunden. Die Arbeitszeiten sind in Fabriken strikt geregelt, der Arbeitende ist nur von Maschinen umgeben, ohne soziale Kontakte und zeitvertreibende Unterhaltungen am Arbeitsplatz, was als sehr unangenehm empfunden wird.

Körperliche Arbeit wird generell niedriger bewertet als **Schreibtischarbeit;** „White-Collar-Jobs" werden klar bevorzugt. Besonders beliebt ist beaufsichtigende Arbeit oder die Verwaltung des eigenen Besitzes.

Spät mit der Arbeit beginnen zu können ist ein Statussymbol. Büros sind meist erst ab neun Uhr besetzt, hohe Beamte beginnen oft noch später mit der Arbeit – manchmal ist gegen zehn Uhr noch niemand anzutreffen. Beamte sind auch am frühen Nachmittag schon wieder zu Hause. Beschäftigte in privaten Unternehmen haben viel längere Arbeitszeiten und verlassen ihre Büros erst in den Abendstunden. Auch viele Geschäfte in den Basaren öffnen erst im Laufe des Vormittags, haben dafür aber bis in die Nacht hinein auf. Im Fastenmonat Ramadan sind die Bürozeiten verkürzt, weil es besonders in der warmen Jahreszeit sehr schwierig ist, nachmittags ohne Nahrungs- und Flüssigkeitszufuhr zu arbeiten. Im Sommer, wenn es unerträglich heiß ist, werden die frühen Nachmittagsstunden gern als Ruhezeiten genutzt. Die Geschäfte öffnen später am Tag wieder, wenn die Temperaturen moderat geworden sind. Die zahlreichen religiösen Feiertage werden gern verlängert und bei der werktätigen Stadtbevölkerung als Kurzurlaub genutzt.

Verhaltenshinweise für AusländerInnen

„Die meisten Erfahrungen über mich selbst habe ich in Augenblicken gemacht, wo ich die Eigentümlichkeiten anderer Menschen erkannte."
(Hebbel)

Auftreten in der Öffentlichkeit

*R*eisende oder in Pakistan lebende **Paare** sollten keine Zärtlichkeiten in der Öffentlichkeit austauschen. Auch wenn sie nur Hand in Hand daherspazieren, machen sie sich bereits lächerlich; sich an den Händen zu halten ist nur Kindern und befreundeten pakistanischen Männern vorbehalten. Diese Einschränkung im zwischenmenschlichen Kontakt in der Öffentlichkeit ist gleichgeschlechtlichen Paaren besonders nahezulegen, da die pakistanische Gesellschaft in bezug auf Homosexualität sehr intolerant ist und Belästigungen nicht auszuschließen sind. ReisebegleiterInnen, mit denen man nicht ehelich verbunden ist, sollten trotzdem als Ehepartner ausgegeben werden, wenn es z.B. um die Frage des Doppelzimmers in Hotels geht.

Ausländische Männer haben in Pakistan nur geringen Rollenspielraum. Lediglich in den sich wandelnden, modernen Bereichen der städtischen Gesellschaft ist ein Abrücken von der traditionellen Männerrolle zumindest zu einem kleinen Teil möglich. Der ausländische Mann – selbst wenn er eine Außenseiterrolle hat und nicht als adäquater Heiratspartner in Frage kommt (weil er kein Muslim ist) – kann sehr wohl durch falsches Verhalten dem Ansehen einer einheimischen Frau schaden. Es kann schwierig für ihn sein, mit pakistanischen Frauen zusammenzuarbeiten, auch wenn sie gebildet und modern sind.

Männer sollten sehr **sensibel im Umgang mit pakistanischen Frauen** sein, besonders, wenn sie in Situationen geraten, in denen sie mit einer Frau allein sind. Im Zweifelsfall sollte z.B. die Bürotür geöffnet bleiben, damit keine suspekte Lage entstehen kann. Es ist unschicklich, Frauen anzufassen, auch wenn es gedankenlos freundschaftlich oder aus Höflichkeit geschieht, beispielsweise beim Aussteigen aus dem Auto. Mißverständliche Situationen können außer Kontrolle geraten und unbedachte Reaktionen von seiten der zur Frau gehörigen Männer hervorrufen. Es ist Männern anzuraten, sich auf die jeweilige Situation behutsam und aufmerksam einzustellen und das Verhalten des Gegenübers abzuwarten. „Moderne" pakistanische Damen werden dem westlichen Besucher oft von sich aus die Hand zur Begrüßung hinstrecken oder ihn bitten, neben ihr Platz zu nehmen. Eine Frau sollte nur angesprochen werden, wenn der Kontakt offiziellen Charakter hat oder gute freundschaftliche Beziehungen vorhanden sind. In der Öffentlichkeit sollten Frauen nicht intensiv angeschaut oder photographiert werden. Frauen haben in öffentlichen Verkehrsmitteln eigene Plätze, die für Männer – auch ausländi-sche – tabu sind.

Forschungsarbeiten auf sozialem oder gesellschaftlichem Gebiet sind für **männliche Wissenschaftler** nur eingeschränkt durchzuführen. Einige männliche Ethnologen z.B. lösten das Problem, indem sie ihre Partnerinnen in die Studien miteinbezogen, für die der Zugang zum weiblichen Teil der Be-völkerung kein Problem war. Der berufliche Status reicht in diesem Fall nicht aus, um dem starken sozialen Druck der Geschlechtertrennung zu entgehen. Die gleichen Schwierigkeiten treten in dem Fall männlicher Ärzte auf, die weibliche Patienten behandeln wollen oder sollen. In vielen Fällen sind nur Ärztinnen akzeptabel; sind sie nicht verfügbar, muß eher auf die ärztliche Be-handlung verzichtet werden.

Auf *gepflegte und förmliche Kleidung* wird besonders in den gehobe-nen Schichten sehr großer Wert gelegt. Kleidung gehört zu den Statussym-bolen der Gesellschaft; bei einem Behördengang z.B. macht sich angemes-sene Kleidung durch freundliche und bevorzugte Behandlung bezahlt. Auch bei Einladungen sollte der Gast in gepflegter und dem Anlaß angepaßter Klei-dung erscheinen. Vernachlässigte Kleidung beleidigt die Gastgeber durch die geringe Wertschätzung, die mit ihr ausgedrückt wird. Besonders bei Hochzeitsfeiern wird auf neue, schöne und möglichst teure Kleidung geach-tet. Bei den wohlhabenderen Schichten ist europäische oder amerikanische Markenware sehr gefragt – man kennt sich erstaunlich gut aus mit den einzel-nen Firmen und Designern.

Kritischer Blick in die Kamera der Besucherin

Alternative Kleidung für Männer in bunten „unmännlichen" Farben wird belächelt, und der so „verkleidete" Mann wird nicht ernst genommen. Auch langen Haaren oder seltsamen Haartrachten gegenüber ist man sehr kritisch eingestellt; Ohrringe und bunte Brillen bei Männern werden als „komisch" und „unmännlich" angesehen. Als unschicklich gelten nackte Beine und ein bloßer Oberkörper.

Legere **Freizeitkleidung** im westlichen Sinn ist eine noch größtenteils unbekannte Erscheinung. Freizeitkleidung oder sportliche Kleidungsstücke werden wirklich nur zur Verrichtung von sportlichen Aktivitäten getragen. Selbst wenn Ausflüge in die Natur oder kleine Wanderungen geplant sind, wird sehr elegante Kleidung angelegt. Kleine Mädchen in Lackschühchen bei Picknicks über Stock und Stein trippeln zu sehen ist ein normaler Anblick. In Jogginghose und T-Shirt aufzutreten ist außerhalb des sportlichen Rahmens sehr unschicklich.

In **kleinen Dörfern und abgelegenen Gebieten** sind Kinder manchmal so überrascht von der Ankunft Reisender, daß sie aus dieser Verhaltensunsicherheit heraus Steine nach den bedrohlichen Fremden werfen. Die Beworfenen sollten möglichst nur in Deckung gehen oder versuchen, Erwachsene anzusprechen, auf keinen Fall aber ebenfalls gewaltsam reagieren. Sobald Kinder bedroht oder verletzt werden, werden Erwachsene sehr aufgebracht und aggressiv; eine anfangs harmlose Situation könnte schnell eskalieren. Viel häufiger werden Reisende aber nur mit unverhohlener Neugier angestarrt und beobachtet. Gleich bei der Ankunft sammeln sich gaffende und lärmende Gruppen von Kindern, die die Neuankömmlinge mit Fragen bestürmen – ein paar Brocken Englisch bekommen sie immer zusammen. *„He, Angrez, where you from?"*, ist dabei die am meisten gebräuchliche Formel. *Angrez,* einstmals nur für die Briten verwendet, dient heute als Bezeichnung für alle „europäisch-aussehenden" Ausländer. Das Wort *Gora* bedeutet „weiß", und so werden auch Menschen dieser Hautfarbe benannt und gerufen.

Bei der **Photojagd** ist Vorsicht geboten: Viele Menschen fühlen sich von photographierenden TouristInnen belästigt. Das Abbild einer Person zu besitzen bedeutet gleichzeitig, magische Macht über sie zu haben. Außerdem ist es nicht im Sinn der Religion, Bilder von Menschen „zu nehmen" und zu verbreiten.

Diebstähle, Bedrohungen und Gewaltanwendung werden Reisenden oder in Pakistan lebenden AusländerInnen nicht in außergewöhnlichem Maß begegnen. Das besonders in der NWFP und Beluchistan verbreitete **Waffentragen** sollte nicht als Bedrohung angesehen werden; es gehört zum Männlichkeitskult und ist Teil traditioneller Verhaltensweisen. Ausländer sollten vom Waffenerwerb absehen, denn der Waffenbesitz ist offiziell verboten. Zuwiderhandlungen verursachen Schwierigkeiten mit der Polizei, und Waffenerwerb ohne Genehmigung kann sogar eine Verhaftung nach sich ziehen.

Spezielle Tipps für ausländische Frauen

Unterwegs als Ausländerin

Frauen, die Pakistan bereisen oder im Land leben und arbeiten, sind in manchen Situationen in ihrer Bewegungsfreiheit eingeschränkt, so z.B. im Transportwesen. Der **öffentliche Nahverkehr** ist nicht gut entwickelt: Fahrzeuge verkehren unregelmäßig, haben undurchschaubare Fahrpläne (oder gar keine) und sind ständig überfüllt. Immerhin haben Frauen in den öffentlichen Verkehrsmitteln ein Anrecht auf einen eigenen Platz. In Bussen und Mini-Bussen ist oft eine Sitzbank vorn, direkt hinter dem Fahrer, für Frauen reserviert.

Taxis sind eine bequeme und für ausländische Gehälter preiswerte Alternative – wenn der Preis vor Beginn der Fahrt ausgehandelt wird. In Taxis sitzen Frauen meist auf der Rückbank; alleinreisende Frauen sollten keine anderen männlichen Fahrgäste dulden. Leider ist es in den meisten Orten nicht möglich, Taxis telephonisch zu bestellen.

In etwas abgelegeneren Wohngegenden ist man deshalb auf das **eigene Auto** angewiesen. Autofahren ist in Pakistans Städten allerdings meist kein Vergnügen; Straßenzustand, Fahrstil, Linksverkehr und Überfüllung der Straßen sind für viele abschreckend. Für Fahrerinnen kommt erschwerend hinzu, daß eine Frau am Steuer durch ihre bloße Anwesenheit die männlichen Fahrer um sie herum herausfordert: Die Herren der Schöpfung meinen, ihr einen besonders markanten und souveränen Fahrstil demonstrieren zu müssen, oder – und das ist die unangenehmere Verhaltensweise – sie durch

Männerfront auf den Straßen

Nötigung und Bedrängung darauf hinweisen zu müssen, daß der Straßenverkehr ein Bereich ist, in den sie, zumindest aktiv, nicht hineingehört. In den Großstädten fahren auch viele einheimische Frauen selbst das Auto; abends und auf einsamen Überlandstrecken allerdings halten sie sich zurück, und das sollte auch die Ausländerin beherzigen.

Die **Eisenbahn** ist ein recht bequemes Verkehrsmittel, wenn auch leider sehr unzuverlässig. Pünktliche Abfahrten sind eine Seltenheit. Es ist mit relativ langen Fahrtzeiten auch für kurze Strecken zu rechnen, was den Zug als Schnelltransportmittel ausschließt. Platzreservierung und Kartenkauf müssen vor der Fahrt erfolgen und können in vielen größeren Bahnhöfen an speziellen Schaltern für Frauen getätigt werden. Auch in den Zügen selbst gibt es für Damen reservierte Abteile, „Ladies Compartments", und in den Bahnhöfen „Ladies Restrooms", Warteräume für Frauen. Im Zweifelsfall sollten alleinreisende Frauen eine höhere Wagenklasse wählen, um eine störungsfreie und bequeme Fahrt zu haben. Die Abteile in der unteren Preiskategorie sind oft überfüllt, und die Reisende muß sich darauf gefaßt machen, daß sie stundenlang ohne Pause angestarrt wird und daß viele versuchen, sie auszufragen und in Gespräche zu verwickeln. Spezielle Schalter für Frauen sind auch in Banken oder Postämtern verbreitet. In den Fällen, wo sie nicht vorhanden sind, werden Frauen oft aus der Schlange herausgewunken und am gemischten Schalter bevorzugt behandelt.

Das **Fliegen** ist für alleinreisende Frauen völlig unproblematisch, selbst pakistanische Frauen reisen auf diese Art und Weise allein – andere Fernverkehrsmittel benutzen sie ohne Begleitung höchst selten.

In Pakistan gelten verwandte männliche Wesen als schützende Begleiter, selbst kleinere Geschwister oder Hausangestellte können zur Not diese Funktion erfüllen.

Spaziergänge sind völlig unüblich, mit Ausnahme der Parkbesuche und der Wanderungen der reichen Städter während ihrer Sommerurlaube in den nördlichen Bergregionen. Frauen sollten weder allein ausgedehntere Spaziergänge unternehmen noch ohne Begleitung auf Wanderschaft gehen – dies gilt sowohl für die Städte als auch für ländliche Gebiete. In den Bergregionen des Nordens mit touristischer Infrastruktur ist die Situation etwas anders, dort starten Frauen immer wieder selbstständige Unternehmungen; in den letzten Jahren haben einige Frauen z.B. allein den Karakorum Highway mit dem Fahrrad bezwungen.

Grobe Belästigungen von ausländischen Frauen sind selten, auch von Überfällen und Entführungen wird nur selten berichtet. Am Rande der autonomen Stammesgebiete werden ausländische Frauen von „Stadt-Pakistanern" immer wieder vor Ausflügen ohne Begleitung gewarnt. Die Geschichten von Entführungen und Frauen, die von irgendeinem wilden Stammesführer geheiratet wurden und den Rest ihres Lebens in den rauhen Bergen fristen, scheinen zum großen Teil dem Reich der Sagen zu entstammen, zumindest sind sie nicht mehr auf wahre Begebenheiten zurückzuführen. Trotzdem sollte jede alleinreisende Frau Vorsicht walten lassen, abgelegene Gebiete und die Abendstunden bei Ausflügen ohne Begleitung meiden.

Bei **Bazarbesuchen** in den Städten werden ausländische Besucherinnen schnell bemerken, wie gern pakistanische Männer Körperkontakt mit ihr suchen. Schubsen, Drängeln und Grabschen gehören zum üblichen Repertoire, manchmal erweitert durch Schläge auf den Po von (feige) vorüberfahrenden Männern auf Mopeds. Der Gang durch die engen und immer überfüllten Bazargassen kann für Frauen ein zumindest streckenweise schwieriges Unterfangen sein. Neugierige und unverhohlene Blicke, zugeraunte Bemerkungen und „zufällige" kleine Rempeleien müssen wohl oder übel in Kauf genommen werden. Bester Schutz, besonders in den abgelegenen und dunklen Bazarwinkeln, ist immer noch ein einheimischer Begleiter – eine Begleiterin wird sich kaum finden, da einheimische Frauen diese Gegenden meiden. Meistens beschränkt sich die Annäherung aber auf Augenkontakt intensivster Art und ein paar zugeflüsterte, meist unverständliche Worte.·

Sehr zur Freude der Belästigten kann es schon mal vorkommen, daß faszinierte Fahrradfahrer, die Besucherin mit aufgesperrtem Mund und weitgeöffneteten Augen anstarrend, im Graben landen.

Manchmal helfen **bei Bedrängung** ein paar entrüstete Worte, ruhig auch in einer dem Belästiger unbekannten Sprache. Wird frau übel belästigt, sollte sie sich an andere Passanten wenden, besonders ältere Menschen, die sich sicherlich für sie einsetzen werden. Vorbeugend sollten mißzudeutende Situationen vermieden, die Kleidung angepaßt und z.B. auf das Rauchen im Bazar verzichtet werden.

Kleidungsregeln

Die Kleidung von in Pakistan reisenden oder lebenden Frauen sollte **den Landessitten etwas angepaßt** werden. Die von einigen Pakistanerinnen praktizierte Verschleierung ist für Ausländerinnen natürlich nicht erforderlich; unverzichtbar ist die Kopfbedeckung für den Moscheebesuch, ratsam für Besuche auf dem Land in den konservativen Provinzen NWFP und Beluchistan.

Den **Shalwar-Kamiz** zu tragen ist nicht nur aus Gründen der Anpassung zu empfehlen, sondern auch der Bequemlichkeit wegen. Der Schneider fertigt schnell und kostengünstig die gewünschten Modelle an, und inzwischen gibt es auch ein breites Angebot von Fertiganzügen, „Ready-Made-Suits", in den unterschiedlichsten Ausführungen. Die Kleider sind auch sehr gut mit westlichen Kleidungsstücken zu kombinieren. Große Wolltücher sind sehr praktisch und dienen als Jacken oder Mantelersatz, in baumwollener Ausführung als Sonnenschutz. Ein kleiner Schal oder ein dünnes Tuch, *Dupatta,* ist ein erforderlicher Zusatz zum *Shalwar-Kamiz.*

Die Pakistan bereisende Frau kann natürlich auch weiterhin ihre eigene **westliche Kleidung** tragen. Zu empfehlen sind allerdings Kleidungsstücke, die die Körperkonturen verwischen, lose über die Hüften herabfallen und Arme und Beine bedecken. Niemand wird an dieser Art der Kleidung Anstoß nehmen.

„Die Erscheinung eines ,falsch' gekleideten Touristenpärchens in der Altstadt Rawalpindis führte zu einem wahren Aufruhr im Bazar. Die beiden trugen Shorts, Trägerhemdchen und Stirnbänder um die braungebrannten Köpfe – sonst nichts. Vor Erstaunen starre oder verlegen lachende Männer säumten ihren Weg, und Horden von kreischenden Kindern zogen lärmend hinter ihnen her, versuchten sie an der spärlichen Kleidung oder an den Rucksäcken zu zupfen. Das Ganze sah aus wie ein Karnevalszug durch die verwinkelten Bazargassen.

Auch die Dame, die bei einer pakistanischen Familie zu Gast war und sich in ihrem sonnengelben Bikini auf das Dach des Hauses begab, um sich zu sonnen, konnte nicht verstehen, warum sie der Grund des Tumultes auf den anderen Dächern war. Köpfe tauchten halbverborgen an den Fenstern der umliegenden Häuser auf, überall hatten Männer plötzlich und zufällig kleine Arbeiten auf den Dächern ihrer Häuser zu erledigen, und den Handwerkern, die sich dort berechtigterweise aufhielten, glitten vor Faszination die Werkzeuge aus der Hand. Die Familie, die schließlich des Geschehens gewahr wurde, wollte vor Scham im Boden versinken!"

Die **Burqa** werden viele Besucherinnen einmal zur Probe überziehen, um vielleicht nachempfinden zu können, wie beschränkt sich die Sicht für Frauen in diesem sackförmigen Überwurf darstellt und wie heiß und stickig die Luft darunter ist. Es existieren viele Geschichten und Witze über die Verbergungsmöglichkeiten der *Burqa:* Personen gelangen damit unerkannt an geheime Orte, Waffen und Rauschgift werden in der *Burqa* geschmuggelt, und in diesem Kleidungsstück verborgene Männer vollziehen unbemerkt illegale Grenzübertritte.

Westliche Frauen und Purdah-Regeln

Der Mann ist aggressiv, die Frau verletzlich: Logische Schlußfolgerung ist ein die Geschlechterbeziehungen regelndes und schützendes Purdah-System. **Pakistanische Frauen** halten sich nicht nur kleidungsmäßig und räumlich an die Purdah-Regeln, sondern haben auch die Art ihres Auftretens in der Öffentlichkeit daran orientiert. Sie „bummeln" nicht durch die Bazare, sie schauen sich nicht interessiert und neugierig um, sie verweilen an keinem Ort ohne Grund. Ihr Auftreten und ihr Gang sind zielstrebig, geradlinig und geschäftig. Ihr Blick ist meist gesenkt – oft hat man den Eindruck, sie hätten ein unsichtbares Zelt um sich herum aufgeschlagen.

Ausländerinnen ist dieses Verhalten nicht durch Erziehung antrainiert worden, eine Orientierung daran wäre aufgesetzt und mühsam. Westliche Frauen machen nicht den Eindruck, daß sie beschützt werden müßten, ihr Auftreten in der Öffentlichkeit und der Umgang mit Männern sind selbstverständlich und zwanglos. Ihre Verhaltens- und Bewegungsfreiheit kann aber auch als Wegbereiter zur Unmoral angesehen werden.

Europäerinnen und Amerikanerinnen gelten als sexuell freizügig und promiskuitiv. Diese **Vorurteile** entstehen durch die Medien und Berichte von Pakistanern, die im Ausland leben. Auch Kleidung und Verhalten von Touristinnen werden oft mißgedeutet, weil sie den einheimischen Moralvorstellungen nicht entsprechen. Westliche Besucherinnen sind oft ohne „schützenden" männlichen Partner unterwegs, oder dieser verhält sich nicht so, wie es dem pakistanischen Rollenverständnis entspricht und wird deshalb nicht ernst genommen. Begleiter sind manchmal Freunde, keine Ehemänner, mit denen sich die Reisende trotzdem ein Zimmer teilt.

Um den Vorurteilen entgegenzuwirken, muß die Besucherin sich **durch korrektes Verhalten Respekt verschaffen** und darf keinen Zweifel an ihrer Ernsthaftigkeit aufkommen lassen. Minimale Verhaltens-Zugeständnisse an pakistanische Gepflogenheiten erleichtern einerseits das eigene Zurechtfinden in der fremden Umgebung und andererseits die Akzeptanz der einheimischen Bevölkerung.

„Du wirst es nicht glauben, sie marschierte in einem ausgeschnittenen roten Kleid durch den Bazar, und zu allem Übel lachte sie auch noch laut und schob sich eine Zigarette in den Mundwinkel", schilderte ein pakistanischer Mitarbeiter den Bazarausflug einer deutschen Besucherin. Mit diesem Verhalten hatte sie ihr Ansehen im Nu verspielt, daran konnte auch die Begleitung pakistanischer Männer nichts ändern – im Gegenteil, ihre Begleiter fühlten sich blamiert *(sie konnten ja auch die Kommentare der Passanten verstehen!)* und nahmen von weiteren Spaziergängen mit ihr durch den Bazar Abstand.

Frauen sollten zurückhaltend mit **Körperkontakt zu nicht gut bekannten pakistanischen Männern** sein, denn ein Verhalten, daß in westlichen Kulturen als völlig natürlich und legitim gilt, kann in Pakistan leicht als freizügig oder herausfordernd interpretiert werden. Männer, mit denen die Frau gerade noch geplaudert und gescherzt hat, können – als Reaktion auf die unbedachte Körpersprache der Frau – sehr schnell aufdringlich und aggressiv werden, und sind gekränkt, wenn sie dann abgewiesen werden.

Sonderstatus ausländischer Frauen

Eine einheimische Frau hat wenig Rollenflexibilität. Verhält sich eine junge pakistanische Frau nicht rollenkonform, wird sie leicht zur Zielscheibe von Kritik. Wenn sie aus der kontrollierten und beschützten Sphäre heraustritt, ist ihre Integrität und Unversehrtheit nicht mehr gewährleistet. Ihr Ruf wird zweifelhaft, und Eltern eines heiratswilligen Sohnes werden Zweifel haben, ob sie die Richtige und eine gute Partie ist.

„Ganz Lahore schien Carol zu lieben. Pakistanische Männer verbeugten sich galant vor ihr, drängten ihr Drinks auf und reichten Feuer für ihre Zigaretten. Schöne Frauen, graziös in sanft fließenden Gewändern plauderten mit ihr in exquisitem Englisch. An jedem Abend fand mindestens eine Party statt. Sie fühlte sich wie jemand aus ‚Vom Winde Verweht‘."[56]

Dagegen haben ausländische Frauen in der pakistanischen Gesellschaft eine bevorzugte Position und ein **breites Rollenspektrum.** Durch ihre Geschlechtszugehörigkeit haben sie leichten Zugang zu den Frauenkreisen; durch ihren besonderen Status, ihre Andersartigkeit und Fremdheit können sie sich aber ebenso einfach einer Männergesellschaft anschließen.

Als westliche Besucherin ist sie **in der Männerrunde** nicht nur geduldet, sondern sogar willkommen, weil es in einer geschlechtergetrennten Gesellschaft interessant ist, die Gegenwart einer Frau zu genießen und sich mit ihr auszutauschen. Bei diesen für Männer seltenen Gelegenheiten können sie auch ihren ganzen angesammelten Vorrat an Galanterie „an die Frau bringen". Es ist dann schwer vorstellbar, daß diese höflichen und rücksichtsvollen Herren zu Hause wahre Tyrannen und die größten Chauvis sein können!

Der gesellschaftliche Spielraum und die Flexibilität der ausländischen Frau werden dann wieder eingegrenzt, **wenn sich ihr Sonderstatus abschwächt,** wenn sie z.B. mehr Familienmitglied als Gast ist. In dem Augenblick muß sie sich den Spielregeln der Gesellschaft unterwerfen und sich in vielen Situationen mit weiblicher Gesellschaft „begnügen". Nur wenn die Frau noch eine Außenseiterin ist, kann sie ihre eigene Rolle nach eigenem Gutdünken definieren – mit der Anpassung verengt sich die Rollenauswahl.

Die Adaption der pakistanischen **Frauenkleidung** engt unter Umständen die Rollenflexibilität ein. Um etwas ganz Ungewöhnliches zu tun, beispielsweise als einzige Frau an einer Männer-Veranstaltung teilzunehmen, ist vielleicht westliche Kleidung (natürlich angepaßt an die moralischen Erfordernisse) angebracht, um deutlich die „Fremdheit", „Außenseiterrolle" und Distanz von der traditionellen pakistanischen Frauenrolle zu signalisieren.

„Die Forscherin Papanek beschreibt, wie sie als einzige Frau mit 4000 pakistanischen Männern den Trauerfeierlichkeiten für Aga Kahn III in Karachi beiwohnte. Der Zugang wurde ihr nicht verwehrt, allerdings wurde sie mehrmals gefragt, ob sie sich allein unter so vielen Männern denn wohl fühlen würde. Zu dieser Gelegenheit trug sie westliche Kleidung. Niemand unternahm etwas gegen ihre Anwesenheit, konnte sie aber auch nicht so richtig einordnen. Ihre geschlechtliche Identität war unklar, weil sie als westliche Frau männliche Eigenschaften hatte: sie war selbstständig, berufstätig und reiste allein durch fremde Länder. In denselben westlichen Kleidern nahm sie danach an der Trauerfeier der Frauen teil, auch dort wurde sie akzeptiert. Nach intensivem Kontakt mit einheimischen Frauen und in einer ver-

*trauten Atmosphäre wurde sie als Ausländerin irgendwann auf ihre Kleidung ange-
sprochen und ihr empfohlen, doch ‚passendere, weibliche Kleidung‘ anzulegen.“* [57)]

Wenn die Rolle der ausländischen Frau im sozialen Kontext oft nicht ganz eindeutig ist, so ist sie es zumindest auf fachlicher Ebene und in der **beruflichen Position.** Die Haltung pakistanischer Männer berufstätigen ausländischen Frauen gegenüber ist von Akzeptanz und Anerkennung bestimmt; ihre
Kompetenz wird eher anerkannt als die pakistanischer Frauen.

Umgang mit Korruption

Korruption ist in Pakistan weit verbreitet und wird vom Ausland stark verurteilt.
Das **System** sollte einmal unter dem Gesichtspunkt betrachtet werden, dass
„kleine Beamte" sehr wenig verdienen, ein Polizist z.B. kann mit seinem mageren Gehalt kaum seine Familie ernähren. Gewisse Nebeneinkünfte sind
daher für diese Gehaltsgruppen sogar lebensnotwendig. Außerdem gehen
die großen Politker des Landes ihrem Volk mit gutem Beispiel voran – jeden
Tag gibt es Korruptionsskandale und -debatten in den Zeitungen.

Touristen werden selten mit korruptem Verhalten in Berührung kommen. Da
ihnen oft sowieso bevorzugte Behandlung sicher ist – z.B. am Flughafenschal-
ter – brauchen sie nicht „nachzuhelfen", um ihr Anliegen durchzusetzen.

Verweilt man länger in Pakistan, ist eine gewisse Kenntnis der verschiedenen *leichten* Wege durch Ämter und Verwaltung von Vorteil, wenn es um Lizenzen oder positive Bescheidung von Anträgen geht. Es ist immer eine
große Hilfe, einige gute Beziehungen zu haben: Ein paar verlässliche Bekannte in den richtigen Positionen wirken Wunder. Manchmal hilft es schon,
wenn diese Person den Neuankömmling bei dem entsprechenden Beamten
einführt, ohne dass ein weiteres Intervenieren notwendig wäre.

AusländerInnen sollten **mit Bestechungsversuchen sehr vorsichtig
sein.** Oft ist es ihnen nicht möglich, den Beamten richtig einzuschätzen, vielleicht ist er unbestechlich und wird durch das Angebot beleidigt. Vielleicht ist
auch nur die Summe unpassend oder die Situation ungünstig – durch ungeschicktes Verhalten kann man sehr unangenehm auffallen.

Moschee-Besuch und Fastenzeit

Touristen können Moscheen besuchen, wenn nicht gerade Gläubige versammelt sind, um ihre Gebete zu verrichten; dann sollten BesucherInnen sich
fernhalten. Die **Würde des Ortes** sollte von jedem Besucher mit taktvollem
Verhalten respektiert werden. Betende sollen nicht gestört werden; man
spricht sie nicht an oder läuft vor ihnen herum.

Wie in allen Gotteshäusern legen die Gläubigen Wert auf dezente und ordentliche **Kleidung.** Arme und Beine sind leicht zu bedecken. Frauen sollten
auf Röcke ganz verzichten und einen leichten Schal oder ein Tuch bei sich

tragen, der dann bei Bedarf in der Moschee lose um Kopf und Schultern gelegt wird – andernfalls kann der Zutritt verwehrt werden.

Es gab einen Skandal in der islamischen Welt, als *Prinzessin Diana* bei einem Pakistan-Besuch im Jahre 1991 mit einem knielangen Rock bekleidet die Badshahi-Moschee von Lahore betrat. Der vom Mullah schnell ausgehändigte Schal, um die Blöße zu bedecken, konnte die Situation auch nicht mehr retten. *Diana* hätte sich vor ihrem Besuch besser beraten lassen sollen! Peinliche Zwischenfälle dieser Art sollten alle BesucherInnen zu vermeiden wissen. Frauen ist in einigen Fällen der Zugang zum inneren Heiligtum von Schreinen z.B. verwehrt, oder sie müssen, wie in der Shah Faizal Moschee von Islamabad, einen anderen Eingang als Männer benutzen.

Die **Schuhe** müssen in jedem Fall vor dem Betreten der Moschee abgelegt werden; vor den größeren Moscheen finden sich Schuhwächter, die mit ein paar Rupien entlohnt werden. Ansonsten lässt man das Schuhwerk einfach am Eingang stehen oder trägt es in der Hand. In den Sommermonaten können die Steinplatten auf dem Moscheegelände extrem heiß werden, was für nackte Füße sehr unangenehm ist. Empfindlichen Menschen ist anzuraten, ein Paar Socken bei sich zu tragen.

Während der **Fastenzeit** im Monat Ramadan enthalten sich die Menschen tagsüber jeglicher Nahrung und Getränke (s. Kapitel Der Islam in Pakistan). Viele Restaurants haben tagsüber geschlossen, in den Bazaren werden eingeschränkt die üblichen Snacks hergestellt und verkauft. AusländerInnen dürfen natürlich auch tagsüber essen und trinken, so wie Alte, Kranke und Kinder auch ganz selbstverständlich vom Fasten ausgenommen sind, sollten aber wegen des „guten Tons" *in der Öffentlichkeit zurückhaltend sein.* Hungrigen und Durstigen in aller Seelenruhe etwas genüsslich vorzukauen und -zutrinken zeugt nicht von Taktgefühl. Um nicht zu provozieren, sollte tagsüber auf den offenen Verzehr von Lebensmitteln im Bazar verzichtet werden.

Bettler und Asketen

„Nasruddin kam zum Haus eines wohlhabenden Mannes, um für wohltätige Zwecke zu sammeln. Der Hausdiener sagte: „Mein Herr ist ausgegangen." „Na gut", entgegnete der Mullah, „auch wenn er keinen Beitrag leisten konnte, so will ich Dir doch einen guten Rat für ihn überlassen. Sag Deinem Herrn, das nächste Mal, wenn er ausginge, solle er nicht sein Gesicht am Fenster vergessen – es könnte ihm gestohlen werden." [58]

Asketen erfreuen sich großer Wertschätzung in der pakistanischen Gesellschaft. Sie sind für gewöhnlich sehr fromme Männer und führen ein auf Gott ausgerichtetes Leben, beten und fasten, haben nur Gutes und das Wohl ihrer Mitmenschen im Sinn. Ihr Lebenswandel wird als gottesnah und wahrhaftig angesehen, und sie werden als leuchtende Beispiele raffgieriger Politikern und Großgrundbesitzern vorgehalten, die ihre Untertanen wie Sklaven behandeln und sie ausbluten lassen, um noch reicher zu werden, als sie ohnehin schon sind.

Westliche BesucherInnen empfinden bettelnde Menschen oft als lästig (reiche Pakistaner auch) und bedenken sie mit guten Ratschlägen, die diese glücklicherweise meistens nicht verstehen. *„Hättet ihr bloß nicht so viel Kinder ...“ und „arbeitet lieber ...“, oder „Warum soll ich eure Faulheit unterstützen? ...“* sind typische belehrende und unangebrachte Bemerkungen. Sie erkennen auch nicht die andersgeartete Bedeutung von Asketen, die bewusst in Armut leben und auf Almosen von anderen angewiesen sind. Sie sorgen nicht für ihren Lebensunterhalt, sondern laufen stattdessen mit der Bettel- oder Essensschale herum – dafür verrichten sie spirituelle Dienste für die Menschen. In ganz Asien gibt es dieses Bettelmönchstum, in dem, speziell durch den Buddhismus, Armut und Askese miteinander verknüpft sind. Buddhistische Bettelmönche haben keinen schlechten Ruf, ihre Lebensweise ist der Bevölkerung ganz selbstverständlich: Sie sind ein nützlicher Teil der Gesellschaft. Auch im mittelalterlichen Europa gab es bettelnde und in Askese lebende Mönchsorden. Nicht arbeitende Menschen gelten inzwischen in westlichen Kulturen aber nur noch als Schmarotzer.

Freigiebigkeit und Mildtätigkeit sind hohe menschliche und religiöse Tugenden – das Almosengeben eine gute Gelegenheit, Verdienste im Jenseits zu erlangen. **Gewöhnlichen Bettlern ohne religiösen Hintergrund,** *Gadargar,* kommt *Zakat* zugute, das koreanische Gebot des Almosengebens, zu dem jeder Gläubige verpflichtet ist. Viele Menschen sind auf den Broterwerb durch Bettelei angewiesen, z.B. Alte und Behinderte ohne Familien, auch Kinder oder Angehörige von sozialen Randgruppen. AusländerInnen sollten ruhig einen Bruchteil ihres Reichtums abgeben, auch wenn sie beobachten, dass einige wohlhabende Pakistaner in den Städten alte Bettler und bettelnde Kinder wegstoßen und diejenigen schlecht und grob behandeln, die für eine Rupie die Windschutzscheibe ihres Autos putzen wollen.

„Bei Tagesanbruch gab der Bettler Raja einen kräftigen Tritt in die Rippen und weckte ihn auf. Raja öffnete die Augen, lag aber still und bewegungslos ... Die Tür war offen; entweder der Bettler hatte sie bereits geöffnet oder der kräftige Wind in der Nacht. Draußen war es nebelig. In dem unheimlich bläulichen Licht sah der Bettler aus wie ein ekelhaftes Gespenst. Sein schmutziger Bart war verfilzt, und sein Haar hing über die Augen. Raja stand auf, brachte eine kleine hölzerne Karre aus dem Zimmer und setzte ihn hinein, dann machte er sich auf den Weg, die Karre hinter sich herziehend. Der alte Mann, immer noch in seine Laken gehüllt, genoss die Ausfahrt, aber Raja, der nur ein zerrissenes Hemd trug, zitterte in dem kalten Morgenwind ... Der Bettler erhob die Stimme und begann mit seinem sonderlichen Gesang: ‚Wacht auf, wacht auf und seht den Himmel. Ihr könnt für immer schlafen, wenn ihr gestorben seid!‘ “ [59)]

Pakistanische Selbstbetrachtung und der Blick auf die Fremden

„Ihr ganzer Fanatismus ist gegen jene gerichtet, die nicht zu ihnen gehören – gegen alle Fremden. Sie nennen sie mleccha, d.h. unrein, und verbieten, Beziehungen mit ihnen zu haben. In allen Sitten und Bräuchen unterscheiden sie sich von uns so sehr, dass sie ihre Kinder mit uns, unserer Kleidung und unseren Gebräuchen in Schrecken setzen und uns als Teufelsbrut erklären; und unsere Handlungen als das genaue Gegenteil von allem, was gut und angemessen ist." [60]

Identitätssuche der Pakistaner

*D*ie Identitätssuche und -bildung aller pakistanischen Ethnien geschieht mit Hilfe des Islam, der eine starke gesellschaftsprägende Kraft hat. Allgemeine pakistanische Werte sind auch *islamische Werte,* wobei es bei den einzelnen Gruppen noch leichte Unterschiede gibt. Die Wertschätzung von gemeinsamen religiösen Merkmalen ist demnach ein gesamtgesellschaftliches Phänomen. Ein Moralkodex, gemischt aus religiösen Forderungen und regionalen Traditionen, regelt den Alltag der Menschen, das Miteinander der Geschlechter und die Bewegungsfreiheit der Frauen. Innerhalb der einzelnen Gruppen wird Identität durch geschichtliche Entwicklungen, Verwandtschaft, Traditionen und Sprache gewonnen. Territorialität, Rivalität, Typisierungen und Einschätzungen sind Werkzeuge dieses Abgrenzungsprozesses und der Identitätssuche.

Jede Ethnie hat ihre eigenen Richtlinien und Werte: Die Pakhtun orientieren sich am *Pakhtunwali,* dem Moral- und Ehrenkodex ihrer Stammesgesellschaft. Die Ethnien Nordpakistans leben in festgefügten, verantwortungstragenden Dorfgemeinschaften als 12er oder 7er Schiiten. In den Provinzen Sindh und Punjab spielen literarische Erzeugnisse und Nationalepen eine besondere Rolle und beinhalten Werte, die Denken, Fühlen und Handeln beeinflussen. Natürlich bestehen auch *Vorurteile und subtile Feindschaften zwischen den einzelnen Ethnien* Pakistans. Die Palette der Erscheinungsformen reicht von gutmütigen Witzen oder lustigen Geschichten bis zu offener Verachtung. In den Städten des Punjab z.B. kursieren viele Gerüchte und massive Vorurteile über die Nordwestgebiete des Landes und ihre Bewohner: Primitiv, schmutzig, ungehobelt und brutal seien sie; es wimmelt dort nur so von Drogen- und Waffenhändlern, und auch der Mädchenhandel ist dort beheimatet. Der Prozentsatz an Dieben unter den Pakhtun sei ungewöhnlich hoch, kein Auto dürfe unbeaufsichtigt stehengelassen werden. Bei den städtischen Pakhtun wiederum haben die Bewohner der Stammesgebiete all jene wilden und räuberischen Eigenschaften, die ihnen die anderen Gruppen zuschreiben. Die benachbarten und z.T. ethnisch und sprachlich verwandten

Afghanen gelten bei vielen Pakistanern als altmodisch und von einfachem Gemüt. Auch die Pakhtun haben natürlich Vorurteile gegenüber den Punjabis. Verweichlichte Menschen seien sie, ehrlose Individuen, zudem hätten sie schlechte Manieren – und die Frauen lebten viel zu freizügig. Punjabis werden oft als dominant empfunden, wohl weil sie der ökonomisch bedeutendsten und einflussreichsten Provinz entstammen. Oftmals wird ihnen ein arroganter und überheblicher Charakter nachgesagt. Die Beluch gelten als hinterwäldlerisch, primitiv, wild und ohne gesellschaftliche Ordnung, auf der anderen Seite aber auch als beneidenswert frei, stolz und ohne Zivilisationszwänge. Die gleiche Typisierung trifft für die verschiedenen Nomadengruppen zu. Die Muhajir in Karachi nehmen eine besondere Rolle ein; sie fühlen sich zum Teil überlegen aufgrund ihrer Ausbildung und wirtschaftlichen Stellung in Indien vor der Teilung. Viele von ihnen haben jetzt aber eine ungünstigere Position im pakistanischen Sozialgefüge, weshalb viele Rivalitäten mit den Alteingesessenen existieren.

Die verschiedenen **Randgruppen** werden im ganzen Land wenig geachtet, hier kommt ein deutliches Schichtbewusstsein mit kastenähnlicher Ausprägung zum Tragen.

Es ist schwierig für Pakistaner, neue, kreative Ausdrucksmöglichkeiten für ihre Kultur zu finden, denn sie sind stark an die Religion und ihren ethnischen Hintergrund gebunden. Der Blick auf der **Suche nach Führung und Wahrheit** ist oft in die Vergangenheit gerichtet und nicht in die Zukunft. Der „Westen" ist für viele Menschen unwirklich, unfassbar. Was soll auch ein einfacher Mensch auf dem Lande, der nie die Gelegenheit hatte, die Schule zu besuchen, der nicht über Strom und fließendes Wasser verfügt, mit Raumfahrttechnik, Genmanipulationen und Internet anfangen? Die Wissens-Diskrepanzen bestehen bereits zwischen Stadt und Land im selben Staat. Wie leicht können sich dort nach politischer Macht strebende religiöse Autoritäten Gehör verschaffen und die technisch hochgerüsteten Länder als von Gottlosen und Teufeln bewohnt darstellen und verdammen? Der Westen als nachzuahmendes Ideal und verdammungswürdiger Sündenpfuhl, beides liegt nah beieinander.

Unter Pakistans Halbmond

Besonders die **Intellektuellen der wohlhabenden Schichten** führen eine schizophrene Lebensweise. Oft bewegen sie sich in ihrer eigenen Kultur und ihrem eigenen Land wie Fremde: Westliche Erziehung und Einflüsse haben sie „entfremdet", sie leben mit der internationalen Mode, stillen ihre Konsumbedürfnisse auf Auslandsreisen, verwerfen die Geschlechtertrennung und plädieren für Liebesheiraten. Wenn diese Stadtmenschen ihre Verwandten auf dem Land besuchen, prallen zwei unvereinbare Welten aufeinander. Das gleiche geschieht, wenn im Ausland lebende junge Leute Pakistan besuchen oder sogar wieder dort leben sollen. Manchmal werden Frauen und junge Mädchen, die im Ausland aufgewachsen sind, nach Pakistan verheiratet, damit sie dort einen „moralischen" Lebenswandel führen können. Solche elterlichen Entscheidungen ziehen oft persönliche Tragödien nach sich. Einige der „Auslands-Pakistaner" finden sich nicht mehr zurecht im traditionellen Wertesystem und stehen verwirrt zwischen den Kulturen. Gehören sie zur „High Society", können sie ein Leben im Jetset führen und ganz nach Belieben zwischen den Kontinenten hin- und herpendeln. Einige zurückgekehrte Pakistaner sind streng religiös geworden, weil sie Halt suchten und ihre Identität wiederfinden wollen.

Einschätzung von Fremden

Die gesellschaftliche Einschätzung von Fremden fällt Pakistanern schwer, weil hilfreiche **Hintergrundinformationen** fehlen, die bei Begegnungen in der eigenen Gesellschaft meist vorhanden sind. In welche soziale Schicht gehört der oder die Fremde, aus was für einer Familie kommt er/sie, wie ist ihre/seine Ausbildung einzuschätzen? Diese Informationen sind notwendig, um zu entscheiden, wie BesucherInnen rangmäßig einzustufen sind.

Manchmal muss die **Nationalität** für eine Bestimmung herhalten, wenn weiterführende Angaben fehlen; was aber natürlich nur eine grobe Charakterisierung der Fremden erlaubt. Der Charakter einer Nation wird aus den Informationen zusammengesetzt, welche die Medien vermitteln oder die durch Verwandte im Ausland berichtet werden. Dazu gehören die politischen Bezüge wie Allianzen oder Feinde des jeweiligen Landes, Religion, die wirtschaftliche Situation und die Entwicklung der Technologien, aber auch für Pakistaner auffälliges soziales Verhalten, z.B. Freizügigkeit zwischen den Geschlechtern und Bedeutungsverlust der Familie.

In **Diskussionen über die Verschiedenartigkeit der Kulturen** werden von PakistanerInnen gern mit Vorliebe westliche Scheidungsraten und Berichte vom erbarmungswürdigen Leben der alten Menschen in Altersheimen angeführt, um die pakistanische Überlegenheit, zumindest auf menschlicher und moralischer Ebene, zu demonstrieren. Auch Hinweise auf die Wohn- und Arbeitsverhältnisse in den Industrienationen, die die Altenpflege größtenteils unmöglich machen, können die moralische Entrüstung nicht abschwächen.

Die **Einstellung den westlichen Ländern gegenüber** ist zwiegespalten: Einerseits gilt die westliche Kultur als degeneriert, ihre moralischen Werte sind zerfallen; andererseits ist dort der Fortschritt zu Hause, Wohlstand und Wissenschaft, was wiederum Bewunderung und Nachahmung hervorruft. Wird Pakistan von einem freundlich gesonnenen Land unterstützt, nennt man es „Freund". Diese positive Einschätzung kann aber schnell in ein Feindbild umschlagen, wenn die Unterstützung nachlässt oder Kritik am pakistanischen Staat laut wird. Die Kritik an der Unfähigkeit der Regierung, Kinderarbeit zu reglementieren, wird sehr übelgenommen. Pakistan kämpft seit der Teilung Indiens um kulturelle, wirtschaftliche und politische Unabhängigkeit und Identität. Das Land befindet sich meist in einer defensiven Position, weil es sich im internationalen Vergleich benachteiligt fühlt.

Vorbehalte gegenüber AusländerInnen

AusländerInnen in Pakistan wundern sich manchmal, warum ihnen Pakistaner mit Vorbehalten begegnen, sie **als arrogant klassifiziert** werden und **als unermesslich reich gelten.**
   Ein Blick aus pakistanischer Sicht auf die AusländerInnen im Land genügt, um die Entstehung dieser Meinung nachvollziehen zu können. WestlerInnen sind in Pakistan – verglichen mit dem Normalbürger – meistens in der **ökonomisch günstigeren Position:** Arbeiten sie als ExpertInnen im Land, verfügen sie über ein sehr gutes Einkommen; treten sie als TouristInnen auf, müssen sie sowieso viel Geld haben, um eine solche weite Reise zu unternehmen.
   AusländerInnen reisen bequem in klimatisierten Fahrzeugen und beschauen sich von drinnen das exotische und ärmliche pakistanische Leben. Ihre **Konsumkraft** ist unglaublich: In den Bazaren kaufen sie die teuersten und unsinnigsten Dinge, sie essen viel und gut und wohnen in klimatisierten und beheizbaren Hotels mit schönen Gärten. Überall können sich die Besucherinnen bevorzugter Behandlung sicher sein – sie sind geschätzte Gäste im Land.
   In Pakistan lebende und arbeitende AusländerInnen bewohnen **meist große luxuriöse Häuser,** bezahlt von Gehältern, deren Höhe für einen normalen Pakistaner unvorstellbar ist, und werden von Dienstpersonal versorgt.
   Viele reisen in ihrer Freizeit durchs Land, immer auf der Suche nach eindrucksvollen Motiven für die Kamera:

„Mein Gott, sehen Sie diese Hütte dort oben am Hang und die vielen Kinder auf dem Dach?! Ist das nicht idyllisch - das wird ein phantastischer Schnappschuss!"
Die enthusiastische Dame war kaum davon abzuhalten, zu der Hütte hochzuklettern, um noch ein paar Nahaufnahmen von der „Idylle" zu machen: von Kindern in zerrissenen Kleidern mit entzündeten Augen, magerem Vieh und einer abgehärmten Mutter.

Auch alte Kunst- und Handwerksgegenstände werden gern von AusländerInnen aufgekauft, um ihre Häuser in Pakistan damit anzufüllen und später, nach Ablauf des Arbeitsvertrages, alles ins Heimatland abzutransportieren. Gleichzeitig **feilschen sie eifrig mit ihrem Dienstpersonal** um die Höhe zu bezahlender Gehälter und berichten selbstzufrieden davon, dass sie den Monatslohn ihres Koches um 100 Rupien herunterdrücken konnten – einem Bruchteil des Preises der letzten Neuanschaffung in Form einer geschnitzten Truhe aus dem Swat-Tal. Ein Kommentar, der gern an sich beklagendes Dienstpersonal gerichtet wird, lautet: *„Wenn ihr nicht so viele Kinder hättet, ginge es euch und dem Land auch besser! Jetzt macht uns nicht für eure Misere verantwortlich!"*

Der **Kontakt zu Einheimischen** beschränkt sich oft auf das Dienstpersonal und die Arbeitsstelle, zumeist Projekte oder Firmen, in denen Einheimische in untergeordneten Positionen beschäftigt sind. Der gelegentliche Umgang mit Pakistanern vermittelt die Vorstellung, am tatsächlichen und echten pakistanischen Leben teilzunehmen und ein Stückchen Authentizität zu gewinnen. Sollte ihnen der Sinn danach stehen, besuchen sie pakistanische Freunde auf dem Lande und „steigen in die Niederungen des einfachen Lebens hinab". Ein Besuch im Dorf und die Konfrontation mit den spartanischen Lebensweisen dort wird dann zum großen Abenteuer, von dem man lange berichten und zehren kann.

Die Beschränkung des Erfahrungsaustausches auf die Gemeinde der AusländerInnen begünstigt die **Ghetto-Bildung.** Verstärkt wird dies durch die Struktur der pakistanischen Gesellschaft, in der es wenige soziale Kontakte außerhalb der Verwandtschaft gibt. Außerdem existieren kaum Freizeit- und Zerstreuungsmöglichkeiten. In den AusländerInnen-Gemeinden besteht meist ein guter Zusammenhalt; man tauscht Meinungen aus und gleicht sie anhand ähnlicher Erfahrungen einander an, so dass eine gewisse Vereinheitlichung entsteht. Dies wiederum bedingt charakteristische Meinungen und Verhaltensweisen, die für Pakistaner kalkulierbar sind – so wird der Weg frei für Vorurteile jeder Art.

Unmut und Misstrauen entstehen oft auch dann, wenn z.B. ExpertInnen für Tätigkeiten ins Land kommen, die qualifizierte pakistanische Regierungsbeamte auch ausführen können. Diese **Fachkräfte** behandeln ihre pakistanischen Partner dann vielleicht auch noch herablassend. Dazu kommt, dass der einheimische Kollege nur den Bruchteil des Geldes ausländischer ExpertInnen verdient. Dadurch entstehen unterschwelliger Widerstand und Verärgerung oder zumindest eine unbewußte psychische Reaktion auf die Leute, mit denen zusammengearbeitet werden soll. Der Machtbereich des einheimischen Beamten wird beschnitten; der Ausländer genießt bevorzugte Behandlung, weil er aufgrund internationaler Abkommen ins Land geholt wurde. In solchen Situationen ist es besonders notwendig, zwischen den Partnern eine persönliche Beziehung herzustellen. AusländerInnen müssen sich bemühen, den Respekt des Gegenübers zu gewinnen und sich ihm als kulturell und sozial Gleichgestellte – und nicht Überlegene – zu beweisen. Die Kolonialzeit hat viel Misstrauen und Vorsicht hinterlassen. Was für Gründe könnten AusländerInnen haben, uns helfen zu wollen, fragen Einheimische sich oft und vermuten, dass Selbstzweck, gute Verdientsmöglichkeiten oder sogar neokolonialistische Absichten dahinterstecken.

Ewige Hassliebe – die Briten

Das Verhältnis der Pakistaner zu den Briten ist ein ganz besonderes. Verachtung und Hass den ehemaligen Unterdrückern gegenüber hält sich die Waage mit Bewunderung von vielen britischen Eigenschaften und Errungenschaften. 50 Jahre nach der Unabhängigkeit ist *das Land* ohne Zweifel *noch immer britisch geprägt:* Das Bildungssystem, die Form des staatlichen Aufbaus, die Gerichtsbarkeit – alles trägt den britischen Stempel, bis hin zur obligatorischen Teestunde, den Clubs und anderen gesellschaftlichen Einrichtungen. Das Verwaltungssystem, Krankenhäuser, Schulen und technische Errungenschaften wie Eisenbahn und Telekommunikation wurden in der britischen Zeit ins Land gebracht, und niemand möchte sie mehr missen. Europäische Kleidung war in den Städten weit verbreitet, ein indischer oder pakistanischer Gentleman war kaum von einem britischen zu unterscheiden.

Die Inder und Pakistaner, die sich nicht nur mit dem britischen Kolonialsystem arrangieren konnten, sondern auch den Lebensstil der Kolonialherren adaptierten, wurden – und werden auch heute in Pakistan noch manchmal – *„Braune Sahibs"* genannt. Lediglich ihre Hautfarbe unterschied sie von den „Weißen Herren"; sie waren in britischen Schulen erzogen worden, arbeiteten in der Kolonialverwaltung und waren zu Wohlstand gekommen, der sich in ihrem feinen britischen Zwirn und den schönen großen Häusern manifestierte. Ihre Kinder schickten sie auf Universitäten im fernen England, viele Familien siedelten ganz über. Diese „Braunen Sahibs" waren britischer als die Briten und teilten mit ihnen die Verachtung für das „einfache, ungebildete Volk".

Die pakistanischen Stimmen, die den ehemaligen Unterdrückern Verdammnis wünschen, befinden sich dicht bei anderen mit der Ansicht, dass die britische Zeit ein wichtiger Bestandteil der indischen und pakistanischen Geschichte war und dass man zumindest die positiven Seiten schätzen sollte.

Die Beziehung zwischen **britischen Offizieren der Kolonialarmee** und besonders den Pakhtun war von ganz besonderer Natur, auch wenn sie sich meistens in kriegerischen Auseinandersetzungen gegenüberstanden. Gegenseitiger Achtung und auch Anerkennung von Eigenschaften wie Mut und Tapferkeit wird oftmals in der Literatur Ausdruck gegeben. Die Reserviertheit und emotionale Beherrschtheit der Briten wird bewundert, sie stellen Eigenschaften dar, die dem muslimischen Ideal entsprechen. Britische Offiziere haben sich für die Landesteile, die sie bereisten und in denen sie wirkten, nicht nur unter kriegerischen Aspekten interessiert. Manche blieben sehr lange dort oder kehrten in späteren Jahren zurück in die Gebiete, um bei den Einheimischen zu leben und sie zu studieren. Die ersten ethnographischen und linguistischen Beschreibungen aus dem Gebiet der pakhtunischen Stämme stammen von diesen britischen Offizieren. Ihre Namen und Bücher sind auch heute noch in Pakistan bekannt und werden viel gelesen. *Sir George Scott Robertson,* British Agent Gilgit, hat ein Standardwerk über die Kafiren des Hindukush geschrieben. *Henry Walter Bellew,* Assistant Surgeon der Bengalischen Armee ist ein Wörterbuch des Pakthu zu verdanken. *Major John Biddulph* hat sich ebenfalls mit den Stämmen des Hindukush befasst, mit großer Sorgfalt Familienstammbäume aufgezeichnet und linguistische Studien betrieben. Ein großer Teil des alten Karten- und Skizzenmaterials geht auf die britischen Offiziere zurück.

Universitäts-Sommercamp im britischen Stil

Millionen von Pakistanern sind britische Staatsbürger und leben in London, Manchester oder sonstwo im Königreich. Wie bei vielen Emigranten in aller Welt leben junge **PakistanerInnen in Großbritannien,** die nicht so recht wissen, wo sie eigentlich hingehören und welche Kultur die ihre ist. Berichte über Konflikte in pakistanischen Familien aus Gründen dieser kulturellen Entfremdung sind in englischen Tageszeitungen fast täglich zu finden. Die Geschichten drehen sich um Mädchen, die angeblich einen Urlaub *bei den Verwandten in Pakistan* verbringen sollen und dort – für das Mädchen unerwartet – verheiratet werden. Da diese Mädchen britische Staatsbürgerinnen sind, wurde eine Kommission gebildet, die sich speziell um die Belange dieser Zielgruppe kümmert und Mädchen berät, bevor sie in ihre „Heimatländer" ausreisen. Zu ihrem eigenen Schutz sollen sie z.b. immer ein Photokopie ihres Passes bei sich tragen sowie die Kontaktadresse der britischen Botschaft in Pakistan.

Ambivalente Haltung zu den Amerikanern

Die Haltung der Pakistaner zu Amerika und seinen Bewohnern ist ebenso ambivalent wie zu Großbritannien, wenn auch von anderer Qualität. **Amerika unterstützt Pakistan finanziell,** um seine politischen Interessen in der südasiatischen Region durchzusetzen und im afghanischen Bürgerkrieg Einfluss nehmen zu können. Gegen diese Dollar-Unterstützung hat natürlich niemand etwas – nur gegen die politische Einmischung und gegen die Strafpredigten, die ab und zu auf die Regierung niederprasseln, wenn terroristische Tätigkeiten „mal wieder" überhand genommen haben.

Amerika ist für viele Pakistaner gleichbedeutend mit Freiheit, sozialem Aufstieg und wirtschaftlichem Erfolg. Für viele ist es das **Lebensziel, nach Amerika auszuwandern.** Oft sind schon Verwandte „drüben", die den Neuankömmling in einem sozialen Netzwerk auffangen können; ihm z.B. bei der Wohnungs- und Arbeitsuche behilflich sind. Auf dem pakistanischen Heiratsmarkt ist ein Besitzer einer „Green Card" eine geschätzte Partie, weil sich damit der Weg nach Amerika für die ganze angeheiratete Familie öffnet.

Für junge Pakistaner hat die **amerikanische Kultur Vorbildcharakter.** Sie lieben Jeans (die bei dem heißen Wetter wunderbar an der Haut kleben) und *Pepsi* über alles – allein diese beiden Produkte sind schon Symbole einer unaufhaltsamen „Modernisierung". Die „Marlboro-Kultur" bietet den pakistanischen Jugendlichen faszinierende Aspekte und bedeutet Freiheit, Unabhängigkeit und Überlegenheit. Die meisten amerikanischen Action-Filme sind der Renner in pakistanischen Kinos. Amerikanische Popmusik ist „in", *Michael Jackson* erfreut sich seit Jahren unerschütterlicher Beliebtheit. In den letzten Jahren konnte ich – mit etwas Verzögerung – alle amerikanischen Trends in Pakistan, wenn auch in leicht abgewandelter Form, wiederfinden. *Rambo* und

Arnold Schwarzenegger zierten in Posterform die Kinderzimmer, der Breakdance wurde von den Kindern auf Videos abgeguckt und eingeübt.

Eine Zeit lang war „Disco" das Schlagwort, und plötzlich tauchten massenweise billige neonbunte Artikel auf, welche die Bezeichnung Disco-Haarband, Disco-Schuhe, Disco-T-Shirt usw. trugen. Natürlich gibt es in ganz Pakistan keine Disco im eigentlichen Sinne, und die meisten Kinder konnten sich, danach gefragt, auch gar nichts Konkretes darunter vorstellen. Aus seinem eigentlichen kulturellen Rahmen und Kontext herausgelöst, schien das Wort in Pakistan ein Symbol für Jugend, Popkultur und Fortschrittlichkeit geworden zu sein. Walkman, Barbie & Co. und Mountain Bike – für den Bruchteil der Gesellschaft, der sich so etwas leisten kann, gehören sie zu den absoluten Wünschen oder Ansprüchen der Kinder.

Die *in Pakistan lebenden Amerikaner* bleiben meist unter sich und haben wenig Kontakt zur pakistanischen Bevölkerung. Wenn die politischen Wogen hoch schlagen, werden sie gern als Personifizierung der amerikanischen Politik angesehen und bedroht. Die Gemeinde macht vielleicht deshalb einen ängstlichen und zurückgezogenen Eindruck und wird bei Unruhen sofort abgeriegelt.

Sympathie für die Deutschen

„How do you do?
Oh, you are from Germany! How nice!
I like Hitler, your Autobahn and the kind of Polizeistaat you Germans have.
We admire your Formel 1 driver Mr. Schumacher.
Are you still happy about the German Wiedervereinigung?
We hear a lot about your problems with the Neonazis.

So oder ähnlich sehen die ersten Sätze *typischer Gespräche mit Pakistanern* aus. Sie werden geführt auf Bahnhöfen, Flugplätzen und in Geschäften. Je nach Stimmung der befragten deutschen Person und Häufigkeit derselben Fragen werden sie mit Langmut beantwortet, und es wird lächelnd erklärt, dass man persönlich nicht positiv zu der Zeit des Dritten Reiches steht und dass die deutsche Kultur sich sicherlich nicht in Autobahn sowie Zucht und Ordnung durch Polizeikontrolle erschöpft. Oder auch schon etwas gereizt, weil die Reduzierung auf immer gleiche Begriffe ungerecht und oberflächlich erscheint. In den Jahren nach der Wiedervereinigung war ich verwundert, wie die Kunde von dem Ereignis auch in das kleinste Dorf Pakistans gedrungen ist. Von den Pakistanern werden Parallelen hergestellt zur Teilung ihres eigenen Landes und die Deutschen in eine Art Solidargemeinschaft aufgenommen.

Manchmal muss sich die Verärgerung auch Luft machen, wenn auf die Nachfrage, wie sie denn *Hitler* verehren könnten, wenn sie doch von all seinen Greueltaten und dem Holocaust wüssten, ein freundlich-lächelndes „Die

Judenfrage hat er gut gelöst!" kommt. Verärgerung, barsche Antworten oder sogar die Beendung des Gesprächs werden mit völligem Unverständnis und unschuldigem Gesichtsausdruck kommentiert. Jedem deutschen Pakistan-Reisenden werden diese Fragen und Gespräche unweigerlich begegnen – Geduld und Freundlichkeit sind der einzige Weg, damit nervenschonend umzugehen.

Deutschen wird unverhohlen Sympathie entgegengebracht. Die Schatten der Kolonialzeit lasten nicht auf dem Land, im Gegenteil, die Engländer waren im Krieg die feindliche Nation der Deutschen. Durch *Hitler* und seinen Krieg gegen die Briten konnte Pakistan seine Unabhängigkeit erlangen – so wird es gesehen –, wodurch er quasi zum Volkshelden geworden ist. **Hitler, der große Held,** der den Kampf gegen ihre Feinde, die Juden, aufgenommen hat. Die Pakhtun mit ihren kriegerischen Idealen haben eine besondere Affektion für historische deutsche Militärs. Nach dem Grundsatz „der Feind meines Feindes ist mein Freund" hat Deutschland ein sehr positives Image in Pakistan.

Vielen Pakistanern sind die Deutschen sympathisch, weil sie sie auch noch heute **für judenfeindlich halten.** Der Zweite Weltkrieg liegt über 50 Jahre zurück, die Deutschen haben sich gewandelt, *Hitler* und seinen Idealen trauert nur noch eine unbelehrbare Minderheit nach. Anstelle des „Tausendjährigen Reiches" hat sich längst eine solide Demokratie etabliert. Trotzdem begegnen wir auf Reisen dem „ewigen" Image, wie einem Schatten aus dunkler Vergangenheit. Vielen Reisenden sind die Motive für die erfahrene „Deutschfreundlichkeit" peinlich, wie folgende Schilderung eines Touristen zeigt:

„Ein Taxifahrer, mit dem ich zunächst lange um den Fahrpreis gefeilscht hatte, nahm schließlich gar kein Fahrgeld an, als er hörte dass ich Deutscher sei. Selbst auf mein Zureden, er solle doch wenigstens ein paar Rupien nehmen, nur einen Bruchteil des normalen Fahrpreises, ging er nicht ein. Er sei Muslim, sagte er, wir hassen die Juden und ihr Deutschen habt sie geschlagen. Ihr seid ein großes Volk. Besonders lobend äußerte er sich dann über Hitler. Es behagte mir absolut nicht, wegen dieses Deutschen und des von ihm verursachten Holocausts zu einer Freifahrt in einem Taxi durch Karachi zu kommen."

Deutsche Technologie wird fast ins Mystische verklärt und die Qualität der Waren „Made in Germany" hoch geschätzt, ganz zu schweigen von *Mercedes* und *BMW,* den (Traum-) Lieblingsautos vieler Pakistaner. Deutsche gelten als fleißig, arbeitsam, bürokratisch, ordentlich und besitzen hohes Prestige.

Im **Arbeitsalltag** fürchten viele die „unasiatische" Offenheit und Direktheit der Deutschen, ihren Arbeitseifer und oftmals belehrenden oder befehlshaften Ton. Auf der anderen Seite wird ihre Ehrlichkeit und Tatkraft geschätzt.

Deutsche Frauen werden als treue Ehefrauen und gute Mütter angesehen; sie gelten nicht als so unmoralisch wie z.B. Amerikanerinnen.

Pakistaner haben kein Verständnis dafür, dass Deutsche ihren eigenen Staat kritisieren: Man muss dem eigenen Land gegenüber loyal sein. Das Wirtschaftswunder nach dem Krieg wird gerühmt; das Land gilt als reich, *Verwaltung und Wirtschaft* funktionieren gut, und es gibt keine Korruption. Man weicht von dem positiven Bild ungern ab, auch wenn im Gespräch deutlich wird, dass sich die wirtschaftliche und soziale Situation in den letzten Jahren geändert hat.

Natürlich gibt es aber auch *negative Stereotypen,* zu denen Ungeduld, Arroganz, Besserwisserei und Schwerfälligkeit gehören. *„Immer seht ihr Probleme, das Leben selbst scheint eine schwere Bürde für euch zu sein",* ist Deutschen schon vorgehalten worden. *„Wie viele Nazis gibt es noch in Deutschland?"* ist eine häufig gestellte Frage. Hinzugefügt wird oft: *„Wir haben von Brandanschlägen gegen Ausländer gehört - Pakistaner waren auch betroffen ..."*

Deutsche leben nicht so ghettoisiert wie Amerikaner in Pakistan, es gibt einige gute Kontakte und Kulturaustausch zwischen ihnen und Pakistanern. Eine in Pakistan sehr *berühmte Deutsche* ist *Annemarie Schimmel;* sogar eine Straße in Lahore ist nach ihr benannt. Ihr jahrzehntelanges Studium der Sprachen und Literatur Pakistans, ihre Übersetzungen und Interpretationen haben einen wichtigen Beitrag zur interkulturellen Verständigung geleistet; dafür wird sie von den Pakistanern verehrt.

Verhältnis zu anderen Ländern

Pakistan unterhält eine politische Freundschaft zu *China.* Der Karakorum Highway wurde mit chinesischer Hilfe und Arbeitskräften gebaut und hat den ganzen Norden des Landes erschlossen. In pakistanischen Städten leben einige chinesische Immigranten, sie sind sehr familienbewusst und bleiben unter sich – sie werden als fleißige, genügsame und effiziente Arbeiter angesehen. Chinesische Restaurants sind sehr beliebt, und viele Gerichte mit chinesischem Ursprung werden auch in pakistanischen Speiselokalen angeboten.

Japaner werden wegen ihrer technologischen Überlegenheit bewundert; japanische Autos prägen das pakistanische Straßenbild. Sie sind gut und für pakistanische Geldbeutel erschwinglich. Ich wurde von mehreren Pakistanern gefragt, ob „wir Europäer" eigentlich Angst vor den Fortschritten und Entwicklungen in Japan und Südostasien hätten, die doch unsere technologische Überlegenheit und wirtschaftliche Weltposition bedrohen würden.

Besonders vorurteilsbeladen stehen PakistanerInnen den *Juden* gegenüber. *„Speziell der Zionismus konspiriert gegen den Islam, um ihn schließlich zu eliminieren",* ist einer der häufig im Gespräch und in Zeitungen erscheinenden Aussagen. *„Die neue Weltordnung ist tatsächlich eine jüdische Weltordnung. Sie wollen die ganze muslimische Welt versklaven durch einen ökonomischen und kulturellen Angriff,"* behauptet beispielsweise ein religiöser Würdenträger. [61]

Juden gelten neben den **Hindus** als die größten Feinde Pakistans. Über Indien und seine Bewohner ist in Pakistan kein „vernünftiges" Gespräch zu führen; eine politische Annäherung wird von vielen Pakistanern abgelehnt, und Hindus werden als verachtenswerte Geschöpfe hingestellt.

Afrikanern oder **schwarzen Amerikanern** begegnet man oft mit unverblümtem Rassismus. „Schwarz" sind *Jinne* und Teufel, die Farbe symbolisiert „das Böse", eine dunkle Hautfarbe ist hässlich und bedeutet „rassische" Unterlegenheit. Dunkelhäutige Menschen gelten als einfältig und grob.

Auch das **Feindbild des Christen** tritt von Zeit zu Zeit in Erscheinung. „Unmoralische Schweinefleischesser" und „Familienverachtende Gottlose" sind noch die harmloseren Bezeichnungen radikal-islamischer Propagandisten. „Christen sind schlechte Menschen und stinken", brachte es ein alter Mullah, der die Kinder das Lesen des Korans lehrte und in der ganzen Gegend für sein einfaches Gemüt bekannt war, auf den Punkt.

Um das Thema abzurunden, sei noch von einer Grammatik-Übung aus einem pakistanischen Schulbuch, das wenige Jahre alt ist, berichtet. Zwei zueinander passende Satzteile sollten aus einer Auswahl zusammengefügt werden. Die Kinder hatten folgende Kombinationen bewerkstelligt:

Hindus sind – unsere größten Feinde,
Juden sind – geschäftstüchtig und gerissen,
Neger – tanzen und trommeln gern ...

Bikulturelle Verbindungen

„Und heiratet nicht eher Heidinnen, als sie gläubig geworden sind; wahrlich, eine gläubige Sklavin ist besser als eine Heidin, auch wenn sie euch gefällt. Und verheiratet (eure Töchter) nicht eher an Heiden, als sie gläubig wurden; und wahrlich, ein gläubiger Sklave ist besser als ein Heide, auch wenn er euch gefällt."
(Koran, Sure 2, 220)

Muslimische Frauen dürfen sich nicht mit einem nichtmuslimischen Mann verbinden, umgekehrt gilt dieses Verbot für Männer, zumindest in der Praxis, nicht. Aus diesem Grund sind es **meistens pakistanische Männer, die mit ausländischen Frauen liiert sind.** Pakistanische Emigranten leben meist allein, ohne ihre Familien, in Deutschland und passen sich in ihrem Verhalten den Gegebenheiten des Landes an.

Es ist immer ein schwieriges Unterfangen, mit der Formulierung von Allgemeinplätzen einer komplexen Sache gerecht zu werden – begeben wir uns trotzdem auf das Allgemeinplatz-Niveau: Partnerschaften, die aus einem pakistanischen und einem deutschen Teil bestehen, funktionieren **in Deutschland** sicherlich ohne größere Probleme kultureller oder sozialer Natur. Die Bereitschaft für eine beiderseitige Anpassung ist hoch; „funktionieren" diese Verbindungen nicht, wird sich vieles – wie bei gleichkulturellen Partnerschaften – auf charakterliche Disharmonien zurückführen lassen. Interessiert sich eine Frau gar nicht für die pakistanische Kultur oder findet sie abstoßend, wird sie die Bindung erst gar nicht eingehen. Konflikte entstehen meist später durch unterschiedliche Auffassungen bei der Kindererziehung, wenn z.b. die Bewegungsfreiheit einer Tochter im Sinne der islamischen Erziehungsideale in Deutschland eingeschränkt werden soll. Manchmal tauchen Konflikte auf, wenn es um die Sprache geht, in der das Kind erzogen werden soll, wobei in vielen Fällen der Sprache des Landes, in dem die Familie sich gerade aufhält, der Vorzug gegeben wird.

Folgt eine Frau ihrem pakistanischen Mann *in sein Heimatland,* wird sie von seiner Familie in den meisten Fällen willkommen geheißen, egal, welcher Nationalität sie angehört. Es gibt aber auch traditionell-islamische Familien, die jeden näheren Kontakt mit Nichtmuslimen ablehnen und dem neuen Familienmitglied sehr kritisch gegenüber stehen.

Eine Frau, die mit nach Pakistan geht, um dort zu leben, darf nicht vergessen, dass sie nicht nur eine Verbindung mit ihrem Mann eingegangen ist, sondern mit seiner ganzen Familie und den näheren Verwandten. Diese *enge verwandtschaftliche Verflechtung* wird sich auf ihr ganzes Leben in Pakistan auswirken. Das Ehepaar wird vielleicht mit der Familie zusammenwohnen, was bedeutet, dass die Frau nie allein und unbeobachtet mit ihrem Mann sein kann. Sie muss sich unter Umständen der Autorität der Eltern und Großeltern des Mannes beugen. Der pakistanische Ehemann wird sich wahrscheinlich im Kreise seiner Familie und Freunde seiner Frau gegenüber anders verhalten, als sie es gewohnt ist oder erwartet. Er muss sich in diesem sozialen Umfeld „als Mann" beweisen, um nicht verlacht zu werden. Um dieser Rolle gerecht zu werden, darf er nicht im Haushalt mithelfen, ihr gegenüber keine offene Zuneigung zeigen und muss auf Komplimente und jede Galanterie verzichten.

Abhängig vom Wohnort wird sich die zugezogene Frau dem *Purdah-System* anpassen müssen, was unter Umständen eine Beschränkung auf das eigene Haus mit überwiegend weiblicher Gesellschaft bedeuten kann. Auch ihre Freizeitgestaltung wird, wie die der anderen Frauen, dürftig aussehen – entweder sie findet zu Hause oder in einem der „Women's Clubs" statt. Die Bewegungsfreiheit der Frau ist in vielen Regionen und Städten Pakistans aufgrund des sozialen Umfeldes eingeschränkt, als Ausnahme können die großen Städte wie Lahore, Karachi und Islamabad gelten. In manchen Familien werden ihre Außenkontakte kontrolliert, und sie verliert einen Teil ihrer Selbständigkeit.

Das *Einkommen,* welches Mann und Frau erwirtschaften – falls sie überhaupt eine Berufstätigkeit in Pakistan erreichen kann – steht ihnen als Paar nicht allein zur Verfügung, sondern muss als Teil des gesamten Familieneinkommens gesehen werden.

Die Familie hat ebenfalls Mitspracherecht bei der *Erziehung der Kinder,* und die Ansichten können völlig konträr zu denen einer westlichen Frau sein.

In ihrem neuen familiären Umfeld muss sie zumindest ansatzweise die traditionelle **Rolle der Schwiegertochter** erlernen und einnehmen. Der Ehemann wird als Sohn und Bruder von Mutter und Schwester stark in Beschlag genommen; Konkurrenz und Eifersucht sind manchmal unausweichliche Reaktionen.

In einigen Familien werden Erwartungen an die Frau herangetragen, zum **muslimischen Glauben** überzutreten. In vielen städtischen Familien wird aber Verständnis für ihren eigenen kulturellen Hintergrund aufgebracht, und die Frau behält ihren Sonderstatus als Ausländerin.

Es liegt an dem Ehemann, ob er „modern" genug ist, seiner Frau ein erträgliches Leben zu bereiten. Allein die städtische Umgebung vereinfacht oft die Lebenssituation. Von vielen **modernen Familien** wird die Frau voll und ganz als neues Mitglied akzeptiert und ihre Meinung toleriert und respektiert. Viele Eltern sind stolz, dass eine „ausländische Schwiegertochter" bei ihnen lebt. Manche pakistanischen Männer führen auch zu Hause mit ihren pakistanischen Familien ein modernes Leben, und Gleichberechtigung der Frau ist kein Fremdwort für sie.

Einige pakistanische Ehemänner erwarten von ihrer Frau, dass sie sich in ihrem Heimatland wie eine Pakistanerin verhält und fordern Gehorsam und Unterordnung, wie sie es von einer Frau in ihrer eigenen islamischen Kultur erwarten können.

„Die Männer sind den Frauen überlegen wegen dessen, was Allah den einen vor den anderen gegeben hat, und weil sie von ihrem Vermögen (für die Frauen) auslegen. Die rechtschaffenen Frauen sind gehorsam und sorgsam in der Abwesenheit (ihrer Gatten), wie Allah für sie sorgte. Diejenigen aber, für deren Widerspenstigkeit ihr fürchtet – warnet sie, verbannt sie aus den Schlafgemächern und schlagt sie. Und so sie euch gehorchen, so suchet keinen Weg wider sie; siehe, Allah ist hoch und groß."
(Koran, Sure 4, 38)

Der muslimische Mann hat das **Recht, mehrere Frauen zu heiraten.** Manche Frau wurde schon ganz unvorbereitet mit einer „Konkurrentin" konfrontiert. Einige pakistanische Männer, die mit ihrer deutschen Frau in Deutschland eine Familie gegründet haben, „besitzen" in Pakistan bereits eine Ehefrau oder heiraten dort später noch einmal. Diese pakistanische Frau wird dann während seiner Urlaubsreisen oder „geschäftlicher Aufenthalte" besucht.

Pakistanische Männer entwickeln manchmal **Minderwertigkeitskomplexe ihrer ausländischen Frau gegenüber,** weil sie einer Kultur angehört, die in Pakistan in einigen Bereichen als überlegen angesehen wird. Sympathie oder Liebe kann dann schnell in das Gegenteil umschlagen und in Versuchen münden, die Frau zu erniedrigen, weil sie zur Bedrohung seines Selbstbewusstseins werden kann.

Wollen Frauen ihren pakistanischen Mann und das **Gastland verlassen,** kann es besonders wegen der Kinder zu großen Problemen kommen. Kinder stellen in muslimischen Familien einen großen Reichtum dar; sie sind ein kostbares Gut und beim Vater und seiner Familie besser aufgehoben als bei der Mutter. In sehr vielen Fällen werden sie nicht freiwillig hergegeben und wird ihnen die Ausreise verwehrt. Söhne bis zum Alter von sieben Jahren dürfen bei der Mutter bleiben, ältere Jungen sollen beim Vater leben. Den Mädchen wird manchmal erlaubt, mit der Mutter zu gehen.

Europäische Bilder von Orient und Pakistan

„Gibt es schließlich etwas Europäischeres,
als dem Orient verfallen zu sein?"
(Richard Howard)

Land der Gegensätze

Pakistan vermittelt einmalige Eindrücke und ist voll von **wunderschö- nen Bildern,** mit denen leicht eine ganze Reihe von Bildbänden zu füllen wäre.

Wer je im Industal war, wird sicherlich noch lange das melancholische Bild vor Augen haben, wie sich der Tag am Fluss langsam dem Ende zuneigt und die Bauern von der Feldarbeit nach Hause zurückkehren – die Landschaft liegt ruhig und friedlich da und leuchtet in unglaublichen industypischen Pastellfarben, irgendwo in der Ferne spielt eine Flöte …

Reisende in den Westprovinzen des Landes werden von der Erscheinung würdevoller Krieger im Stammesgebiet schwärmen, die eine Aura von Freiheit und ungebundenem Leben ausstrahlen; von geheimnisvollen Bazaren, welche die Sinne verwirren; klirrenden Armreifen und kholumrandeten Augen.

Trekker in den bergigen Nordregionen des Landes erzählen von Begegnungen mit scheinbar glücklichen, gesunden und bescheidenen Menschen, die friedfertig Aprikosen und Walnüsse in den Bergen anbauen …

Mit diesen schönen und positiven Eindrücken könnte der Bildband schon fast geschlossen werden – wenn da nicht die **hässlichen Bilder** wären.

„Das Land befindet sich in der Hand fanatischer Fundamentalisten", wird da in der internationalen Presse berichtet, und „Eine Welle der Gewalt rollt durch die Städte Pakistans". Viele Reisende sind von den verschleierten und unterdrückten Frauen schockiert und sehen sich von einem Heer bettelnder Kinder umringt. Terrorismus und Drogenhandel, Waffenschiebereien, in die die korrupten und unfähigen Politiker verwickelt sind: So sehen die Inhalte der Schlagzeilen über Pakistan im Ausland aus.

Für die einen ist Pakistan ein Paradies, für die anderen finsterstes Mittelalter. Ein ausgewogener Bildband sollte beide Seiten darstellen, denn Pakistan ist ein Land der Gegensätze mit schmutzigen, grausamen und ungerechten Seiten – aber auch ebenso wunderschönen, menschlichen und gastfreundschaftlichen Wesenszügen. Für sich allein genommen, gibt kein Bild das „wahre" Pakistan wieder – nur eine umfassendere Betrachtung kann die BesucherInnen des Landes der Realität näher bringen.

Westliche Vorstellungen vom Orient

„Der Reiz des Exotischen hat seit Jahrhunderten die Vorstellungen des Abendlandes beflügelt und sich in seiner Kultur phantasievoll manifestiert. Das Fremdartige und Wunderbare, die Konfrontation mit dem Fernliegenden und Unverständlichen weckte schon immer okzidentale Neugier und Sehnsucht, aber auch Angst und Abwehr." [62)

Der Orient war immer **wirklich und imaginär zugleich.** Als Schauplatz europäischer Kolonialpolitik und als Reiseziel war er ein realer Ort. Der heraufbeschworene Orient hat sich seit den Kreuzzügen in Reiseberichten, Bildern, Theaterstücken und Romanen hartnäckig in den Köpfen der Europäer festgesetzt. [63)

„Die Geschichte des Exotismus von der Antike bis heute ist gekennzeichnet vom Glanz, aber auch Schrecken ferner Geheimnisse, von phantastischen Erzählungen, Vermutungen und Wunschbildern, angesiedelt in weitentfernten Regionen, aber auch in mythischer Vergangenheit und fiktiver Zukunft." [64)

Im 16. und 17. Jahrhundert prägte vor allem die schreckeneinflößende **Auseinandersetzung mit den Türken** die Vorstellung vom Orient und verursachte Angst und Abwehr.

„Angst und schrecklichen Befürchtungen hingegen war Europa durch die Einnahme des christlichen Konstantinopel durch die Türken (1453) ausgesetzt. Ihr imperialer Feldzug durch den Balkan zielte auf Mitteleuropa und bedrohte das christliche Abendland in seiner physischen und geistigen Existenz." [65)

Noch heute existieren **Zerrbilder, die christliche und muslimische Kulturen voneinander hegen.** Sie sind das Erbe jahrhundertelanger Auseinandersetzungen, der Kreuzzugspropaganda der Kirche und des Schreckens der muslimischen Eroberungszüge in Europa. Neben aller Toleranz den monotheistischen „Religionen des Buches" gegenüber enthält der Koran auch weniger feinfühlige und sympathische Verfahrensvorschläge Andersgläubigen gegenüber:

„Kämpfet wider jene von denen, welchen die Schrift gegeben ward, die nicht glauben an Allah und an den Jüngsten Tag und nicht verwehren, was Allah und sein Gesandter verwehrt haben, bis sie den Tribut aus der Hand gedemütigt entrichten."
(Koran Sure 9, 29-30)

Durch den **Kolonialismus** wurden die Feindbilder verstärkt. Der britische Orient reichte von Indien bis Südostasien. Ein großer Teil der Literatur über Pakistan in englischer Sprache, die auch im Lande erhältlich ist, besteht aus Nachdrucken historischer Reisebeschreibungen aus der Kolonialzeit. Diese Nachdrucke spiegeln auch die Erfahrungen und Erlebnisse der Offiziere und der Kolonialbeamten wider. Ausgelöst durch die kolonialen Besitzergreifungen Englands in Indien, wurde das Interesse auf die Mysterien und Geheimnisse des Subkontinents gelenkt. Die Pracht islamischer Paläste, orientalische Bazare und Haremsvorstellungen beherrschten das Bild. Es hatte den Anschein, als wolle man der Prüderie und Sittsamkeit im eigenen Land – bedingt durch die christlichen Moralvorstellungen – in die bunte und sinnenfrohe Welt des Orients entkommen. Es existierten keine konkreten örtlichen oder zeitlichen Bezüge für „den Orient", statt dessen fand eine Vermischung der phantastischen Vorstellungen mit bekannten Tatsachen statt. Christliche Moral, Arbeitsethos und Nüchternheit standen orientalischer Zeitlosigkeit, Farbenreichtum, Ausschweifungen, Üppigkeit und Schönheit gegenüber. Die *europäische Vernunft* wurde mit den *orientalischen Sinnen* konfrontiert.

Orientalisches Straßenbild

„Die als unermesslich beschriebenen Schätze und Mirakel des Orients schufen die Voraussetzungen für ein blühendes Wunsch- und Traumdenken, das den abendländischen Orientalismus bis in die Gegenwart auszeichnet." [66]

Eine Eigenschaft, die muslimischen Menschen immer wieder zugeschrieben wird und die zum eurozentrischen Bild des „Orients" und des Islam gehört, ist der **Fatalismus.** Ohne eigene Entscheidungsfähigkeit oder -willigkeit treibe der Muslim durch sein Leben, das er völlig seinem Gott verschrieben hat. Ungerührt könne der Muslim alle Schicksalsschläge hinnehmen, und unternimmt keinerlei Versuche, den Verlauf der – unter Umständen unglücklichen – Gegebenheiten zu beeinflussen. Tatsächlich ergeben sich die Gläubigen nicht ohnmächtig in ein ohnehin vorbestimmtes Schicksal, sie haben durchaus Entscheidungsmöglichkeiten auf ihrem Lebensweg, an dessen Anfang und Ende allerdings Gott steht. Gott weiß am besten, was für den Menschen gut ist, die Gläubigen sollen unendliches Vertrauen haben.

„Wahrlich, Allah verändert den Zustand des Volkes nicht, bis es selbst seinen Zustand nicht verändert."
(Koran, Sure 13, 10)

Forschungsreisende zwischen den Welten

Einige Europäer – Forscher und Kolonialbeamte – widmeten sich der **Erforschung der orientalischen Kulturen und der islamischen Religion.** Viele liebten es, in orientalischen Gewändern aufzutreten und auch verkleidet auf Reisen zu gehen.

„War das orientalische Verkleidungsspiel, dem bis in das späte 19. Jahrhundert hinein so viele Forschungsreisende huldigten, aber tatsächlich immer nur Ausdruck äußerer Notwendigkeit? Zum Verhalten der Mehrzahl der Kolonialoffiziere und -residenten, die sich hartnäckig weigerten, auch nur ein Wort der einheimischen Sprachen zu erlernen und die auch ansonsten krampfhaft an den sichtbaren Insignien ihrer kulturellen Identität festhielten, stand es jedenfalls in krassem Widerspruch. Tatsächlich gab es in ihren Kreisen kaum einen schlimmeren Vorwurf als den Verdacht, des ‚Going Native', wie man in England, oder des ‚Verkaffern', wie man in Deutschland sagte." [67]

Sir Richard Francis Burton (1821-1890) war der berühmteste Forschungsreisende in der orientalischen Welt.

„Für ihn stellte die Reise zu den vermeintlich barbarischen oder wilden außereuropäischen Völkern und das Leben bei ihnen eine Möglichkeit dar, jene Form des Exotismus auszuleben, die ihre besondere Triebkraft aus den vielfältigen Restriktionen der viktorianischen Epoche bezog." [68]

In seinem Heimatland war *Burton* umstritten, weil vielen Menschen seine engen Kontakte zur einheimischen Bevölkerung suspekt waren; aufgrund seiner Eskapaden hatte er den Ruf eines „White Nigger" erworben. *Burton* kümmerte sich allerdings wenig darum. Im Gegenteil, immer häufiger verkleidete er sich als persischer Händler und verschaffte sich mit seinen Waren Zugang zu den Höfen der Fürstenpaläste, um dort seine Studien zu betreiben. [69]

„Nicht nur in finanziellen Nöten, sondern seinen eigenen Worten nach ,des Fortschritts und der Zivilisation vollkommen überdrüssig', fasste er schließlich den Plan zu einer Forschungsreise in die für Ungläubige verbotenen heiligen islamischen Städte Mekka und Medina ... [70] *Seine Adaption war so perfekt, dass er seinen Aussagen nach nur ein oder zwei Mal in den Verdacht geriet, kein richtiger Muslim zu sein, und dies, obgleich er sich nicht einmal im Hauptheiligtum von Mekka, der Kaaba, davon abhalten ließ, heimlich sein Notizbuch zu zücken und die Betstätte zu skizzieren."* [71]

Der Schweizer Forschungsreisende **Johann Ludwig Burckhardt** lernte mehrere Jahre lang Arabisch und konvertierte formell zum Islam, bevor er 1814 als einer der ersten Europäer die Pilgerstadt Mekka besuchte.
Der britische Schriftsteller **Rudyard Kipling** (1865-1936) wurde in Indien geboren, verließ das Land aber im Alter von sechs Jahren. Er kehrte nach elfjähriger Schulausbildung in England nach Indien zurück und arbeitete dort als Journalist. Seinem schriftstellerischen Werk ist deutlich anzumerken, dass er Zeit seines Lebens zwischen dem „.... *Eingeständnis der Hilflosigkeit der Europäer angesichts der rätselhaften Welt Indiens und die Bereitschaft, östliches und westliches Denken als zwei gleichwertige Formen des Weltverständnisses aufzufassen ...* " [72] und dem *„Dogma von der Überlegenheit der weißen Rasse und dem missionarischen Auftrag des britischen Empire"* schwankte. [73]
Im Gegensatz zu den kolonialen Orienten der Franzosen und Engländer *„blieb der Orient der Deutschen lange Zeit ein literarisches und philologisches Phänomen. Waren Hauffs Märchen noch von den bereits seit langem bekannten Erzählungen aus Tausendundeiner Nacht geprägt, so hatte sich Goethe zu seinem ,West-Östlichen Divan' (1819) vor allem durch die Gedichte des Persers Hafis anregen lassen."* [74]

Faszination Harem

„Harem – jener geheimnisvolle Ort, um den sich Phantasien ranken: wo sich in kostbar ausgestatteten Räumlichkeiten schleierverhüllte, dunkeläugige Schönheiten dem Müßiggang hingeben; wo sich Odalisken verführerisch im duftenden Bade räkeln; wo das ganze Dasein der Erfüllung erotischer Begierden des Herrschers dient." [75]

Der Harem war unter den Vorstellungen vom Orient ein ganz besonderer *Ort geheimer Phantasien.* Er schien eine magische Anziehungskraft für die Schriftsteller zu besitzen, obwohl kaum ein Europäer je einen Harem von innen gesehen hatte.

„Zwar ergeht er sich in seinen Veröffentlichungen darüber, dass ihm (Burton d. A.) seine Verkleidung Einblicke in die Haremswelt eröffnete, die jedem anderen Europäer verborgen blieben. Faktisch aber hat er in Indien wohl nur ein einziges Frauengemach von Innen gesehen – ein katholisches Frauenkloster in der portugiesischen Provinz Goa." [76)]

Trotzdem gibt es Hunderte von *Beschreibungen des Innenlebens* eines Harems, und sie übertreffen einander in ihrer blumigen Ausdrucksweise und Faszination über das angeblich Gesehene oder Überlieferte.

„Weiche Ruhelager, mit duftenden Zobelfellen bedeckt, sind seine Lieblingsaufenthaltsorte, auf denen er sich nie einsamen Träumereien hingibt. Frauen, Knaben, Wohlgeruch, Blumen, Pelzwerk, Juwelen, Wein, Spiel – alles, was zu den Sinnen spricht, liebt er mit gleicher Stärke. Einem Südseebewohner gleich, steckt er sich Blüten hinters Ohr und an Stelle des Reihers Blumen auf den Turban. Seine Hauskleidung ist ein weiter, doppelseitiger Zobelmantel, mit Ambradüften getränkt, seine Staatskleider sind mit Juwelen übersät, und sogar im Barte befestigt er sich lose Edelsteine. Unter diesem wollüstigsten aller Sultane füllen unzählige Frauen den Harem." [77)]

Die Völker Nordpakistans und das Müsli

Die Bergregionen Nordpakistans sind beliebtes Reiseziel von Trekkern und Abenteurern. Die Mär von einem *gesunden, weil spartanisch lebenden Volk in den Bergen,* dass sich aufgrund seiner vollwertigen und fast fleischlosen Kost eines hohen Lebensalters erfreuen kann, ist unausrottbar und wird in allen Reiseführern, wenn auch oft in spaßhaftem Ton, erwähnt. Die Hunza-Kultur im Norden Pakistans ist in der westlichen Reiseliteratur der dreißiger Jahre idealisiert worden.

„Doch die Kargheit Hunzas hinderte nicht zu glauben, den Garten Eden gefunden zu haben, sondern verstärkte bei den Autoren vielmehr die Neigung zur Propagierung eines spartanischen Lebenswandels: Man rühmte – dem Geist der Zeit entsprechend – einen heroischen Daseinskampf auf der Sonnenseite des Tales, der Körper und Geist stählt, glückliche, gesunde, arbeitsame und anderen überlegene Menschen hervorbringt." [78)]

Der britische Offizier *Schomberg* spielte durch die Verbreitung seiner Schriften eine wichtige Rolle bei der Festsetzung von **Vorurteilen über die Ethnien** der sogenannten „Gilgit-Agency". Einige Gruppen aus dem Hunzatal erhielten eine positive Beurteilung, andere wurden sehr menschenverachtend und rassistisch beschrieben. Von *„Tölpel mit Hühnerherzen"* ist da zu lesen, der *„Pöbel von Bergaffen"* besteht aus Wesen, die als *„arrogante, geizige, extrem schmutzige und dumme Kreaturen"* charakterisiert werden. [79]

„Während sich einerseits Hunza zum Gegenstand einer romantischen Suche nach einem in allen Belangen idealen, paradiesischen Shangi-La entwickelte, einer heilen Welt mit immerzu freundlichen, arbeitsamen und klugen Menschen, einem legendären ‚Volk ohne Krankheit', das sich besonders durch seine Langlebigkeit auszeichnet, während also hier von Reisenden und Gesundheitsaposteln jeglicher Couleur das Bild vom ‚Guten' und ‚Edlen Wilden' beschworen wird, erfahren die Leute von Nager eine in der populären Reiseliteratur des 20. Jhs. geradezu einmalige negativ vorurteilsgeladene Darstellung als „Untermenschen." [80]

Der schweizerische Arzt *Ralph Bircher* war ein Anhänger der „Reformhausbewegung", ein Verfechter gesunder Lebensweise und vollwertiger „Naturkost"; die Hunzukuz waren das „gefundene Fressen" für ihn. Das nach ihm benannte **Bircher-Müsli,** das er an den Ernährungsgewohnheiten der Ethnien Nordpakistans orientiert hatte, ist seine Erfindung.

„Wir haben also ein Volk vor uns, das nach bisherigen Begriffen vieles in seiner Nahrung entbehrt, was für die Gesundheit, die Leistungsfähigkeit und das Lebensglück notwendig ist, ein Volk, welches sich jahraus jahrein mit spartanischer Knappheit ernähren und überdies alljährlich eine längere Hungerzeit durchmachen muss – und dieses Volk ist nicht, wie wir erwarten müssten, schwächlich und heruntergekommen, müde und mürrisch, von Krankheiten geplagt und schmutzig, sondern es ist das gesündeste und lebensfrischeste Volk, das auf Erden bekannt ist, ein Volk praktisch ohne Krankheiten, ein Volk das selbst in den Prüfungen der Kälte und des Hungers lacht und seine guten Sitten nicht vergisst!" [81]

Fundamentalismus – Bedrohung des Westens?

„Die Muslime sollen instand gesetzt werden, im individuellen wie im kollektiven Bereich ihr Leben im Einklang mit den Lehren und Erfordernissen des Islam zu führen, wie sie im heiligen Koran und in der Tradition dargelegt sind. Die Prinzipien von Demokratie, Freiheit, Gleichheit, Toleranz und sozialer Gerechtigkeit, wie sie vom Islam gepredigt werden, sollen voll und ganz beachtet werden." [82]

„Man liest jetzt so viel davon, dass der Islam kommt. Du beschäftigst dich doch mit so was, was hältst du denn von diesen extremistischen Mullahs?" Überrumpelt von der Frage, erkundigte ich mich zunächst, wohin denn wohl der Islam käme. Nach Europa natürlich, wurde mir geantwortet. Was er hier denn wolle, fiel mir ein. Tja, wahrscheinlich die Macht ergreifen, war die schon etwas zögerlichere Antwort.

Ursachen für die Rückkehr zum Islam

Die Medien in den westlichen Ländern sorgen mit großen Schlagzeilen und reißerisch aufgemachten Berichten dafür, dass **Ängste „vor dem Islam"** zumindest unterschwellig bei der Bevölkerung entstehen. In der Zeit nach dem „Kalten Krieg" und dem Zerfall des großen Ostblocks scheint ein neuer Gegner – ein neuer Feind gebraucht zu werden, auf den Ängste und Hass projiziert werden können.

„Den Islam", als ein wie ein großer Organismus agierendes Wesen mit einer Befehlszentrale und einem erklärten Ziel, gibt es nicht. Folglich gibt es auch kein Heer von bärtigen Extremisten, die nur darauf warten, die Festung Europa stürmen zu können. Von *Muhammads* Zeiten an hat sich der **Islam in viele verschiedene Richtungen entwickelt.** Mystische Sufi-Bruderschaften sind in Zentralasien entstanden, ein strenger Wahabismus in Saudi-Arabien, der – wegen seines finanziellen Hintergrundes – viel Einfluss und auch Druck ausübt und der Laizismus in der Türkei. In Südostasien und in afrikanischen Ländern finden sich wieder ganz andere Formen des Islam.

Islamischen Ländern wurden in der Kolonialzeit oft **fremde Systeme** übergestülpt, von denen man sich in den letzten Jahrzehnten zu befreien suchte. Die Muslim-Brüder in Ägypten z.B. wurden unterdrückt, jetzt vollzieht ein Teil der Gesellschaft eine Rückkehr zum Islam; die Einheit von Religion und Staat wird gefordert. Die breite Bevölkerung stand Modernisierungstendenzen einzelner Modernisten oder Regierender oft kritisch gegenüber. Liberalisierung oder Sozialismus waren oft aufgezwungene Systeme, welche die Probleme des Landes auch nicht lösen konnten. Die **Rückkehr zu alten und vertrauten Werten** erscheint daher oft als Erlösung und Befreiung.

Moderne Lebensformen haben oft den Anschein, „religionslos" zu sein und werden deshalb von konservativen religiösen Kräften abgelehnt. Der Einfluss der westlichen Welt durch Konsumgüter, Filme, Musik und Mode ist groß; gleichzeitig findet eine Angleichung der Jugend- und Stadtkultur in allen Ländern der Erde statt. Dieser neuen, jungen Kultur scheinen die traditionellen Werte unterlegen zu sein; sie werden teilweise abschätzig betrachtet und als altmodisch abgetan. Die Rückkehr in den Schoß der Religion bedeutet für viele Muslime **Schutz vor dieser dekadenten westlichen Zivilisation.** Menschen, die ihre eigene Identität verloren haben, finden auf ihrer Suche den Islam als Heimat. Die Identifizierung mit eigenen Idealen bewegt viele junge Muslime, die sich – in fremden Ländern lebend – dem Islam zuwenden. Mädchen ergreifen, für ihre moderne Umgebung völlig unverständlich, freiwillig *Hijab,* das Kopftuch und den langen Mantel, was sie aber nicht davon abhält, Ausbildungen zu absolvieren und Universitäten zu besuchen. Der Islam beschäftigt sich nicht nur mit der rechtlichen und gesetzlichen Seite der Gesellschaft, sondern bietet auch Antworten auf soziale und politische Fragen.

Rolle der fundamentalistischen Parteien in Pakistan

In Pakistan haben sich Menschen zusammengefunden, die in ihrer Eigenschaft als Muslime einen Staat bilden wollten. Aufgrund dieser besonderen Ausgangssituation wird die Religion in Pakistan, das sich ja auch *islamische Republik* nennt, intensiv gelebt, ohne jedoch extreme Formen auf breiter Basis anzunehmen. Alle Parteien im Land beziehen sich auf das islamische Fundament.

Der Islam ist aber nicht nur um die Bewahrung konservativ-traditioneller Denkweisen bemüht. Diese Annahme weist auf ein unzureichendes, vorurteilsbeladenes Islamverständnis hin. Die Solidarität des Menschen mit seinen Leidensgenossen und seine Bemühungen im Gemeinschaftsverbund, um eine bestimmte Gesellschaftsordnung zu schaffen und aufrechtzuerhalten, spiegelt das religiöse Bemühen des Gläubigen wider, eins mit Gott zu werden.

Demokratie und Sozialismus widersprechen *islamischen Idealen* nicht, die Demokratie ist sogar in der islamischen Idee verwurzelt; es wäre vermessen, sie nur als abendländisches Gedankengut zu bezeichnen. *Muhammad Iqbal* hat mit seinem philosophisch-dichterischen Werk versucht, diese Zusammenhänge herauszuarbeiten und seine abendländischen Leser aufzuklären. Leider sind Demokratie und Säkularismus immer wieder Zielscheiben einiger extremer religiösen Parteien: *„Demokratie hat in der Welt nur Anarchie verursacht und muss durch den „Jihad', den Heiligen Krieg, abgeschafft werden. Demokratie ist die Waffe der Ungläubigen.* Eine säkulare Regierung bedeutet in diesen Kreisen auch immer gleich eine atheistische, die natürlich für einen islamischen Staat untragbar ist.

Die religiösen Parteien hatten in Pakistan eigentlich nie eine breite Basis, denn deren Probleme und Fragestellungen berühren das alltägliche Leben der Menschen wenig. Es existierte immer eine Kluft zwischen der von den Mullahs gepredigten Religion und dem von den Leuten wirklich praktizierten Islam; die Mehrheit war und ist bestrebt, Harmonie zwischen den Religionsgemeinschaften zu bewahren. Allerdings haben in den letzten Jahren **Tendenzen zu religiöser Intoleranz zugenommen.**

Die islamischen Parteien haben trotz schwacher Wahlergebnisse ein ausgeprägtes Selbstbewusstsein und eine besondere **Fähigkeit, Menschenmengen zu mobilisieren,** um für verschiedene Themen zu demonstrieren. Gefordert wird immer wieder ein „wirklich islamischer Staat", wie er bei der Teilung 1947 versprochen wurde. Dazu gehört die Einrichtung einer islamischen Ordnung und natürlich die Anwendung der Scharia, der islamischen Gesetzgebung. Durch diese Maßnahmen verspricht sich die religiöse Führerschaft wichtige Positionen im Staatsgefüge. Immer wieder werden Themen und Probleme aufgegriffen, um durch die Schürung religiöser Emotionen Gefolgschaft zu gewinnen.

Die **Wahrscheinlichkeit einer Machtübernahme** durch geistliche und zugleich radikale Führer in Pakistan ist verschwindend gering. Mögen auch die demokratischen Elemente noch recht neu sein und auf wackligen Beinen stehen, so ist das demokratische Bewusstsein jedoch soweit ausgeprägt, dass die bestehende politische Ordnung nicht von einem Aufstand religiöser Extremisten umgeworfen werden könnte. Außerdem sind die religiösen Gruppierungen in sich völlig zerrissen und würden sich einer gemeinsamen Führung niemals unterordnen. Um den schwachen Regierungen Zugeständnisse abzupressen, die den religiösen Führern Vorteile sichern und akzeptabel im islamischen Sinn sind, werden sie auch in Zukunft Unruhe stiften und zu einer weiteren Schwächung des Staates beitragen. Die fundamentalistischen Parteien werden besonders vor den Wahlen mit Samthandschuhen angefasst, da die jeweils amtierenden Regierungen auf ihre Unterstützung angewiesen sind.

Junge Leute schließen sich fundamentalistischen Parteien an, in der Hoffnung, die **Probleme des Landes mit Hilfe religiöser Rezepte lösen** zu können. Der Zorn über die korrupten und unfähigen Politiker sowie die ungerechten und menschenunwürdigen sozialen Verhältnisse ist stark angewachsen. Die Kluft zwischen Arm und Reich vergrößert sich; Inflation und Arbeitslosigkeit lasten auf den Menschen genauso wie die Enttäuschung über die verbrecherischen Machenschaften der Herrschenden. Genau dies sind die Themen der fundamentalistischen Parteien: Sie versprechen Lösungen und eine Heilung des Staates. Der Zulauf, den sie haben, erklärt sich eher aus diesen praktischen und nicht aus ideologischen Gründen. Die vermehrte Hinwendung zum Fundamentalismus kann auch eine Reaktion sein auf die Annahme, dass sich die USA und der Westen in die internen Angelegenheiten Pakistans einmischen – das jedenfalls wird dem Volk von der Regierung auch immer wieder vermittelt.

Der **Einfluss der konservativen religiösen Gruppen** ist im Land unterschiedlich groß. In den Gebieten des Nordwestens stößt fundamentalistisches Gedankengut auf eine größere Akzeptanz, wie im Mai 1994 durch einen Aufstand der Pakhtun deutlich wurde. Sie forderten die Einführung islamischer Gerichte und die Abschaffung des Justizsystems in ihrem Gebiet. 20.000 Menschen beteiligten sich an dem Aufstand, der erst nach einer Woche von paramilitärischen Kräften niedergeschlagen werden konnte.

Die fundamentalistischen Gruppierungen erfuhren eine starke Unterstützung durch den Militärdiktator *Zia ul-Haq,* weil er sie zur Absicherung seines Regimes brauchte. Er war es auch, der an **islamischen Schulen** die Ausbildung von Kampftruppen für Afghanistan und Kashmir veranlasste. Von Zeit zu Zeit wird die amerikanische Kritik laut, dass Pakistan zulässt, dass im Land Terroristen im Namen des Islam ausgebildet werden. Es ist ein relativ neuer Trend, dass islamische *Medresas* militärisch organisiert werden. Weil das staatliche Bildungssystem unzureichend ist, sind sie eine interessante Alternative für bildungshungrige Unterprivilegierte. Die Zahl der Schüler, die von den Medressas ausgebildet werden, liegt schätzungsweise zwischen zwei und drei Millionen.

Feindbilder der Fundamentalisten

Die islamische Geistlichkeit verurteilt die **Satellitenprogramme,** die jetzt in Pakistan zu empfangen sind und besonders den indischen Einfluss, der mit diesen Programmen ins „Land der Reinen" kommt. Der Propaganda des Feindes und dem Zerfall der moralischen Werte wird Tür und Tor geöffnet, so wettern sie in Freitagspredigten.

„Der Westen und seine elektronischen Medien sind geschäftig, Ideen gegen den Islam zu propagieren." [83)]

Die Zensur des pakistanischen Fernsehens sei zu lasch, und mit Videorecordern halte die Obszönität Einzug. Die Meinung der *Jama'at-e-Islami* scheint aber bei der Mehrheit der Bevölkerung nicht viel Gewicht zu haben, denn Videorecorder und Satellitenprogramme sind sehr beliebt und breiten sich aus. *Shabab-e-Milli,* die jugendliche Flügelorganisation der *Jama'at-e-Islami,* hat im Mai 1996 ein Büro der Zensurbehörde in Lahore überfallen und großen Sachschaden angerichtet. Ein Angestellter wurde verletzt und gedemütigt. Diese Aktion erfolgte auf den Film *„Kurion Ko Daley Dana",* der Nacktheit und Obszönität beinhalten würde (wie konnten sie"s nur wissen!?). Konsequenz dieses Angriffs war eine große Bekanntheit des Films, die Eintrittskarten wurden auf dem Schwarzmarkt gehandelt.

„Ein Popsong der Gruppe ‚Junoon', der- nach dem Sufi-Konzept der Einheit aller Glaubensrichtungen- in dem dazugehörigen Video abwechselnd Moschee, Kirche und Hindutempel gezeigt hatte, wurde offensichtlich von Islamabad kritisiert und zensiert. Gleich nach der ersten Ausstrahlung verschwand das Video und tauchte erst ein paar Tage später wieder auf - ohne Kirche und Hindutempel. Der Produzent des Videoclips ließ verlauten, dass die tatsächlich eingetretene Reaktion schon vorausgesehen worden war und deshalb bereits eine zweite, ‚entschärfte' Version existierte."

Die größte Gefahr für den Islam komme aus der Richtung der jüdischen Glaubensgemeinschaft, unterstützt von den Amerikanern, so einige Anführer fundamentalistischer Parteien. Und die UN ist lediglich Handlanger der USA und unterstützt den amerikanischen Imperialismus. Es existieren Ideen von einem „islamischen Block", bestehend aus Pakistan, Afghanistan, Iran und Turkmenistan, um die Interessen der Region zu vertreten. Eine eigene UN mit Hauptquartier in Mekka soll es für die muslimischen Länder geben.

Die verschiedenen westlichen Länder und Organisationen werden gerne in einen Topf geworfen, mit ein paar eingängigen Schlagwörtern gewürzt, alles vermischt – und heraus kommt die **Bedrohung mit dem verallgemeinernden Namen „der Westen".** In dieser Beziehung sind die Herren Religionsführer genauso einfallsreich wie unsere Meinungsmacher, die „den Islam" verteufeln.

Maulana Amin ul-Hasnaat während einer Konferenz der sunnitischen Muslime in Lahore: *„Der Westen will die muslimische Ummah (Nation) erobern, indem er die materiellen Ressourcen der muslimischen Länder an sich reißt, ihre nukleare Macht zerstört und ihr Sozialsystem untergräbt."*

Besonders die Zionisten werden für die Probleme in der islamischen Welt verantwortlich gemacht. Auch für die blutigen Auseinandersetzungen in Karachi werden **indische und jüdische Kräfte** verantwortlich gemacht.

„Juden und Nicht-Muslime werden es niemals zulassen, das ein muslimisches Land ökonomisch unabhängig wird."

„Sie haben Pakistan wegen seines nuklearen Programms und seiner geostrategischen Bedeutung angegriffen." [84)]

Es bestehen Befürchtungen von fundamentalistischer Seite, dass die Auflösung der Familien- und Sozialstrukturen Pakistans vom Westen im Namen der **Frauenrechte** betrieben wird. Kritik wurde an den Beijing- und Kairo-Konferenzen geübt. Pakistan solle sich nicht dem westlichen Druck beugen und im Namen der Menschenrechte unislamische Gesetze erlassen.

Eine häufige Kritik an der Bhutto-Regierung war das Bemühen, eine **Freundschaft zu Amerika** zu pflegen und nicht genug Unterstützung für die islamischen Schulen und Organisationen zu leisten. *Benazir Bhutto* hätte dem Westen das falsche Bild vermittelt, Pakistan sei gegen Fundamentalismus eingestellt. Überhaupt hätte sie als Frau nie Regierungschefin werden dürfen.

„Christliche Missionare und fremde ausländische Ausbildungs-Institutionen entfremden unsere Kinder vom Islam und den Idealen Pakistans." *Maulana Abdur Rehman Makki* fordert auch die verstärkte Unterstützung religiöser **Schulen,** um die Kinder als „Soldaten des Islam" auszubilden.

Aber auch innerhalb des Landes gibt es offensichtlich Bedrohungen für die konservativen religiösen Kreise**. "Die Nation soll sich vor den Liberalen schützen, denn sie sind die Feinde des Islam",** sagt *Qazi Hussain Ahmad.* **Liberalismus als Gefahr?** Offensichtlich besteht nicht nur für *Qazi Hussain Ahmad* ein Zusammenhang zwischen Liberalismus und „freizügiger" Lebensweise; die Verwandtheit der Begriffe muss in Pakistan allgemein akzeptiert sein, damit die Menschen die Bedeutung seiner Aussage verstehen können. Liberalismus wird immer wieder mit „amerikanischer Verschwörung" in Verbindung gebracht. Da die liberale Einstellung nur den „verwestlichten Menschen" eigen ist, die den Respekt für spirituelle Werte verloren haben, bedeutet sie gleichzeitig einen Angriff auf die Reinheit des muslimischen Staates.

Die pakistanische Staatsideologie ist nicht liberal, die Mehrheit der Meinungsbilder ist konservativ; aber immerhin ist es einzelnen Individuen noch möglich, als Liberale zu existieren. Im Positiven ist ein Liberaler ein politischer „Softie", im Negativen „ein Agent fremder Mächte, der die Reinheit der Kultur untergräbt" und damit die pakistanische Gesellschaft zerstören will.

Ausklang und Abschied

*P*akistan ist ein *Land der Gegensätze*. Weite Wüsten erstrecken sich neben fruchtbaren Ebenen, Zeiten furchtbarer Hitze und Trockenheit wechseln sich mit verheerenden Überschwemmungen in der Monsunzeit ab. Verklärter Mystizismus der Sufis und Intoleranz von religiösen Fundamentalisten scheinen problemlos nebeneinander existieren zu können. Ein Heer von Armen, das seine Kinder unter unmenschlichen Bedingungen arbeiten lassen muss, steht unermesslich Reichen gegenüber, die in Luxus schwelgen. Hohe unwirtliche Mauern umschließen eine unerwartet warme und herzliche Gastfreundschaft.

Pakistan bezaubert oder erschüttert, aber unbeeindruckt lässt es keinen Besucher und keine Besucherin.

Manche werden auf den Schock der Begegnung mit der pakistanischen Kultur mit Flucht oder Rückzug in den kleinen privaten Bereich reagieren. Dadurch kommen wenig *Kontakte zu Einheimischen* zustande; ein Verständnis für das, was die Menschen des Gastlandes geprägt hat und was ihr Leben und ihren Alltag bestimmt, kann sich nicht entwickeln. Hat er oder sie aber das für AusländerInnen angemessene Verhalten im Gastland erlernt, ist der Besuch für alle Beteiligten eine Bereicherung geworden. Die BesucherInnen haben Einblicke nehmen können in Denkstrukturen, Gefühle und Lebenswelt der Menschen des Gastlandes – woraus oftmals nicht nur Sympathie, sondern lebenslange Freundschaft erwächst.

Viele Reisende werden einerseits froh sein, das *Land wieder zu verlassen,* weil es kein Leben in Pakistan gibt, das mit dem in ihrem Heimatland vergleichbar wäre. Vielleicht vermissen sie Kneipen, Discos und Straßencafés oder möchten einfach mal wieder ungezwungen zu einem Spaziergang aufbrechen, mit einem Freund oder einer Freundin händehaltend durch die Stadt spazieren – Verhaltensweisen, die uns vertraut und selbstverständlich sind.

Andererseits wird ihnen der **_Abschied schwerfallen,_** auch wenn sie selbst nicht diese Reaktion erwartet hätten. Pakistan hat dann einen tiefen Eindruck bei ihnen hinterlassen, hat sie zum Bewundern, Staunen und Respektieren der fremden Kultur gebracht. Besonders schwer wird ihnen das Herz werden, wenn sie den Menschen Lebewohl sagen müssen. Menschen, die mit ihrer Herzlichkeit und Gastfreundschaft Fremde im Sturm für sich gewinnen.

Anhang

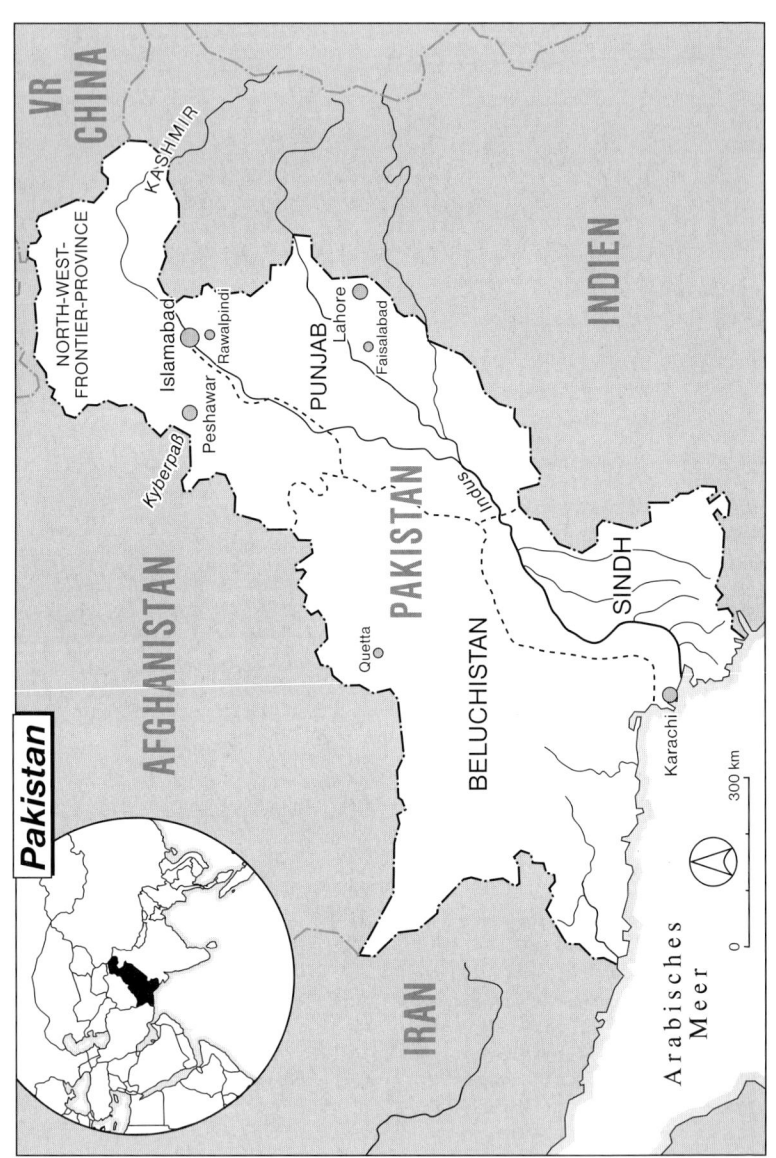

Pakistan

VR CHINA

INDIEN

KASHMIR

NORTH-WEST-
FRONTIER-PROVINCE

Islamabad
Rawalpindi
Peshawar
Kyberpaß

Lahore
Faisalabad

PUNJAB

PAKISTAN

Indus

SINDH

Quetta

BELUCHISTAN

AFGHANISTAN

Karachi

300 km

0

Arabisches
Meer

IRAN

Anmerkungen

1   Marshall. Mohenjo-Daro and the Indus Civilization.
2   Babur nach der Schlacht von Panipat 1526, die den Moghuln den Weg zur Herrschaft in Indien öffnete.
3   Friedrich Engels stützt sich auf Russell und seine indischen Erlebnisse, festgehalten in Korrespondentenberichten an die „New York Daily Tribune", 1860.
4   Bericht über die Plünderung von Lucknow durch britische Soldaten. Forgue. La revolte des Cipayes.
5   Forgues. La revolte des Cipayes.
6   Forgues. La revolte des Cipayes.
7   Muhammad Iqbal. Botschaft des Ostens.
8   Hermann Hesse (1957). Aus Geleitwort zu „Botschaft des Ostens" v. Muhammad Iqbal.
9   Bapsi Sidhwa. Ice-Candy-Man.
10 Text der Nationalhymne, den Hafeez Jullundhari 1954 für eine von Ahmad A. Chagla komponierte Melodie erdichtete.
11 Dieser Vers trägt den Titel „Lichtvers" und hat besonders in der islamischen Mystik eine bedeutsame Rolle gespielt.
12 Albus. Das Wagnis der Freiheit.
13 Albus. Das Wagnis der Freiheit.
14 Albus. Das Wagnis der Freiheit.
15 Bapsi Sidhwa. Ice-Candy-Man.
16 Um 1620. Annemarie Schimmel. Pakistan. Ein Schloß mit Tausend Toren.
17 Aus dem Prolog zu „Ziba Nigar". Annemarie Schimmel. Pakistan. Ein Schloß mit Tausend Toren.
18 Friday Times, 5-11 Dec. 1996.
19 Volksdichtung aus Beluchistan.
20 Siddiqi. God's Own Land.
21 Nach der Landwirtschafterhebung von 1980.
22 Friday Times, 12-18 Dec. 1996.
23 Pastner. Power and Pirs Among the Pakistani Baluch. S. 282.
24 Als Zikri bezeichnet sich eine islamische Sekte in Südbeluchistan. Sie glauben an einen Mahdi, einen islamischen „Heiligen Mann" mit Namen Sayyid Mahmud of Jaunpur, der sich im 16. Jahrhundert selbst als „Der Messias" bezeichnete. Der als „Zikrismus" bezeichnete Glaube wurde entweder von dem „Messias" selbst oder seinen Anhängern nach Beluchistan gebracht. Dort ist er aber unter dem Namen Nur Pak bekannt, was „Reines Licht" bedeutet. Er wird wieder zur Apokalypse auf der Erde erscheinen und den wahren Glauben verkünden.
25 Pastner. Power and Pirs Among the Pakistani Baluch. S. 285.
26 Pastner. Power and Pirs Among the Pakistani Baluch. S. 286.
27 Laut UNICEF.
28 Friday Times, 5-11 Dec. 1996.
29 Al Mawardi, arabischer Literat, 11. Jahrhundert.
30 Frontier-Post, Dezember 1996.
31 Überlieferte Geschichten von Kushal Khan Khattak, historischer pakistan. Dichter.
32 Landey.
33 Landey.
34 Schilderung in einem persönlichen Gespräch.
35   Darstellung des heldischen Ideals in einem pakhtunischen Wiegenlied.
36 Idries Shah, Die Sufis , S. 20.
37 „So wird betont, dass der Sufismus ein praktisches Handeln ist. Er leugnet die Möglich-

keit, durch den formalen Verstand zur Wahrheit zu gelangen oder die aus der gewohnten Welt abgeleiteten Denkschablonen auf die wahre Wirklichkeit anwenden zu können – eine Wirklichkeit, die sich in anderen Dimensionen bewegt." Idries Shah. Die Sufis.

38 „Da der gewöhnliche Mensch in Schablonen denkt und sich nicht auf eine ganz andersartige Sicht der Dinge einstellen kann, entgeht ihm ein großer Teil der Bedeutung des Lebens." Übernatürliche Erfahrungen und das mystische Ziel sind näher, als die Menschheit glaubt. Der Vorgang der Erkenntnis ist nicht kompliziert und unerreichbar, wie der Unwissende annimmt. Idries Shah. Die Sufis.

39 Idries Shah, Die Sufis.

40 Idries Shah, Die Sufis.

41 Idries Shah. Die Sufis.

42 Idries Shah. Die Sufis.

43 Report of the Census of the Punjab, 1881.

44 Manche Schulen verlieren ihre Dynamik und unterrichten trotzdem noch weiter, so dass die Lerninhalte völlig verwässern. Die Lehre entfernt sich von ihrer ursprünglichen Bedeutung, die Erfahrung muss von Zeit zu Zeit an der Quelle aufgefrischt werden. Idries Shah. Die Sufis.

45 Idries Shah. Die Sufis.

46 Die beiden letzten Suren des Koran heißen die „Schutzverleihenden". Der Prophet Muhammad wollte seiner Gemeinde mit diesen Formeln einen wirksamen Schutz gegen ungute Einflüsse und böse Geister geben.

47 Rudyard Kipling. On the City Wall.

48 Rudyard Kipling. On the City Wall.

49 Bapsi Sidhwa. Ice-Candy-Man.

50 Bapsi Sidhwa. Ice-Candy-Man.

51 Rudyard Kipling. On the City Wall.

52 Anna Schmid. Pakistan Express, S. 58; Anna Schmid, eine Heidelberger Ethnologin, begleitete zwei Monate lang Trucker in Pakistan auf ihren Fahrten durchs Land. Dadurch konnte sie Einblicke in das Trucker-Leben nehmen und den Beruf im soziokulturellen Kontext „erfahren".

53 Anna Schmid. Pakistan Express.

54 Anna Schmid. Pakistan Express.

55 Friday Times. 12-18 Dezember 1996.

56 Brief einer in Pakistan verheirateten Frau an ihre Freundin in den USA. Babsi Sidhwa, The Pakistani Bride.

57 Hannah Papanek. Purdah in Pakistan.

58 Der Sufi besitzt eine geschärfte Wahrnehmungsfähigkeit und bemerkt Dinge, die für andere Menschen nicht wahrnehmbar sind. Idries Shah, Die Sufis.

59 Siddiqi. God's Own Land.

60 In der Herrschaftszeit Mahmuds von Ghaznis lebte der gelehrte Biruni. Er verfasste nach seinem Aufenthalt in Indien das Kitab al-Hind, eine Analyse hinduistischer Weltanschauung. Seine Sätze über das Wesen der Hindus wurden zu Anfang des Jahrhunderts besonders von Verfechtern der Zwei-Nationen-Theorie vor der Teilung des Subkontinentes angeführt, aber auch heute noch sind sie in Pakistan zu hören.

61 Aus einer öffentlichen Rede von Maulana Shah Ahmad Noorani.

62 Pollig. Exotische Welten. Europäische Phantasien, S. 16.

63 Koppelkamm. Das neunzehnte Jahrhundert. In: Exotische Welten. Europäische Phantasien.

64 Pollig. Exotische Welten. Europäische Phantasien.

65 Pollig. Exotische Welten. Europäische Phantasien.

66 Pollig. Exotische Welten. Europäische Phantasien.

67 Kohl. Im Gewand des Orients. In: Exotische Welten. Europäische Phantasien.
68 Kohl. Im Gewand des Orients. In: Exotische Welten. Europäische Phantasien.
69 Kohl. Im Gewand des Orients. In: Exotische Welten. Europäische Phantasien.
70 Kohl. Im Gewand des Orients. In: Exotische Welten. Europäische Phantasien.
71 Kohl. Im Gewand des Orients. In: Exotische Welten. Europäische Phantasien.
72 Reif. Verzauberung, Herrschaftsanspruch oder Begegnung? In: Exotische Welten. Europäische Phantasien.
73 Reif. Verzauberung, Herrschaftsanspruch oder Begegnung? In: Exotische Welten. Europäische Phantasien.
74 Koppelkamm. Das neunzehnte Jahrhundert. In: Exotische Welten. Europäische Phantasien.
75 Hanum. Harem.
76 Kohl. Im Gewand des Orients. In: Exotische Welten. Europäische Phantasien.
77 Bericht über Ibrahim I. Hanum. Harem.
78 Frembgen. Die Nagerkuc im Licht der populären Reiseliteratur.
79 Frembgen. Die Nagerkuc im Licht der populären Reiseliteratur.
80 Frembgen. Die Nagerkuc im Licht der populären Reiseliteratur.
81 Bircher. Hunsa, das Volk, das keine Krankheit kannte. S. 112.
82 Kurz vor seinem Tod im Jahr 1949 veröffentlichte Muhammad Jinnah die sogenannte „Objectives Resolution".
83 Aus einer öffentlichen Rede von Maulana Fazl-ur-Rahman.
84 Aus einer öffentichen Rede von Allama Tahir-ul-Qadri.

Glossar

● **Adat:** Regionale Traditionen; Gewohnheitsrecht.

● **Ajrak:** Bis zu zwei Meter langer Schal; ist das Universalkleidungsstück der Sindhis. Jedes Gebiet im Sindh hat eigene Muster, die in den *Ajrak* gewebt werden.

● **Angrez:** Bezeichnung und (unhöfliche) Anrede für AusländerInnen, die Pakistanern nicht persönlich bekannt sind. Wird BesucherInnen oft von Kindern auf der Straße hinterhergerufen.

● **Arbeitsgesetze:** Zulfikar Ali Bhutto sorgte in den 70er Jahren für das Inkrafttreten der Arbeitsgesetze. Die Veränderung der Gesetzeslage und die Gewerkschaften gaben den ArbeiterInnen plötzlich viel mehr Einflussmöglichkeiten und Macht, sich gegen das völlig willkürliche „hire-and-fire"-System und körperliche Misshandlungen zu wehren. Arbeitsgesetze- und -gerichte schützen die ArbeiterInnen in Pakistan zumindest theoretisch. Unregistrierte Firmen nutzen aber nach wie vor die Abhängigkeit ihrer Beschäftigten aus und verstoßen gegen die Gesetze, ohne mit Restriktionen rechnen zu müssen. Die Anerkennung der Menschenrechte der ArbeiterInnen ist ein langsamer und mühsamer Prozess, der sich noch in den Anfängen befindet.

● **Badal:** Blutrache nach den Gesetzen des *Pakhtunwali.*

● **Barakat:** Segenspendene Kraft; spirituelle Energie eines Heiligen.

● **Beedi:** Kleine, fest gerollte Zigaretten, die in Bündeln verkauft werden.

● **Bhai:** Bezeichnung für Bruder in Urdu, auch im Sinne von Freund gebraucht. *Bhai* wird manchmal als Anrede verwendet, wenn z.B. der Name des angesprochenen Mannes nicht bekannt ist.

● **Bhutto, Zulfikar Ali:** Bhutto wurde am 5.1.1928 in Larkana, Sindh, geboren. Von Beruf war er Rechtsanwalt, versah von 1958 bis 1966 verschiedene Minister-Ämter und gründete

1967 die Pakistan Peoples Party. 1971 übernahm er die Führung des Landes, 1972 bis 1973 als Präsident, 1973 bis 1977 als Ministerpräsident. 1977 wurde er durch einen Militärputsch gestürzt und am 4.4.1979 in Rawalpindi hingerichtet.

●*Burqa:* Ganzkörperschleier aus plissiertem, dünnem Stoff, der in Augenhöhe ein Stoffgitter aufweist.

●*Charpoi:* Bett aus massivem Holzrahmen mit vier Füßen und einer geflochtenen Liegefläche, traditionellerweise aus Naturfasern hergestellt, inzwischen vielfach aus Plastiksträngen.

●*Derwish:* Einem Sufi-Orden angehörender wandernder Bettelmönch; bedeutet im Persischen: *Armer* (in Gott). Derwische sind für ihre Trancetechniken und Tänze, die zu religiöser Verzückung führen, bekannt.

●*Dupatta:* Schal aus einem dünnen Stoff in den unterschiedlichsten Ausführungen; unverzichtbarer Kleidungsbestandteil für Frauen.

●*Endogame Heiratsregeln:* Regeln, die eine Person verpflichten, ihren Ehepartner innerhalb derselben Gruppe zu suchen, der sie selbst angehört, wobei die Gruppe eine Verwandtschaftsgruppe, eine Lokalgruppe oder eine Statusgruppe sein kann.

●*Exogame Heiratsregeln:* Regeln, die einer Person verbieten, ihren Heiratspartner im Inneren der Gruppe, zu der sie selbst gehört, zu wählen. Die Gruppe kann eine Verwandtschaft-, Lokal- oder Statusgruppe sein.

●*Faqir:* Asket, der von Almosen lebt; gehört oft einem Sufi-Orden an. Faqire sind berühmt für ihre enorme Körperbeherrschung, die es ihnen erlaubt, in einem besonderen mentalen Zustand schmerzfrei Manipulationen an ihrem eigenen Körper vorzunehmen (z.B. das Durchstechen der Wangen oder der Zunge mit langen Nadeln).

●*FATA:* Federally Administered Tribal Areas. Halbautonome Stammesgebiete der Pakhtunen in der North-West-Frontier-Province Pakistans.

●*Fünf Säulen des Islam:* Sie stellen das Grundgerüst der islamischen Religion dar und beinhalten das Glaubensbekenntnis, die obligatorischen fünf Gebete am Tag, das Fasten im Monat Ramadan, das Almosengeben an die Bedürftigen und die Pilgerreise nach Mekka.

●*Ghairatman:* Der „Ehrenmann" nach den Vorgaben des *Pakhtunwali.*

●*Ghee:* Butterschmalz; wird als Koch- und Bratfett in der pakistanischen Küche verwendet.

●*Hadith:* Verbindliche Berichte über Worte und Taten des Propheten, die den Gläubigen als Verhaltensrichtlinien dienen.

●*Hadj:* Pilgerfahrt nach Mekka, die jede/r Gläubige einmal im Leben unternehmen soll (wenn die finanziellen Verhältnisse es zulassen); eine der fünf Säulen des Islam.

●*Halal:* Bezeichnet Dinge, die nach islamischem Gesetz erlaubt sind (z.B. das Fleisch geschächteter und als rein klassifizierter Tiere).

●*Haram:* Bezeichnet Dinge, die nach islamischem Gesetz verboten sind (z.B. Schweinefleisch).

●*Hijra:* Auswanderung des Propheten Muhammad von Mekka nach Medina im Jahr 622; gleichzeitig der Beginn der islamischen Zeitrechnung, weil die muslimische Gemeinde in diesem Jahr selbständig wurde.

●*Hujra:* Gäste- oder Männerhaus der Pakhtun.

●*Imam:* Oberhaupt der Gemeinschaft der Gläubigen; Vorbeter der Gemeinde.

●*Iqbal, Muhammad:* Philosoph, Dichter und Politiker. Am 22.2.1873 in Sialkot, Punjab geboren. Verbrachte ein Studienjahr in Deutschland. Arbeitete an der Entwicklung der Idee eines unabhängigen muslimischen Staates Pakistan, erlebte seine Umsetzung aber nicht mehr. Iqbal wird in Pakistan als „Vater der Nation" verehrt. Gedichte in Urdu und Persisch. Starb am 21.4.1938 in Lahore.

●*Jama'at-i-Islami:* Konservative Partei mit religiösem Hintergrund, die seit 1951 den Versuch unternimmt, die theologischen Ideale mit der politischen Realität zu verbinden. Ihr Führer ist Amir Quazi Hussain Ahmed.

●*Jinnah, Muhammad Ali:* Genannt *Quaid-i-Azam* („der große Führer"). Er wurde am 25.12.1867 in Karachi geboren. Jinnah, von Beruf Rechtsanwalt, wurde zum Führer der indisch-muslimischen Nationalbewegung und gilt als Staatsgründer Pakistans. Gestützt auf die These, dass Hindus und Muslime zwei Nationen seien („Zwei-Nationen-Theorie"), forderte er die Schaffung eines souveränen, islamisch bestimmten Staates. 1947 wurde er erster General-Gouverneur von Pakistan. Jinnah starb am 11.9.1948 in Karachi.

●*Kaaba:* Zentrales islamisches Heiligtum in Mekka, zu dem jährlich Millionen von Gläubigen pilgern. Die Kaaba soll aus den Überresten des Tempels bestehen, den Abraham zu Ehren Gottes gebaut hat.

●*Kastengesellschaft:* Diese Gesellschaftsform beruht auf der prinzipiellen Ungleichheit des Menschen und geht einher mit strikter Arbeitsteilung, spezialisierten Gruppen, streng endogamen Heiratsformen und einer strengen Hierarchie. Die Bedeutung von ritueller Reinheit ist in der Kastengesellschaft sehr groß. Die Existenz der Kastengesellschaft – oder zumindest ihrer Überreste – wird in Pakistan nicht gern zugegeben, weil aus politischen Gründen der hinduistische Ursprung vieler Pakistaner und das Miteinander von Muslimen und Hindus bis 1947 verdrängt wird.

●*Kor:* Haus, Haushalt.

●*Landey:* Kurze Volksverse der Pakhtun in Afghanistan und Nordwest-Pakistan; bestehend aus je zwei Zeilen mit neun und dreizehn Silben.

●*Landlord:* Der Landbesitzende im traditionellen Sinn. Heute aber auch der Hausbesitzer und Vermieter.

●*Lungi:* Lendentuch aus bedrucktem Baumwollstoff für Männer. Wird hauptsächlich in ländlichen Gebieten des Punjab und Sindh getragen. Das Tuch wird um die Hüften geschlungen und festgesteckt, es reicht bis zu den Fußknöcheln oder der Mitte der Unterschenkel.

●*Malang:* Wandernde Asketen; viele von ihnen sind Menschen, die unter psychischen Störungen leiden. Charakteristisch ist ihr buntes Flickengewand und die Essenschale.

●*Masjid:* Ort der Niederwerfung. Das ursprüngliche Vorbild ist das Haus des Propheten in Medina, in dessen Innenhof sich die Gläubigen zum Gebet versammelten. Der Betsaal einer Moschee ist nach Mekka ausgerichtet. Die Masjid verfügt über wenig Ausstattung und keine Kultgegenstände, nur Kerzen, Lampen und Koranständer.

●*Medresa:* Theologische Hochschule, in der Muslime in den klassischen Wissenschaften des Islam unterwiesen werden.

●*Maulvi:* Islamischer Geistlicher.

●*Mela:* Volkstümlicher Jahrmarkt; findet oft im Zusammenhang mit dem *Urs,* dem Todestag eines Heiligen, im Umkreis der Schreine und Wallfahrtsorte statt.

●*Minbar:* Predigtstuhl in einer Moschee; von ihm aus wird am Freitag die Predigt gehalten. Der *Minbar* ist ein erhöhter Sitz aus Stein oder Holz mit einem kleinen Baldachin und steht rechts neben dem *Mihtrab.*

●*Mihtrab:* Ist eine halbrunde überwölbte Nische, die sich in der Mitte der Hauptwand des Betsaals einer Moschee befindet. Sie zeigt die Richtung an, in der sich die Gläubigen beim Gebet verneigen müssen. Die *Mihtrab* ist oft geschmückt mit Fliesen, Mosaiken, Ornamenten und Koranversen. Auf Teppichen findet sich häufig die Form der Mihtrab-Nische.

●*Mor:* Pakhtuwort für „Mutter". Bedeutet gleichzeitig „anständige Frau", und bildet einen Gegensatz zu *Tor,* was synonym für „schlecht" und „unmoralische Frau" verwendet wird.

●*Moschee:* s. Masjid

●*Mudjahed (pl. Mudjaheddin):* „Heiliger Krieger". Die Bezeichnung wurde bekannt durch den langjährigen Krieg der Afghanen gegen die sowjetischen Besatzer in Afghanistan.

●*Muezzin:* Ausrufer der Gebetszeit vom Minaret einer Moschee.

●*Mullah:* Islamischer Geistlicher; meist ein einfacher Mensch mit Korankenntnissen.

●*Nang:* Pakhtuwort für die Ehre der Frau.

●*NRO:* Nicht-Regierungs-Organisation

- **NWFP:** North-West-Frontier-Province
- **Pakhtunwali:** Moral- und Ehrenkodex der Pakhtun in der Nordwestgrenzprovinz Pakistans und Afghanistans. Umfasst alle Bereiche des traditionellen Stammeslebens.
- **Pan:** Betelnuss mit verschiedenen Ingredienzien in einem Blatt als „Kaupaket" verpackt.
- **Pir:** Geistiger Führer, Heiliger und Besitzer spiritueller Segenskraft. Die ursprüngliche Bedeutung kommt aus der persischen Sprache und bedeutet: „alter Mann" oder „ältere Respektsperson".
- **Purdah:** Bedeutet „Vorhang". Das Wort wird benutzt, um das System der Abgrenzung von Frauen aus der Öffentlichkeit zu beschreiben. Merkmal ist die Limitierung der Interaktion zwischen Männern und Frauen außerhalb festgelegter Kategorien. Die Bewegungsfreiheit der Frau außer Haus wird eingeschränkt. Biologische Geschlechtsrollen werden kulturell ausgebaut und verknüpft mit den grundlegenden strukturellen und ideologischen Komponenten einer Gesellschaft. In Pakistan ist die Trennung der Geschlechter besonders ausgeprägt. Die Isolation der Frauen ist eine effektive Methode, die Verletzung der männlichen Ehre zu verhindern. *Purdah* bringt eine Einschränkung der physischen Bewegungsfreiheit der Frauen mit sich und eine bestimmte Kleiderordnung. Die Geschlechtertrennung wirkt sich ebenso auf die Erziehungs- und Ausbildungsmöglichkeiten der Frau aus und beschränkt sie auf ein soziales Netzwerk, das aus Frauen und verwandten Männern besteht.
- **Qadi:** Islamischer Richter.
- **Ramadan:** Muslimischer Fastenmonat (9. Monat des Mondkalenders).
- **Scharia:** Islamisches Religionsgesetz, dass das menschliche Handeln im Einklang mit der göttlichen Ordnung der Welt regelt. *Scharia* bedeutet wörtlich „Rechter Weg" (zur Tränke).
- **Shalwar-Kamiz:** Pakistanische Nationaltracht, bestehend aus weiter Hose und langem Hemd.
- **Stamm:** Eine homogene und in politischer und sozialer Hinsicht autonome Gruppe, welche ihr eigenes Territorium bewohnt. Der Stamm ist auf genealogischer Basis in gleichrangige Untergruppen gegliedert und kann sich vorübergehend oder dauernd mit anderen Stämmen zu militärischen oder religiösen Zwecken zu Konföderationen zusammenschließen.
- **Sufi:** Islamischer Mystiker, dessen Bestreben es ist, ein inneres Verständnis für die Religion und die Vervollkommnung seiner Persönlichkeit zu erreichen, um schließlich zur Erleuchtung zu gelangen. Siehe Sufismus.
- **Sufismus:** Islamische Mystik; der Sufismus verbreitete sich im 9. Jahrhundert durch Wanderprediger, die aus Persien, Afghanistan und Arabien kamen. Sie zogen durch Südasien und über den indischen Subkontinent und lehrten die Liebe zu Gott, seinem Propheten Muhammad und die praktizierte Nächstenliebe. Bezeichnend ist die volkstümliche Interpretation des Islam. Mit ihrer bildhaften Darstellungsgabe und ihren romantischen und moralisierenden Geschichten konnten die Gläubigen mehr anfangen als mit der trockenen Theorie der orthodoxen Gelehrten. Der „Volksislam", wie die mystische Seite der Religion auch genannt wird, hilft bei der Bewältigung von Alltagsproblemen. Die Missionserfolge der Sufis wurden durch Warmherzigkeit, Humanität und friedliche Missionierung erreicht. Abgeleitet davon ist *Sufi,* der islamische Mystiker.
- **Sunna:** „Brauch", die mustergültige Lebensweise des Propheten als Verhaltensrichtlinie für die Gläubigen.
- **Taleban:** Das Wort bedeutet „Koranschüler". In neueren politischen Zusammenhängen ist die Bezeichnung *Taleban* durch die momentanen Herrscher Afghanistans bekannt geworden, die, angeblich aus pakistanischen Koranschulen kommend, dem kriegsgeschundenen Land Ruhe und Frieden bringen wollen.
- **Tandoor:** Lehmofen zum Backen von Brot und Fleisch.
- **Tchador:** Großes, viereckiges Tuch, das Frauen zum Verhüllen und zur Verschleierung benutzen. Die Bezeichnung stammt aus dem Persischen und beschreibt ein alt-iranisches Kleidungsstück.

- *Tonga:* Einspänniger Pferdewagen, in vielen pakistanischen Städten das billigste Beförderungsmittel.
- *Tor:* Pakhtuwort für „schwarz", gleichzeitig für „schlecht" oder „böse" benutzt. Eine unmoralische Frau ist *Tor* und bildet einen Gegensatz zu *Mor,* der guten Frau und Mutter.
- *Umma:* Die Gesamtheit aller Muslime; die islamische Gemeinde.
- *Urs:* Jahresfeier zum Todestag eines Heiligen.
- *Ustad:* „Lehrer" im persischen Sprachgebrauch; gleichzeitig respektvolle Anrede.
- *Waqf, pl. Auqaf:* Besitz, der für religiöse Zwecke bestimmt wurde; steuerfreie Stiftung.
- *Zakat:* Die Armensteuer. Die Verpflichtung, Bedürftigen einen Teil des eigenen Besitzes als Almosen zu geben, ist eine der fünf Säulen des Islam.
- *Zia ul-Haq:* General ul-Haq, 1924 geboren, wurde 1976 zum General-Stabschef ernannt und und führte 1977 den Staatsstreich gegen Präsident Muhammad Ali Bhutto durch. Er regierte zunächst als „Oberster Kriegsrechts-Administrator" das Land und richtete das Strafrecht nach islamischen Grundsätzen aus. Zia ul-Haq wurde 1978 Staatspräsident und kam im August 1988 bei einem Flugzeugunglück mit ungeklärter Ursache ums Leben.

Bibliographie

- *Ahmad, Aziz.* **Islamic Modernism in India and Pakistan 1857-1964.** Royal Institute of International Affairs Oxford University, London. 1967.
- *Ahmed, Akbar S.* **Social and Economic Changes in the Tribal Areas (1972-1976).** Oxford University Press. Karachi. 1977.
- *Ahmed, Akbar S.* **Pakistan Society, Islam, Ethnicity and Leadership in South Asia.** Oxford. 1986.
- *Ahmed, Akbar S. und Zeenat.* **Mor and Tor: Binary and Opposing Models of Pukhtun Womanhood.** In: The Endless Day of Asian Rural Women. T.S. Epstein und R. A. Watts (Hrsg.). Oxford. 1981.
- *Albus, Michael u. Marcel Bauer.* **Das Wagnis der Freiheit.** Missio Aktuell Verlag. Aachen. 1983.
- *Bean, Lee L.* **Utilisation of Human Resources: The Case of Women in Pakistan.** In: International Labour Review 97/4: 391-410. 1968.
- *Beck, Lois.* **The Religious Lives of Muslim Women.** In: Women in Contemporary Muslim Societies. Jane Smith (Hrsg.). Lewisburg. 1980.
- *Bircher, Ralph.* **Hunsa, das Volk, das keine Krankheit kannte.** Bad Homburg u. Erlenbach-Zürich. 1942 u. 1980.
- *Boesen, Inger W.* **Conflicts of Solidarity in Pakhtun Women's Lives'.** Women in Islamic Societies – Social Attitudes and Historical Perspectives. Wizan Press, London. Humanities Press Inc., Atlantic Highland, USA. 1983.
- *Caroe, Sir Olaf.* **The Pathans.** Oxford University Press. Oxford. 1958.
- *Coulson, Noel und Dorvon Hinchcliffe.* **Women and Law Reform in Contemporary Islam.** In: Women in the Muslim World. Lois Beck und Nikki Keddie (Hrsg.) Harvard University Press, Cambridge, USA. 1978.
- *Dani, Ahmad Hasan.* **Peshawar. Historic City of the Frontier.** Sang-e-Meel Publications, Lahore. 1995.
- *Frembgen, Jürgen.* **Die Nagerkuc im Licht der populären Reiseliteratur. Ein Beitrag zur Vorurteilsforschung in Nordpakistan.** In: Ethnologie und Geschichte: Festschrift für Karl Jettmar. Peter Snoy (Hrsg.). Steiner Verlag, Wiesbaden. 1983.

● *Frembgen, Jürgen.* **Alltagsverhalten in Pakistan.** Mundo Verlag, Rieden am Forggensee. 1990.

● *Eglar, Zekiye.* **A Punjabi Village in Pakistan.** Columbia University Press, New York. 1960.

● *Epstein, Cynthia F.* **Woman's Place.** University of California Press. Berkeley, 1970.

● *Forgues, E.D.* **La revolte des Cipayes.** Paris. 1891.

● *Goethe, Johann Wolfgang von.* **West-Östlicher Divan.** Gondrom Verlag. Bindlach. 1995.

● *Grima, Benedicte.* **The Performance of Emotion Among Paxtun Women.** Oxford University Press, Karachi. 1993.

● *Hanum, Prinzessin Djavidan.* **Harem.** Deutscher Taschenbuch Verlag. München. 1991.

● *Hodges, Emily.* **The Role of Village Women in Village-Level and Family-Level Decision-Making and in Agriculture – A Pakistani Punjabi Case Study.** USAID, Islamabad. 1977.

● *Hussain, Freda.* **The Struggle of Women in the National Development of Pakistan. Muslim Women.** London/Sydney. 1984.

● *Iqbal, Muhammad.* **Botschaft des Ostens.** Hrg. Annemarie Schimmel. Horst Erdmann Verlag, Tübingen und Basel. 1977.

● *Janata, Alfred und Reihanodin Hassas.* **Ghairatman – Der gute Paschtune.** Afghanistan Journal 2/3:83-97. Graz. 1975.

● *Kipling, Rudyard.* **The Man Who Would Be King And Other Stories.** Oxford University Press, Oxford. 1987.

● *Kohl, Karl-Heinz.* **Im Gewand des Orients.** In: Exotische Welten. Europäische Phantasien. Institut für Auslandsbeziehungen. Württembergischer Kunstverein. Edition Cantz, Stuttgart. 1987.

● *Koppelkamm, Stefan.* **Das neunzehnte Jahrhundert.** In: Exotische Welten. Europäische Phantasien. Institut für Auslandsbeziehungen. Württembergischer Kunstverein. Edition Cantz, Stuttgart. 1987.

● Koran, Der. Übersetzung von Max Henning. Wiesbaden.

● *Lindholm, C.* **Generosity and Jealousy. The Swat Pukhtun of Northern Pakistan.** New York. 1982.

● *Marshall, Sir John.* **Mohenjo-Daro and the Indus Civilization.** 3 Vols. London. 1931.

● *McClure Pastner, Carroll.* **A Social and Historical Analysis of Honour, Shame and Purdah.** Anthropological Quarterly 45/4. Washington. 1972.

● *McClure Pastner, Carroll.* **Accomodations to Purdah: The Female Perspective.** Journal of Marriage and the Family 36/2. 1974.

● *Minai, Naila.* **Women in Islam. Traditon and Transition in the Middle East.** New York. 1981.

● *Mirza, Sarfraz Hussain.* **Muslim Women's Role in the Pakistan Movement. Research Society of Pakistan.** University of the Punjab, Lahore. 1969.

● *Naveed-i-Rahat.* **The Role of Woman in Reciprocal Relationship in a Punjabi Village.** T.S. Epstein u. Rosemary A. Watts. (Hgg.). The Endless Day. Pergamon Press, Oxford. 1981.

● *Noman, Oman.* **Pakistan. Political and Economic History Since 1947.** Keagan Paul International, London u. New York. 1988.

● *Papanek, Hannah.* **The Woman Field Worker in a Purdah Society.** Human Organization 23/2: 160. 1964.

● *Papanek, Hannah.* **Purdah in Pakistan: Seclusion and Modern Occupations for Women.** Journal of Marriage and the Family 33/3. 1971.

● *Papanek, Hannah.* **Purdah: Seperate Worlds, and Symbolic Shelter.** Comparative Studies in Society and History 15. Cambridge. 1973.

● *Pastner, Stephen L.* **Power and Pirs Among the Pakistani Baluch.** In:. Pakistan. The Social Sciences" Perspective. Ahmed, A. S (Hrsg.). Oxford University Press, Oxford. 1990

● *Pollig, Hermann.* **Exotische Welten. Europäische Phantasien.** In: Exotische Welten. Europäische Phantasien. Institut für Auslandsbeziehungen. Württembergischer Kunstverein. Edition Cantz, Stuttgart. 1987.

● *Reif, Wolfgang.* **Verzauberung, Herrschaftsanspruch oder Begegnung?** In: Exotische Welten. Europäische Phantasien. Institut für Auslandsbeziehungen. Württembergischer Kunstverein. Edition Cantz, Stuttgart. 1987.

● *Rosiny, Tonny.* **Pakistan. Drei Hochkulturen am Indus: Harappa – Gandhara – Die Moguln.** DuMont Buchverlag, Köln. 1987.

● *Shah, Idries.* **Die Sufis. Botschaft der Derwische, Weisheit der Magier.** Eugen Diederichs Verlag, Köln. 1986.

● *Schimmel, Annemarie.* **Pakistan. Ein Schloß mit Tausend Toren.** Orell Füssli Verlag Zürich. 1965.

● *Schimmel, Annemarie.* **Und Muhammad ist Sein Prophet. Die Verehrung des Propheten in der islamischen Frömmigkeit.** Eugen Diederichs Verlag. Düsseldorf, Köln. 1981.

● *Schimmel, Annemarie.* **Nimm eine Rose und nenne sie Lieder.** Poesie der islamischen Völker. Eugen Diederichs Verlag, Köln. 1987.

● *Schimmel, Annemarie.* **Berge, Wüsten, Heiligtümer. Meine Reisen in Pakistan und Indien.** Beck-Verlag, München. 1994.

● *Schmid, Anna.* **Pakistan Express Die fliegenden Pferde vom Indus.** Hamburgisches Museum für Völkerkunde. Katalog zur gleichnamigen Ausstellung. Dölling und Galitz Verlag, Hamburg. 1995.

● *Siddiqi, Shaukat.* **God's Own Land. A Novel of Pakistan.** Paul Norbury Publications/ UNESCO. Sandgate, Folkestone, Kent. 1991.

● *Sidhwa, Babsi.* **The Pakistani Bride.** Penguin Books India, New Delhi. 1983.

● *Sidhwa, Bapsi.* **Ice-Candy-Man.** Penguin Books, London.1989.

● *Singer, André.* **Wächter des pakistanischen Hochlandes.** Time-Life-Bücher. Amsterdam. 1982

● *Steul, Willi.* **Paschtunwali. Ein Ehrenkodex und seine rechtliche Relevanz.** Wiesbaden. 1981.

● **Vergessene Städte am Indus.** Katalog zur Ausstellung. Gesellschaft zur Förderung der Forschung in Südasien e.V. und Forschungsprojekt Mohenjo-Daro. Hrsg. Stadt Aachen. Verlag Philipp Zabern, Mainz am Rhein. 1987.

Lesetipps

● *Caroe, Sir Olaf.* **The Pathans.** Oxford University Press, Oxford. 1958.Klassiker und umfassendes Standardwerk über die Pakhtun in Pakistan.

● *Frembgen, Jürgen.* **Alltagsverhalten in Pakistan.** Mundo Verlag. Rieden am Forggensee. 1990. Sehr gut lesbarer und interessanter Führer durch die Verhaltenslandschaft der ethnischen Gruppen Pakistans. Die alltäglichen Umgangsformen werden ausführlich behandelt und detailliert dargestellt.

● *Iqbal, Muhammad.* **Botschaft des Ostens.** Hrg. Annemarie Schimmel. Horst Erdmann Verlag, Tübingen u. Basel. 1977. Dieses Buch macht mit dem großen Philosophen, Politiker und Dichter Pakistans bekannt. Es gibt Einblicke in Teile seines Schaffenswerkes.

● *Rosiny, Tonny.* **Pakistan. Drei Hochkulturen am Indus: Harappa – Gandhara – Die Moguln.** DuMont Buchverlag, Köln. 1987. Ein umfassender, reichbebilderter Kunst- und Kulturführer, der die LeserInnen durch die verschiedenen Geschichtsepochen Pakistans führt. Eine empfehlenswerte Lektüre für alle, die ihr besonderes Augenmerk auf Kunst und Archäologie des Landes gerichtet haben.

● *Schimmel, Annemarie.* **Berge, Wüsten, Heiligtümer. Meine Reisen in Pakistan und Indien.** Beck-Verlag München. 1994. Nettes Reisebuch, sehr gut zur Einstimmung.

●*Schmid, Anna.* **Pakistan Express „Die fliegenden Pferde vom Indus".** Hamburgisches Museum für Völkerkunde. Katalog zur gleichnamigen Ausstellung. Dölling und Galitz Verlag, Hamburg. 1995. Ein sehr gut recherchiertes und ansprechend geschriebenes Büchlein, das sich mit der Lastwagenkunst in Pakistan in ihrem soziokulturellen Rahmen beschäftigt. Interessante Einblicke in das Leben der „Trucker" werden geboten und mit wunderschönen Photos illustriert.

●*Siddiqi, Shaukat.* **God's Own Land. A Novel of Pakistan.** Paul Norbury Publications/ UNESCO. Sandgate, Folkestone, Kent. 1991. Erschütternder Roman über das Leben der armen Leute in Pakistans großen Städten. Die Serien-Verfilmung war ein großer Erfolg im pakistanischen Fernsehen.

●*Sidhwa, Babsi.* **The Pakistani Bride.** Penguin Books India, New Delhi. 1983. Der Roman der bekannten pakistanischen Schriftstellerin entführt die LeserInnen in die Stammesgebiete im „Wilden Westen" Pakistans. Die Darstellung der archaischen und ungestümen Verhaltensweisen der Pakhtunen ist zwar sehr klischeehaft, aber ungemein spannend und mitreissend.

●*Sidhwa, Bapsi.* **Ice-Candy-Man.** Penguin Books. London. 1989. Ein sehr buntes und spannendes Buch, dass sich mit den Geschehnissen um eine Parsen-Familie in den Wirren der Teilung des Subkontinentes beschäftigt.

●*Singer, André.* **Wächter des pakistanischen Hochlandes.** Time-Life-Bücher. Amsterdam. 1982. Sowohl die Texte als auch die Photos dieses schönen Bildbandes vermitteln einen guten Eindruck vom Leben der Menschen in dem Grenzland zu Afghanistan.

Alle Reiseführer von Reise

Reisehandbücher
Urlaubshandbücher
Reisesachbücher
Rad & Bike

Know-How auf einen Blick

Praxis

Edition RKH

KulturSchock

Wo man unsere Reiseliteratur bekommt:

Jede Buchhandlung in der BRD, der Schweiz, Österreichs und in den
Benelux-Staaten kann unsere Bücher beziehen.
Wer trotzdem keine findet, kann alle Bücher über unseren Internet-Shop
unter **www.reise-know-how.de** oder **www.reisebuch.de** bestellen.

Indien & Co.

Kaum eine andere Region der Welt bietet so viele Kontraste, Eindrücke und unterschiedliche Reiseziele wie der Indische Subkontinent. Die Reiseführerreihe *REISE KNOW-HOW* bietet für (fast) jedes Ziel das passende Handbuch mit unzähligen Tipps und Informationen:

Thomas Barkemeier
Indien – Der Norden
768 Seiten, ca. 60 Karten und Pläne

Thomas Barkemeier
Indien – Der Süden
550 Seiten, ca. 60 Karten und Pläne

Thomas Barkemeier
Rajasthan
432 Seiten, 30 Karten und Pläne

Jutta Mattausch
Ladakh & Zanskar
480 Seiten, 36 Karten und Pläne

Rainer Krack
Nepal
480 Seiten, 50 Karten und Pläne

Rainer Krack
Sri Lanka
520 Seiten, 35 Karten und Pläne
farbiger Kartenatlas,

REISE KNOW-How Verlag Bielefeld

KulturSchock

Diese Reihe vermittelt dem Besucher einer fremden Kultur wichtiges Hintergrundwissen. **Themen** wie Alltagsleben, Tradition, richtiges Verhalten, Religion, Tabus, das Verhältnis von Frau und Mann, Stadt und Land werden nicht in Form eines völkerkundlichen Vortrages, sondern praxisnah auf die Situation des Reisenden ausgerichtet behandelt. Der **Zweck** der Bücher ist, den Kulturschock weitgehend abzumildern oder ihm gänzlich vorzubeugen. Damit die Begegnung unterschiedlicher Kulturen zu beidseitiger Bereicherung führt und nicht Vorurteile verfestigt.

13 Titel sind lieferbar, darunter:

Hanne Chen
KulturSchock China
VR China und Taiwan
264 Seiten, reichlich illustriert

Rainer Krack
KulturSchock Thailand
240 Seiten, reichlich illustriert

Kirsten Winkler
KulturSchock Iran
240 Seiten, reichlich illustriert

Monika Heyder
KulturSchock Vietnam
288 Seiten, reichlich illustriert

Rainer Krack
KulturSchock Indien
216 Seiten, reichlich illustriert

REISE KNOW-HOW Verlag Bielefeld

Praxis – die neuen handlichen Ratgeber

Wer seine Freizeit aktiv verbringt, in die Ferne schweift, moderne Abenteuer sucht, braucht spezielle Informationen und Wissen, das in keiner Schule gelehrt wird. REISE KNOW-HOW beantwortet mit über 20 Titeln die vielen Fragen rund um Freizeit, Urlaub und Reisen in einer neuen, praktischen Ratgeberreihe: „Praxis".

So vielfältig die Themen auch sind, gemeinsam sind allen Büchern die anschaulichen und allgemeinverständlichen Texte. Praxiserfahrene Autoren schöpfen ihr Wissen aus eigenem Erleben und würzen ihre Bücher mit unterhaltsamen und teilweise kuriosen Anekdoten.

Hier eine kleine Auswahl:

Rainer Höh: **Kanu-Handbuch**
ISBN 3-89416-752-1

Rainer Höh: **Wildnis-Ausrüstung**
ISBN 3-89416-750-5

Frank Littek: **Fliegen ohne Angst**
ISBN 3-89416-754-8

Rainer Höh: **Orientierung mit Kompass und GPS**
ISBN 3-89416-755-6

Wolfram Schwieder: **Richtig Kartenlesen**
ISBN 3-89416-753-X

Reto Kuster: **Dschungelwandern**
ISBN 3-89416-759-9

Klaus Becker: **Tauchen in warmen Gewässern**
ISBN 3-89416-760-2

M. Faermann: **Sicherheit im und auf dem Meer**
ISBN 3-89416-758-0

M. Faermann: **Survival Naturkatastrophen**
ISBN 3-89416-757-2

Weitere Titel siehe Programmübersicht.

Jeder Titel:
144-160 Seiten,
handliches Taschenformat 10,5 x 17 cm,
robuste Fadenheftung, Glossar,
Register und Griffmarken zur schnellen Orientierung

Reise Know-How Verlag, Bielefeld

Neu!
Landkarten von

In Zusammenarbeit mit der *Map Alliance* hat *Reise Know-How* das **World Mapping Project™** gestartet. Im Juni 2001 erschienen die ersten der über 200 neuen Landkarten, die die ganze Welt für Reisende abdecken. Neueste Kartografie-Technik, detaillierte Darstellung des Terrains (mit Höhenlinien und -schichten), aktuellstes Straßenbild, UTM- und Gradgitter (was die Karten GPS-tauglich macht) und ein ausführliches Ortsregister, mit dem man die Orte, die man sucht, auf der Karte auch findet. Darüber hinaus haben viele Autoren von Reise Know-How ihr Wissen über die Regionen beigesteuert.

Seit Juni 2001 sind lieferbar:

❑ Andalusien (1:650.000)
❑ Australien (1:4.500.000)
❑ Cuba (1:850.000)
❑ Deutsche Ostseeküste (1:250.000)
❑ Deutsche Nordseeküste (1:250.000)
❑ Dominikanische Republik (1:450.000)
❑ Gran Canaria (1:100.000)
❑ Mallorca (1:150.000)
❑ Berlin – Ostsee (1:250.000)
❑ Mexiko (1:2.250.000)
❑ Namibia (1:1.250.000)
❑ Neuseeland (1:1.000.000)
❑ Polen (1:850.000)

ab September 2001:
❑ Ägypten (1:1.250.000)

❑ Costa Brava (1:120.000)
❑ Costa del Sol (1: 200.000)
❑ Guatemala, Belize (1:500.000)
❑ Indien (1:2.900.000)
❑ Kapverdische Inseln (1:diverse)
❑ Kroatien (1:600.000)
❑ Libyen (1: 2.000.000)
❑ Madeira (1:45.000)
❑ Malta, Gozo (1:50.000)
❑ Marokko (1:1.000.000)
❑ Voralpenland (1:250.000)
❑ Sri Lanka (1:500.000)
❑ Südafrika (1:1.700.000)
❑ Teneriffa (1:120.000)
❑ Thailand (1:1.200.000)
❑ Tunesien (1:850.000)

Alle Karten haben gefaltet das Maß 10x25 cm (aufgefaltet 60x92 cm), ein- oder beidseitig bedruckt und passen so in jede Westentasche, kein störender Pappumschlag. Der Preis: DM 15.45 (€ 7.90 [D]).
   <u>**Jetzt vorbestellen:**</u> **beim Buchhändler oder unter www.reise-know-how.de oder per fax 0521-441047 (diese Seite kopieren und die gewünschte Karte ankreuzen). Zustellung innerhalb der BRD kostenlos!**
❑ **Bitte halten Sie mich über den Fortgang (60 weitere Karten in 2002) des World Mapping Project™ auf dem Laufenden.**

Register

Die Autorin

Die Autorin, Jahrgang 1960, reiste nach Abschluss ihres Ethnologie-Studiums 1989 zum ersten Mal nach Pakistan, um Feldstudien über Frauen in islamischen Gesellschaften und über pakhtunische Stämme zu betreiben. Durch die Mitarbeit in Projekten der Entwicklungszusammenarbeit, besonders in den Bereichen Ausbildung für Frauen und Hilfe für afghanische Flüchtlinge, hielt sie sich von 1990 bis 1995 mehrmals für längere Zeit in Pakistan auf. Von 1999 bis 2000 war die Autorin zwei Jahre lang in einem ländlichen Entwicklungsprojekt der GTZ in der NWFP Pakistans beschäftigt. Freunde und „ihre" pakistanische Familie halfen ihr, persönlichen Zugang zu den Menschen des Landes und zur pakistanischen Kultur zu finden. So wurde Peshawar ihr zweites Zuhause. Zur Zeit arbeitet die Autorin als freie Journalistin im Bereich Gesellschaft und Kultur Südasiens und im Fachbereich Landeskunde der Deutschen Stiftung für Internationale Entwicklung in Bad Honnef.

Vielen Dank!
Für Unterstützung, Aufmunterung, Hinweise, Photos, Karten und vieles mehr von meinen Familien und FreundInnen in Ost und West, von Gulaley und Shahjehan Sayed, Maulajan Taniwal, Jutta und Christian Berndsen, Mathias Moldenhauer und Stephan Jandt.